★ 普通高等学校省级规划教材
★ 普通高校营销省级特色专业教材
★ 企业营销岗位实战对接培训教程

营销策划

理论与实践　第4版

朱华锋　朱芳菲　编著

中国科学技术大学出版社

内 容 简 介

本书以企业营销策划核心任务与方法为基础,以营销策划岗位核心任职能力要求为依据,创建出营销策划课程独立、完整的方法体系,主要论述了营销策划思维与谋略、市场调研、市场定位、品牌与产品、价格与分销、广告传播、公关传播和促销活动策划。

第4版修订根据"振兴实体经济""提升中国质造""打造中国品牌""实现转型升级"的战略背景,客观分析互联网和电商对中国经济与市场营销的作用影响,重点更新了营销策划思维、方法与手段,广告、公关和促销等营销传播方式,具有符合中央战略决策的导向性和市场发展变化的趋势性,接轨营销实战的前沿性和实战运用的可操作性。

本书既是高校营销专业的优秀教材,又是企业营销培训的实战教材。

图书在版编目(CIP)数据

营销策划理论与实践/朱华锋,朱芳菲编著. —4 版. —合肥:中国科学技术大学出版社,2017.8(2020.1重印)

安徽省高等学校"十一五"省级规划教材

ISBN 978-7-312-04252-2

Ⅰ. 营…　Ⅱ. ①朱…②朱…　Ⅲ. 营销策划—高等学校—教材　Ⅳ. F713.50

中国版本图书馆 CIP 数据核字(2017)第 162970 号

出版	中国科学技术大学出版社
	安徽省合肥市金寨路 96 号,230026
	http://press.ustc.edu.cn
	https://zgkxjsdxcbs.tmall.com
印刷	合肥市宏基印刷有限公司
发行	中国科学技术大学出版社
经销	全国新华书店
开本	710 mm×1000 mm　1/16
印张	22
字数	381 千
版次	2008 年 8 月第 1 版　2017 年 8 月第 4 版
印次	2020 年 1 月第 7 次印刷
定价	45.00 元

总　序

在研究型大学和应用型高校区分不太严格的时代,按照学科知识体系设置专业课程是高校课程设置的主体思路,其主要优点是学科知识体系理论性强,有利于学生全面掌握学科理论知识,培养学生理论思考与研究能力。就营销专业而言,按照学科体系导向思路设置专业课程,主要就是以专业基础课程市场营销学的"STP+4P"理论架构为依据,设置市场调查与预测、消费心理学、经营战略、品牌学、新产品营销、价格学、分销与物流、广告学、公共关系学、推销技术和商务谈判等十几门专业课程。

但是,在企业营销实践中,并不是完全按照营销理论思维和营销知识来组织营销活动的,而是根据企业营销面临的实际问题或企业确立的目标任务来策划和实施企业营销活动的。因此,对于应用型高校,基于培养营销应用型人才的专业定位,必须改变按照营销学科知识体系设置专业课程的思路,改为按照企业营销岗位的知识与能力要求来设置专业课程。

我们在营销策划省级特色专业建设过程中,在充分调研企业营销岗位设置、岗位知识与能力要求的基础上,确立了"对接营销岗位,建设特色专业"的总体建设思路,创新调整专业人才培养方案和课程设置,着力开展专业课程改革与教材建设,并以此实现人才培养方案的落实、人才培养方式的转型和人才培养效果的提升。经过长达五年时间的持续努力,出版了省级特色专业教材八部(其中省级规划教材三部),出版营销策划和公关策划等实战性著作四部,取得了系统性、立体化和动态更新的省级特色专业课程改革和教材建设丰富成果,并于2013年获得省级教学成果奖。

我们主编的《市场营销原理》《营销策划理论与实践》和《营销管理实务》三本教材,重构了营销原理、营销策划和营销管理三门课程的关系与内容,解决了这三门课程之间长期存在的内容交叉重复问题,形成了相互联系又相对独立的课程内容体系,实现了营销专业三门核心主干课程之间的合理分工。我们改造了推销技术课程，创建了销售业务课程，开发出课改教材《销售业务技能》。我们首开促销活动课程，并创新开发教材《促销活动策划与执行》，我们在课程改革和教材建设上的努力，实现了课程改革与教材建设从学科体系向职业岗位导向的转变，较好地达到了专业课程改革与教材建设的全面化与系统化、动态化与持续化。因此，我们的工作得到了全国高校营销专业教育同行和企业营销实战人士的广泛肯定，《营销策划理论与实践》七年印刷五次；《促销活动策划与执行》三年印刷三次。这对于单一高校用量不大的专业课程教材来说，应该说是非常好的市场反应了。

但是由于专业建设、课程改革和教材建设的时间跨度比较长，每门课程的课改教材是分批逐年推出的，因此我们编写的这些课改教材从名称规范到封面设计都存在一定的差异，没能很好地形成系列教材的统一形象认知。而在此期间，市场营销理论和实践发展又出现了新的动态，尤其是互联网、社会化媒体、电子商务的迅速发展使得市场营销的环境与背景、策略与方法都发生了很多变化。为此，我们决定在原来的基础上，重新修订营销特色专业教材，统一教材名称格式，统一版面设计，在对接企业营销岗位、培养适合企业需要的营销专业人才方面再做一次全面和系统的努力，希望再通过2～3年的努力，编写出版10本左右可以作为企业营销岗位培训教程使用的高等学校省级特色营销专业教材。具体教材名称规划是：《**营销原理**观念与策略》《**营销策划**理论与实践》《**营销管理**职能与实务》《**销售业务**类型与技能》《**市场调研**方法与技能》《**广告传播**理论与实践》《**公共关系**理论与实践》《**促销活动**策划与执行》《**消费心理**认知与分析》《**商务谈判**理论与实践》。教材名称规划的创意动机与效果目标是，用前四个字传达教材名称主题以对应课程名称，用后五个字传达教材核心内容以透视逻辑构成。殷切地希望营销理论和实战专家继续给予关心、支持和指导。

朱华锋

重归价值营销

（第 4 版前言）

从本书第 3 版创作的 2012 年到第 4 版的 2017 年，五年间，中国政治上从中共十八走向十九大，经济上习近平总书记提出了"经济新常态"概念，提出了"推动中国制造向中国创造转变，中国速度向中国质量转变，中国产品向中国品牌转变"的战略目标。技术上随着 4G 商用，互联网、社交媒体和电子商务实现了快速发展。这些都对市场营销产生了重大影响。

毫无疑问，在此期间，互联网已经对中国市场营销产生最大且直接的影响。我们在享受到互联网和电商发展便利的同时，也感受到了一些企业家的焦虑。在互联网企业成为时代弄潮儿掌控社会化话语权的舆论场中，互联网思维被奉为神明，互联网企业将颠覆传统实体企业、互联网营销已经颠覆传统营销的声音不绝于耳。在感受实体企业家们对互联网的冲击而产生的困惑之中，原本为互联网发展欢欣鼓舞的我开始了对互联网产业及其影响的深度研究，发现互联网产业在汹涌澎湃快速发展的过程中，确实也存在着鱼龙混杂、泥沙俱下的现象。互联网企业在高速发展的过程中，也过分高估了自身而低估了市场风险，鼓吹"在互联网的风口上猪都能飞起来"。

然而自 2015 年开始，互联网行业的问题开始暴露。"为发烧而生"的小米手机开始"退烧"，从中国市场份额第一跌落到第四，被华为、OPPO 和 vivo 等传统实体品牌超越，痛感"风口"变"刀口"；打着互联网金融旗号行金融诈骗之实的"e租宝"被公开查处；某大型电商不断遭到国际组织和国际品牌侵犯知识产权的质疑，国内的消费者也纷纷投诉遭到电商假货、网络诈骗的伤害，浙江和广东等电商发达地区的企业家公开批评电商和虚拟经济对实体经济的破坏。而国人在出国旅游中抢购国外的电饭煲和智能马桶盖的现象，也说明中国在电商网货低质低价充斥市场、野蛮生长的同时，实际上也出现了"劣币驱逐良币"效应，妨碍了中国企业和品牌的转型升级与提质增效。

重大转折的首要标志是2016年4月习近平总书记主持召开中国网络安全和信息化座谈会并发表重要讲话,指出我国互联网事业快速发展,网络安全和信息化工作扎实推进,取得显著进步和成绩,同时也存在不少短板和问题,提出"网络空间治理"概念,强调"网络空间是亿万民众共同的精神家园。网络空间天朗气清、生态良好,符合人民利益。网络空间乌烟瘴气、生态恶化,不符合人民利益。谁都不愿生活在一个充斥着虚假、诈骗、攻击、漫骂、恐怖、色情、暴力的空间。互联网不是法外之地"。"我们要本着对社会负责、对人民负责的态度,依法加强网络空间治理","让互联网更好造福国家和人民"。在谈到"增强互联网企业使命感、责任感,共同促进互联网持续健康发展"时,习总书记强调"只有富有爱心的财富才是真正有意义的财富,只有积极承担社会责任的企业才是最有竞争力和生命力的企业。办网站的不能一味追求点击率,开网店的要防范假冒伪劣,做社交平台的不能成为谣言扩散器,做搜索的不能仅以给钱的多少作为排位的标准。希望广大互联网企业坚持经济效益和社会效益相统一,在发展自身的同时,饮水思源、回报社会、造福人民"。

重大转折的第二个标志是2016年12月底中央经济工作会议提出的"着力振兴实体经济"。"要坚持以提高质量和核心竞争力为中心,坚持创新驱动发展,扩大高质量产品和服务供给。要树立质量第一的强烈意识,开展质量提升行动,提高质量标准,加强全面质量管理。引导企业形成自己独有的比较优势,发扬'工匠精神',加强品牌建设,培育更多'百年老店',增强产品竞争力。"

重大转折的第三个标志是2017年3月李克强总理在政府工作报告提出的"以创新引领实体经济转型升级"和"全面提升质量水平"。"实体经济从来都是我国发展的根基,当务之急是加快转型升级。要深入实施创新驱动发展战略,推动实体经济优化结构,不断提高质量、效益和竞争力。""广泛开展质量提升行动,加强全面质量管理,健全优胜劣汰质量竞争机制。质量之魂,存于匠心。要大力弘扬工匠精神,厚植工匠文化,恪尽职业操守,崇尚精益求精,培育众多'中国工匠',打造更多享誉世界的'中国品牌',推动中国经济发展进入质量时代。"为此,国务院批准设立中国品牌日,2017年5月10日成为第一个中国品牌日。

其实,中国曾经有过重视质量的时代。改革开放中期,中国企业与外资品牌在中国市场上同台竞技,在资本和技术不如外资品牌的情况下,中国经历了第一轮质量振兴和打击假冒伪劣产品运动,1993年《产品质量法》颁布实施,工业企业争创国优部优产品和产品质量奖,商业企业开展百城万店无假货活动,这场持久的质量运动实际取得了良好的阶段性成果,比如中国家电企业将外资品牌几乎全部赶出了国门,2001年加入世界贸易组织后,中国制造大规模走向世界。但是在互联网资本追逐热钱和快钱的时代,中国经济脱实向虚,质量意识和质量水平出现下降。

正是在这样的宏观背景之下,我们开始了本书第4版的修订与创作。而2015~2016年间,在社会、企业和高校的公开演讲和培训中,我们努力廓清互联网对实体企业、对市场营销的真实影响,提醒实体企业家不必为互联网企业的冲击和互联网颠覆论过度焦虑,提出"创新驱动 价值回归"的营销与公关理念。这些观点现在都反映在本书的第4版内容里面了。

其实这些年互联网企业自身也在激烈的竞争中煎熬,并没有找到长期可持续发展的稳定路径与商业模式。以互联网思维卖煎饼的"黄太吉"、卖牛腩的"雕爷"开始沉寂,许多号称颠覆传统企业的互联网初创企业实际上是将自己颠覆掉了,大量互联网企业死于融资的路上,能够靠融资补贴大战熬到上市成为"独角兽"的极其稀少,而一些企业一旦成为"独角兽"就背弃其创业初期宣称的美好使命与愿景,盘剥和侵害用户与合作伙伴的行为更是遭到了公众斥责。电商的炒作大战、布局大战、补贴大战、促销大战、APP大战、O2O大战、网红大战和直播大战,其实并没有创建多少具有系统持续性和强大竞争力的品牌,反而是实体品牌上线电商之后开始攻城略地。2012年12月与王健林打赌"十年内电商将超过社会商品零售总额一半以上"的马云,在4年时间都不到的2016年10月就改口称阿里巴巴不再有电子商务,只有所谓的线上线下结合的"新零售"。"互联网行业缺乏对实体经济应有的尊重,缺乏对经济规律应有的敬畏。"中国营销咨询权威专家如是说。

在"互联网企业颠覆一切""互联网彻底改变了市场营销""在互联网时代传统营销统统失效了"言论声中,我们也进行了深入思考,到底互联网给营销带来了什么?我们认为,互联网对市场营销的影响主要表现在营销沟通和分销流通这两个方面。在营销沟通方面,各种形式的网络广告收入已经占到中国广告经营收入的一半;在分销流通方面,电商零售(尚无法扣除刷单)流量占到社会商品零售的百分之十几。但营销沟通和分销流通都属于企业可以控制的营销要素,在市场营销的产品研发、生产制造等多个要素方面,互联网虽然已经开始渗透,但无论是积极影响还是负面冲击,力度和范围都还没有达到颠覆的程度,企业完全可以适应和管理好互联网时代的市场营销。因此,业内众多人士清醒地认识到"互联网并没有完全改变市场营销""电商并没有改变商业的本质""电子商务本质是商务,电子只是形式"。

在国际营销权威菲利普·科特勒看来,"在这个数字时代,除了运用传统的营销方法,营销者还有大量建立客户关系的有效工具——从互联网、智能手机和平板电脑到网络、移动和社交媒体,随时随地形成品牌对话、体验和社群"。(《市场营销原理》第16版)"尽管市场急剧变化,许多核心要素依然存在,我们强烈地感知到平衡经典的和当代的方法和观点才是正道。"为此,《营销管理》第15版增加了题为"管理数字传播:在线营销、社交媒体营销和移动营销"的新章节。

为适应互联网对市场营销的积极影响,更好地运用互联网和数字传播技术开展营销策划,本书第4版由朱华锋教授和中国科学技术大学传播学硕士朱芳菲讲师,重点对广告传播策划、公关传播策划、分销渠道策划、促销活动策划、市场调研策划和营销策划导论进行了内容更新和案例更新,全书重点强调"摒弃炒作营销、回归价值营销",以创建客户价值为宗旨,坚守品质营销和品牌营销之道,为创建风清气正的、担当社会责任的价值营销努力呐喊呼吁。

对本书第4版的修订和写作做出贡献的还有周爱珠、罗江、江又明、章军、胡伟等营销教育专家,洪俊国、张艳艳、桂金柏、程好、邹孟荪等营销教学骨干,刘步尘、董爱平、刘道德等营销实战专家。

全书得到了中国人民大学博导郭国庆教授、对外经贸大学博导王永贵教授的热情鼓励和肯定,还得到了青岛理工大学陶勇教授的长期支持,在此表示衷心的感谢。

朱华锋

要目概览

第一章 营销策划导论
营销策划概念·营销策划思维·营销策划谋略·营销策划误区防范·营销策划方案编写

第二章 市场调研策划
市场调研策划与执行流程·营销环境调研策划·市场需求调研策划·市场竞争调研策划·营销策略调研策划·营销绩效调研策划

第三章 市场定位策划
市场定位策划概述·企业定位策划·品牌定位策划·产品定位策划·企业形象策划

第四章 品牌策划
品牌建设策划·品牌命名策划·品牌延伸策划·品牌拯救策划

第五章 产品策划
产品策划原理·产品规划·新产品上市策划·疲软产品提升策划

第六章 价格策划
价格策划原理·终端价格策划·价格结构策划·价格体系策划·价格调整策划

第七章 分销渠道策划
分销渠道策划原理·分销布局策划·分销模式策划·通路招商策划

第八章 广告传播策划
广告传播策划原理·广告诉求主题策划·广告创意设计·广告媒体策划

第九章 公关传播策划
公关传播策划原理·新闻公关策划·赞助公关策划·危机公关策划

第十章 促销活动策划
促销活动策划原理·买赠促销策划·特价促销策划·节假日促销策划·服务促销策划

目 录

总序 ··· (i)

重归价值营销(第4版前言) ··· (iii)

要目概览 ··· (vii)

第一章 营销策划导论 ·· (1)

 第一节 营销策划概念 ··· (2)

  策划与营销策划·营销策划与市场营销·营销策划的内容范畴·
  营销策划的组织形式·营销策划的特征与本质要求

 第二节 营销策划思维 ··· (8)

  营销现状调研·营销目标规划·营销方案策划·营销方案论证·
  营销执行控制·营销效果评估

 第三节 营销策划谋略 ··· (12)

  审时度势,因势利导·守正出奇,正合奇胜·洞察市场,牵引消费

 第四节 营销策划误区防范 ··· (26)

  迷恋"轰动"·迷恋"新奇"·迷恋"点子"·迷恋"炒作"·实战分享

 第五节 营销策划方案编写 ··· (30)

  营销策划方案的内容与结构·营销策划方案编写的原则和技巧

第二章 市场调研策划 ·· (34)

 第一节 市场调研策划与执行流程 ···································· (35)

  确定调研目的·确定调研方法·确定调研对象·设计调查问卷·
  招聘培训访员·执行实地调查·资料统计分析·撰写调研报告

 第二节 营销环境调研策划 ··· (44)

  宏观环境调研策划·流通渠道调研策划·传播媒体调研策划

 第三节 市场需求调研策划 ··· (49)

  市场现状调研策划·市场趋势调研策划·消费心理与行为调研策划

第四节　市场竞争调研策划 …………………………………………（53）
　　　竞争格局调研策划·竞争策略调研策划·企业自身调研策划·
　　　实战分享
　第五节　营销策略调研策划 …………………………………………（61）
　　　新产品概念测试策划·新产品定价测试策划·广告创意测试策划
　第六节　营销绩效调研策划 …………………………………………（66）
　　　产品销售监测策划·用户满意度调研策划·品牌形象调研策划·
　　　实战分享

第三章　市场定位策划 ……………………………………………………（78）
　第一节　市场定位策划概述 …………………………………………（79）
　　　市场定位的内涵·市场定位策划的顺序·市场定位的传播
　第二节　企业定位策划 ………………………………………………（82）
　　　企业定位策划的本质·产业领域定位策划·市场地位定位策划·
　　　盈利模式定位策划·发展战略定位策划·实战分享
　第三节　品牌定位策划 ………………………………………………（93）
　　　定位产品品类·定位目标消费者·定位核心价值·
　　　定位消费场景·定位市场地位
　第四节　产品定位策划 ………………………………………………（97）
　　　属性定位：产品品种角色定位·根本定位：目标消费者定位·
　　　基本定位：产品整体概念分层定位·动态定位：产品寿命周期动态定位
　第五节　企业形象策划 ………………………………………………（104）
　　　企业形象与CI策划·企业形象(CI)策划的时机·
　　　企业形象(CI)策划的内容·企业形象(CI)策划的流程

第四章　品牌策划 …………………………………………………………（111）
　第一节　品牌建设策划 ………………………………………………（112）
　　　解析品牌构成元素·明晰品牌资产创建路径·
　　　落实品牌建设责任·实战分享
　第二节　品牌命名策划 ………………………………………………（123）
　　　品牌命名的传统思维·品牌命名的科学流程
　第三节　品牌延伸策划 ………………………………………………（128）
　　　进行品牌体检，检查品牌延伸能力·
　　　规划延伸产品，保证品牌形象统一·防止品牌延伸误入陷阱

选择品牌延伸策略模式·强化品牌延伸传播与品牌延伸管理·
实战分享

第四节　品牌拯救策划 ……………………………………… (137)
品牌许可与转让 ·进行产品革新 ·重新定位品牌·
转移目标市场·进行区域转移·进行产业调整

第五章　产品策划 ……………………………………………… (140)
第一节　产品策划原理 …………………………………… (141)
产品策划的思维路径·产品策划的策略主线

第二节　产品规划 ………………………………………… (144)
产品品种数量规划·产品品种角色规划·产品品种规模规划·
产品导入时间规划

第三节　新产品上市策划 ………………………………… (149)
新产品上市策划与执行流程·新产品上市策划内容·
新产品上市策划的注意事项·实战分享

第四节　疲软产品提升策划 ……………………………… (160)
疲软产品的原因分析与诊断·疲软产品市场提升的思路与对策·
疲软原因诊断与营销提升策略的整合·实战分享

第六章　价格策划 ……………………………………………… (168)
第一节　价格策划原理 …………………………………… (169)
价格策划的基本要求·价格策划的策略主线

第二节　终端价格策划 …………………………………… (171)
终端价格策划的定性分析与策略推演·
终端价格策划的定量分析与价位区间确定·终端价格策划的定价计算

第三节　价格结构策划 …………………………………… (176)
产品线组合定价·关联产品组合定价

第四节　价格体系策划 …………………………………… (180)
按销售环节设计基本价格体系·按销售区域调整价格体系·
按销售政策调整价格折扣·实战分享

第五节　价格调整策划 …………………………………… (184)
发动价格调整·应对通货膨胀价格上涨·应对降价·实战分享

第七章　分销渠道策划 …………………………………………（201）
第一节　分销渠道策划原理 ……………………………………（202）
分销渠道策划的思维路径·分销渠道策划的策略主线
第二节　分销布局策划 …………………………………………（205）
分析分销布局影响因素·规划分销布局形式·策划分销布局实现方式
第三节　分销模式策划 …………………………………………（209）
分析流通环境·明确分销目标·选择流通业态·
界定分销运作模式·规划渠道结构模式·实战分享
第四节　通路招商策划 …………………………………………（224）
商业伙伴的选择标准·商业信誉的考察评估·
商业伙伴的量化优选·招商方式的策划运作

第八章　广告传播策划 …………………………………………（231）
第一节　广告传播策划原理 ……………………………………（232）
广告目标策划·广告诉求对象策划·广告诉求主题策划·
广告创意设计·广告媒体策划·广告时机策划·广告频率策划·
广告执行监测策划
第二节　广告诉求主题策划 ……………………………………（237）
品牌愿景策划路径·消费利益策划路径·产品寿命周期策划路径·
目标消费者策划路径·产品特性类型策划路径·广告竞争策划路径·
实战分享
第三节　广告创意设计 …………………………………………（245）
广告创意概念·广告创意要求·广告创意手法
第四节　广告媒体策划 …………………………………………（251）
媒体策划流程·广告媒体选择·广告媒体组合·实战分享

第九章　公关传播策划 …………………………………………（262）
第一节　公关传播策划原理 ……………………………………（263）
公共关系与市场营销·营销公关与公关传播策划
第二节　新闻公关策划 …………………………………………（266）
新闻公关策划的目的与作用·新闻公关策划的内容与范围·
新闻公关形象策划·实战分享·新闻营销造势策划·新闻发布会策划
第三节　赞助公关策划 …………………………………………（283）
赞助公关的目的与作用·赞助对象的选择范围·
赞助对象的选择标准·赞助公关策划的关键要点

第四节 危机公关策划 ································· (289)
　　建立危机预先防范机制·快速做出危机公关的组织反应·
　　快速做出危机公关的行动反应·快速做出危机公关的信息反应·
　　实战分享

第十章 促销活动策划 ································· (297)

第一节 促销活动策划原理 ····························· (298)
　　促销活动策划的基本原则·促销活动策划与执行流程·
　　促销活动策划的范围区间·促销活动策划的创意方向·
　　促销活动策划的误区防范

第二节 买赠促销策划 ································· (307)
　　买赠促销的特性·买赠促销的时机选择·赠品的策划与选择·
　　实战分享

第三节 特价促销策划 ································· (311)
　　特价时机策划·特价产品策划·特价方式策划·特价理由策划·
　　特价幅度策划·特价信息传播策划

第四节 节假日促销策划 ······························· (316)
　　节假日文化内涵与市场机会发掘·节假日促销对象及其心理把握·
　　节假日促销产品策划·节假日促销方式策划·节假日促销主题策划·
　　节假日促销时间策划·节假日促销地点策划·
　　节假日促销活动传播与现场布置

第五节 服务促销策划 ································· (321)
　　服务促销策划的系统思考·服务形象策划·服务项目策划·
　　服务承诺策划·服务规范策划·服务模式策划·实战分享

实战分享索引 ··· (334)

第一章 营销策划导论

开篇导语

开篇第一章需要清晰地勾画出营销策划的含义、特征与类型,准确地突显出营销策划的本质,正确地解析出营销策划的思维路径和营销策划的谋略,避免陷入营销策划的误区,进而轻松迈入营销策划的门槛。

学习目标

1. 理解营销策划的含义、特征和本质。
2. 掌握营销策划的思维路径。
3. 掌握营销策划的基本谋略。
4. 了解营销策划的主要误区。
5. 掌握营销策划方案的编写方法。

课前知识

市场营销学(原理):
1. 市场营销的定义与核心概念。
2. 市场营销的理论框架体系。
3. 营销分析过程与营销策略组合。
4. SWOT分析。

第一节　营销策划概念

一、策划与营销策划

策划是一种应用广泛的思维活动,在我们的社会生活与经济活动之中无处不在。因此,人们对策划的理解也是五花八门、千差万别。最典型的理解有两种:第一种认为"策划是将目的隐藏在行动背后",将策划说得过于神秘,似乎带有不可告人的目的;第二种认为"策划是未来行动的计划",又将策划过于简单化地等同于计划。

我们认为,策划是一种运用智慧与策略的创新活动与理性行为。策划是为了改变现状,达到理想目标,借助科学方法和创新思维,分析研究、创意设计并制定行动方案的理性思维活动。策划需要激情和热情,但其本质是一种运用知识、策略和智慧的创新活动与理性行为。

策划是具有前瞻性的活动,它要求对未来一段时间将要发生的事情做出预测,并就未来一段时间内应该达到的目标与任务、应该开展的工作做出策略分析与行动安排,即策划是由事先决定做什么、如何做、何时做、由谁来做的一系列系统方案组成的。策划如同一座桥梁,它联系着现实与未来、现状与目标,将帮助我们寻找到改变现状、实现目标、立足现实、通向未来的智慧通途与策略方法。

策划的内容范畴和运用范围极为广泛,涉及现代社会活动的诸多方面,如一个国家的中央政府的政治策划与外交策划、地方政府的区域经济发展战略策划、企业的市场营销策划、电影和电视剧等文艺作品的选题策划与宣传策划、体育运动赛事的策划、个人的职业生涯策划等。企业的市场营销策划是本书的研究范围和研究对象。

企业的市场营销策划,简称营销策划,是运用智慧与策略对营销活动进行谋划的创造性活动与理智性行为。营销策划通过环境与策略分析,激发创意,创造性地有效利用企业资源和社会资源,制定可行的营销活动方案,以实现企业的目标或解决企业所面临的问题。在营销策划过程中,有时必须发挥核心能力和优势,有时必须补齐企业短板与劣势,有时必须双管齐下。

二、营销策划与市场营销

市场营销在理论上是指市场营销学科,在实践中是指市场营销活动。

在理论上,对于市场营销的研究,经过发达国家几代营销专家一百多年的努力,已经形成了研究对象明确、研究方法科学、研究内容充实、研究体系完整的理论架构,其理论知识体系已经形成一门独立的应用型学科,成为高等学校人才培养的一个专业。市场营销学科(专业)的核心课程主要有市场营销原理(又称市场营销学)、营销策划和营销管理等,此外还包括市场调查研究、消费者心理与行为等基础性课程,以及销售业务、商务谈判与沟通、广告传播、公共关系和促销活动等应用性课程。

在市场营销学科(专业)的核心课程中,市场营销原理(市场营销学)的理论研究起步比较早,中国引进的时间也比较早。但是,对于营销策划的理论研究,时间还不长。美国20世纪五六十年代才出现"Marketing Planning",日本六七十年代出现"企画""企划",中国港台地区七八十年代出现"营销企划",中国大陆沿海改革开放地区80年代后期在企业促销层面开始运用广告策划、公关策划和促销活动策划,90年代中后期营销策划课程才进入我国高等学校营销课堂。在我国,营销策划课程的内容体系、知识架构和研究方法,至今尚未形成一致公认的具有科学性的理论成果,因此我们认为它暂时还不能称为营销策划学。同时,这也是营销理论工作者应该加快深化营销策划理论研究的原因所在,我们正为此而努力着。

在学科理论上,营销策划与市场营销原理(市场营销学)的联系是:市场营销原理是专业基础课程,营销策划是专业应用课程。市场营销原理研究市场营销的基本规律和策略,是开展营销策划应该遵循的科学依据与策略基础。营销策划是市场营销原理的规律和策略在企业营销实践活动中的科学化与艺术化运用。营销策划必须运用市场营销原理揭示的规律和策略,才能正确分析出营销实践中的深层次问题,并通过科学理性的思考与艺术感性的思维活动,才能产生富有建设性意义的营销策划创意和方案,有效地解决营销实践中存在的各种各样的问题,实现具有挑战性的营销目标。因此,学习营销策划,必须事先学习市场营销原理,打好市场营销的理论基础。而市场营销原理的成功运用,也必须深入学习营销策划,以培养、锻炼和提升运用理论知识灵活解决实际问题的能力。

在营销实践中,营销策划与市场营销活动的联系是:营销策划是企业整体市场营销活动中的一个重要构成部分,是企业整体市场营销活动的启动器和发动机。在企业整体营销活动中,包括营销策划、营销执行和营销管理等环节。营销策划处在市场营销活动的上游环节,是产生市场营销活动创意和设计的思想库,是启动市场营销活动的先遣队,是引领市场营销活动方向的教导队或领航员。市场营销活动的本质要求是先"营"而后"销",谋定而后动,因此,营销策划是市场营销的核心,是市场营销的大脑和神经中枢。

三、营销策划的内容范畴

营销策划的内容范畴主要有营销战略规划与营销战术策划两大方面。

营销战略规划是针对企业战略发展方向、战略发展目标、战略重点与核心竞争能力的宏观策划。营销战略规划的内容包括营销战略目标规划、营销战略重点规划和营销战略实施规划三个方面。

(1)营销战略目标规划。企业经过内外环境分析,将外部机会与威胁同内部优劣势加以综合权衡,利用优势,把握机会,消除劣势,避免威胁,从而选择企业的营销战略模式。战略模式一般来说有三种:成本领先战略、差别化战略、集中战略。企业营销战略模式确立以后,可根据企业的营销现状,确定企业未来一定时期的营销战略目标,如品牌知名度与影响力、产品的市场占有率、企业在同行业中的地位、完成战略目标的时间期限等。

(2)营销战略重点规划。通常是根据企业已确定的市场营销战略目标,结合企业的优势,如品牌优势、成本优势、销售网络优势、技术优势、质量优势等,确定企业的营销战略重点,并通过不懈的努力,打造企业的核心竞争力。有时也可针对企业营销战略目标实现必须解决的重大问题和主要短板,确定企业的营销战略重点,打造更具系统竞争力的企业。

(3)营销战略实施规划。企业营销战略的实施规划可以分为短期战略规划、中期战略规划及长期战略规划。短期营销战略规划的要点包括保持企业不被挤出传统市场及扩大新市场潜入能力。中期营销战略规划的要点包括:① 扩大新市场潜入能力和开辟未来市场;② 开发新产品,改善产品结构;③ 克服竞争威胁。长期营销战略规划的要点包括:① 面向未来市场,利用新兴技术,开发全新产品,引导未来市场,创造全新市场;② 面向社会发展、时代需求和市场浪潮,调整企业的产业结构和市场构成,保持企业长久发展活力。

营销战略规划是企业高层管理者必须思考和决策的问题,但由于战略规划所面对的未来环境和发展趋势具有很多的不确定性,因此营销战略规划是方向性和框架性的规划,而不是具体性与细致性的策划。因此,本教材并没有将营销战略规划作为营销策划课程内容的研究重点。

营销战术策划是指实现企业营销战略的策略、战术、措施的策划。企业营销策略和战术是同企业的市场营销战略相联系、相衔接的。在企业的营销战略确定后,必须制定营销策略和战术,以贯彻实施市场营销战略。如果没有营销策略与战术措施上的支撑,营销战略也会落空,而营销战术和策略也必须根据营销战略来制定,以全力支持营销战略目标的实现。

营销战术策划的过程包括五个环节:① 市场调研,即通过市场调查研究,发现消费需求,分析竞争对手;② 市场细分,即将各种不同类型的市场进一步划分为若干个顾客群或市场面;③ 市场优选,选择若干个最适合本企业经营的细分市场作为自己的目标市场;④ 市场定位,即在消费者心目中建立起与众不同的企业形象、品牌形象和产品形象;⑤ 在上述基础上策划营销策略组合,即产品策略、价格策略、渠道策略和促销策略。从而形成营销战术策划的市场定位策划、品牌策划、产品策划、价格策划、分销渠道策划、广告传播策划、公关传播策划、促销活动策划,以及由上述内容构成的整合营销策划。

营销战术策划是企业市场营销部门的主体工作,也是本书研究的重点,本书的研究架构正是基于这样的考虑设置的。

四、营销策划的组织形式

营销策划的组织形式主要有企业自主型策划和外部代理型策划两种。

企业自主型营销策划,是指企业成立营销策划部门,如市场部、广告部、公关部或营销部等,自主承担营销策划职能,自主开展营销策划工作。企业自主型营销策划的特点是:策划人员比较熟悉企业内部的资源状况和条件,熟悉行业和市场状况,策划的营销方案可操作性比较强,但方案的创意设想和理念设计容易直接受到企业文化、管理体制、企业领导人个性与观念以及企业内部组织关系与人际关系的影响,因而可能缺乏创新,难以跨越与突围。

外部代理型营销策划,是指企业委托从事营销策划的专业组织机构(如营销策划公司、营销咨询公司、广告公司或公关公司等)代理企业的营销策划工作,企业有偿购买营销策划方案。有的企业也委托高校及科研机构的专家、教授参与营销方案策划。代理方式有综合性代理、单项性代理、长期整体代理和短期项目代理等。外部代理型营销策划的特点是：显性费用较高、隐性费用较低，但创意新颖、视角独特，理念设计理论性、系统性强，策略分析和推演逻辑性强。不过，由于对行业、企业、市场的具体情况以及营销实际运作缺乏深入、细致的了解，可操作性可能不强。

实施外部代理型营销策划的企业，不是不需要设立相应的营销部门，而是将营销部门的职能主要定位于对营销策划代理机构的管理，而不是营销策划方案制定本身，因此其人员编制数量和人力资源素质要求与自主型营销策划的企业有所不同。实施自主型营销策划的企业，也需要在一定范围内采用外部代理型营销策划，因为企业不可能拥有那么多的人力资源，可以成功包揽所有营销策划项目，有些营销策划项目需要整合社会上的营销策划组织资源，通过有偿代理服务的方式进行合作才能有效展开。

五、营销策划的特征与本质要求

正确认识与准确把握营销策划特征与本质要求是成功开展营销策划的条件之一。成功的营销策划一般具有创造性、效益性、可行性和应变性四大方面的特征，这些特征也是成功开展营销策划的根本性要求，不按照这些特征和要求开展营销策划就难以取得营销的成功。

1. 创造性

营销策划的创造性，是指营销策划必须运用创新思维，提出解决市场问题，实现营销目标的新创意、新方法，甚至创造新的生活方式和消费观念，唤起消费者的购买欲望，把潜在消费者转化为现实消费者。

营销策划的创造性特征源于市场营销环境的复杂多变、市场营销问题的层出不穷和市场营销目标任务的艰巨与挑战。要在发展多变的环境中找到出路，解决不断出现的新问题，完成艰巨的目标任务，不能依赖过去的经验与模式，过去的成功方法可能因为反复运用导致效用衰减，也可能因为竞争导致失灵。过去的成功经验还可能因为环境、条件与任务的变化成为未来成功的陷阱。因此，必须运用新视觉、新思维，提出新策划、新方法。

2. 效益性

营销策划的效益性是指营销策划必须以最小的投入使企业获得最大的收益。企业营销策划的根本目的是取得经济效益，否则就有违企业开展营销策划的初衷,就是失败的营销策划。

　　市场营销策划不同于军事策划、外交策划,企业的营销策划实施之后必须产生直接的经济效益和传播效果。企业营销策划无论是以无形、间接的品牌形象还是以有形、直接的经济利益为目标,最终都是要增加企业效益的。因此,效益的高低,就成为在风云变幻的市场中检验营销策划方案优劣的最直观的标准。对于绝大多数企业来说,即使是参加公益慈善活动,也是为了提高企业或者品牌的知名度与美誉度,树立企业形象,增加品牌资产。效益性是营销策划活动中最内在,也是最根本的要求。

3. 可行性

　　营销策划不同于普遍适用性的营销理论,不同于方向指导性的营销策略,也不同于宏观把控性的营销原则,营销策划必须具有特定资源约束条件下的实施可行性。营销策划的可行性,首先是指营销策划方案能够操作实施,无法在实践中操作执行的策划方案,其创意再新奇也毫无价值可言;其次是指营销策划方案必须易于众多参与方案执行的部门和人员操作实施。企业的人力、财力资源都是有限的,操作过程中如果出现一系列无法解决的难题,就必然会耗费大量的人力、物力和财力,使企业难以承受或投入大于收益。可行性是营销策划方案有无实际执行价值的衡量标准。

4. 应变性

　　企业是处在自身不可控制的动态变化的营销环境之中的。实践表明,在策划的设计和实施过程中,有可能遭遇一些对策划产生巨大影响的突发事件和风险因素。如政府政策的变动、经济因素的变动、社会舆论的影响、法律的调整、竞争对手的反击、恶劣气候的出现和自然灾害的发生等等。这就增添了策划的风险性。突发事件与风险一旦发生而无应对措施,就很有可能导致策划的流产。因此,在进行营销策划时,应尽量对各种可能的意外情况和风险因素进行预测分析,制定相应的对策,以增添营销策划的灵活性和应变性。对于媒体舆论误导、公众误解、设备故障、气候变化等风险因素,可以事先预估,提前防范并制定应对措施;对于政策变化、法律变化、社会动乱等企业自身不可控因素,应随时注意时势变化苗头,及时采取措施,把风险发生时所造成的损失和危害降到最低。

第二节　营销策划思维

营销策划是基于现实对未来发展目标与实现途径的思考。因此,营销策划的思维路径是这样一系列问题的有序推演:我们现在在哪里?→我们要到哪里去?→我们怎么去那里?→我们这样去行吗?→我们是否走在通往目标的路上?→我们是否到达了目的地?

与这些问题相对应,营销策划的运作流程依次由下列环节构成:营销现状调研、营销目标规划、营销方案策划、营销方案论证、营销执行控制和营销效果评估。如果我们的营销策划方案实施、执行后达到了预定的目标,那么这就是一个成功的营销策划,否则,就不是成功的营销策划。

一、营销现状调研

营销现状调研是营销策划的基础。营销策划是对企业未来营销工作的思考,但是必须从对企业营销现状分析着手。

营销现状调研的内容首先是目前企业营销工作的成果与问题,也就是企业目前的营销业绩、市场地位与现实问题。企业年销售规模(数量和金额),市场份额和行业排名,品牌知名度、美誉度和忠诚度,盈利数额和水平等经营指标是营销现状调研必须重点研究与分析的指标。

营销现状调研的内容其次是营销成果背后的营销策略措施以及形成营销问题背后的原因。目标市场选择与定位是否准确、产品策略是否得当、定价是否合理、分销渠道是否对路、广告公关和促销是否打动了目标消费者等营销策略运用的好坏与营销策划水平的高低是形成营销局面优劣的主要因素。此外,销售队伍与经销商队伍的管理与控制、生产与销售的协调与控制、销售与物流的衔接与配合等营销管理手段和水平也是支持营销成果或造成营销问题的重要原因。营销策划需要将支持营销成果的营销策略和管理措施提炼出来持续强化,形成自己的营销竞争优势,并将形成营销问题的原因查找出来,在新的营销工作中加以解决或改进,从而防止营销问题的再次发生,为创造积极有效的营销业绩消除负面影响。

二、营销目标规划

确立营销目标是明确营销努力方向和营销策划方向的重要环节。在营销现状调研之后,应按照以下步骤开展营销目标规划:

(1) 分析宏观环境,对经济增长和市场总体变化做出趋势性预测。宏观环境的分析因素包括政治环境和政府政策、经济环境和经济发展、科技环境和技术创新、社会环境和文化潮流等。

(2) 分析微观环境,对影响行业发展和市场总量的直接因素进行研究,如行业发展趋势和竞争对手动态、替代产品的多少及其影响程度、供应与分销等产业链的衔接与协调、消费者总体规模和结构变化等。

(3) 在宏观环境与微观环境分析的基础上,对行业总体市场规模与市场结构的重大变化做出科学的分析预测。

(4) 在行业市场预测的基础上对企业的营销目标做出规划和决策。这既需要客观原则,也需要积极的态度。因为在行业市场总量一定的条件下,各个企业的市场能够做多大,与每个企业原来的市场基础、内部资源状况相关,也与每个企业的进取意识相关,一般的企业能够保持行业总体的平均增长水平,优秀的企业则能大大超过行业平均增长水平。

企业的营销目标规划需要明确营销前进的方向与里程、营销目标的数值与增幅、达到营销目标的时间和进度。主要关键指标必须包括销售规模(数量和金额)、市场份额(数值与排名)、品牌成长(增长数值和幅度)和经营利润(数值与排名)等四大方面。

企业营销目标规划需要在企业营销策划部门和企业高层领导之间反复讨论研究才能确定下来,有时可能还需要借助外部专家参与分析、研究和规划。

三、营销方案策划

企业营销目标一经确定,紧接着就需要策划达到营销目标的营销方案。正确而有效的整合营销方案策划应该按照以下流程和方法展开:

1. SWOT 分析和营销战略推演

在这个环节中,通过企业优势、劣势和市场机会、威胁分析,推演出企业的营销战略,具体分析推演步骤如下:

（1）企业优势分析；

（2）企业劣势分析；

（3）市场机会分析；

（4）市场威胁分析；

（5）分析企业劣势是否影响企业抓住市场机会；

（6）分析企业劣势是否会与外部市场威胁叠加共同影响企业；

（7）分析企业优势是否能够化解以及如何化解市场危机；

（8）分析企业优势是否能够抓住以及如何抓住市场机会；

（9）进行企业营销战略重点和营销竞争优势推演。

2．目标市场选择与定位

（1）市场结构分析与市场细分；

（2）目标市场评估与选择；

（3）目标市场定位；

（4）目标消费者描述（人文与生活形态特征、消费心理与购买行为特征）；

（5）品牌与产品定位及其表述。

3．产品策划

（1）产品开发与消费者利益提炼；

（2）产品形象与包装策划；

（3）产品结构与产品组合策划；

（4）产品生产节奏与计划安排。

4．价格策划

（1）产品价值、利益和基本价格定位；

（2）分销环节与价格体系设计；

（3）产品结构与价格结构设计；

（4）价格竞争与价格动态调整。

5．分销策划

（1）市场区域选择与分销布局设计；

（2）流通环境分析与分销模式选择；

（3）分销渠道设计与分销网络建设；

（4）销售政策制定与分销动力设计。

6．促销沟通策划

（1）消费者利益与广告诉求定位；

（2）消费者兴趣与广告创意呈现；
（3）消费者媒体习性与广告媒体选择；
（4）市场销售规律与广告时机选择；
（5）沟通传播目标与广告预算计划；
（6）销售队伍搭建与人员销售措施；
（7）市场形象建设与公共关系活动；
（8）销售启动或提升与促销活动攻势。

四、营销方案论证

营销策划方案出台之后，需要进一步论证方案的可行性后方可批准执行。论证的作用在于完善营销策划方案，防止方案出现失误和漏洞，规避方案缺陷带来的实际损失或潜在风险。

营销策划方案论证的形式主要有内部提案讨论修改完善、第三方专家咨询评估和小区域市场小规模模拟测试等。论证的内容主要包括：

（1）市场背景、市场发展趋势分析与营销目标规划的合理性与可信度；
（2）SWOT分析和营销战略重点推演的逻辑性与合理性；
（3）营销策略的市场作用机理是否成立；
（4）营销策划方案的预期目标是否具有可能性；
（5）营销策划方案的执行成本与风险是否可控；
（6）企业营销资源能否支持营销策划方案有效执行，等等。

营销策划方案的论证要深入、仔细，不可敷衍了事、走过场搞形式，同时要加强论证过程中的保密措施，防止营销策划方案泄密。在信息传递非常方便的网络时代，尤其要加强营销策划方案的保密工作。

五、营销执行控制

营销策划方案论证通过以后，企业的营销决策方案需要坚定不移地贯彻执行。在营销方案执行过程中，营销管理者要加强执行力和营销管理力度，保证营销策划方案执行到位。营销策划人员在策划方案的执行过程中，要深入营销一线，进行营销策划方案执行前的动员与培训及执行中的辅导与矫正纠偏，并研究执行中出现的新情况、新问题，及时采取措施加以解决。

六、营销效果评估

营销方案执行之后,要对照营销目标,对营销效果进行评估。对于达到或超过营销目标的优秀营销成果,要注意分析总结经验,尤其是营销策略方面的经典方案与关键措施,要坚持下来并形成自己的营销特色和竞争优势;对于没有达到预定营销目标的营销结果,既要认真分析没有达到目标的主观与客观原因,更要注意总结教训,尤其是营销策略方面的重要差错与败笔,防止下次再犯同样的错误。

营销方案的执行和营销效果的评估虽然不是营销策划方案制定本身的工作,但是出于营销策划工作循环与系统考虑,这两项工作又是营销策划整体系统不可分割的部分,因此也需要营销策划人员深度关注。而对过往营销方案执行与营销效果的评估总结,对于今后营销方案的策划具有重要价值。

第三节 营销策划谋略

一、审时度势,因势利导

审时是对企业发展与营销运作时间背景的深度理性思考。度势是对企业发展与营销运作环境背景的深度理性思考。时局和形势都是企业发展和市场营销策划必须依据和适应的宏观因素。

(一)审时的理性思维

审时需要重度思考三个层面的问题:一是在"宏观"时代背景下,社会发展的趋势是什么?时代给企业发展带来了什么样的机遇和挑战?二是在"中观"时机背景之下,应该如何发现和把握市场机会?比如新产品上市、品牌延伸与行业扩张的时机是否成熟?三是在"微观"时间背景之下,企业发动的营销战役、举办的促销活动在何时开展最为合适?

通过以上三个层面问题的思考,我们可以发现,审时必须从宏观到微观,做到顺应时世、把握时机和择定时日。

1. 顺应时世

时世的变化会带来市场和产业的变化,有些市场会兴起,有些市场会消失,产业也因此有兴衰。在企业发展的战略问题上,应该头脑清醒,明察时世,顺应潮流,借助时代发展的动力推动企业的发展。这样就像顺水行船,一帆风顺,否则就像逆水行舟,事倍功半,还有可能被时代的浪潮淘汰。

20世纪80年代,是以IBM为代表的计算机硬件时代;90年代,是以微软为代表的计算机软件时代;21世纪头10年是互联网的时代。现在移动互联网独领风骚,苹果等公司在这一轮周期中崛起。

2. 把握时机

在顺应时世的基本方向和基本前提之下,营销策划还需要准确地掌握时机,正确地把握市场机会。

对市场机会的认识应提高到战略高度。只有从战略高度来分析和把握市场机会,才能充分认识市场机会对于企业生存与发展的重要意义。市场机会的战略运用,按其深度与难度可分为三个层次:

(1) 利用现实机会。这是市场机会战略运用的第一层次。现实机会是已经被发现并被证实有利可图的市场机会。利用这样的市场机会一般风险较小,投入不多,收效较快。因此,对于中小企业、需要迅速摆脱困境的企业来说极具现实意义,是一种最佳选择。但正是由于现实机会的易发现性、易操作性、低风险性及速效性,往往会出现一哄而上的现象。所以有远见的企业,有一定经济实力的企业,有能力开发与培育市场机会的企业,应该把战略眼光放远一些,以更高层次地运用市场机会。

(2) 预测未来机会。这是市场机会战略运用的第二层次。如果说现实市场机会是消费者目前尚未完全满足的消费需求,那么未来市场机会就是未来一定时期内消费者将会出现的新消费需求。如果一个企业预先掌握了未来市场机会,早做技术准备和市场准备,就能在机会真正到来时迅速推出产品,抢先一步占领市场,取得市场竞争中的"先手优势"。企业的发展不能完全依赖于现实市场,而应建立在未来市场基础之上。因此,未来市场机会的预测与把握实属企业发展之必然选择。但由于对未来市场机会的分析与预测有一定的难度和偏差,因而也就存在着一定的风险,所以不是所有的企业都敢于把命运押在尚不确定的未来市场机会上。也正因为如此,在未来市场的竞争中,竞争者的数量相对较少,敢于预测和利用未来市场机会的企业将会打造一片属于自己的广阔天空。

（3）创造全新机会。这是市场机会战略运用的最高层次。尽管利用现实机会和预测未来机会存在难度与层次上的差异，但两者本质相同，都是顺从、适应市场需求。然而，消费者的意愿与偏好并不是不可改变的，消费需求也是有弹性的，消费需求的引导与培育并不是不可能的。因此，市场机会最高层次的运用就是采取最先进的生产原理与技术开发全新产品，主动大量地利用各种宣传教育工具与传播媒介启发消费意识、引导消费需求，为自己创造出一个全新的市场机会。回顾过去，在无法记录和保存声音的年代，录音机生产技术的发明曾经创造了一个全新的市场机会，移动通信技术的发展则为手机市场创造了一个崭新的机会。展望未来，技术发展会越来越快，传播沟通也会更加迅速而直接，因此，更多的全新机会将会被创造出来。在当下看来，智能制造技术和智能终端产品将会带来广阔的市场机会。

市场机会的战略运用架构出企业运用市场机会的总体思路，但具体市场机会的把握与操作还需讲究一定的战术技巧。

（1）抓住显在机会，捕捉潜在机会。显在机会就是市场已经表现出来的消费需求，消费者正在寻找能够满足其需求的产品。因此，抓住显在机会是一种明智、现实而稳妥的抉择。但是显在机会很快就会形成供给过剩。所以一定要去寻找尚未表现出来但已经潜伏在市场之中的潜在机会。这种市场机会形成的消费需求，也许已经存在于消费者心目中，但可能还处在潜意识状态，暂时尚未表现出来，但这种蛰伏于消费者心中的消费欲望总有一天会爆发出来，显现在消费者的清醒意识之中，变成一种购买欲望与冲动。谁能提前发现这种尚处在萌芽状态的潜在机会，谁就有可能率先开辟一个崭新的市场。

（2）抓住主导机会，推测关联机会。主导机会是由消费者的主要消费需求构成的，抓住主导机会就等于抓住了规模巨大、效益可观的主导市场。在一个主导机会的背后或边缘往往还存在不少关联机会，抓住这些关联机会也能使新成立的企业、规模较小的企业有一个良好的开端和起步。

（3）正视均等机会，重视非均等机会。均等机会是对各企业优势基本均等的市场机会，非均等机会是只对某些企业具有相对优势的市场机会。对于均等机会，有两种态度：一种态度是群起而上，互不相让；另一种态度是既然是谁也搞不出高人一等的优势，不如舍弃，另择良机。对于非均等机会，如果机会垂青于我，那就应该加倍珍惜，好好利用。如果机会对我并无优势，那应及早放弃。当这两种机会同期而至时，应该如何选择呢？我们认为，应该重视非均等机会，正视均等机会，及时抓住对自己有利的非均等机会。但是否同时也要同其他企业一起去争夺均等机会,这要冷静分析、正确处理。如果企业确有精力和财力,可以同时把握两种机会,开发两个市场。否则,不如舍弃均等机会,集中精力开发利用非均等机会,形成自己的独特优势。

（4）透视热点机会,审视冰点机会。热点机会是普遍看好的市场机会,冰点机会则是一般认为前途不大的市场机会。事物总是辩证的,热点机会虽然行情不错,但由于介入者众多,竞争激烈,平均市场份额与获利水平并不高。相反,由于冰点机会不受重视,介入者为数甚少,竞争较少,个别企业独具慧眼,单兵进入,往往会获得意想不到的成功。

（5）锁定实态机会,跟踪动态机会。实态机会乃现时状态下实实在在的市场机会。对于这种几乎没有风险的市场机会,相信谁都不会抛弃。但市场是变化的,如果对市场变化没有高度警觉,不随时跟踪市场变化,死守老一套,是注定要失败的。

（6）预捕前兆机会,抢抓突发机会。前兆机会是事前有预兆的市场机会。突发机会是受偶然因素、突发事件的影响而形成的市场机会。当前兆机会即将出现时,企业应该抢先一步占领市场。突发机会的出现不可预知,成功利用突发机会的秘诀就在于抢时间、抓速度。因此,一个企业反应速度如何,应变能力如何,就成了能否利用突发机会创造独特优势的关键。

在把握市场机会的同时,还需要把握好营销"策划时机",在正确的时机点上推出营销策划活动,能使营销策划活动获得更大的成功。例如,社会重大事件通常是媒体与公众关注的焦点和热点,企业如能借势推出与之相关的活动,常常能赢得新闻媒体的关注、支持以及社会公众的热情参与,使营销活动开展得轰轰烈烈,收到更好的效果。

3. 择定时日

在准确把握了市场机会、紧紧抓住策划时机之时,还必须仔细分析各种可能影响到策划活动过程与效果的内部因素与外部因素,科学预测其对策划活动过程和效果的影响方式和影响程度,从而正确选择活动开展的日期。同时,应尽可能避免与强势品牌及强势产品同期而遇。因为如果有强势品牌、强势产品同时出击,信息干扰会很大,竞争会很激烈,投入会增加,而效果会降低。所以策划前必须获取这些情报。也不要与重大政治活动同期推出,以免活动策划难以形成新闻焦点或社会热点。比如,中央电视台黄金时段广告招标会前8年都定在每年的11月8日举办,而2002年由于与党的十六大同期,因此改在11月18日举行,2012年也是在十八大闭幕之后举行的。

（二）度势的运筹帷幄

"审时"常常和"度势"连在一起。"审时"是指对策划所处时世、时局、时机的判断，"度势"则是指对策划所处环境、格局、条件的分析。我们在这里将态势分为缺势、得势和涨势三种类型，在不同的态势下，我们将采取不同的具有针对性的运作谋略。

1. 缺势状态的营销谋略

缺势即在市场竞争格局或者消费者认知资源中，企业本身或者企业新推出的品牌与产品尚处在缺乏实力、缺乏影响的无势或弱势状态。在这种态势下，一般有三种谋略可选择：

（1）借势出发。

在缺势状态下，如果硬性推出某些营销举措与活动，结果往往是投入大影响小，没有什么反响，难以产生良好的市场效果。借势，即巧借他势为我所用，通过与消费者熟悉的概念认知联系起来，与有实力的企业或有影响的事件联系起来，从而顺利并迅速地获得消费者的认知，借此顺势推出自己的营销举措，从而达到营销策划的目的。

借势的对象与方式多种多样，可以灵活运用。比如：

① 借助消费者的消费认知与消费习惯。由于时间的积累，消费者会以自己的消费经历和消费者之间的消费口碑，形成一些消费印象认知和习惯性的消费行为模式，这些都是可以无偿借用的市场势能。

② 借助消费者和公众熟悉的概念、事物、科学认知与生活常识。消费者通过学校学习和经验积累起来的知识和概念，也是企业可以无偿借用的市场势能。比如，在策划荣事达服务时，策划者巧妙地借用"红地毯"和"三大纪律，八项注意"等被公众所熟知之势，成功推出了荣事达服务形象。

③ 借助社会风俗习惯。传统的社会风俗习惯是一种与消费和市场相关的强大社会行为势能，也是企业可以无偿借用的势能，比如春节回家过年、中秋团圆赏月等都是可以借势的对象。

④ 借助社会流行时尚。社会流行时尚以其时尚吸引消费者关注，以其流行形成力量，因此也是值得企业借用的势能。借用社会流行时尚，企业也可以搭便车而不用付费。

⑤ 借助名人效应或明星效应。名人是社会尊敬的重要人物，明星是社会关注的焦点人物，他们的言行具有广泛的带动作用，因此具有相当大的社会价

值和市场价值,也是值得营销借势的对象。不过,这是需要付费的。

⑥借助公众关心的体育赛事、文化娱乐活动和重大社会事件等社会热点。社会热点事件和社会热点问题由于吸引着社会大众的注意力,因此在借势上也具有重要价值。

⑦借助政府政策。在推动经济发展的过程中,中央和地方政府都要制定一些支持和鼓励性的政策,这些政策是相关企业可以借势的政治力量与政策势能。而且凭借政策势能,一般机构和部门都不得不改变过去限制性或歧视性的做法,为企业打开方便之门。

⑧借助社会公共资源。已经超过知识产权保护期的名诗名句、名歌名曲,已经成为全社会的文化遗产,是大家都可以无偿借用和引用的社会公共财富和资源,由于其具有深厚的社会文化价值,非常值得企业重视、珍惜和利用。没有超过知识产权保护期的名诗名句、名歌名曲,也可以与著作权所有人协商,有偿使用,以借其影响力之势,比如"娃哈哈"和"步步高"的品牌名称等。

⑨借助相关产业资源。宝洁公司的洗衣粉在中国开拓市场时,曾经与消费者熟知且市场占有率最高的三个洗衣机品牌——小天鹅、海尔和荣事达开展联合推荐、联合促销活动,在宝洁公司洗衣粉的包装袋上印上三大洗衣机品牌联合推荐的文字内容,在三大洗衣机品牌的产品包装中放置宝洁公司的洗衣粉,免费赠送给购买洗衣机的用户。

⑩借助竞争对手资源。市场上的竞争对手也具有借势的价值。市场领导者由于其市场影响力大,具有借势的价值,市场挑战者在市场的发展过程中也在积累和增添其市场影响力,因此也有借势的价值。借助市场领导者成功的市场概念,或贴近市场领导者进行产品或形象营销,都是借势扩大小企业影响的巧妙做法。借助市场挑战者的挑战概念与挑战攻势,往往也能获得更多的公众与媒体关注,从而形成有利的营销传播与认知环境。

(2)造势出击。

借势通常要采取依附策略。因此往往在帮助自己的同时也帮助了别人,同时也存在一定的依赖他人的负面印象。在实际运作中还存在一个"借势对象"是否合作与支持的问题,同时,借势成事的速度也难以自由掌控。因此,有些有个性、有财力的企业一般采取自己造势的方式谋求对企业有利的形势。一旦造势成功,品牌形象和市场销量将会迅速提升。

造势需要投入大量资源,因此要有远大的战略眼光和雄厚的资金实力作为支撑。但造势也存在很大风险。当国人完全不知道VCD影碟机为何物时,万燕以高投入展开的消费教育运动开创了一个新行业。但由于后继乏力,无奈由行业先驱沦为行业"先烈"。在实际策划运作中,为了克服单一造势的风险性,加快"成势"的速度,增强"势能"的高度与力度,也可以造势与借势并举。

（3）蓄势待发。

借势造势的好处是明显的,但缺点也是无法掩盖的。如果无势可借怎么办？如果他人有势不借怎么办？如果造势不成怎么办？这些情况都有可能出现。因此,有些时候,企业不得不退而求其次,正视现实,不轻举妄动,从长计议,低调蓄势。蓄势,即卧薪尝胆,苦练内功,强身健骨,等待时机。时机不成熟、实力不强大时,不做出头鸟。

TCL是1992年才进入彩电行业的,应该说进入时间比较晚,在其迅速成长的过程中,TCL一直内敛低调,精心蓄势。通过有计划的市场推广、"以速度冲击规模"、千店工程与销售网络精耕细作等策略的实施,不仅做大而且做强了。2001年,在众多彩电企业销量下滑、经营亏损的情况下,TCL一举取得了销售量、销售额和经济效益三项全国第一,成为彩电行业新领袖。在苦练内功、蓄势待发的过程中,TCL没有把竞争矛头对准国内同行,也没有挑起价格大战以清理门户,其蓄势待发、与时俱进的市场影响与市场地位是谁都无法否认或漠视的。而在2004年并购法国汤姆逊和阿尔卡特进军国际市场之时,TCL过于冒进,并不具备全面快速国际化的企业实力,结果经历了长达7年的"折磨"才实现"鹰的重生"。

2. 得势状态的营销谋略

得势,即在市场竞争格局中,企业处于拥有实力和影响力的有利与强势状态,比如华为通信行业、海尔在家电行业、联想在电脑行业；或因企业的市场地位、品牌形象、竞争策略与经营作风,处在政府、公众、消费者和新闻舆论支持的有利形势下。

处在得势地位的企业当然要善于仗势用势,趁势出击,趁热打铁,以取得市场竞争的完全胜利和社会公众的广泛认同。但要注意竞争手段与方式的规范性与合法性,不要给人留下仗势欺人的印象,以免损害品牌形象。

3. 涨势状态的营销谋略

涨势,即在市场竞争格局中,企业处在综合实力和市场影响见涨的状态。一种涨势是在缺势和弱势状态下,通过蓄势、借势、造势等努力发展起来的,即由弱到强逐步成长；另一种是在原来得势、强势的状态下进一步发展而来的,即优者更优,强者更强。在涨势状态下,企业应该运筹帷幄,不断延势增势,通过各种营销策划活动,使得企业的强势循环往复,不断提升,不断加强。

二、守正出奇，正合奇胜

营销策划必须在遵循规律的基础上创新取胜。遵循规律是守正，创新取胜则是出奇。"正"与"奇"关系处理的本质就是企业、消费者和竞争者三者之间关系的正确处理。正确处理好这三者之间的关系，营销才能步入正途。

（一）古代军事奇正思维

《老子》曰："以正治国，以奇用兵"。

《孙子兵法》兵势篇曰："凡战者，以正合，以奇胜。故善出奇者，无穷如天地，不竭如江河。终而复始，日月是也；死而复生，四时是也。"意思是说，一般作战，总是以"正兵"当敌，用"奇兵"取胜。善于出奇制胜者，战法运用的变化就像天地运行一样无穷无尽，像江河流水一样不会枯竭。

"战势不过奇正，奇正之变，不可胜穷也。奇正相生，如循环之无端，孰能穷之？"作战的方法不过"奇""正"两种，但是"奇""正"之间的相互转化却是无穷无尽的。孙子非常重视"奇""正"之间的关系，并重点强调"奇"的作用和"奇"的运用。这在两军对垒的军事战争中是非常重要的。

（二）现代营销奇正思维

1. 守正重于出奇

现代营销同样要重视"奇"与"正"的关系以及"奇"与"正"的运用。然而，治国护国的最高境界是"拥兵"但不一定要"用兵"。在现代营销中，"以正治国，以奇用兵"的思想更应该值得崇尚。因为，由于现代营销不仅要考虑竞争双方甚至是多方的关系，还要考虑企业与消费者的关系，这与古代两军对垒时的作战背景、作战目标等都是不一样的。在两军对垒的作战背景下，消灭敌方就是胜利，消灭敌人就是作战目标，故奇胜最重要。在现代营销战争中，存在多个竞争对手共同争夺消费者的局面，赢得消费者是战争的最终目标，消灭竞争者不是战争的最终目标。消灭某个竞争对手但没有赢得消费者，不是战争的胜利；没有消灭任何一个竞争者但是赢得了消费者，反而是战争的胜利。因此，在现代营销战争中，赢得消费者是比消灭竞争者更重要的战争目标。但是，赢得消费者的根本方法不是消灭竞争者的"奇"，而是迎合消费者的"合"。

我们认为，以"奇""正"辩证思想来处理现代营销战争中的企业、消费者和竞争者三者之间的关系,最根本的准则是:以"正"赢得消费者,以"奇"战胜竞争者。以"正"赢得消费者是营销策划以及营销取胜的根本,以"奇"战胜竞争者是营销策划以及营销取胜的表象。在营销战争中,可以甚至需要"出奇",但前提和根本是"守正"。离开或者背离"消费者正道"的任何营销创新"出奇"都是没有市场意义的资源耗费。在现代市场营销中,必须先守正再出奇,正合才能奇胜,这就是对"守正出奇,正合奇胜"运用于现代市场营销的核心理解。

2. 守正之本是创造顾客价值

"正合消费者"的根本含义,就是为消费者创造价值。"奇胜竞争者"的关键策略就是比竞争者更好、更快地为消费者创造价值。在营销策划上总是琢磨出奇,很有可能会走上邪路。市场营销在发达国家自诞生至今已有一百年,中国改革开放引进市场营销也已经超过了三十年。我们已经进入了营销无处不在的时代。然而与真正的营销科学与艺术混同在一起的还有过度营销与欺诈营销,现实当中,一些无良商贩假借营销的名义招摇撞骗,妖魔化了营销,他们在损害消费者利益的同时也损害了营销的声誉。我们需要厘清营销的本质,把握营销的真谛:创造、传播和交换价值。

守正首先要"正心",奉行价值营销理念。德鲁克认为,企业存在的唯一目的在于创造顾客,因此企业的价值也取决于其顾客:顾客多还是少,大还是小,忠诚还是不忠诚,决定了这个企业值多少钱,而非传统观点所认为的资产。企业只有赢得了顾客的满意和忠诚,才会有未来的盈利保障,而顾客是否满意取决于营销为其创造的价值大小。从顾客导向这个意义上来讲,营销的最高境界是"己欲立而立人,己欲达而达人",营销的底线是"己所不欲,勿施于人",目标远大的营销其实相当于一种慈善活动。

守正其次要"正身",做到"知行合一"。企业所有的工作都是直接或间接为顾客创造价值的。有一句在诠释企业内部将顾客导向落实到自身行动中的话说得特别好:"如果你不是直接为服务顾客,你就是在为顾客服务的人服务。"营销人员必须深入研究顾客的需求,研究其行为规律和行为特点,分析影响购买行为的各种因素。养成从客户的角度看问题的习惯。与顾客沟通时,采用他们熟悉的语言,以及他们喜欢和愿意接受的方式,尊重顾客的意见和建议,以超越竞争对手的方式去满足顾客需求。从这个角度看营销中的销售业务,不是自己卖东西而是帮顾客买东西,是以顾客利益为中心,运用自身专业知识为顾客做出最优的购买决策服务,让顾客在收集信息、评估选择和购买决定过程中得到专业性的建议,从而优化购买决策。

三、洞察市场，牵引消费

在充分审时度势的营销环境分析与守正出奇的营销竞争分析基础上，营销策划还需要认真研究消费者，洞察消费心理，这样才能把准市场的脉搏，研发出符合消费者需要的产品，找到产品和品牌的核心价值，实现与消费者的有效沟通，最终实现营销的目的。

（一）切准市场，遵循规律

营销策划必须切准市场需求，遵循市场规律，否则，就不可能成功。

要切准市场需求，就需要做一定的调查研究。不同的营销策划有不同的调查对象、不同的调查目的、不同的调查手段。调查的形式虽然各有不同，但最重要的要求只有一个，那就是透过现象看到本质，透过消费者的外表和言行，洞察消费者真实的内心，找到消费者心中真正的需要。

脑白金广告是公认的恶俗广告。但是为什么恶俗的脑白金广告不仅打开了市场而且打破了保健品的短命宿论？深入分析脑白金畅销十几年的根本原因在于史玉柱对目标消费者真实内心的准确把握。为了进行市场调研，史玉柱在江阴走村串镇，挨家挨户寻访。由于白天年轻人都出去工作了，在家的都是老头老太太，半天见不到一个人，史玉柱一去，他们特别高兴，史玉柱就跟他们聊天。从聊天中，史玉柱不但了解到什么功效、什么价位的保健品最适合老人，而且知道了老人们吃保健品一般自己舍不得买，也不会张口向子女要。这些鲜活的第一手素材正是史玉柱策划脑白金广告——"今年过年不收礼，收礼只收脑白金"的市场基础。

（二）找准概念，升华主题

通过调研分析找到消费者的内心需要之后，营销策划还需要找到能够击中消费者内心需要的概念主张，并将概念主张升华为具有情感意义的概念主题。概念主张是营销者与消费者之间进行心灵沟通的基本元素，是营销策划的立足点。由准确的概念主张升华而成的概念主题则是营销策划的基准点，是营销策划的灵魂，统率着整个营销策划的创意、构思、方案、形象等要素，使之有机组合成一个完整的策划方案。升华后的概念主题，是形成产品和品牌核心价值的重要元素。

如果史玉柱直接以保健品的产品概念进军市场,肯定不可能成就脑白金后来的市场规模。根据市场调研得到的信息,史玉柱决定绕开给人印象不好的保健品概念,而定位于礼品概念,从脑白金能解决睡眠不好的基本生理功能升华出孝顺父母的情感价值,在广告中直接喊出"孝敬爸妈脑白金"的口号,借助中国老百姓孝敬父母的传统美德提升脑白金的品牌价值。脑白金的主要成分褪黑素的药理作用再加上儿女孝顺的心理作用,自然能使老年人"精神好,睡得香"。但是当2016年脑白金广告"点赞"篇播出时,其"请您为脑白金点赞"的诉求,则已经表明了脑白金市场占有率出现了严重下滑。

在升华策划概念主题的过程中,应该把握好策划概念主题的基本特点与基本要求:

(1)独特。策划的概念主题必须引人注目,能引起公众的注意。策划主题如果没有自己的独特之处,就很容易被淹没,或者不能给人留下深刻的印象。

(2)简洁。策划的概念主题应当简洁,清晰明确,通俗易懂,易于大众媒介的传播和公众的理解与接受。

(3)响亮。策划的概念主题应当具备积极的寓意、强烈的视听冲击、丰富的美好联想,使公众体验到兴奋、震撼,产生参与欲望和行动。

在策划和确定概念主题时,应避免以下三种倾向:

(1)泛化。概念主题不能与别的策划类似或雷同,否则不易突出;一个策划主题只能为一项策划服务,如果既为这一项策划服务又为那一项策划服务,就会使策划主题失去鲜明的个性。如同一个明星同时为几个品牌做形象代言人便失去了个性与魅力。

(2)散化。概念主题太含糊,有太多的主张,且相互之间关联性不强,让人不得要领,印象也不深。

(3)淡化。概念主题没有冲击力与震撼性,没有理论高度与深层内核,缺乏积极意义与兴奋激情,难以调动公众情绪与参与兴趣。

(三)创意呈现,生动演绎

将策划概念主题从抽象的理念,发展为形象生动的创意设计,才能吸引公众的关注。策划的概念主题和创意设计的区别与联系在于:概念主题是抽象的、原始的,创意设计则是形象的、生动的;概念主题是创意设计的基础和原点,创意设计则是概念主题的形象化、情节化和戏剧化表现。

美国家用电器的高端品牌美泰克(Maytag)的产品质量优良,对于家用电器等耐用消费品,消费者又非常重视售后服务。于是,产品质量优良的美泰克设计了这样一个服务形象:寂寞的维修工。在这里,"质量优良"是策划的概念主题,"寂寞的维修工"则是策划的创意设计。

策划的创意设计突围,需要出奇制胜,但"出奇"不是高高在上的惊人之笔,而是要迎合公众心理,增强公众参与趣味。公众对策划活动关注的热情越高,策划也就越有可能成功。要使策划活动和参与者亲密结合,除了提高活动的趣味性和吸引力外,策划者还需将活动环节设计得环环相扣,既能吸引公众参与,又能达到策划的目的。

(四)谋求信赖,寻求支持

策划创意不仅要吸引公众的注意与兴趣,而且还需要取得公众的信任与信赖,赢得公众的支持。否则,无法实现与消费者的有效沟通。因此,善于寻求支持也是非常重要的。谋求信赖的支持手段主要包括以下五点。

1. 技术支持

技术支持就是通过技术原理、技术手段的阐述与引证,对策划创意形成支持。产品推广策划通常要运用技术支持手段。一般来说,一个好的产品推广策划必须明确一个清晰的诉求点、切实的利益点,为了支撑这个诉求点和利益点,策划必须找到若干个有力的支持点。而从技术层面寻求支持点,既具有较强的说服力以取得良好的支持作用,又对提升品牌形象的科技感大有好处。因此,技术支持是一种最常用、最有效的支持手段。

2. 政府支持

有些策划项目必须取得政府批准才具合法地位,方可执行实施,因此必须获得政府支持。有些策划项目从法律角度看,不必经过政府部门核准就可实施,但如果取得有关政府机构、政府首脑或政府官员的认可与支持,并借助其权力、形象与影响,对推动策划的顺利实施、得到公众的信赖和获得与相关部门的合作都将具有重要的作用。

企业投资、并购、扩张与政府的支持同样密切相关。企业投资与政府招商引资关系最为密切,甚至某些企业的价格攻势也必须得到当地政府支持。新技术的应用、新产品的开发与推广如果得到政府的支持,也会更加顺利、更加迅速。如果能够得到政府支持,邀请到重要官员参与企业组织的活动,企业的新闻报道宣传也会绿灯大开,一路通行。企业获得重大荣誉时,策划政府发表贺信贺电,也是寻求政府支持的一种手段。

3. 权威肯定

政府对企业经营活动策划项目的支持一般来说是比较慎重的。因此，不是所有的项目都能够得到政府支持。有些策划项目由于商业目的太过明显、公益性质不突出等原因，政府不便公开支持。在这类不容易获得政府支持的策划项目中，我们需要寻求其他权威支持。

所谓权威支持，就是在理论界、学术界寻求那些具有公认权威影响的专家学者的理论支持、言论支持和行动支持。新产品鉴定、新产品推广常常采取这种方法，比如邀请两院院士级的专家参加新产品鉴定会等。如果难以请出各方专家泰斗聚会，那么分别拜会并收集专家权威笔录评价也不失为一种有效方式。

在寻求权威肯定的过程中，权威的选择与包装也是一个重要的问题。专家不专，业内人士不信任；专家太专，一般公众可能又不了解。而且邀请的专家一定要与行业及企业品牌有直接的关联性。不要将专业领域不相干的专家、与品牌行业属性不搭界的专家硬拉进来。近年来权威专家有被滥用的趋势，有些专家公正性不够、公信力不足、功利性太强，因此被斥为"砖家"，"专家的话你也相信？"成为精明人士告诫朋友脱口而出的语言。这是值得高度注意的，所以一定要邀请不轻易出场、不轻易说话的"真专家"，而不是容易邀请到的只要给出场费什么都可以说的"伪专家"。

4. 名人推荐

名人推荐是营销策划中广泛应用的一种增强消费者认知度和信任感的手段。而对于饮料、化妆品等产品，因广告促销因素在其营销价值链中处在关键地位，在上市之初或改变形象之时使用名人推荐、采用形象代言人则更为普遍。成功的名人推荐和名人代言，不仅要考虑名人目前的知名度，还要考虑其成长前景，更要考虑名人形象与品牌形象的关联性。因此，做好名人形象价值评估、变化预测和一定意义上的名人形象价值管理是非常必要的。

名人广告和名人代言也因某些特殊的原因而存在一定的风险，体育明星和演艺明星的代言推荐，由于存在较多的意外因素，尤其需要慎重考虑和甄选，并需要有备用或紧急替代方案。

2008年奥运赛场上，刘翔因伤痛严重现场退赛。赞助商伊利虽立即替换了预备广告版本，但是原来刘翔在广告中所说的"奥运不只是突破12秒88"已经对伊利的诉求主题"中国，有我更强"产生了不利的影响。而刘翔代言的另一个品牌耐克，尽管事先拍摄了夺冠和非夺冠两个广告版本，但由于没有预料到刘翔因伤痛而现场退出比赛这一情况,结果这两个版本的广告都没有派上用场。《中国经济报》估计刘翔2008年意外退赛让赞助商市场损失30亿元人民币。伦敦奥运前,刘翔状况愈来愈好,似乎2008年奥运退赛阴影已经不再。但是伦敦奥运会刘翔再次意外摔倒受伤,悲剧再度上演,赞助商再次遭受市场损失。

5. 实例佐证

不求明星名人,寻求常人、普通消费者的实例佐证,有时同样能达到预期效果和目的。宝洁公司洗衣粉洁净效果的对比证明广告,有些保健产品的案例实证,由于来自消费者身边,使用消费者语言讲出了消费者的真实感受,往往更能够打动消费者,更具有说服力。

当然,无论是权威肯定也好、名人推荐也好、实例佐证也好,要真正达到效果,必须是有依据的、真实的,否则只能适得其反。盖中盖支持希望工程的广告就曾使大众对盖中盖产生了极坏的印象,一个病例就成为三株公司溃败的导火线。寻求支持都只是手段而不是目的,也不是结果,如果以为只要有政府支持、有权威肯定、有名人推荐、有消费者实例佐证,就一定能达到良好的市场效果,那就错了。这些都不是策划成功的根本性因素,而只不过是策划成功的支持性因素、帮助性因素,因此不能主次不分,陷入玩弄技巧与骗术的误区。

(五)沟通传播,取得共鸣

营销策划活动要得到公众和消费者的响应,还必须面向公众和消费者进行沟通,取得公众与消费者的认同和共鸣。

有效的沟通传播必须借助合适的沟通媒介,找到合适的沟通话题、合适的沟通语言、合适的沟通时间、合适的沟通气氛和合适的沟通方式,还必须达到合适的沟通传播频度。因此,我们需要在策划中明确传播策略、传播定位和传播预算。

当然,这里的沟通传播不限于广告传播,还包括新闻公关传播、企业内部沟通传播以及消费者公众之间的口碑传播,等等。在沟通传播中,不仅要发挥企业自媒体的作用,而且要处理好与新闻媒体之间的关系、与社交媒体之间的关系,要利用媒体的力量,加强对企业有利信息的传播,避免和减少对企业不利信息的传播。必要的时候,要借助媒体的力量,进行媒体合作宣传,以吸引媒体和公众的注意,以造势蓄能,引爆市场,形成气候。

第四节　营销策划误区防范

营销策划要按照正确的策略，运用正确的思维，同时还要注意避免陷入营销策划的误区。实践中常见的营销策划误区主要有以下四类。

一、迷恋"轰动"

在中国营销策划实践中，客户和领导最关切、问得最频繁的一个问题是：能搞出一个轰动性的策划吗？网络媒体的各类营销炒作文章，也充满了各种轰动性策划使品牌一举成名、使产品一举成功的神奇故事。

制造"新闻由头"进行爆炸性新闻炒作，是中国策划界常用甚至滥用的一种手段。过去曾经有年轻美貌的女老板招聘（总经理）又招亲（丈夫）等；近来则流行暴露和裸秀。有的房地产开展有奖促销，一等奖竟然是一头毛驴，意思是说促销点子已经想尽了，已经黔驴技穷了。如果自己想不出这样新奇的主意，也硬要找一批新闻人士一起策划，弄出个爆炸性的新闻来。然而，令人遗憾的是，轰动性策划虽然炮制出了轰动事件，却往往难以产生轰动效益，有时甚至连轰动事件、轰动场面也难以出现。不切实际地一味盲目追求策划的轰动性是营销策划的一大误区。

我们并非全面否定营销策划的轰动性，在营销策略正确的基本前提下，营销策划当然是越能引起目标受众注意与兴趣越好。但要提高策划的整体效果，必须将策划建立在正确的营销策略基础上，形成体系完整的营销策划，而不能停留在几次轰动性的活动策划上。

二、迷恋"新奇"

"营销策划需要创新，营销方案需要新颖"这本身没有错，但是刻意或故意制造策划创意的"新颖奇特"，忽视策划创意的丰富发展与完善，对策划方案执行实现的技术方法思考得不细致、不周密，往往会使得很有创意的策划构想因为缺乏论证，执行效果大打折扣。实际上，策划创意的论证是营销策划必不可少的一个重要环节,其操作效果层面上的意义甚至要超过策划的创意。新颖奇特的策划创意,固然能吸引公众的关注,但更关键的是要让公众积极响应和参与活动,而这要靠活动细节策划和活动整体策划的论证。

追求新奇缺乏论证的主要表现是:① 重视活动形式的新奇与新鲜,忽视活动与消费者的心理沟通;② 重视活动的现场与表面,忽视活动过程的衔接,活动执行过程中问题频出;③ 活动费用预算简单粗糙,实际费用出现失控。

三、迷恋"点子"

"一个简单的点子救活一个企业"曾经是中国营销界近乎神话般的传说。"点子"符合最小投入、最大产出的经济效益原则,造就过一些成功处理积压产品的例子,因此被效仿、追捧。但是,中国市场发展到现在,已经不是靠简单的"点子"就能解决问题的时候了。但是,依然迷恋"点子"的营销策划还广泛存在,总是盼望能用灵机一动的点子解决长期遗留的问题,而对于市场需求与行为的分析、营销策略的深入推演与系统运用却缺乏思考。

形成迷恋"点子"现象的原因主要在于:营销策划界还比较肤浅和浮躁,急功近利心态严重,策略基础研究薄弱,结合行业、企业、品牌、产品、市场特点进行的基础性营销研究还很缺乏,少数"策划大师"包装美化自己的点子案例并四处游说,给人以点子无所不能的误导。

四、迷恋"炒作"

营销需要通过适度的传播来与消费者进行价值沟通,才能实现消费者对品牌及产品价值的理解,才能实现市场销售。但是在中国市场营销活动中,过度传播和虚假传播现象普遍而严重,"炒作"成为一些企业启动市场的成功法宝,并被一些企业、策划机构和策划人员所津津乐道,这确实是我国企业营销策划的又一大误区。

在互联网和自媒体普及时代,营销传播有了更加便利的途径,但是网络炒作也大行其道,网络水军制造泡沫误导公众,使得作秀之风、炒作之风愈演愈烈,无中生有、无限放大、移花接木、一叶障目是网络大V、网络账号和网络媒体炒作的常用手法,网络用户粉丝数量造假、网络浏览转发数据造假已成行业顽疾,其实效果远没有炒作宣称的好。为此,必须加强互联网治理,抑制网络"炒作"。

五、实战分享

褚橙你也学不会

2015年前后,互联网要颠覆传统行业的说法,引来传统行业一片恐慌。但是传统种植业的褚橙却大为成功。网络上的说法是:褚橙的火爆主要源于互联网营销。曾经的"中国烟草大王"、75岁的褚时健保外就医之后二次创业,背后有太多可供网络炒作的励志故事。因而,褚橙又被叫做互联网橙子。

首先在网上销售褚橙的是本来生活网。本来生活网策划了"褚橙进京"等活动,褚橙是在互联网上买过后,被互联网行业说成是本来生活网成就了褚橙。但事实本不是网络上传说的那样。

2012年7月喻华峰刑满出狱后成立了本来生活网,开业头2个月每天只有20~30单生意,客单价只有80元左右,公司处于难以生存状态。9月打听到云南褚橙非常好卖,为拯救公司设法联系褚老,要求网上销售褚橙。褚老初期并未同意,到10月份才答应,但要求20吨起卖。但按照本来生活网的原有销售速度,20吨褚橙需要卖半年,对于水果等生鲜产品来说是不可能的。由于实在没有更好的产品卖,喻华峰只能接受褚老的条件。11月5日褚橙网上首卖,20吨3天半卖完,褚橙救了本来生活网。2012年本来生活网销售褚橙200吨,占褚橙9000吨总销量的2%,当年本来生活网销售收入为900万元,其中褚橙销售收入为600万元,占了2/3。

2013年本来生活网"三果齐发",开卖"励志橙"、企业教父柳传志投资的农业产品"柳桃"和网络红人潘石屹的"潘苹果",当年网销"褚橙"4000万元,"柳桃"500万元,"潘苹果"不堪披露。网销背后的差距是褚橙10年精心种植,柳桃半年投资,而潘石屹形象代言,与苹果种植和质量无关。

褚橙团队最不服气的是褚橙的火爆主要靠互联网营销的说法。

真正做过企业的人都明白,一招鲜并不灵。褚橙正是在气候、水土、施肥、间伐、控梢、剪枝、病虫害防治、果农管理、团队管理、产品营销等10大方面都优于同行,才最终厚积薄发,脱颖而出。

因地施肥。褚时健2003年就在果园里创建了实验室,研究出一种最适合当地生长环境的有机肥,原料除了市面上能买到的糖泥、草炭、鸡粪肥,还增加了一个秘方：烟梗。褚时健自己也想不到，当年烟厂的经验在自己若干年后种植冰糖橙时误打误撞派上大用。

杨先生、褚时健还有好几家农户都在同一家养鸡场买鸡粪。大多数人都是直接拎着袋子，过秤，交钱，可褚时健不一样，他会把鸡粪倒出来，然后放在手掌上捏一捏，看看水分有多少，他会据此跟卖鸡粪的讨价还价。

"鸡粪那个臭啊！我是根本做不到的。"杨先生说，当看到褚老用手捻鸡粪肥时，自己震惊了："你们能想象吗？一个80多岁，有着那样经历的人，把一袋子臭鸡粪倒在地上，用手抓起了捻。他眼睛又不太好，还要凑到脸前看！"

防治病虫害。柑橘树的"天敌"是黄龙病，黄龙病主要通过木虱传播，木虱飞起来很快，如果这片地喷药，那片地不喷药，木虱就会飞到没有药的地方。都打药，成本太高，而且周边果园会"搭便车"，一般没人这么干。但褚时健决定，在黄龙病传播之前，对2400亩橙园同一时间在果树没病时集体喷药，这样每年需要多打60万元的农药，看似增加了不必要的成本，但能真正"除根儿"。

果农管理。国内绝大部分果农依靠年底的收成支撑下一年全家开销和生产投入，褚时健首创出一种每月每户先预发工资2000元，到年底收果时，按产量吨位结算，把一年预发的工资扣除后，将剩余的收入结算给农户。这套管理方法保证了褚橙的工厂化管理，才能对冰糖橙种植的每一个环节，都有详细的操作方法、指标和相应的处罚措施。

利益共同体。面对年轻销售团队提出的全新销售模式，褚时健只问了一个问题："经销商的利润够不够？"当他得到"足够了"的回答后，就再也没有过问过。褚时健指导销售只有一个原则：只有让卖你东西的人赚钱，你的东西才能好卖！

褚橙被称为一颗"互联网橙子"，《褚橙你也学不会》的作者黄铁鹰很不以为然。他摆出数据：人们忽略的是，在本来生活网卖了1500吨褚橙的2013年，褚橙在传统水果销售渠道卖掉了8500吨。事实是：互联网卖了个小头，弄了个大声音；传统渠道卖了个大头，弄了个小声音。

"日本的马桶盖没做广告吧？为什么中国人坐着飞机去日本抢购马桶盖？互联网营销能解决中国马桶盖的问题吗？"黄铁鹰笃定："互联网解决不了土壤问题，解决不了食品安全质量问题，解决不了马桶盖的品质问题。"

"两三年前我就在说，别再总拿互联网说事了。这些年做服装的老板都很难受，关店的关店，处理库存的处理库存，一片电商'狼来了'的风声鹤唳。可我跟他们说，你们不会不知道，优衣库、ZARA和H&M、GAP，这些店每年都在中国新增地面店,它们怎么没受电商影响?我说咱们都是做衣服的,谁也别吹牛,咱们一起到店里看看,你的面料、款式、剪裁、做工、定价、陈列,跟它们一样吗?你们那把货跟它们不一样,搞什么互联网也没用啊。"

2015年网上销售的褚橙被消费者抱怨个头小,不如以前好吃。褚老很烦恼,决定少出门、少见人,下点力气解决问题。他不满意下属所说的气候和大小年导致果品质量不稳定的理由,在登报向消费者公开道歉之后,决定砍掉3.7万棵果树,降低果树密度,以提升褚橙口感。此举降低产量2000多吨。褚橙不掩盖、不推诿、不抱怨、不作秀,老老实实地回归产品质量,回归客户价值,找回客户满意。

第五节　营销策划方案编写

营销策划方案又称营销策划书,是对营销策划形成的营销策略和行动计划文本加以美化、编辑所形成的文档。营销策划方案的版本格式主要分为Word文档格式和PPT演示文档格式两种。Word文档格式主要用于非直接见面的书面沟通,PPT演示文档格式主要用于营销策划方案的现场陈述汇报。通常,初入行的策划人员先以Word文档格式编写方案,然后简化转换成PPT演示格式。熟练的策划人员则可以直接使用PPT文档格式。

一、营销策划方案的内容与结构

营销策划方案的内容和结构是编写营销策划方案的重要框架和线索。但是,不同内容、不同类型、不同目的的营销策划方案,内容格式应有所不同,比如市场调研的策划方案、产品研发的策划方案、广告策划方案、分销渠道策划方案和促销活动策划方案等,由于涉及的营销问题、承担的营销目的与任务不同,需运用的营销资源不同,策划方案的内容、结构和格式自然会有所不同。但是,无论是什么样的营销策划项目,无论采取什么样的结构和格式,策划方案文本都必须包括以下基本内容:

(1) What,营销策划方案的项目名称。
(2) Who,营销方案的策划机构和人员,营销方案的执行机构和人员。

(3) Why,营销方案策划和执行的原因和理由。
(4) When,执行营销方案的启动时间和截止时间。
(5) Where,营销方案实施的市场区域与地点。
(6) How,营销方案执行的具体行动计划和细则。
(7) Effect,营销方案执行的效果(或目标)及营销考核评估标准。

整合营销策划方案是关于一个企业一定时期内全局性营销的整体策划,涉及企业营销战略选择、营销目标规划和从产品研发、生产制造、市场推广、渠道建设、销售业务到售后服务等营销价值链的全过程。一个完整的整合营销策划方案涉及的内容比较广泛,一般来说,其主要核心内容应包括市场现状分析、营销环境分析、营销目标规划、营销策略分析、营销行动计划、营销费用预算和营销效益预测等方面。整合营销策划方案的内容构成如表1.1所示。

表1.1 整合营销策划方案内容构成

项目序号		项目名称	项目内容
一		封面/首页	营销策划方案名称,策划机构和人员,策划时间
二		前言/导语	策划方案的基本背景、策划动因
三		目录	正文、结语和附录名称及页码
四	(一) 正文	市场现状分析	企业营销现状表现与原因、整体市场格局分析、主要竞争品牌表现与原因
	(二)	营销环境分析	政治、经济、人口、文化、社会、科技、自然等营销宏观环境与发展趋势,行业发展趋势、消费发展动向
	(三)	营销目标规划	市场规模、市场份额、品牌发展、经营利润等营销目标数值,达成营销目标的时间和进度
	(四)	营销策略分析	SWOT分析和营销战略选择 目标市场选择(市场细分与评估、市场选择与定位) 目标消费者描述(人文特征、生活形态与消费洞察) 整合营销策略描述(产品、价格、分销和沟通策略)
	(五)	营销行动计划	营销方案实施的时间进度、职责分工和考核标准
	(六)	营销费用预算	营销费用预算及其时间进度、项目、机构分解
	(七)	营销效益预测	营销效果预估和营销风险防范控制
五		结语	营销策划方案重点概括与营销前景展望
六		附录	营销策划方案所依据的市场调研资料 重点营销项目深度策划方案或策划工作计划

由于不同的整合营销策划方案涉及的营销背景、营销目标和营销战略重点及营销策略重心不完全相同,因此,表1.1中的整合营销策划项目内容也可

以有所不同,比如在时间期限不是太长的策划项目中,宏观营销环境相对来说没有什么大的变化,这一部分可以略写或者不写,但是如果是实施时间比较长的营销项目,或者是实施时间虽然不长,但是处于营销宏观环境明显变化的时期,则需要仔细和准确分析宏观营销环境对策划项目的影响。此外,不同的营销策划机构,有不同的策略研究和策划方法工具,这也会形成策划方案内容写法上的差异。比如,有些策划机构倾向于用机会点和问题点分析来替代SWOT分析,等等。

二、营销策划方案编写的原则和技巧

营销策划方案编写的基本原则就是要坚持营销策划创造性、效益型、可行性和应变性四项本质要求。营销策划方案是在营销策划创意思考的基础上形成的文案,因此,方案编写有一定的文字编辑技巧。

1. 适度引用营销理论

为提高营销策划方案的层次性和可信度,可以在策划方案中引用一些新颖的或者经典的理论依据。但是,理论依据要具有相关关系,不要牵强附会,纯粹的理论堆砌不仅不能提高可信度,反而会给人脱离实际的感觉。此外,引用文字要简洁,不能像学术研究那样长篇大论、引经据典。

2. 适当引用成功案例

在营销策划方案中,适当地加入一些成功企业的成功案例,能够增强说服力,以印证营销策划方案的有效性。

3. 合理编排文字版面

营销策划方案视觉效果在一定程度上影响着对策划方案质量和水平的初步判断。因此,合理编排版面也是营销策划方案编写的技巧之一。版面编排包括结构段落的编排,字体、字号、字距、行距以及插图和颜色的设计和选择,等等。应该将同一层次的相互紧密关联的段落编排在一起,避免错页排版或跨页排版,以便形成整体感和层次感,方便理解和记忆。而如果整篇营销策划方案的字体、字号、颜色完全一样,没有层次、主次,那么这份营销策划方案就会显得呆板,缺少生气和创意。

4. 合理使用数据、资料

合理使用数据、资料可以增强营销策划方案的可信度。但是,数据、资料的使用要有层次有重点,不能形成大量原始数据的罗列堆积,使人不得要领甚至产生厌烦。

5. 合理运用图表

图表呈现方式具有直观性,合理运用图表能有效帮助阅读者理解策划创意的精髓和策划方案的内容,运用图表进行比较分析、概括归纳、辅助说明等非常有效。同时,图表还能提高页面的美观性,调节阅读者的情绪,从而有利于对营销策划方案的理解和接受。

6. 注意细节,消灭差错

文字和数字差错等细节往往会被策划人员忽视,但是对于营销策划方案来说却是十分重要的。简单的错别字如文字错误、数字错误,既说明了策划者的态度又说明了策划者的水平。连简单的文字和数字错误都存在的营销策划方案还值得信赖吗?此外,像企业和领导人的名称、品牌、商标、产品和重要的营销事件等也不要出差错。

营销策划机构和人员将策划方案制定出来以后,向部门领导和相关部门汇报以便讨论修改、向企业领导汇报以便形成营销决策时,需要进行营销策划方案陈述。专业营销策划机构为企业策划的营销方案,也需要向企业客户进行陈述以便获得客户的认可。营销策划方案的陈述,在营销策划实战中通常被称为提案。营销策划机构的提案是其能否获得客户认可、赢得营销策划方案实施的重要环节,因此备受重视。

课后练习

一、策划理论知识练习

1. 简述营销策划的含义与特征。
2. 营销策划的思维路径是什么?
3. 营销策划谋略"守正出奇,正合奇胜"的主要含义是什么?
4. 营销策划应该防止哪些误区?
5. 营销策划中应该如何审时度势?
6. 策划主题的基本特点是什么?策划主题应该避免哪些不良倾向?

二、策划实战模拟练习

面对现在的就业形势,以你所学的专业和学历层次,应如何确定适合自己的就业目标与方向?如何打造自己才能形成相对竞争优势,以获得用人单位的认可?请以对这些问题的思考为线索之一,制定自己的职业发展规划。

第二章 市场调研策划

开篇导语

现代营销认为,实现营销目标的关键是正确认识目标市场的需要,并且比竞争对手更迅速、更有效地满足目标顾客的需要。市场调研正是企业真正了解营销环境、目标市场需求和竞争对手行动的有效手段,也是了解企业营销策略可行性与营销绩效的重要手段。市场调研策划则是有效开展市场调研的前提。

学习目标

1. 了解市场调研策划的基本流程与主要调研方法和手段。
2. 了解营销宏观环境调研、流通渠道调研、传播媒体调研的内容与方法。
3. 掌握市场需求与市场竞争调研的内容与方法。
4. 掌握产品概念测试、产品定价测试和广告创意测试等营销策略和创意调研的方法。
5. 掌握产品销售监测、品牌形象调研和用户满意度调研等营销绩效调研的方法。

课前知识

市场营销学(原理)中市场调研的方法和技术。

相关课程知识

市场调查与预测的相关知识。

第一节 市场调研策划与执行流程

一、确定调研目的

营销策划与决策的各个阶段都需要以准确的市场信息为依据,当企业内部的信息数据不足以支持策划和决策时,就需要开展市场调研。比如:

(1) 在决定是否进入新的行业和新的市场时,需要对新行业和新市场的宏观环境、消费需求和市场规模以及竞争状态等进行调研。

(2) 在制定进入新行业和新市场的营销策略和竞争策略时,需要对消费心理和消费行为、竞争对手及其营销策略进行调研,需要对自己的营销策略和手段进行测试和论证。

(3) 在营销策略贯彻与营销计划执行过程中,需要对营销执行过程中出现的问题进行调研和诊断,分析产生问题的原因并提出具有针对性的解决办法。

(4) 在营销策略贯彻与营销计划执行之后分析总结营销绩效时,需要通过必要的市场调研获得客观、公正的市场数据和市场评价。

调研策划人员必须明确调研是为营销策划与决策服务的。在起草调研策划方案之前,必须根据调研的任务和背景明确调研目的。当然,调研目的不能由调研策划人员单方面擅自确定,需要和企业领导进行深入的沟通和分析后才能正式确定。

二、确定调研方法

市场调研需要通过科学、适当的调研方法才能得出科学、真实的调研结论。市场调研方法的确定包括信息收集方法和调研测量技术两个方面。

(一)信息收集方法的选择

1. 二手资料法

当需要收集的信息已经公开共享或可以购买到时,可以采用这种方法。

2. 访问调研法

当需要调研的信息没有现成的二手资料时,可以通过访问调查对象收集

到相关信息,具体访问途径和手段有以下四种可供选择:

(1) 电话访问——通过电话沟通从被访者处收集信息。

(2) 邮寄访问——通过邮寄调查问卷从被访者处收集信息。

(3) 面谈访问——通过与被调查者面对面的沟通方式收集信息。根据访问接触方式与地点的不同,又有以下三种类型:

① 入户访问——到被访者家里或办公室中进行访问调查。

② 拦截访问——在公众场所拦截合适的调查对象进行访问调查。

③ 座谈访问——邀请被调查者到会议室等场所进行座谈收集信息。

(4) 网络访问——通过互联网(包括移动互联网)访问调查对象收集信息。较早的网络访问主要有选择一定对象发送 E-mail 问卷、在网站上发布网络问卷等,后来可以一对一、一对多地即时通信访问,近年来也可以访问社交媒体,通过舆情监测和数据挖掘来获取信息,调研市场。随着 Web2.0 的应用发展,网络成为广大网民能够较为自由和便利地发表自己真实意见的广阔平台。因此,网络时代市场调研更加便捷、高效,网络访问方式的应用会更广泛。

3. 实验法

当无法通过二手资料或访问调研收集市场信息时,需要采取实验法,通过实验客观地收集第一手真实信息。

信息收集方法的确定还要考虑市场调研的目标任务与内容类型。探索性调研是探讨营销问题性质的质化调研,主要通过收集二手资料、开展实验性调研等方法来完成。描述性调研是研究营销问题、营销因素数量关系的量化调研,如消费者研究、市场潜力研究、销售分析、媒体调研和定价研究等,通常采用二手资料分析法和访问调研法。

在上述信息收集方法中,我们选取电话访问方法中的电脑辅助电话访谈和座谈访问方法中的小组访谈进行重点介绍。

电脑辅助电话访谈是利用电脑存储调查问卷和记录调查数据的一种电话访问调查方式,当被访者的电话接通后,访员开始提问,问题和答案选项显示在电脑屏幕上,访员键入被访者的答案,计算机会自动显示恰当的下一道问题。电脑访谈省略了数据的编辑及录入,能随时进行汇总统计,并根据阶段性汇总数据对调研问题进行修改。某些问题可以删掉,以节约以后的调研时间及经费。例如,如果有 98% 的被访者对某一问题的回答是相同的,基本上就不需要再问这个问题了。根据统计结果同样也可增加某些问题,例如,产品的某项用途在先前的调研中没有涉及,则可以在访谈中加上这道问题。

小组访谈也称深度访谈或焦点访谈(Focus Group),简称深访,是质化定性调研中最常用的方法,通常用于解决一些消费者行为、需求和态度的问题,一般由8～12人为一组并在一名专业主持人的引导下进行深入讨论。其优点在于:被访者的发言能互相激励、互相启发,比一般的面谈更容易发现深层次的问题、思想和观点,信息收集速度快,节省时间。

小组访谈的基本步骤是:① 明确访谈目的;② 甄别访谈对象;③ 确定访谈主持人;④ 准备访谈提纲;⑤ 布置访谈现场;⑥ 实施小组访谈;⑦ 分析访谈资料;⑧ 撰写访谈报告。

小组访谈对象需要在根据调研对象的标准进行甄别后邀请。如果不是调研对象的特别要求,应该将营销与广告从业人员和理论专家以及一些特殊职业者,如律师、记者、教师等排除在外。因为他们很容易凭借专业知识和说话意愿与技巧过多占用发言时间,影响其他人发言和访谈质量。另外,与访谈企业有直接雇佣关系、业务合作关系和竞争关系的人,曾经参加过小组访谈的人,与已经确定参加本次访谈者有亲友、同事关系的人,参与动因不正常的人,也都要排除在外。

主持人在小组访谈中的作用是非常重要的,应该根据访谈的目的、类别和性质,聘请专业知识丰富的资深专家型访谈主持人。同时,访谈主持人的性格还应该亲切、友善,能迅速与访谈对象建立良好的沟通关系,敬业专注,精神饱满,机智灵活,能自如掌控访谈气氛和节奏进程。

调研提纲是小组访谈的问题纲要,内容需要认真研究,顺序需要精心安排,还需要与访谈主持人进行深度沟通,使主持人深度熟悉访谈提纲。关于访谈提纲的编写,以某中式快餐店的调研为例介绍如下:

(1) 访谈成员互相介绍(2～3分钟),从访谈主持人开始,通常按顺时针方向依次进行。

(2) 访谈主持人预热话题、介绍发言规则(2～3分钟)。

(3) 饭店用餐态度和情感测试、消费行为访谈(10～15分钟)。

(4) 快餐态度和情感测试、消费行为访谈(10～15分钟)。

(5) 中式快餐态度和情感测试、消费行为访谈(50～70分钟)。

① 对中式快餐菜品和价格的态度评价(30～35分钟);

② 对中式快餐卫生、用餐环境和服务的评价(10～20分钟);

③ 对中式快餐内外装饰形象的认知和评价(10～15分钟)。

(6) 对该中式快餐店经营概念测试(出示概念板,10～20分钟)。

（7）感谢访谈对象的参与，结束座谈，并交代领取报酬或礼品的时间、地点(1~2分钟)。

访谈应安排在访谈室进行。访谈对象通常看不出访谈室与一般会议室的不同，其实访谈室有一些特殊的设计和装置：在一面墙上安装了单向镜，单向镜隔壁的房间有一个观察室，市场研究人员可以透过单向镜观察访谈的全过程。访谈室某个隐蔽的地方安装了麦克风和摄像头，用于拍摄访谈录像。

每次访谈前，还需要根据调研项目性质对访谈室进行一些布置，并准备好相关设备和工具，比如广告效果访谈测试需要准备投影仪，产品概念测试需要准备概念板等。要将访谈对象的名字写在台卡上，以方便访谈对象就座，方便访谈记录，方便主持人称呼访谈对象，以营造良好的沟通气氛。

访谈的实施是访谈主持人与访谈对象沟通互动的过程，主持人事前的准备、现场的气氛调节和访谈对象的配合意愿与程度，都是影响访谈效果的主要因素。一般来说，调研企业人员、调研策划者和组织者不要贸然出现在访谈现场，以免干扰正常访谈秩序。

为准确、完整地掌握访谈资讯，提交真实可靠的访谈报告，需要主持人在每一场小组访谈结束后迅速提交一份即时分析报告，以便及时与营销专家取得沟通，在深刻印象淡化前进行更精彩的思想碰撞，挖掘更有价值的信息。也可以要求主持人和参与访谈观测的营销专家及调研人员各提交一份分析报告。在撰写访谈报告时，通常还需要访谈主持人和市场研究人员反复观看访谈录像，回顾访谈对象的发言内容，观察访谈对象的面部表情和身体语言，以全面准确掌握访谈信息。

(二)调研测量技术的选择

1. 采用问卷技术

以书面或口头提问的方式询问被访者以获取调研信息。

2. 采用量表技术

采用等级量表、程度量表、混合量表、知觉印象等量表方式调查被访者对于某一问题的态度，对某一事件或产品的重视、关心及喜爱程度等。

3. 采用观察技术

采用直接观察的方式了解被访者的心理、态度和行为，收集调研信息。

4. 采用投射技术

通过让被访者自由表述自己对某个对象的想法，投射其情感，以间接观察了解被访者的内心状态与真实心理。

测量技术的选择需要考虑调研目的与内容，同时还需要考虑调研的其他相关因素。比如，已经确定的信息收集方法会影响到测量技术的选择，使用电话访谈收集信息就难以采用投射技术，针对儿童的调研不宜采用复杂的问卷和量表等。

有时一个调研项目往往需要通过几种方法或技术才能顺利完成。因为有些调研资料信息本身就很难由一种调研方法取得，因此在调研策划阶段就必须设计多种有效的调研方法与技术。在调研实施过程中，可能还会意外发现一些与调研项目相关的问题和现象，需要并值得进一步深入调研，这就需要采用新方法进行补充调研。

三、确定调研对象

调研对象是影响调研效果的根本性因素。可靠、有效的市场调研必须建立在正确的调研对象基础上。因此，市场调研策划必须选准调研对象。比如某电熨斗小组座谈的对象是"每周至少使用一次电熨斗的家庭主妇"。

由于绝大多数调研是无法对调研对象进行普查的，所以需要进行抽样调研。市场调研策划必须明确抽样方式。例如保险公司进行客户服务需求调研，可以很方便地在客户资料库中简单随机抽取样本。但这么理想的抽样条件在大部分调研中不可能遇到，往往需要采取分层随机抽样，以保证样本的分散、随机。

鉴于调研的时间和成本要求，也常采用非随机抽样技术，根据经验进行判断抽样，选择合格的调研对象。这种方法快捷、方便、经济，简单的调研经常采用。比如，某饮料口味测试采用了拦截访问方式，由于这种饮料的主要消费者已经很明确——15～25岁的青少年，要获知的就是他们对口味的评价，因而拦截时进行样本甄别简便易行。

调研对象的样本数量影响到调研数据的质量。样本量不足，调研结论不准确；样本量越多，调研精确度越高。但是当达到一定的数量后，再增加样本量对提高调研准确度作用不大，而调研费用和时间却会大幅增加。因此，应该综合考虑调研目的、内容、时间和预算等要求，合理确定样本量。没有必要为增加不太多的精确度而大幅增加调研样本、增加调研的时间成本和费用预算。

四、设计调查问卷

问卷设计是市场调研策划的重要工作之一。问卷设计开始之前,应该了解调查目的、内容、过程以及被调查者的心理状态,企业、品牌、产品的有关背景和市场竞争动态格局。问卷设计结束之后,应检验其适用性和有效性,因此要进行讨论和修改,必要时还应进行小范围的试调查,根据试调查反映出的问题,再进行修改并同企业讨论后确定正式问卷。

在问卷设计过程之中,提问方式是要细致推敲准确把握的重要问题,一般应根据提问要达到的目的进行选择。

(1) 为了解事件的真伪与是否,可采用二项选择法。例如:

您是否购买过私家车?

A. 是　B. 否

(2) 为了全面了解被调查者的真实背景动机等,可采用多项选择法。例如:

您买私家车是因为:

A. 经济条件允许　　　　　　B. 上下班代步
C. 别人都买了,不买落伍　　D. 自驾旅游方便

(3) 为了解态度、程度差别,通常采用量表尺度法。例如:

请问您在多大程度上想买一台平板电脑?

A. 很想买　B. 想买　C. 不一定　D. 不想买　E. 很不想买

(4) 为了解各品牌地位、各产品功能重要程度的信息,可采用顺位选择法。例如:

请问您所了解的平板电脑品牌依次是:

A. 三星　B. 苹果　C. 联想　D. 其他

(5) 为了解消费者的品牌印象、广告印象等,还可以采用开放式问答,不提供问题的备选答案,让被调查者自由回答。例如:

请说出您所知道的智能手机品牌:

您最喜欢哪个牌子?

A. 第一提及　B. 第二提及

提问还应注意语气,把握措辞分寸。不要使用模棱两可、含混不清的词语,不要使用受访者不易理解的专业术语以及因各人理解不同而存在歧义的

词语,如"促销效果""分销渠道""消费特征"等。提问还应客观、具体,避免概括、笼统,不便于理解和回答。

问卷设计需要合理确定问卷结构。

一般来说,问卷的开头都要向受访者简要介绍调查的背景。这段文字语气要亲切,态度要诚恳。但如果考虑到商业机密和受访者回答的公正性和客观性,则不宜透露开展调查的企业。

问卷的头几个问题,通常是被调查者的基本资料,如姓名、年龄、职业、通信地址等;若调查对象是经销商,则包括企业名称、注册资金、年销售额等。但开头都应简洁明快,以便快速进入正题。问卷正文中,提问的顺序必须按正常人的思考顺序,由简单到复杂,由表面直觉到深层思考。使用提示方式时,也要注意提示顺序,在不同的问卷中做合理的顺序变换以保证回答的客观性。如果几个选择项提示顺序相同,位于前面的较占优势,会给回答者以先入为主的印象。

问卷的长短,应根据调查对象类型及其对问题的关心程度、询问场所、访员调研技术水平而定,但以简短为宜,一般应不超过30个问题。

五、招聘培训访员

在访问调研中,访员作为信息的采集者,直接影响着调研的质量,所以访员的招聘、培训和管理,也是实施有效调研的关键。对访员的培训越细致,要求越高,调研的实施就会越顺利,留下的遗憾就越少,调研效率和质量也就越高。

正规的调研公司都有自己的专业访员,可以直接参加项目说明会,根据"调研项目执行要求说明书"熟悉问卷,然后实施有效访问。如果营销调研在较大的范围内同时展开,一个调研公司的访员不够,可以起用调研同行的访员,或者临时招聘访员并进行必要的培训。

访员培训的主要内容包括以下三个方面,具体可根据访员的教育背景、访问经验以及调研访问方法进行调整。

(1)市场营销与市场调研基础知识。

(2)访问执行原则与技巧,如接近访问对象的技巧、应对拒访的技巧、提问的技巧、追问的技巧和调查记录的技巧等。

(3)调研项目培训。项目培训是结合具体调研项目的要求而做的,因此更具体、细致,更有针对性,更具操作性。

六、执行实地调查

执行实地调查需要做好实地访问和质量控制。实地访问是影响市场调查质量的重要因素。为保证调查结果的准确性,访员应严格按照调研要求执行实地调查。

控制调查误差是实地调查质量控制的重要方法。例如,有些访员做入户访问时,不敢进或者不愿进某些家庭,故意回避,这是访问带来的误差;访员与受访对象联系不上,于是产生了样本误差;有些被访者拒绝回答问题或者拒绝回答部分问题,于是产生了拒访误差;有些被访者为了面子,往往夸大收入和价格承受能力,这就产生了测量误差。为此,必须采取相应的误差控制措施,如加强访员控制以减少由于访员产生的误差,加强市场调查督导的复核检查以有效控制样本选择误差,强化访员培训以减少拒访误差。

配备市场调查督导人员负责对实地调查进行监督指导和控制是保证调查质量的重要手段。督导的方式一般包括:抽查某一调查区域的抽样情况;了解访员的调查情况;每天或定期定时召开碰头会,了解调查过程中遇到的问题,讨论解决办法,进行实地指导;检验调查完毕的问卷是否完整,有无遗漏,有无质量问题,是否可以补救,是否需要重新调查等。

七、资料统计分析

在调研资料统计分析过程中,应将二手资料和第一手资料结合起来进行比较、分析、整理。

二手资料的收集处理需要注意的是:所搜集的资料与所调查的内容要有很大的相关性;二手资料要注意时效性,不能使用过时的资料;要充分搞清这些资料的信息来源和可靠程度。

第一手资料是通过实地调查取得的,现以问卷调查的纸质记录为依据介绍调查资料的整理分析及处理程序:

1. 校验

检查调查问卷,确定其有效性,这是第一道程序,具体包括:检验所有问卷的完整性;检验有效问卷的份数是否达到调研方案要求的比例。对于有遗漏的资料,如果漏选项太多或漏选关键项太多,要做作废处理;还可用时,一般将漏选项用空白表示或以其他代号表示；对含义模糊的答复，根据情况，要么作废问卷，要么参考前后几个问题的回答来判断。

2. 录入

调查问卷校验后，就可以进行数据录入和统计。调查问卷少时可采用手工统计，数量大时必须用计算机进行统计。使用电子扫描系统直接阅读原始数据的数据输入方法，比人工键盘输入大大提高了效率，也降低了人工输入的错误发生率，但费用较高，并且事先需要设计高度规范化的问卷，并采用适合于电子扫描的特殊纸张印制问卷。网络或电话访问并由电脑自动统计数据的，则可免除这个环节。

3. 制表

用表格或图形等形式表达数据信息，便于研究人员进行分析。最简单也最常用的是单向表，用于统计各组问卷答案选择项的出现次数和比例，以分析测试总体的特征。对数据频数分布使用平均值、众数、方差进行描述分析，有利于辨别最典型的变量值和最普通的总体特征。另外，还经常使用双向交叉表，以合理分析各相关因素之间的逻辑与数量关系。

4. 分析

分析数据之间的关系，提示调研分析的发现与结论。必须选择正确的分析方法才能正确揭示数据之间的关系，对调查结果做出正确的分析和解释。如果是探索性调查，应明确指出调研问题的性质；如果是描述性调查，应将各种市场因素之间的相互关系描述清楚；如果是因果性调研，应将市场因素之间的因果关系揭示出来。

在制表和分析阶段，利用统计分析软件可以大大提高工作效率和质量。

八、撰写调研报告

调研报告是整个市场调研工作的总结。因此，必须认真撰写调研报告，准确分析调研结果，明确给出调研结论。市场调研报告的内容和形式如下：

1. 题页

注明报告的主题、调研企业的名称、调研执行单位、执行时间和报告日期。

2. 目录

将市场调研报告的主要内容编成目录，以方便查阅报告的相关内容。

3. 调研结果与建议概要

简明扼要地提炼调研结果与建议，以便企业领导迅速掌握调研结论。

4. 正文（主体部分）

包括整个市场调研的详细内容，如调研方法、调研程序、调研结果等。

正文的大部分内容是数字与表格及数据解释与分析，数字要精确，用词要准确，结构要严谨，推理要有逻辑性。在正文中，还要交代调研存在的不足，分析不足之处对调研报告准确性的影响程度，以提高市场调研报告的可信度。正文中要根据调研数据的分析做出调研结论，并结合企业情况提出建议。对建议要做一些简要说明，以便企业领导和相关人员可以参考正文中的信息进行分析判断。

5. 附件

可将一些过于细致、复杂或专业性比较强的内容放在附件中。比如，调查问卷、抽样名单、联系电话、地址地图、统计检验、计算结果，等等。为方便查询，每个附件均应编号。

第二节 营销环境调研策划

了解企业所处的营销环境、市场需求和市场竞争状态是营销策划的起点，开展营销策划之前必须开展这三个方面的调研。在营销环境调研里面，我们介绍宏观环境调研、流通渠道调研和传播媒体调研三方面内容。

一、宏观环境调研策划

宏观环境是指对企业的市场营销有着边界性控制影响，而企业又不可控制的外部环境。企业需要调研的宏观环境包括以下六个方面：

（一）人口环境调研

人口是决定市场规模与市场价值的基础，是宏观环境调研中的基础性调研项目。调研的内容包括人口总量、性别构成与比例、职业构成与比例、各年龄段人口数量与比例、各教育程度人口数量与比例、各收入水平人口数量与比例、家庭户数及户均人数等。人口环境的调研非常方便，通过政府部门的公开信息就可以查阅到，但需要注意由于户籍管理和人口流动所引起的变化。

（二）经济环境调研

经济环境是影响着一个地区收入水平和消费水平的重要因素，而收入水平是购买力的重要标志。经济环境调研的主要内容有：GDP总量和人均GDP、产业构成和比例、主导产业类别和规模、居民人均年收入、社会商品零售总额及人均社会商品零售额、居民存款余额及人均存款余额等。经济环境调研需要采取二手资料分析法和访问调研法等方法。

（三）社会文化环境调研

社会文化环境影响着人们的生活方式、价值观念和消费习惯，从消费者的产品购买欲望层面对市场需求产生着直接的影响。因此，也是营销宏观环境调研的重要内容。社会文化环境调研的主要内容包括社会风尚与社会风俗、生活方式与价值观念、消费传统与消费习惯、舆论影响与口碑影响、消费潮流与流行时尚等。

市场营销学对市场的一个根本认识是：市场＝人口＋购买力＋购买欲望。人口、购买力和购买欲望是决定市场的三个要素。因此，从市场层面看，人口环境调研、经济环境调研和社会文化调研是营销宏观环境调研最重要的基础性调研。

（四）自然地理环境调研

人们生活的自然地理气候环境对消费者行为和市场也有着明显的影响，从而形成市场消费的区域性特征。为此，营销宏观环境的调研也需要对地理、气候等自然环境进行研究，从而发现地形地貌、天气气候等自然因素对消费行为的软影响，进而依据自然规律有意识、有成效地规划市场营销策略，安排市场营销活动。

（五）科学技术环境调研

科学技术的发展从产品自身的更新换代和产品的消费使用环境等层面影响着市场营销。因此，需要进行科学技术环境调研，跟踪新科学、新技术、新发明、新材料、新工艺对产品研发制造与应用环境带来的影响，对产品市场生命周期带来的影响，促进企业产品技术升级，保证企业的产品形态跟得上时代与市场发展的潮流而不落伍、不被市场所淘汰。

（六）政治法律环境调研

政府的政策与法律法规对消费者的市场需求、生产者的市场行为均有着直接的、具有约束力的影响，是企业不可控制且必须遵循的制度性要求，因此，营销宏观环境调研必须包括政治法律环境调研，使企业的市场营销行为符合政府的政策与法律规范，并获得政府政策与法律的支持，从而为企业的市场营销争取良好的政治环境。政治法律环境的调研一方面需要查阅、学习和研究政府的政策和法律文件，另一方面要访问有关政府部门和机构的官员，开展政府公关沟通。

二、流通渠道调研策划

流通渠道是产品走向消费者的通路，是企业营销微观环境的一个重要方面。企业采取什么样的流通渠道，将影响着产品销路是否能够打开、打开以后市场是否能够扩大。流通渠道也是独立于企业存在的社会资源，有其独立的市场地位。制造企业可以选择流通渠道，流通渠道也可以选择制造企业。为了更快地打开市场，更大程度地提高销售量，必须通过流通渠道调研，找到最有效的流通渠道形式，形成稳固、良好的合作关系。

（一）流通渠道调研的内容

1. 流通渠道的业态形式、销售对象、市场份额与发展趋势

一种产品的流通渠道一般不止一种业态形式，而且各种业态形式所能接触和覆盖的消费对象往往是有差异的，其市场销售份额也有大有小，因此会形成主流业态与非主流业态、主体业态与补充业态等差异。比如，化妆品的终端零售业态，有百货、超市、品牌专卖、美容院线和电商业态等。百货业态一般能够影响和覆盖到中档消费人群，超市业态一般影响的是中低端消费人群，品牌专卖和美容院线则可以影响和覆盖到高端、专业且忠诚度较高的消费人群，电商则主要指向年轻时尚人群。因此，流通渠道业态的选择需要考虑其与企业目标市场定位的一致性。

流通渠道调研还需要量化各种业态的市场份额。由于各种业态对应消费人群的数量规模不同、购买力不同、价格档次不同、购买和使用的频率不同，因而实际达到的销售规模和市场份额也会有差异。

各种流通渠道业态之间也存在竞争,营销环境的变化和消费者自身的渠道选择也会带来流通渠道的变化和发展,这是分销渠道策划需要注意的,也是流通渠道调研需要反映出来供分销策划和决策借鉴、参考的。

2. 主流流通企业的销售对象、市场地位、分销区域与分销能力

流通渠道调研还需要反映主流业态当中的主流企业,并清晰表达出各主流企业的销售对象、市场份额与市场地位,所能覆盖的市场区域以及推动和扩大产品销售的分销能力,以便具体运用到分销策划之中,并在招商与分销执行等实际工作中贯彻实施。

(二)流通渠道调研的方法

流通渠道调研可以采取二手资料搜集法、专业报告购买法、访问法和现场考察等多种方法。二手资料搜集法比较简单,费用也比较低,但是资料的真实性、全面性和时效性可能不够。专业报告购买法的费用比较高,但内容比散见于公开媒体中的信息要系统而专业,不过对其真实性还需要加以分析和甄别。访问法和现场考察法,能够通过一手资料的收集和分析,得到真实准确的信息,但是需要花费一定的时间和精力。然而,在营销调研的实际中,对于某些特定区域的市场以及农村市场的调研,公开的二手资料和专业机构缺少现成的成果可以采用,必须采用访问法和现场考察法来收集资料。流通渠道调研的几种方法各有利弊,需要根据调研目标、时间、经费的要求,选择其中的某一个方法、某几个方法甚至全部方法。

三、传播媒体调研策划

传播媒体是独立于企业存在的传播机构,也是企业营销微观环境的一个重要方面。企业借助什么样的媒体可以更高效、更广泛地传播品牌和产品,需要事先进行传播媒体调研。

(一)传播媒体调研的内容

1. 媒体形式与媒体竞争格局

传播媒体有电视、网络、报纸和广播等多种形式,每种媒体形式又有多家媒体机构,他们之间也存在竞争关系,也在努力争夺受众的注意力,因此也会形成一定的媒体竞争格局,形成强势媒体与弱势媒体、主流媒体与非主流媒体的差异。这种差异既存在于同一媒体形式之间,也存在于不同媒体形式之间。而且,媒体格局还存在区域差异。比如,一般来说,在电视媒体当中,省级卫星频道比非卫星频道更强势。在电视媒体与报纸媒体之间,一般来说电视强于报纸。但是,随着媒体技术发展,媒体营销、选题策划、节目栏目剧目推广的盛行和媒体竞争的加剧,媒体格局的变化也越来越频繁。所以,要适时通过媒体调研来了解媒体竞争状态和动态格局,不可主观臆断。

2. 媒体受众定位与传播范围

受媒体性质、营销运作和政策管理等多种因素的影响,媒体的受众对象及其空间范围,都表现出一定的特征。报纸媒体一般只在当天能够投递到的区域对识字的人群有影响力,因此,大多表现出明显的本土城市特征。电视媒体不受识字能力的限制,但是受到其信号覆盖与转播范围的限制。同一媒体形式之间也会存在受众定位上的区别,如党委机关报定位于党政机关国家公务人员,晚报定位于普通市民大众,等等。

3. 媒体权威性与吸引力

传播媒体因为自身的性质、新闻报道的内容与风格等形成权威性与吸引力方面的差异。有些媒体会因为敢于揭露社会阴暗、丑恶的现象、弘扬社会正气而具有很好的权威性,有些媒体则因为刊载的内容适合目标读者的趣味和偏好而具有良好的吸引力。

4. 媒体广告价格与广告效果

企业与传播媒体的主要合作方式是广告合作,因此,需要调研媒体的广告价格和广告效果。广告价格的调研不能单单只看广告刊例价格的高低,还需要联系广告价格折扣率和广告传播效果与促销效果来判断其价值。

5. 媒体合作意愿与支持力度

企业是媒体广告经营的客户,除广告合作之外,还可以拓展新闻公关合作、公益活动合作等多种方式。这些合作方式对于双方来说都是有益的。但由于立场、地位和发展阶段的不同,不同媒体提供的合作意愿和支持力度也会存在差异,需要通过调研和相互探讨来加以了解。

(二)传播媒体调研的方法

传播媒体的调研可以采用多种方法,简单的可以采用目标消费者(目标受众)或业内人士访问法,专业性的系统调研一般需要购买专业调研公司的媒体监测与调研报告,以掌握网络媒体的点击率、电视媒体的收视率、广播媒体的收听率等数据。但是,需要注意的是,媒体栏目与节目的阅读率,收视率和收听率不同于媒体广告的阅读率、收视率和收听率。广告价格是公开的,很容易了解,但是价格折扣率往往不一定公开、透明,且存在行业、企业间的差异,也存在广告经营与管理人员层级的差异,还存在广告总体投放量与合作时间长短的差异,需要通过媒体购买谈判来了解。

第三节　市场需求调研策划

市场需求调研的核心是从市场的需求方面调研消费者心理与行为,调研的内容包括市场现状调研、市场趋势调研、消费心理和消费行为调研。

一、市场现状调研策划

(一) 市场销售总体状况

从市场需求方面看,市场销售总体状况是消费者整体购买行为的反映。反映市场销售总体现状的调研指标一般是一类产品的年销售规模,包括年销售数量和年销售金额两个方面。

(二) 区域市场销售构成

从市场需求方面看,区域市场销售情况是区域市场消费者购买行为的反映。对市场销售现状的调研还应具体到分市场区域的销售规模和销售比例构成,以便了解市场的区域特性和产品销售的区域分布,区分重点区域市场与非重点区域市场,对于销售非正常下降的区域市场应具体调研分析其原因。

(三) 产品类别销售构成

从市场需求方面看,产品类别销售构成是消费者产品购买类型选择的结果,调研分产品类别的销售规模与结构是考量各种类别产品市场需求的需要,对于按照市场需求规划产品制造是非常有意义的。比如,空调行业需要分壁挂式空调和立柜式空调等产品类别调研其销售台数和销售金额;方便面行业需要分桶装面和袋装面等品项来统计其销售数量和金额。

各竞争品牌的销售表现和市场份额也是市场现状的一个部分,但由于那是从市场供应方面对市场现状的考量,因此我们放在市场竞争调研中介绍。

市场销售现状资料有些可以来自二手资料,例如,正式出版的统计年鉴、经济年鉴、经济方面的报纸杂志、企业的内部报告等,有些可以委托市场研究公司来搜集或直接购买专业研究报告。对于规模比较大的企业,市场部门一般会持续开展销售状况的调研,以形成本企业的系统情报资料。

二、市场趋势调研策划

(一)市场趋势调研的内容

从市场需求方面看市场趋势,就是根据市场需求的现状预测和推断市场需求的未来走势。在营销实战中,习惯上常将现实的市场需求称为市场规模,而将未来的市场需求称为市场容量。因此,对市场趋势的预测与调研也就是对未来市场容量的预测与调研。

当企业计划开发新的产品项目或进入新的行业领域时,就必须对该产品和行业的市场规模和市场容量进行调研,否则无法评估是否值得进入新的行业领域。当企业在制定现有产品的中长期发展规划以及年度营销计划时,也需要对市场规模和市场容量进行调研,否则无法合理制定产品发展规划和年度营销计划。

一个企业的市场需求变动趋势受宏观环境因素和企业营销努力两类因素的影响。环境因素是企业不能控制的,但是企业应该且可以通过市场调研进行预测,从而了解宏观环境因素对市场需求趋势的影响方向与影响程度。营销努力则是企业可以控制的,在一定的环境条件下,产品需求会随着企业营销努力的增加而增长,但是市场需求和市场容量的增长并不是随着营销努力的增长而一直呈直线增长,影响销售量的因素有很多,当营销努力增加到一定程度后,市场需求和市场容量的增长逐渐变缓,甚至不再增长,这是需要注意的。

最近几年来,互联网行业流行融资补贴"烧钱"刺激消费需求,但过度补贴刺激的需求并不是真实的需求,也不是持续的需求,业内称"伪需求",以此来预判未来需求趋势大多要失败。无数互联网创业者因此成为牺牲品,众多跟风投资者也成了接盘侠,教训非常深刻。

（二）市场趋势调研的方法

1. 宏观分析法

市场容量调研可以从宏观经济入手分三个步骤进行：即首先进行宏观经济调研预测，然后进行行业市场调研预测，最后进行企业市场调研预测。宏观预测要求对经济增长速度、财政收支状况、通货膨胀、利率变化、就业形势、居民收入与消费水平等重要经济指标和重大经济事件进行调研分析，其结果将产生一个对全国宏观市场趋势的预测。企业应用全国宏观经济与市场预测数据，结合行业信息，找出行业发展趋势和市场需求与宏观经济发展趋势的数量关系，比如产品的市场需求与经济发展阶段的关系，产品的市场需求和发展趋势与GDP的关系等。在这方面，还可以借鉴和分析发达国家与发达地区的经验数据，在此基础上可以预测行业的市场容量与发展趋势。然后，根据企业在行业市场销售中能达到的份额和企业对市场需求趋势的判断与认识，对企业的市场容量进行预测。

2. 微观分析法

市场趋势调研也可以从市场微观层面着手，即通过调查研究消费者"想做什么""正在做什么"和"已经做了什么"来预测市场容量。新产品的市场规模与容量，可以通过新产品市场试销以了解消费者反应，了解"消费者想做什么"，从而得出预测数值。成长期产品的市场规模与容量，可以通过分析"消费者正在做什么"来进行预测，具体可以通过消费者或接近消费者的人诸如业务人员、业内专家等进行调查。成熟产品的市场规模与容量，可以通过调研"消费者已经做了什么"来进行预测，具体可以分析过去购买行为的记录、历史销售数据，采用时间序列分析方法来预测。

3. 销售人员意见法

在制订产品年度营销计划，确定和分解年度销售任务时，通常采用销售人员意见法来分析总体和区域市场容量。由于销售人员身处市场一线，对于消费需求变化更具敏锐性，因而预测更有依据。但也需要进行一些必要的调整和改进。因为销售人员可能由于最近的销售受挫或成功带有一定的悲观情绪或乐观情绪，可能瞒报需求以达到使企业制定较低的市场销售目标，从而能够比较轻松地完成销售任务的目的。

4. 专家预测法

企业也可以借助专家来进行市场容量的调研与预测。专家包括分销商、供应商、营销顾问等。例如,汽车企业向他们的经销商定期调查以获得短期需求的预测。需要指出的是,分销商的估计和销售人员的估计一样,有着相同的优点和缺点。因此,企业也可以从一些著名的经济与市场咨询公司那里购买预测数据。由于这些预测专家态度比较公正,又掌握系统的数据和科学的预测技术,因此可信度较高。如果需要,企业也可以挑选有关专家组成一个专门小组,通过大数据分析等方法的运用做出专家集体的预测。

三、消费心理与行为调研策划

消费心理与行为调研是开展营销策划、制定营销策略的基础,分析市场机会、进行市场细分、开发新产品、为产品定价、策划分销渠道、制定广告和促销策略,都需要透彻了解消费者心理与行为。

(一) 消费心理与行为调研的内容构成

1. 消费者生活形态调研

消费者生活形态是影响消费者产品购买动机和行为的背景性因素。研究消费者生活形态,可以掌握消费者购买行为的内在需求与行为规律。具体内容包括消费者年龄层次、教育程度、价值观念、工作状况、收支状态、家庭状况、健康状况、交通住行、饮食娱乐等。

2. 消费心理与购买行为调研

消费者心理与购买行为研究是消费者研究的重点,其内容比较广泛,包括影响消费者选择品牌和产品的因素,消费者购买产品的频率、规模、资金预算和可以接受的价格,消费者购买产品的时间、地点、业态与环境,消费者比较喜欢且比较有效的促销方式,等等。这些研究会因消费者不同、产品不同、市场区域不同,表现出很大的差异。因此消费者对象变了,产品变了,原来的调研结果也就不适用了,必须重新进行调研。

互联网出现以前的消费购买行为规律表现为 AIDMA 模式,即 Attention(注意)、Interest(兴趣)、Desire(需求)、Memory(记忆)和 Action(行动)。但在互联网时代,随着搜索技术和分享技术的应用,网购消费者的购买行为规律调整为 AISAS,即 Attention(注意)、Interest(兴趣)、Search(搜集)、Action(行动)和 Share(分享)。

3. 消费者媒体习性调研

研究消费者的媒体接触习惯,是为了找到企业、品牌和产品与消费沟通的接触点,找到与消费者沟通的最佳媒介、最佳时点与最佳方式。为此,我们必须对消费者收看电视、阅读和上网等媒体接触习惯进行调研,找到消费者最喜欢收看的电视频道与节目,最喜欢登录和浏览的网络媒体。

(二)消费心理与行为调研的方法选择

消费者心理与行为调研的方法多种多样,不同的调研内容要注意选择相适应的调研方法。生活形态的调研可以采用问卷法、座谈法;消费心理与购买行为的调研,简单的可以采用问卷法,复杂的应该采用小组访谈法;媒体习性调研可以采用问卷法、媒体收视资料查阅法等。

第四节　市场竞争调研策划

市场竞争调研是指从市场的供应方面调研竞争者。调研的内容包括竞争格局的调研、竞争策略的调研和企业自身的调研三个方面。

一、竞争格局调研策划

首先从总体上调研主要竞争品牌的市场规模和市场份额,确定各竞争品牌的市场地位和市场角色,比如,市场领导者是哪个品牌,市场挑战者是哪个品牌,市场追随者和市场补缺者是哪些品牌等,或者分析进入行业第一集团(或称第一阵容)的品牌、进入行业第二集团(阵容)的品牌、进入行业第三集团(阵容)的品牌。

其次,开展区域市场和细分市场竞争格局的调研,以了解不同区域市场、不同细分市场的竞争态势,为更加有针对性地规划区域营销策略和细分市场营销策略提供依据。区域市场是以地理空间来划分的,具体的划分依据可以是行政区域,也可以是经济区域,从而形成不同行政区域或不同经济区域竞争态势的调研成果。细分市场可以以产品形态或产品档次为标准进行区分,通过细分市场竞争格局的调研形成各种产品形态市场、高中低不同档次市场、不同年龄段消费者市场、不同收入阶层消费者市场、不同行业性质的工业用户市场的竞争格局调研资料。

二、竞争策略调研策划

(一) 主要竞争品牌的竞争策略调研

竞争策略是形成竞争格局的重要因素之一。因此,市场竞争调研需要开展主要竞争品牌市场竞争策略的研究。

按照迈克尔·波特的竞争理论,市场竞争策略的基本模式有规模领先、成本领先和专业化集中经营等方式。在市场竞争中,这些模式是普遍适用和有效的。但也存在其他一些非典型性的或创新性的竞争策略模式,需要在调研中发现、识别并揭示出来。

(二) 主要竞争品牌的营销策略调研

调研和分别剖析各主要竞争品牌的营销策略,基本分析框架包括:

1. 产品策略调研

产品线系列与产品组合结构,形象产品和主销产品的市场定位、核心利益诉求与销售表现,产品质量与产品形象的市场评价。

2. 价格策略调研

价格策略意图,形象产品、主销产品的价格水平及其市场的接受程度,进攻产品的价格水平和市场攻击力度,市场价格稳定情况与价格秩序规范情况。

3. 渠道策略调研

分销模式与分销渠道结构,主流渠道的业态形式与销售业绩构成,关键重点客户及其销售规模与比重,客户关系与客情维护情况,产品销售区域与渠道的规范程度,市场管理制度与执行力度。

4. 广告策略调研

广告传播主题与产品利益诉求点,广告传播的媒体形式与媒体重点,广告时间和广告频率的选择,广告费用与广告力度,广告的消费者接受度、认知度以及广告产品的试用率等广告沟通与促销效果。

5. 促销策略调研

促销活动的时间与频率,促销活动的主题与形式,促销活动的让利幅度与宣传力度,促销活动的消费者接受度与实际销售提升效果。

6. 营销组织调研

营销组织结构形式与人力资源配置,市场与销售部门职能、职责与权限的划分,营销人员的薪资结构与薪资水平,营销团队的业绩考核与激励制度,营销队伍的整体营销意识、营销能力与精神风貌等。

(三) 主要竞争品牌的优劣势调研

通过上述市场竞争格局和竞争策略的分析,结合各品牌的市场与销售历史业绩、资金实力和融资能力、技术能力和研发水平、原材料供应及产业链整合能力、企业内部管理能力,对主要竞争品牌的竞争优劣势进行分析总结,为下一步制定企业的竞争策略和营销策略提供依据。对主要竞争对手优劣势的分析,要客观公正,实事求是,既不要恐惧竞争对手,过分夸大其优势,忽视其劣势;也不要过于藐视和轻视竞争对手,夸大其劣势,低估其优势。

三、企业自身调研策划

对市场竞争的全面调研和分析,还需要对企业自身情况进行调研和分析。调研分析的内容包括以下三个方面:

(一) 企业历史业绩的调研分析

企业历史业绩的调研分析就是对企业过去几年的销售量与销售额、利润额与利润率、销售增长率、销售利润率、市场占有率、品牌影响力等市场经营业绩和行业竞争位次及排名进行调研和分析,得出客观、真实的数据资料。

(二) 企业资源与优势的调研分析

包括对企业的有形资源与无形资源、实际占有的资源和可以利用与整合的社会资源进行调研分析,并通过资源利用的效果分析以及与竞争对手的比较分析,归纳提炼出企业的竞争优势与核心竞争能力。

(三) 企业缺陷与劣势的调研分析

调研的内容包括:企业的人员、资产、设备、技术和产品等硬件要素,文化、制度和管理等软件要素,分析企业的缺陷和不足,找出企业的竞争劣势。

企业自身调研是制定正确的营销战略与策略的基础,如果对企业自身没有正确的评估和了解,就不知道企业能干什么、不能干什么,因而难以正确确定企业的业务领域与发展方向。对于企业自身的调研,需要防止经验主义和主观主义的倾向,需要避免熟视无睹和司空见惯的认知现象,需要深入思考与深度剖析才能发现现象背后的本质与问题背后的根源。调研要结合内部调研和外部调研两个方面,使用内部资料分析与外部客观评价多种方法。

四、实战分享

移动互联网行业调研报告

1. 用户洞察

我国移动智能终端增速放缓,人口红利减退,流量经营时代来临,如何充分盘活和经营现有流量成为挑战。

移动智能终端用户性别结构中,女性用户的比例达到46.1%,较2015年末有所提升(图2.1),移动智能终端用户的性别结构更趋于均衡,35岁及以下用户比例达71.5%,35岁以上用户比例为28.5%,年轻用户仍然是移动互联网用户的主体,"90后"人群正在成长为消费主体。"70后""60后"用户的比例均有所提升,移动端正在持续向中老年智能机用户群体渗透,中老年人群的移动端需求正在增加。但这也说明移动互联网的增长空间已经不大。

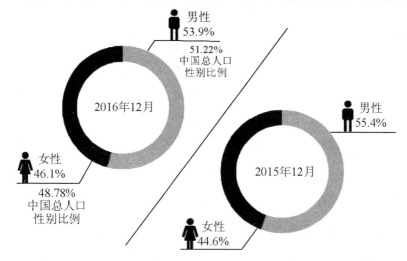

图 2.1　移动智能终端用户性别结构

对比2014年12月,三线及以下城市的用户份额增长最快。二线城市用户增长量大幅下降,一线城市用户增长量亦有小幅下降(图2.2)。

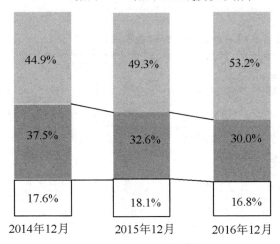

图 2.2　移动智能终端用户城市级别分布及变化

平均每台设备安装与打开的应用款数趋于稳定,从 2014 年平均安装 34.3 款到 2015 年平均安装 39.7 款,再到 2016 年平均安装 39 款,平均安装款数在最近两年趋于稳定。平均打开款数则一直在 20 款左右,用户不再追求应用的数量,更倾向于使用固定的应用,用户在移动智能终端日均活跃的总时长相对固定,为 3.5 小时。一屏之争更加激烈,应用如何挤入用户设备的首屏成为关键。

2. 硬件市场

国产品牌的比例达到 62.4%,较 2015 年底增长 6.5%,消费者对国产品牌接受度提高。华为市场份额从 9.50% 到 11.45%,增长率为 20.5%,OPPO 从 5.13% 到 8.63%,增长率达到 68.2%,vivo 市场份额从 4.99% 到 7.29%,增长率为 45.9%,小米份额下降,其他互联网手机表现不佳。苹果、三星等非国产品牌份额之和下降 5.89%。

表 2.1　各品牌手机市场占比情况

品牌	占比变化	品牌	占比变化
苹果	−2.22%	三星	−3.66%
华为	1.95%	魅族	−0.17%
小米	−2.87%	酷派	−0.89%
OPPO	3.50%	乐视	1.26%
vivo	2.30%	联想	−1.10%

一、二、三线城市用户普遍偏爱苹果、华为,但其市场份额依次下降;二线、三线及以下城市用户偏爱 OPPO、vivo 和小米。

表 2.2　移动智能设备品牌活跃设备分城市级别占比

一线城市		二线城市		三线及以下城市占比	
品牌	占比	品牌	占比	品牌	占比
苹果	36.51%	苹果	31.72%	苹果	28.67%
华为	11.92%	华为	11.83%	华为	10.93%
小米	9.38%	OPPO	8.85%	小米	9.48%
三星	6.11%	小米	8.45%	OPPO	9.29%
OPPO	5.82%	vivo	7.39%	vivo	8.00%
vivo	4.64%	三星	6.49%	三星	6.40%
魅族	2.85%	魅族	2.67%	魅族	2.51%
联想	1.35%	酷派	1.70%	酷派	1.95%
乐视	1.30%	乐视	1.65%	苹果	1.73%
酷派	1.29%	金立	1.46%	金立	1.68%
其他	18.82%	其他	17.80%	其他	19.37%

用户更加追求消费品质,选择千元以下低价位智能设备的用户比例降至 19.7%,选择高端机的用户比例持续增长,2016 年 12 月,25.5% 的用户选择使用 4000 元以上的高端机,较 2015 年底提升 6.8%。

小屏设备正逐渐被大屏设备取代,其比例降至 14.8%,较 2015 年底占比降低 10.8%;选择大屏设备的用户比例继续快速增长,至 2016 年 12 月,大屏设备用户比例近半。

平板电脑份额继续下降,由 2015 年底的 5.0% 下降至 4.2%,智能可穿戴设备的份额增长低于行业预期。

4G 用户渗透率达到了较高的水平。一线城市 4G 用户渗透率达到 68.8%;二线城市为 68.1%;三线城市 4G 用户渗透率为 43.6%。

3. 行业应用

移动应用市场发展可以归纳为模式探索期、互联网服务迁移期、模式爆发期、小众需求挖掘期,在用户刚需基本得到满足、用户应用兴趣下降的当下,细分行业的渗透以及与创新技术的结合,将会成为未来应用市场的增长点。

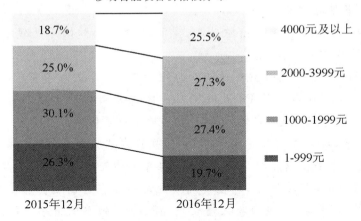

图 2.3　移动智能设备价格段分布

在 2016 年中,通信社交仍然是覆盖率与使用率最高的应用类别,而视频、游戏、网络购物类应用同属于大众人群使用率及覆盖率较高的应用类别,社交及娱乐作为移动智能终端用户的刚性需求,用户市场基本释放完毕,市场格局基本稳定。

应用打开款数全面下降,在经历了行业爆发式的增长后,用户对移动应用的新鲜感正在逐渐消退,用户流量更加集中在少数应用。

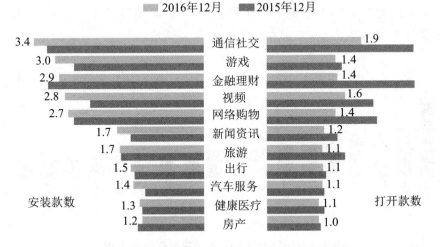

图 2.4　不同类型应用用户平均安装和打开款数

分析不同应用类型应用的活跃时段发现,通信社交类应用相对最为活跃,且凌晨时段活跃度不减,说明用户在凌晨也不会退出通信应用,用户黏性很高;新闻类应用在早上七点之后开始活跃,与用户的资讯获取时段相符;房产类应用的活跃度相对较低。

2016年,真人移动视频直播兴起,得到电商平台和娱乐明星等力量的追捧,成为风险资本的热点。

自2005年新浪博客上线带火自媒体概念以来,自媒体内容已在中国互联网上存在超过了11年。从PC互联网时代的博客到移动互联网时代的微博、微信公众号、今日头条号,自媒体的价值逐渐得到了体现。在移动视频直播泛生活化的未来,自媒体内容将趋于专业化,视频内容将成为发力方向。

随着收入水平以及版权意识的提高,内容付费正在被接受,优质内容的价值得到体现。在视频内容上,各在线视频网站继续在自制剧内容上进行深耕,"PGC内容＋付费会员"成为收入增长点;而分答、知乎的值乎＋Live功能,则让优质社区内容寻找到了变现途径。

4. 头部应用覆盖率优势巨大

在2016年,移动互联网头部应用覆盖率领先优势明显。作为行业第一应用,微信已经覆盖了68.04%的移动智能终端;而作为腾讯的王牌应用,微信与移动QQ已经共同覆盖了72.95%的移动智能终端;覆盖率TOP10的10款应用已经覆盖了77.34%的移动智能终端。

在人口红利已经饱和的当下,头部应用的覆盖率优势难以被超越,现有流量的经营成为了应用未来的发展主题。而拥有巨大覆盖率的头部应用,其流量分发的价值将会凸显,头部应用将会趋于平台化。

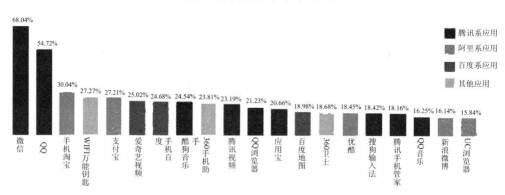

图2.5　2016年12月移动应用覆盖率TOP20

2016年,在应用覆盖率TOP20中,有9款属于腾讯系,而阿里系与百度系应用分别有5款及3款上榜。在移动互联网应用市场格局相对固化的当下,腾讯—阿里—百度的格局暂时难以撼动。

第五节　营销策略调研策划

在开展营销环境调研、市场需求调研和市场竞争调研并掌握了市场的主要方面与关键要素之后,就可以进入营销策划阶段。在营销策划过程中形成的创意思路和策略方案,原则上都需要进行论证和测试。经过测试和论证的营销策划,才能保证其可行性和有效性。当然,并不是所有的营销创意和策略方案都需要通过市场调研的方式进行测试,以企业内部讨论和专家咨询与评审以及领导审批的方式也可以进行测试。这里主要介绍需要通过市场调研的方式进行测试的新产品概念测试、新产品定价测试和广告创意测试。其他需要测试的营销策划创意和策略方案在相关章节的策划内容中介绍。

一、新产品概念测试策划

新产品概念形成后需要在消费者中进行概念测试。测试的目的在于:了解新产品概念的市场接受度,以降低新产品开发的风险;了解新产品的市场前景,为新产品的市场预测奠定基础;找出对这一新产品概念感兴趣的消费者,针对目标消费者的具体要求进行新产品实体的技术研究与开发。

(一)新产品概念测试的内容

1. 新产品概念的可传播性和可信度

即测试消费者对该新产品概念内在蕴含和表达呈现出来的利益能否清楚理解,是否愿意相信,并能否用自己的语言进行较为准确的转述。

2. 新产品概念与现有产品的差距水平

即通过测试新产品概念与现有产品的差别,来了解新产品概念的市场前景。两者之间的差距越大,潜在消费者对新产品概念的兴趣将越高。

3. 潜在消费者对新产品概念的认知价值

测试消费者对新产品概念所体现价值的反映,即相对于价格而言,该产品概念是否物有所值。正常情况下,消费者对产品的认知价值越高,消费者的购买兴趣也越高。

4. 潜在消费者的新产品购买意愿

购买意愿是指如果产品已经存在,消费者购买该产品的可能性。这是概念测试的重要部分,但它不应被认为是严格意义的实际销售潜力。因为在不涉及具体购买行为,而只需消费者回答其购买意愿时,他们几乎总是过高地估计其购买欲望。

5. 潜在消费者对新产品的需求水平

消费者对新产品需求越强烈,新产品成功的可能性就越大,反之则越小。

6. 目标消费者、购买场合和购买频率

即测试谁是目标消费者,目标消费者愿意在什么场合购买该产品,购买和使用的频率如何。

（二）新产品概念测试的方法

如何将研发人员心中的新产品概念有效地传递给被测试的消费者,确实存在一定的难度。因为对新产品概念的口头描述毕竟不能代替新产品实体,对同一新产品概念可能会产生不同的理解和想象,这将影响概念测试的可信度。为此,解决的方法是:对于较为简单的新产品概念,用简短的文字加图片,配合口头描述促进理解;对于比较复杂的新产品概念,需要采用三维印刷或立体印刷技术将新产品概念做成产品模型展示给消费者,或利用计算机设计出产品模型,以便更直观地理解,也可借助新兴的VR技术("虚拟现实")来进行新产品概念测试。

新产品概念测试可采用单个概念测试和组合概念测试两种方式。单个概念测试,即一次只对某一种新产品概念进行测试,以观察被测试者的反应。组合概念测试,即一次对两个以上的新产品概念进行测试,这既可以是将竞争对手的产品概念与本企业的新产品概念放在一起进行测试,也可以是将本企业的几个新产品概念放在一起进行测试。因为被测试者在比较不同的产品概念时往往能提供更有用的信息,因此组合概念测试更具价值。

二、新产品定价测试策划

在新产品研发过程之中,需要对消费者能够接受的销售价格以及需求水平进行评估,才能够正确制定新产品的价格策略,并形成完整的新产品上市方案。因为是新产品,定价水平没有现成的企业内部资料可以借鉴,因此,定价测试是必需的。已经上市产品也需要进行价格调整,因此必要时也需进行价格测试。

新产品的定价测试主要采用访问法和实验法两种方法进行。访问法是通过与新产品的目标消费者的访问交流来测试新产品的最优定价,方法简单可控,并且可以对消费者不明确的问题进行讲解。在测试过程中还能够收集到目标消费者的一些意见和想法,对于产品的进一步研发和整体营销策略的完善,均有积极的意义。实验法是将新产品放在终端售点中,观察和记录顾客在不同价格档位时的实际购买情况,从而推导出产品的最佳定价。这种方法是顾客在实际购买状态下的真实选择,因此真实可靠,但主要缺点是费时费力。

从时间效率方面考虑,企业有时也采用经销商意见和营销专家意见访谈法来测试新产品定价。但目标消费者访问法是新产品定价测试最常用的方法,一般用于开展企业预订价格测试和顾客理解价值测试,测试的方式又有单一产品价格测试和多产品竞争状态下的价格测试两类。

(一)企业预订价格测试

企业预先确定新产品的几种定价,通过目标消费者的访问沟通,测试出最合适的产品定价。

1. 单一产品定价测试

这种测试不考虑多产品的价格竞争问题,仅就一个新产品的定价向目标消费者进行测试。在访问中首先请被访者观看实际产品或产品样本,然后询问"如果这个产品在市场上售价为 P_1、P_2、P_3、P_4 或 P_5 时,您购买的可能性有多大呢?"选择项一般有"肯定不买""很可能不买""不能决定""很可能买"和"肯定买"五种,通过统计分析,可以了解到多数目标消费者可以接受的产品价格。

2. 多产品竞争状态下的价格测试

单一产品定价测试简便易行,但是消费者在实际购买产品的过程中一般会有多种品牌、几种价格的比较选择机会。因此,为准确起见,新产品的定价测试应该加入竞争品牌的产品及其价格,在有产品竞争与比较选择的状态下,了解消费者对新产品定价及其变化对购买需求与购买决策的影响。这样所得到的新产品定价更加符合实际情况,更加具有实际意义。

多产品竞争状态下的价格测试,需要预先给出测试产品的价格档位以及竞争品牌的产品价格,在已经存在竞争产品的情况下,在现有竞争产品的价格状态下，通过几种预订价格的测试，找到新产品的合适价格。

在访问调查时，应出示需要测试的产品实体或产品样品，也要出示竞争品牌的实际产品，这里假定有 A、B、C 三个竞争品牌的产品，其价格分别为 P_A、P_B 和 P_C，需要进行价格测试的产品为 D，可以这样询问被调查者：

"市场上有 A、B、C、D 四种基本用途相同的产品，A 品牌的售价为 P_A，B 品牌的售价为 P_B，C 品牌的售价为 P_C，如果这个产品（D 品牌）的售价分别为 P_1、P_2、P_3、P_4、P_5 时，您会买这四个品牌中的哪一个？"

通过统计分析，我们可以找到多数被访者愿意购买的产品价格，并以此作为产品定价决策的依据。

在这种测试中，我们还能发现随着测试产品价格的变化，被访者在几个品牌之间选择的变化和流动情况，这可以反映出市场上的消费者随着价格变化而产生的购买决策变化和品牌转移去向。

（二）顾客理解价值测试

企业对产品价格的看法和消费者对产品价格的知觉经常会不一致。而在市场上，最终决定价格的往往是消费者。为此，企业不应事先单方面主观地设定产品价格，而是通过调查首先从消费者那里得到产品价格的可接受范围再来确定产品的价格，往往更能被市场接受，更加客观和实际。这种产品定价测试的方式，就是顾客理解价值测试，具体可采用目标顾客"价格敏感度测试法"（Price Sensitivity Measurement，简称 PSM），它不需要预先给定产品的测试价格，而是让每位被访者自己表示他们可接受的价格范围。

顾客理解价值测试，既可以进行单一产品定价测试，也可以进行多产品竞争状态下的产品定价测试。与单一产品定价测试不同的是，多产品竞争状态下的产品定价测试，需要出示全部竞争产品，并向被访者交代竞争产品的实际价格，以便被访者考虑和决策。

需要指出的是，无论采取何种方法对消费者进行产品定价测试，都需要注意被访者回答的愿意购买的价格和实际购买的价格是有差异的，一般而言，被访者回答愿意购买的价格比实际购买时愿意支付的价格要高一些。因此，在产品定价测试之后进行定价决策时，需要将这种差异考虑进去，做出符合市场实际而不是简单符合测试答案的决策。

三、广告创意测试策划

（一）广告创意测试的目的和作用

广告的目的在于传达信息，使消费者认识产品，改变态度，产生购买行为。一个广告能否达到其目的，如果等到广告运动真正实施后才知道，那就太迟了。广告运动一旦失败，企业损失的不仅是金钱，更重要的是市场时机。为此，需要在广告实施前选取部分目标顾客进行广告创意测试。广告创意测试的目的和作用是：① 避免创意错误；② 优选创意方案；③ 预测广告效果；④ 节约广告费用。

（二）广告创意测试的内容和方法

广告创意概念阶段的测试要调查消费者对某一创意概念的兴趣程度、重视程度、理解程度，并为以后整个广告创意发展过程提供方向性的指导。由于新产品的广告创意或老产品的新功能广告创意，都需要提出新的创意概念，而这种创意概念能否切合市场实际，并没有历史资料和成功案例可以借鉴，因此一般都应进行概念测试。

广告创意草案阶段的测试是确定哪一种创意方案能最有效地传播广告信息，从而为创意方案决策和后期制作提供依据。印刷广告可采用设计稿，广播广告可采用毛带，电视广告则可采用故事板，非常重要的电视广告甚至可以拍摄制作一个测试版，对目标消费者进行测试。

广告创意作品完成阶段的测试是用广告完稿或正片测试，虽然费用昂贵，但对于较大的广告运动还是十分必要的。因为不用创意作品完成形式进行测试就不能很好地把广告效果表现出来，就难以得到消费者的真实反应。

不同的广告项目可以选择不同的广告创意阶段进行事前测试，而有些谨慎的企业甚至将各个阶段的事前测试都列入自己的广告计划中，按照科学流程依次开展广告测试。

第六节 营销绩效调研策划

营销策划方案实施执行以后的效果如何,一方面可以通过企业内部的销售与财务系统进行检验,另一方面也需要通过外部的市场调研加以评估。营销绩效调研就是对营销策划方案执行后的成绩和效果进行市场调研。营销绩效主要体现在产品销售、品牌形象和用户满意等方面。因此,这里主要介绍产品销售监测、用户满意度调研和品牌形象调研三个方面的营销绩效调研。

一、产品销售监测策划

掌握产品销售情况是掌握企业营销绩效的重点。同时,进行产品销售监测,还可以了解市场竞争动态,便于快速响应市场以迅速提升销售业绩,利于掌握市场趋势以正确规划未来营销策略。

(一)产品销售监测的范围

1. 本品牌产品销售监测

包括本品牌终端零售监测和渠道销售监测两个方面。其中终端零售监测是产品销售监测的重点。渠道销售监测是指企业在分销渠道内产品批发销售的监测,它能够反映产品渠道销售的流量与流速,因而也是企业非常重视的一项销售监测。

2. 主要竞争品牌产品销售监测

产品销售监测的范围还包括主要竞争品牌的终端零售监测和渠道销售监测,如果不包括这些内容便无法分析市场份额,也无法横向对比销售的好坏。当然,监测的重点仍然是终端零售监测,渠道销售监测虽然也很重要,但是由于竞争品牌的渠道销售是非常重要的商业机密,难以公开搜集到,更难以实现持续、系统和完整地监测。因此,这方面的强行监测很容易违反商业道德和商业法规,引起商业纠纷。所以,我们需要将竞争品牌渠道销售监测建立在重点、必要和适度的范围之内,而将监测的重心放在系统、完整地监测竞争品牌的终端零售上。

（二）终端零售监测的内容

1. 终端零售销量与市场份额监测

监测的项目包括本品牌和主要竞争品牌总体与分品种、分型号、分价格段的终端零售销量或销售额，并计算出各品牌总体和分品种、分型号、分价格段的市场份额。监测的时间可以以天、周或者月为单位，并且可以进行数据的同期对比和上期环比，以观察销售走势和发展状况。

2. 产品销售价格监测

要通过监测主要竞争品牌的价格变化或者本品牌与竞争品牌产品零售比价关系的变化，来观察产品销售变化的原因。价格监测一方面要监测产品的零售挂价，另一方面要监测产品的实际成交价。因为真正影响销售的是实际成交价而不是挂价。销售挂价一般比较好监测，因为法律规定产品的终端零售必须明码标价。但是实际成交价则比较难监测，因为实际成交价是顾客和销售人员讨价还价的结果，它不是一个明确的固定数值，顾客的讨价还价能力不同，实际成交价就有可能不同。因此，在实际当中往往监测平均成交价或最低成交价。一般来说最低成交价各个企业都有规定，低于这个价格是不允许销售的，而平均成交价大体上也是可以计算出来的。

3. 产品促销活动监测

促销活动也是能够直接快速影响产品销量的因素，因此也需要监测。监测的项目包括各品牌促销活动的形式和力度、促销传播的形式和力度，并应结合销售数据的变化分析其对销售促进的影响程度。

（三）终端零售监测的方式

1. 内部信息系统监测

这是企业快速了解产品终端零售最主要的监测方式。信息化程度比较好的企业一般要求终端销售人员在每天销售结束以后，通过电脑或智能手机向企业的内部信息系统报告本商场的产品销售数据，系统具有自动统计功能，并能够分市场区域和销售单位进行数据查询。这种监测方式的优点是速度快、效率高，缺点是数据收集因受主观或客观因素影响而不够准确。

2. 电商销售监测

由于电商平台的开放性，因而产品销量、价格和促销活动监测十分使得，但由于某些电商平台和卖家刷单现象较为严重，需要甄别剔除。

3. 购买专业市场监测机构的监测报告

这是企业为客观、准确、全面监测产品销售数据而采取的一种方式。市场上有一些专业的市场监测机构专门从事销售数据的收集、监测和分析工作,像主营家电产品销售监测的北京中怡康时代市场研究公司和主营日用消费品销售与市场监测的世界著名调研公司AC尼尔森公司等。这种方式的缺点是周期比较长,不能据此进行快速的销售动作反应而改善销售状况,但是对于销售趋势的掌握和全国性市场的销售调整是很有参考意义的。

4. 与商业机构达成信息共享

这是销售监测最真实最迅速的一种方式,对双方的产品销售均有很大的好处,但实施的难度在于商业机构出于商业道德和自身利益的考虑而不太愿意与制造企业达成合作。从目前来看,这种信息共享的合作还不普遍,即使达成这样的合作也是双方反复沟通甚至谈判的结果。在这方面最有影响力的典型是宝洁和沃尔玛的销售信息共享。

在这四种产品销售监测的方式中,前三种是必须持续坚持的,后一种是应该努力争取的。因此,四种监测方式各有用途,不是任选其一就可以的。

二、用户满意度调研策划

用户满意是赢得市场的根本。用户满意度调研不仅可以检验一个企业的产品与服务质量,还可以掌握用户对企业产品与服务的满意状态及其原因,为进一步改善企业的营销策略和用户服务工作提供依据。

用户满意度调研需要把握好指标体系设计、方案实施执行和调研的反馈与改进三个重点。

(一)用户满意度调研指标体系的设计

1. 用户满意度调研指标体系的设计原则

(1)指标必须是用户认为很重要且对其满意度有直接影响的。因此,要准确把握用户需求,选择用户认为最关键的指标。

(2)需要考虑企业的行业属性和发展阶段。不同的行业,如工业品行业与消费品行业,耐用消费品行业与快速消费品行业,用户满意度的指标设计有所不同;行业的高速成长阶段与稳定发展阶段也不同,在稳定发展阶段,企业之间的竞争更加激烈,用户的选择性更强,用户服务要求更高,用户满意度指标的设计需要更全面、更细致。

(3) 必须是可测量和可控制的。用户满意度调研的结果必须是一个量化的数值,因此调研指标必须是可以进行统计、计算和分析的,而且是可以通过企业的努力改善和提高指标数值的。因此有些指标虽然比较重要,但难以量化测评或暂时还不具备改进的条件或能力,则不宜采用。

(4) 必须考虑与竞争者的横向比较。设计用户满意度调研指标时要考虑到指标的行业通用性,借以了解和比较本企业与竞争同行在用户满意度方面的差异,促进企业在用户满意度的总体和重要项目上走在竞争对手的前面。

2. 用户满意度调研指标体系的主要内容

根据上述用户满意度调研指标体系设计原则,我们知道不同的用户对象类别、不同的行业和企业,用户满意度调研指标体系的内容应该有所不同。但一般来说,主要应该包括以下几个方面:

(1) 产品质量满意度指标。一般来说,产品性能的稳定性与质量的可靠性总是用户最关注的因素,从而也是影响用户满意度最重要、最普遍的因素。用户满意度调研首先就要考虑产品质量满意度方面的测评指标。

(2) 产品价格满意度指标。产品购买价格的高低以及价格时间上的稳定性,也是影响到用户满意度的一项比较重要的因素。尤其是对价格比较敏感的普通用户和追求性价比的中档用户。以这两类用户作为产品市场定位的企业,需要经常关注用户在价格方面的满意度,保持价格对用户的吸引力和对市场的竞争力。

(3) 销售服务满意度指标。用户在购买产品的过程中,必然接触到企业的销售服务,因此销售服务不仅影响到产品销售成功与否,而且影响到用户的满意程度。调研用户满意度需要将销售服务纳入测评范围之内,具体可以考量的指标有购买地点的便利性、销售服务人员的服务态度与服务技能水平等。

(4) 售后服务满意度指标。对于工业品和耐用消费品的用户来说,由于产品的使用周期较长,并且与用户的工作和生活关联度比较高,因此,用户非常重视和关注产品的售后服务,售后服务人员的服务意识与服务态度、服务行动响应速度、技能水平和服务质量的可靠性等因素,均是影响用户满意度的重要因素。

(5) 品牌形象满意度指标。用户总是希望自己拥有的品牌是一个值得本人自豪与别人尊重的品牌,因此企业在品牌形象建设上的所作所为也会影响到用户的满意度。在一些对产品消费很感性的用户满意度调研中,尤其需要设置品牌满意度指标。

在设计用户满意度指标体系中,还需要明确测评的量化标准细则,以便按照标准进行严格而准确的量化评分。分值的设计可以采取 10 分制、100 分制和 5 分制等,无论采取何种分值,评分标准都应该是清晰而可以区分、计量的。

3. 用户满意度调研指标的权重设计

为对企业的整体用户服务满意度进行综合性的总体评价,需要对整个测评的指标体系进行汇总。由于各个指标在总体评价体系中的重要程度是有区别的,因此需要对每个满意度指标进行权重设计。设计的根本原则是按照影响用户满意度的重要程度来设计各项指标的权重系数,对用户满意度影响越大的因素,其考核指标权重系数越大。

(二) 用户满意度调研的主要方式

用户满意度调研应结合需要与可能,采取第三方专业机构调研、企业呼叫中心随访调研、网络监测和企业领导拜访与考察重点用户等方式进行。

1. 第三方专业机构定期调研

系统、全面而客观的用户满意度调研,应该采取第三方专业机构定期调研方式。调研的时间间隔应为半年或者一年,调研的内容和指标体系要有稳定性和连续性,以考察企业半年或者一年之中用户满意度的变化态势。调研的目的是用于评价一定时期的用户满意程度并以此为依据规划下一阶段的用户满意度提升工作。调研的对象要在企业的用户群中抽取,重点用户如商业用户和工业用户需要全面调研,终端消费者用户由于人数众多可以分区域进行抽样调研。

2. 企业呼叫中心随访调研

有很多大企业建立了用户呼叫中心(Call Center)系统,这本身就是贴近市场、了解用户心声、提高用户满意度的一项工程。除接待用户服务呼叫以外,呼叫中心也可以有目的地进行简短的用户满意度调研,以及时且连续性地了解用户满意度情况,弥补第三方专业机构定期调研时间跨度比较长的缺陷。

3. 用户网络评价动态监测

在互联网时代,用户对产品和品牌满意度的评价,尤其是负面评价,往往会发布在某个人微博、微信上,发布在网络聊天对话中,发布在企业自媒体或电商评价里,发布在网络文章的评论和跟帖里,通过对用户网络评价的动态监测分析,可以及时掌握用户满意度状况及其形成原因,并能够及时沟通处理。

4. 企业领导拜访重点用户

在影响企业市场竞争的重点时刻,为掌握市场脉搏,企业领导人和经理人需要带着问题,深入市场一线进行市场研究以寻找解决问题的方法。用户满意度的调研也可以且需要采取企业领导拜访重点用户进行深度访谈的方法来展开。这种方式由于领导亲身经历,体会更深,有可能亲自推动变革和改善,效果会更快、更明显。当然,这样的调研需要抓住重点和关键,不必像第三方专业机构调研那样从指标体系的设计到数据的统计分析面面俱到。

(三)用户满意度调研的反馈与改进

用户满意度调研不应以提交调研报告为终点。除了企业内部需要制定改进措施,推进系统性的改善以外,还应当给被调查的用户一定的信息和行动反馈,这样才能得到用户的好评,达到提升用户满意度的目的。

比如,香格里拉酒店集团定期对客户进行调查。在提交调研问卷时向参加调查者赠送一张价值80元的餐券。在整理调查问卷时再向参与调查者发送表示感谢的电子邮件。对于提供改进意见的客户还进一步采取具有针对性的改进措施。有位客户在问卷中提出其他家酒店在客房放有文具,方便了住客办公。虽然该酒店没有因此为每个客房添置文具,但只要该客户一入住,服务员会事先为他准备一个文具架。这比有些满意度调研,参与者只接触到一次问卷调查,其后既无信息反馈也见不到任何改进效果要好得多。

三、品牌形象调研策划

打造品牌、塑造品牌形象是企业营销的一个重要目标,营销工作是否实现了塑造品牌的目标,品牌形象建设的成效如何,都需要通过品牌形象调研来检验。

(一)品牌形象调研的内容项目

1. 品牌在公众心目中的认知与印象

这是检验企业品牌形象最为重要的调研项目。具体调研的指标项目有品牌知名度、品牌识别度、品牌理解度、品牌美誉度、品牌偏好度、品牌认同度、品牌忠诚度以及品牌直觉联想、品牌个性理解、品牌使用感受等。这些指标的概念和含义请参见第四章品牌策划的相关内容。

2. 品牌形象的优势和劣势及其形成原因

检验品牌形象建设的成绩不仅要了解本品牌在公众心目中的认知与印象,还需要了解公众对本品牌和竞争品牌的认知对比,与竞争品牌相比,本品牌处在何种位置？有何优势？有何劣势？形成品牌优劣差异的原因是什么？企业试图塑造的品牌形象与公众感知的品牌形象是否吻合？有何差距？差距形成的原因是什么？只有掌握了品牌竞争状况，才能明确品牌之间的差距，为进一步找到提升品牌的策略和措施提供依据。

3. 公众认知品牌的途径

检验品牌形象建设成效的调研，还需要调研公众认知品牌的途径。如果企业传播品牌的途径与公众认知品牌的途径不一致，将难以向公众准确、高效地传播品牌。企业传播品牌的途径如产品、价格、广告、公关活动、促销活动和售点形象等是否让公众感觉到品牌形象的统一性而不是错乱性，也需要通过品牌形象调研加以验证。此外，掌握了公众的品牌认知途径，还有利于进一步优化品牌传播的有效途径与媒介，为下一步品牌形象建设与传播提供有效与客观的依据。

4. 消费者品牌选择的影响因素及其影响程度

品牌是影响消费者购买产品的重要因素之一，打造品牌形象的最终目的是为了让消费者更多、更快、更持续地购买本品牌产品。为检验品牌形象建设的成效并为进一步改善品牌形象提供依据，需要掌握消费者选择品牌的考量因素。比如影响消费者选择彩电品牌的因素，可能有画面色彩、声音效果、外观造型、售后服务、价格等因素，但究竟哪个因素是第一影响因素？哪些因素是次要影响因素？不同层面的消费者可能不一样，但品牌定位所对应的目标消费者是如何选择品牌的一定要准确掌握。只有抓住了目标消费者选择品牌的考虑因素及其考虑顺序，企业才能突出品牌形象打造的重点，抓准品牌形象建设的关键。

（二）品牌形象调研的范围对象

一般应选择品牌传播和产品销售已经触及的范围，根据调研目的的不同，还可以适当地划分范围和对象，如中国东部地区和西部地区，京、沪、穗、深等一线城市，省会城市、地级城市和农村乡镇，以研究品牌形象在不同层级城市、不同地区、不同公众层面的差异。

品牌形象调研的样本因调研的规模不同而有所区分，但每场次调研应该有20～30人以上的样本量。调研对象一般应选择与品牌定位相对应的目标公众和消费者，要将本品牌的员工及其亲属，竞争品牌的员工及其亲属，本品牌和竞争品牌的供应商、分销商、广告代理商、行业主管部门人员过滤出去。

（三）品牌形象调研的方法

通常采用小组访谈法，常用的调研技术有投射法等。调研问卷通常是开放式的，要尽可能使调研对象在无提示状态下自由回答与自由联想。当然，为进一步发掘信息，必要时也应适当提示，但不要暗示、诱导和误导。

四、实战分享

SS 啤酒品牌形象调研方案

1. 背景及目的

为了使 SS 品牌更有效地从价格战的恶性竞争中摆脱出来，必须提升 SS 品牌形象，给消费者更多的附加利益。因此，有必要对 SS 品牌进行检测，了解 SS 品牌在消费者心目中的形象，为 SS 品牌形象提升和广告宣传提供依据。

2. 调研内容

（1）啤酒品牌总体认知状况：

　　A. 啤酒品牌知名度　　B. 品牌分类　　C. 品牌偏好状况

（2）SS 与竞争品牌联想：

　　A. 直觉联想　　　　　　B. 品牌个性描述

　　C. 各品牌使用者描述　　D. 消费者品牌观点测试

3. 研究方法和样本

由于本次研究必须了解消费者对 SS 品牌情感面的认知，探究其心理层面的内容，因此采用小组座谈的质化调研方法，用投射法对 SS 品牌形象进行测试。

（1）调查范围：受时间及费用的限制，调查只在 HF 市进行。

（2）调查对象：城市中经常喝 SS 啤酒、LQ 啤酒和 LK 啤酒，并有接触 BW 啤酒经历的男性消费者。

（3）样本量及构成：每场座谈会 8 名受访者，分 20～29 岁、30～39 岁和 40～50 岁三组进行。

4. 时间安排

整个项目工作周期预计为 30 天，具体安排如下：

项目确认及调查提纲讨论 3 天；调查前准备 1 天；调查执行 5 天；撰写调

查报告5天;客户说明会1天。

5. 质量控制

品牌调研小组全程负责项目实施工作,同时,SS公司市场部可根据现场记录和录像对整个项目质量做严格检验。

6. 项目费用

略。

调查对象抽样过滤问卷

(1) 请问您是本市常住居民吗?

A. 是　B. 否(停止访问)

(2) 您平时喝啤酒吗?

A. 经常喝　B. 偶尔喝　C. 基本不喝　D. 从来不喝(选B、C、D者,停止访问)

(3) 请问您一般喝什么牌子的啤酒?

同时选SS和LK者,可继续访问,否则停止访问。

(4) 请问您喝过BW啤酒吗?

A. 喝过　B. 没喝过(停止访问)

(5) 请问您和您的家人有没有在下列单位工作的?

A. 咨询、市调公司　B. 广告公司或电视台、报社广告部门　C. 啤酒生产企业

D. 啤酒经销部门　E. 啤酒行业主管部门或行业协会　F. 以上均没有

(选A~E项者停止访问)

(6) 请问您的年龄在?

A. 20岁以下　B. 20~29岁　C. 30~39岁　D. 40~50岁　E. 50岁以上

(选A、E项者停止访问)

(7) 请问您认识这些人吗?

向被访者介绍已经确定的合格样本,如被访者认识其中的样本则停止访问。

消费者小组座谈会访谈提纲

1. 热身与介绍(10分钟)

(1) 项目介绍;

(2) 主持人自我介绍;

(3) 参加者自我介绍。

2. 啤酒品牌属性归类(15分钟)

(1) 提到啤酒,请问你们会想起哪些品牌?

(用白板书写被调查者提到的品牌)

(2) 品牌分类:

① 请大家将所列的品牌根据自己的标准进行分类(可提示如成功与否、产地、市场地位等)。

② 在这些啤酒品牌中,您喜欢哪些品牌?为什么喜欢?

③ 请问在这些品牌里,哪些可以是与SS品牌相提并论的?为什么?

3. SS品牌与竞争品牌联想(55分钟)

(1) 直觉的联想:

① 提到SS,您脑海中会立即出现什么呢(可提示如画面、颜色、听觉、广告内容、包装等)?

② 为什么会有这样的联想呢?就品牌而言,这些联想会给您什么感觉呢?

③ 提到BW(或LQ),您会立即想到什么呢(重复上述问题)?

④ 请您用一句话分别对SS、BW和LQ做个简单的描述。

(2) 品牌个性比较:

① 如果把SS想象成一个人,您觉得他会是一个什么样的人呢(如年龄、性别、职业、身份、收入、学历、喜好、性格等)?您为什么有这样的看法?

② 您觉得他的个性是什么(出示形容词列表)?为什么?

③ 如果把BW或LQ想象成一个人,您觉得他会是什么样的人呢?重复上述问题。

(3) 请问您认为在大家所选择的有关SS的形容词中,哪些是应该去除和避免的?为什么?

您自己喜欢的啤酒品牌个性如何呢?您最不喜欢的啤酒品牌是什么?对它的个性您有何看法?

4. 人物投影(25分钟)

有一个人,不论在什么场合,只要喝啤酒,总是喝SS啤酒。您认为他是一个什么样的人?请描述他的年龄、职业、身份、收入、有什么爱好、穿着如何、抽什么香烟、性格如何、有什么优缺点。

对于BW、LQ,重复同样的问题。

5. 观点测试(20分钟)

在这里,我们有一些有关SS品牌的说法,如果您是SS的经营者,您会如何评价?为什么?

(1)对消费者来说,SS只是花钱买来喝的啤酒,与消费者没有任何感情上的联系和偏好。

(2)"SS啤酒,中国风"比较空泛,让人不知所云,更不会让消费者联想到任何实质性的内容。如果换成亲切感强的"SS啤酒,永远的朋友",那就比较好。

(3)SS啤酒是省内第一品牌,而且已经走向全国市场,居全国啤酒第十位,应该讲它为我们省争了光。

(4)SS虽然在省内占有一定的优势,但与BW、QD等国内外知名品牌仍有相当大的差距,就连LQ、LK等省内品牌也与之相差不大。

6. SS使用经验联想(20分钟)

(1)请想一想,您个人或身边的人有哪些与SS相关的记忆或故事?

(2)如果让您向不知道SS的人介绍这个牌子,您会怎么说呢?

(3)请问大家如果现在喝SS啤酒,原因是什么呢?如果不喝,请问为什么不选它呢?

在您的印象中,与其他牌子相比,SS有什么不同的地方(如品位、价值感、口感、包装、色泽等与产品相关的特性)?

课后练习

一、策划理论知识练习

1. 简述市场调研策划与执行流程。
2. 简述预测市场容量的方法路径。
3. 简述产品概念测试的目的、意义、内容及方法。
4. 为什么要进行消费者心理与行为调研?其主要内容构成和调研方法有

哪些?

5. 简述品牌形象调研的内容、范围、对象和方法。

6. 简述市场竞争格局调研的内容。

二、策划实战模拟练习

1. 寻找机会参与市场调研机构实际调研活动的策划讨论与实际执行,了解市场调研策划与执行的全部过程与关键环节。

2. 到本市最有影响力的商场,采用观察、拦截访问等形式调查消费者的购买行为与心理活动,并形成自己的调研报告。

第三章 市场定位策划

开篇导语

市场定位策划是基础性与导向性的营销策划,决定着整体营销策划的基础与方向,因而是需要优先学习的营销策划内容,也是最重要的营销策划内容。市场定位策划包括企业定位策划、品牌定位策划和产品定位策划三大方面。三者在内容范畴、作用影响和策划方法上都有区别,需要清晰区别并认真研究,而在此基础上展开企业形象策划也就水到渠成了。

学习目标

1. 了解企业定位策划的基本内容与方法;
2. 掌握品牌定位策划的基本内容与方法;
3. 掌握产品定位策划的基本内容与方法;
4. 了解企业形象(CI)策划的基本内容和思路。

课前知识

市场营销学(原理)STP目标市场策略:
1. 市场细分的标准与细分方法;
2. 目标市场策略:无差异市场策略、差异性市场策略、密集型市场策略;
3. 市场定位策略。

第一节 市场定位策划概述

一、市场定位的内涵

市场定位的内涵是市场定位策划必须首先明确的问题。然而关于市场定位的内涵,却存在不一致的看法。第一种观点认为,市场定位就是产品的市场定位,市场定位的内涵和对象就是产品。第二种观点认为,市场定位不仅包括为产品定位,还应该包括为品牌定位,而且更重要的是为品牌定位。第三种观点则有意或无意地回避着市场定位内涵的争论,直接讨论市场定位的策略和方法。

我们认为市场定位的内涵不仅包括产品和品牌,还应该包括企业。实际上,在营销实战中,不仅要给产品和品牌定位,还要给企业定位。只有这三者都定位准确了,才能实现营销从宏观到微观、从战略到战术的系统衔接,才能发挥出营销的系统效应和系统优势。市场定位中的产品定位、品牌定位和企业定位,各自的定位内容不同,定位策略和方法也不同。虽然企业定位、品牌定位和产品定位发生的时间节点和频次不同,但是三者是密切相关的,三种定位必须呈现出一致的精神与价值联系,才能发挥定位的作用与力量,聚焦营销努力目标与方向,集中营销资源配置与投向。

二、市场定位策划的顺序

市场定位的先后顺序与企业发展阶段、企业发展层次和企业发展战略密切相关。处于不同发展阶段、发展层次以及发展战略不同的企业,市场定位的先后顺序不同。

刚刚进入市场的中小企业往往是因为发现一个有利的市场机会,从一个机会型产品切入市场开始创业的,这时是先有自然的产品定位,然后再有企业定位并逐渐意识到要进行清晰的品牌定位,因为市场机会容易被大多数企业看到,市场竞争也就随之而来并且愈演愈烈,企业的产品和品牌需要与竞争对手区别开来才能被消费者识别并选中。

资本雄厚且营销观念先进的企业二次创业和进入市场时又有所不同,他们是先清晰定位企业之后再注册成立公司,先清晰定位品牌之后再定位产品,而后根据品牌定位和产品定位进行产品研发、生产和销售,并进行广告策划、创意和宣传。在企业营销推进过程中,他们不是在摸索中走一步看一步,而是系统架构、策略先行,步步为营,很有章法和节奏地推进。

成功的企业以及那些在市场上已经经受住考验生存下来并持续发展的企业,通常已经在生存拼搏和持续发展的过程中形成了清晰的企业定位,也建立了一些定位清晰的品牌,这个时候通常是在用成功的品牌、成熟的品牌来推广产品,因而是在企业定位之下、品牌定位之后进行产品定位的,即利用品牌资产带动产品市场,用品牌形象带动产品形象。

由于产品寿命周期、品牌寿命周期和企业寿命周期长短不同,产品定位、品牌定位和企业定位的时间和频次也就不同。产品寿命周期最短,产品的更替最频繁,因此产品定位最频繁。新上市一种产品,新研发一种产品,就需要对这种产品进行定位,甚至在产品寿命周期的不同阶段,也需要对产品进行定位调整或者重新定位。品牌需要产品支撑,但是品牌定位应该相对稳定,不应该随产品变化而变化,所以品牌定位不会像产品定位那样频繁。

企业或会因为应对环境的变化而进行产业调整,因此需要重新进行企业定位;或会因为企业自身的发展壮大而进入新的产业领域,因而需要进行企业定位调整。企业定位的调整一般会带来品牌定位不同程度的变化,进入新的产业领域要么进行品牌延伸,要么创立新的品牌。进行品牌延伸需要重新定位品牌,创立新品牌需要从头开始定位品牌。

品牌在自身发展过程中也需要进行一定程度上的调整,以避免品牌形象老化,由此引起品牌定位调整或品牌重新定位。品牌定位的调整与再定位,依据调整的程度与对象不同,有些需要同时调整产品定位,有些则不必。

企业和品牌同步发展是最理想的。不能同步发展的情况一般有两种:一种情况是品牌经营不善,难以为继,勉强维持会耗费企业大量资源,拖累企业,甚至会影响企业形象和企业根基,这时企业要果断放弃这种品牌,选择重新创立品牌,新品牌也就需要新定位;另一种情况是企业经营遇到了资本危机、资金链断裂等问题,但是品牌层面没有问题,这时品牌仍然是活在公众和消费者心目中的,仍然具有市场价值,这时需要利用品牌来拯救企业,通过出让品牌、租赁品牌获得拯救企业所需要的资金和时机,这时的企业自然需要在危机之中重新调整重新定位,实现企业的浴火重生。

三、市场定位的传播

市场定位因其定位内涵与类型的不同,有不同的定位传播对象、传播方式和传播力度。

产品定位需要对外传播,以得到广大消费者的认知、接受和购买。产品定位对外传播的形式和力度需要根据产品的市场地位和其在企业产品规划中的角色而定。高端形象产品,体现企业和品牌形象的产品,需要采取高端与主流强势媒体倾力传播,且采取线上传播与线下传播相互配合、互相接应的方式。一般性产品或者战术性进攻产品,则不需要采取主流强势媒体大范围传播,线下传播一般会多于线上传播。

产品定位也需要对内传播,而且对内传播时间起点上先于对外传播,时间终点上后于对外传播,整个传播的时间周期长于对外传播。产品定位对内传播的目的,是以产品定位为依据,整合产品研发、生产制造、广告传播和产品销售,打造和保持产品的统一形象,体现产品定位,实现产品整合营销。

品牌定位也需要对外和对内双重传播。品牌对外传播的对象是社会公众和广大消费者,传播的目的是建立品牌认知和品牌好感,打造品牌形象。品牌传播主要是感性的和形象性的,因此传播的方式一般是线上多于线下,传播的力度一般是线上高于线下。品牌定位的对内传播与产品定位的对内传播一样,也是为了打造和统一品牌形象,实现品牌整合营销。

企业定位一般不需要倾力对外传播,因为消费者购买的是产品和品牌而不是企业。企业定位更主要的是要大力对内传播并在企业实际工作中贯彻执行。办企业、投资企业的是股东,管理企业的是企业的经营管理层,因此他们是企业定位的主要传播对象。企业定位的贯彻和实现,需要股东和经营管理层在观念上理解和接受企业定位,在行动中执行和推行企业定位。

正是因为市场定位传播对象、方式和力度的不同,我们才能发现和理解这样的营销现象与营销规律:大众消费者不知道"不凡帝范梅勒"是谁、是干什么的没有太大关系,但是不知道"阿尔卑斯"糖果关系就太大了。事实上,非常多的消费者包括买过、吃过"阿尔卑斯"糖果的消费者都不清楚、不知道"不凡帝范梅勒"糖果公司,但是这并没有影响"阿尔卑斯"成为中国销量第一的糖果。吉利剃须刀被宝洁收购,并没有引起吉利剃须刀消费者的不安与不解,也没有影响吉利剃须刀的品牌形象和市场销售。

第二节　企业定位策划

一、企业定位策划的本质

企业定位是关于企业以什么服务于社会、以什么立足于市场的本源性、战略性思考。企业定位策划的主要内容包括企业的产业领域在哪里、企业在行业中的市场地位是什么、企业的经营模式和盈利模式是什么、企业的发展战略和企业文化是什么，等等。因此，企业定位的策划思考，是涉及企业生存与生命本源的核心思考，是关于企业使命和企业愿景方面的哲学思考。

从本质上讲，企业定位策划和决策是企业家的重要职责与重要职能。当然，企业家也需要征集企业内部意见，尤其是企业战略规划与发展部门的意见，也需要借助外脑，借助营销咨询公司的智慧。但是，这些都不能取代企业家自身在企业定位策划与决策中的地位与作用。企业定位策划与决策也不能简单套用少数服从多数的形式，因为企业定位策划是面向不确定的未来的宏观思考，需要高瞻远瞩，需要有宽广的视野，把握时代发展趋势的眼光，整合资源作势、作局的魄力，这些不是一般人都具备的。而且，"不在其位不谋其政"，不承担企业定位策划与决策的人不会深入思考企业的定位和发展问题。从这个层面上讲，关于企业定位策划与决策的真知灼见并不一定掌握在多数人手里，反而掌握在少数人手里。因为任何人都可以想到的企业定位思路与发展战略，并不具备独特性和领先性，而少数企业家站在其独特地位上经过深思熟虑的策划与思考，更有可能具备独特性与领先性。不过，企业家对于企业定位策划与决策的推行，不应该独断专行，企业家应该有充分的耐心，向企业董事会等决策机构与成员讲解自己的策划思考，取得大家真正的理解与由衷的支持。如果大家都听不明白、都理解不了、都不支持企业家的企业定位策划与决策，这说明企业家的思考还不一定非常成熟，企业家的定位方案还有一定的风险性，还需要进一步思考与论证。

企业定位策划，需要借鉴企业自身和其他优秀企业的成功经验，但是，这些也都只能是借鉴，因为时代和环境是发展变化的，过去的成功并不能代表未来的成功，别人的成功也不能代表自己的成功。

企业定位策划与决策,有其艺术性的一面,也有其科学性的一面。束缚思维的条条框框需要打破,但其中的客观规律还是需要遵循而不能违反的。

二、产业领域定位策划

企业定位必须首先回答的问题就是企业是干什么的,企业的产业领域是什么,这是企业定位策划最基本的命题。如果企业定位连这个问题都回答不出来、回答不清楚或者回答得不正确,那将是很危险的,意味着企业不知将向何处发展。

世界很大,分工很细,产业很多,企业不可能什么都做,因此需要选择,需要定位。企业要生存要发展,又必须做一个产业,不能什么都不做,因此需要决策,需要定位。

对于新创立的企业来说,根本做不了太多,选择一个产业起步非常重要,宝洁创业之初只不过是生产蜡烛、肥皂。对于发展、成长中的公司来说,也做不了太多,因为资源有限,竞争对手太多。但是正是因为只能少做所以才需要慎重定位和选择,若能做得多,则定位和选择的余地就大了。

企业产业领域的定位策划,需要把握好以下三点:

(1)超越产品,定位行业。中国很多企业的产业领域定位过于侧重于具体的产品,虽然很具体,但是没有长远眼光,缺乏远见,问题的根本在于产品的寿命周期很短,产品寿命周期到了,企业怎么办?爱多将企业的产业领域定位于VCD,VCD产品做砸了,VCD整体市场衰退了,企业也就没有出路了。柯达如果不是定位于感光胶卷相机这一具体的产品,而是定位于照相行业,及时推出其全球最早发明的数码相机也不至于申请破产。

(2)超越Wants,定位Needs。市场和消费者是企业生存的基础,失去了市场和消费者,企业将失去立足之地。Wants和Needs是描述消费者需求的两个重要概念,Wants是消费者自身意识很清楚的产品购买欲望,Needs则是消费者最本质的生理与心理需要。Wants是具体的、明确的和外显的,Needs则是意念的、模糊的和内隐的。但是,企业的行业定位为什么要"超越Wants,定位Needs"呢?那是因为,消费者的Wants是经常改变的,消费者自己会改变,市场竞争对手也会引导消费者改变。而消费者的Needs是稳定的、不经常变动的,是消费者内在的需要,是本身生理需要的,是内心深处需要的,尽管有时这种需要潜伏在潜意识之中没有表现出来,但是,它是不会消失和改变的,因而是企业的行业定位可以依附的。消费者需要的产品(Wants)变了没有关系,只要消费者的基本需要(Needs)没有变,就不影响企业的定位,企业针对消费者的基本需要(Needs)改做消费者需要的产品就可以了。

(3)超越浮华,聚焦核心。在商界流行于赚快钱赚轻松钱的思潮中,踏踏实实做企业者需要抵制一些诱惑,虽然要及时跟踪市场和技术的发展变化,但是绝对不能见异思迁。不能看VC和PE赚钱快,自己也跟风上阵;看房地产赚钱快,自己也圈地盖楼。企业要认清自己的核心资源、核心优势和核心能力所在,将自己定位于核心技术、核心资源和核心能力能够持续发挥作用的产业领域。越是动荡的环境,越是要依据企业的核心能力来确定企业发展定位。

有关企业核心能力、核心竞争力的描述和定义很多,微博上流传的"五不"说法非常形象。企业核心竞争力的特点是:一是"偷不去",具有不可模仿性;二是"买不来",具有不可交易性;三是"拆不开",具有资源的互补性;四是"带不走",即企业资源具有归属性;五是"溜不掉",即企业资源具有延续性。

三、市场地位定位策划

企业在确定行业领域定位之后,还需要对企业在行业里的市场地位,也就是企业在行业里扮演的角色进行定位。杰克·韦尔奇在调整通用电气的产业门类的时候有一个清晰的原则:数一数二(也有译为"非一即二")原则,即退出在全球排名中不是第一或者第二的行业,只做世界排名第一或第二的行业。

需要进行企业市场地位定位的主要原因在于很多产业市场竞争非常激烈,市场资源和市场份额不断向优势企业集中,如果不能在行业竞争中取得有利的市场地位,成为市场竞争的胜利者,就会被市场所淘汰,被竞争对手收购或消灭。也许企业间的兼并重组并不都是在一夜之间发生的,但是对市场竞争险恶形势的低估,对竞争对手蚕食自己市场领地的漠视,对市场变化所应该采取的应变手段的迟钝,都是自取灭亡的征兆。因此,企业需要有清醒的认识、积极的态度、高度的警觉、快速的反应、清晰的目标和明确的定位,这样才能在影响到生死存亡的竞争中赢得生的希望。

企业市场地位的定位策划,需要对行业现在的竞争格局进行深入的分析,对主要竞争企业的发展潜力和增长后劲进行准确的判断,对行业的发展趋势也要进行充分的研究,对本企业发展的优势与劣势、机会和威胁进行分析,对本企业的成长和增长速度做出预计,然后确定本企业一定时间内的市场地位定位目标。如某企业现在的市场地位是市场的追随者,他们的定位是三年内成为市场的挑战者,五年内成为市场的领导者。这就是一种清晰的市场地位定位描述。

当然,在一定时间段内,有些产业的市场竞争还不十分激烈,企业间还处在完全自由竞争阶段,大资本大企业还没有进入这个发展中的行业,行业的整体规模还不大,因此没有引起大资本大企业的关注,行业中的主流成员都是中小企业。在这样的行业存在着活得很滋润的"隐形冠军"。目前来说他们的境遇是很不错的,因此,很多"隐形冠军""隐形亚军"很满意和享受目前的状态。但是,需要提醒的是,如果行业内有企业率先调整经营模式和竞争模式带头打破行业格局的话,或者有强大的资本进入的话,行业格局很快会发生势如破竹的变化。因此,早做准备是非常有必要的,率先打破行业格局更是能够获得市场回报的。而这也必须是对市场竞争地位有预先性的定位策划,在此基础上才有可能获得突破性发展。

四、盈利模式定位策划

企业是追求盈利的,但是追求盈利的方式不尽相同。每个企业应该定位好自己的盈利模式,并经过论证证明确实可行,才有可能实现盈利。

每个行业有行业自身的经营方式与盈利方式,企业要在行业方式的基础上实现突破,设计好并定位准确自己的盈利方式,才可以超越竞争对手。比如在IT和数码行业,快速销售、快速周转是行业基本的经营模式与盈利模式。因为IT技术和数码技术进步和更新的速度非常快,产品很容易过时、淘汰,产品降价速度也非常快,周转慢、库存多,跌价损失和风险就大。要想在产品快速更新、价格快速变化的行业内生存和发展,必须将销售速度和周转速度加快到行业最高水平,并且将库存控制在安全存货水平以下。

大型家电连锁企业和大型连锁超市在中国市场的迅速兴起,也与他们采取不同于传统百货行业的经营方式与盈利方式有关。他们通过价格战和终端门店扩张战,迅速贴近终端消费者,在掌控终端消费者资源之时,向急于提升市场份额的上游供应商榨取利润资源,比如收取进场费、选位费、店庆费和促销费等,将商业费用转嫁给上游供应商从而增加自己的盈利。

互联网创业一度非常火热,但大量互联网创业项目仅凭一个想法和点子,还没想清楚商业模式和盈利模式就匆忙上马了,担心行动迟了机会就被别人抢去了,寄希望于在创业过程中再探索盈利模式,虽然前有成功案例,但其实风险很大,因而很多互联网创业公司就夭折于未找到盈利模式之前。

五、发展战略定位策划

企业定位策划还包括企业的发展战略定位策划。当企业在市场上站稳脚跟,希望进一步发展壮大的时候,就需要考虑企业的发展方向和发展模式,进行发展战略定位策划。

企业发展战略定位策划的创意方向,是按照现有产业基础和现有市场基础向外拓展,主要有三种定位方向。

(1)专业化定位方向。即坚持原来的产业方向不变,通过市场空间的拓展,实现企业市场和规模的扩大,达到企业发展的目标。比如,市场范围和市场空间从本地走向外地,从区域走向全国,从全国走向国际等。微软、谷歌等新兴IT产业的领袖也都采取的是专业化加国际化的发展定位。采取专业化定位方向的主要原因是行业的发展前景还十分广阔。

(2)多元化定位方向。即坚持原来的市场空间、市场区域不变,通过产业的拓展,实现企业市场和规模的扩大,达到企业发展的目标。中国很多行业的领头羊在成就全国市场版图之后,都进行过多元化扩张的尝试,成功的案例也非常多。比如,海尔在成就电冰箱行业全国市场之后,依次进入了洗衣机行业、空调行业,在将洗衣机、空调做成全国名牌之后,又进入彩电等黑色家电产业。但是如果主业基础不扎实就急于盲目实施多元化,也是有风险的。曾经辉煌一时的太阳神口服液进入石油、房地产和化妆品等多个行业就是一大失误,盲目多元化的结果使得太阳神光芒暗淡。

(3)多角化定位方向。即采取既拓展市场空间范围又拓展产业范围的双重方式,实现企业规模扩张和企业发展的目的。这种发展定位,对于企业的物质资源、人力资源和企业管理控制能力的要求都非常高。这种发展定位是基于这样的认识基础之上的:企业原来的产业和原来的市场增长空间都已经非常有限,企业发展的突破点必须跳出原来的产业和原来的市场区域。但是,真正能够驾驭多角化发展的企业是非常稀少的。

企业发展定位的三种方向各有优劣,各有困难与挑战,没有最好只有适合。因此,选择适合企业的发展战略定位是最重要的。在这方面,需要大胆设想,细心策划,也需要充分论证,慎重推行,同时还需要有应急对策和战术补救措施，必要时还需要进行调整和矫正。比如，联想集团在电脑产业取得辉煌业绩之后，曾经实施过多元化发展战略，为此分拆了联想和神州数码，增加了网络服务和系统集成软件，结果多元化发展没有取得成功。然后，联想又选择了专业化的发展定位，实行国际化战略，于是有了2004年底的并购IBM全球PC项目。联想的国际化在中国企业当中应该是做得不错的，但是也遇到了很多困难，比如资金困难就是其中之一。为了解决资金困难，联想加快了进军住宅地产的步伐，原本为自己盖办公楼的融科智地房地产公司，开发现金流快而多的房地产项目。

在企业发展的不同阶段，几种发展定位也可以交替运用。比如企业以一个主导产业为基础拓展市场空间，将主导产业从地方品牌做成了全国品牌，这是专业化发展定位和专业化发展阶段。在此之后，又可以以全国性市场为基础实施新的多元化，进入多元化发展阶段。比如，外国品牌进入中国市场，一般也是先采取专业化发展，取得全国性市场基础后再引入其新的产业项目、新的品牌。先在本地市场进行多元化发展，然后选择主导产业专业化，冲击新的市场、新的高度，也是可以尝试的，有时甚至是必需的。比如万科在成立后的十年之中采取的是多元化定位，但是1994年在香港上市之后，先后出售了饮料公司、扬声器厂等企业，专注于房地产，专业化发展成就了万科当今中国房地产最大企业的地位。

六、实战分享

互联网时代，定位理论还有效吗？

2015年2月，特劳特中国公司总经理邓德隆在接受搜狐财经采访时称，"小米盒子、电视、平板，是做不好的，很难有很大的作为。因为小米的平台和生态战略侵蚀的正是小米赖以迅速崛起的直销手机定位"。钛媒体作者金错刀随即反对称，在这个全面转型的互联网时代，"定位"真的旧了。甚至，对很多传统企业而言，"定位"就是互联网时代最大的一棵毒草。

1. 邓德隆：小米违背顾客心智去发展，是必然要经历失败的

我可以预见到已经发生的未来，小米盒子、电视、平板，是做不好的，很难有很大的作为，我这个掷地有声的结论绝对经得起历史的检验。因为他没有一套相应的战略为之护航。

我们现在想到小米,会想到什么?一定是手机,而且是直销的手机。顾客的心智对品牌定位了,那么,所有战略和其他资源都要围绕这个定位展开,不能一厢情愿说要做平台,要做生态。做企业不能从自己出发,一定要从顾客、潜在用户的心智定位出发。小米的平台和生态战略侵蚀的正是小米赖以迅速崛起的"直销手机"定位。

小米在广大消费者心目中的定位,就是"直销手机"。利用互联网来直销手机,省去中间环节费用,低价,让顾客觉得性价比高。低价是"直销手机"定位带来的结果。也就是说,它是因为作为"直销手机"而低价,而并不代表小米等于性价比高的手机,更不意味着它可以将高性价比概念延伸到任何其他产品线。

根据定位理论,实施品牌延伸,长期来看将导致顾客心智认知混淆,模糊品牌认知,最终破坏品牌苦心培育的心智资源,使品牌贬值。在拥有数千亿规模的手机市场中,能坚守好阵地、保住基本面,已属非常不易。尚未达到行业领导地位的小米,这时候贸然将品牌延伸到平板、电视、路由器等领域,甚至做起了智能家居,都以单一品牌全覆盖,这样做的后果就是——在各条产品线发力越猛,消费者对该品牌的认知就越模糊,提起小米却没一个清晰的"做什么"的印象,对品牌的根系破坏就越厉害。

如果主营业务做得非常好,需要延伸时,建议雷军要向马云学习,用一个新的定位、一个新的品牌、一套新的战略把握其他行业的机会,马云并不是把所有的产品都冠上淘宝的名字,比如淘宝支付、淘宝旗舰店,而是阿里巴巴、淘宝、天猫、支付宝,在每一个地方都有战略定位,围绕它有套环环相扣的战略配套,从而建立起强大的品牌群。

本来在2000、3000元这个中高端市场小米是有一点机会的,但是它推出红米手机后就完全没机会了。看小米的成绩单就知道,手机台数增长了3倍,但营业额只增长了2倍。就是说红米增长得太快,这是一种肥肉型增长,实际上把小米的战略潜力透支掉了。原本,小米在顾客心智中是通过网络直销的手机,是一个比较HOT,有一定时尚的品牌,但是红米推出,把小米直接拉到"是一个便宜货"的认知之中,别忘了,特劳特先生的告诫,商战不是产品之战,而是认知之战。

如果品牌在潜在用户心智中已经被定位为"便宜货",这时候再推出高价产品,已经严重违背了潜在用户的心智定位,是很难成功的。缺什么,就补什么。越想做高端机,越想证明自己并不是便宜货,也有旗舰机,但旗舰机热销是根本实现不了的,这就导致大家认为小米就是卖不了高端,就越是做实了便宜货的认知。

大家觉得互联网对企业是完全的颠覆,实际上大家不用担心什么,现在大量被淘汰出去的传统企业,即使没有互联网,任何行业、产业,总是最后会集中到行业的数一数二,最终慢慢的这些产业都会消失,都颠覆掉。只不过原来的淘汰过程会慢一些,而到了移动互联网时代,这个淘汰的速度会大大加速。

2. 金错刀:在这个全面转型的互联网时代,"定位"真的旧了

让我真正意外的是,一篇用旧方法解读新世界的文章,被很多人转发、推荐。我自己感觉,在互联网大冲击、大震荡的背景下,很多人在需要找方法,寻找武器。

看到这句话,我想起一个场景,我们有一次的私董会是在参观小米后召开的,一个创始人说起互联网对传统企业的冲击,打了一个比方:我们都是骑着自行车在飞奔,突然旁边蹿出一个人,开着飞机高速而去,但是,身边很多人的反应却是质疑声——为什么它没有轮子。

"定位"一直是我比较喜欢的一个商业方法论,这个理论在中国也助力了很多企业的发展。把一个理论,变成一个强悍的实战武器,"定位"是做得最牛的。

但是,这是工业时代的打法,在这个全面转型的互联网时代,"定位"真的旧了。甚至,对很多传统企业而言,"定位"就是互联网时代最大的一棵毒草。这种守旧,让我们沉浸在旧时代那种营销和自以为是的狂欢,而不是心怀谦卑的向用户低头。

(1)毒害一:定位考虑的是竞争对手,而不是用户。

定位的核心是抢夺用户心智资源,是建立壁垒,是强力控制。互联网时代的核心是用户体验至上,是开放和连接,是失控。"定位"的本质就是心智阶梯,什么叫心智阶梯?

"定位"认为:战场由市场转向顾客心智,企业运作从需求导向转为竞争导向。企业全力以赴的,是在外部建立起差异化定位,让自己突出于竞争对手,在顾客心智中建立认知优势。所以说,认知比现实更重要。从顾客的认知出发,而非从企业的现实出发,建立"认知优势"。

"定位"认为商业竞争已经演变为"心智资源的争夺",每个成功的品牌都应该在顾客心智建立独特的定位。

这种竞争策略的好处是:带来较强的品牌溢价。这使得很多传统企业特别依赖于广告、营销,所谓的营销为王、渠道为王就是这种策略下的产物。但是,产品不是第一位的,用户体验更是被严重忽视。

互联网时代的竞争核心则是:用户体验溢价。谷歌曾经说过一句话:一切以用户为中心,其他纷至沓来。如果不盯着用户,而是天天盯着竞争对手,我们一般称之为三观不正,一般都死得很惨。

张瑞敏都反思说:互联网带来的最大问题是什么?最大的改变是什么?去中心化,用户才是中心,谁满足我的体验我就认同谁。没有品牌,只有用户体验。这句话说起来容易,做起来太难。在这种"唯用户体验生存"的大趋势下,抢夺用户心智资源会变得很可笑。过去是建立壁垒,是强力控制。现在必须要学会开放和连接,要学会失控。

(2)毒害二:定位的理论基础是二元法则,互联网时代的基础是长尾效应+赢家通吃。

"定位之父"特劳特曾经总结了一个"二元法则"——随着产业的兴起,到最终产业的成熟,只会存留两匹马,后面这些都会被淘汰掉。这是工业时代商业竞争的底层逻辑,也是"定位"理论的基石,也确定了"定位"的核心行动指南。"二元法则"说得通俗一点,就是"数一数二"生存,企业要么成为第一,要么成为第二。

互联网时代的企业经营,首先颠覆的就是"二元法则",互联网上,老二都很难生存,这里的游戏规则是"赢家通吃",就是老大占据80%的价值空间,老二老三只能占据小的空间。

但是,互联网上还有另一个法则:长尾理论,技术正在将大规模市场转化成无数利基市场。我们可以称之为,长尾上的赢家通吃,也意味着,每一个利基市场都会产生赢家通吃现象。

要想在一个长尾上赢家通吃,你最大的挑战根本不是你的对手,而是如何搞定你的用户,甚至把他们变成粉丝。

(3)毒害三:定位的杀招是想办法成为第一,互联网时代的杀招是爆品战略。

"定位"有两大杀招。杀招一是抢第一:心智阶梯位置无人占据,抢先占位。要想抢第一,定位要让你聚焦,做减法,这个是很有用的。定位还要让你砸广告。这种模式,基本上是强广告驱动模式,广告一停,用户又记不住了。

杀招二是关联:心智阶梯位置已被占据,企业可努力与阶梯中的强势品牌关联起来,使消费者在首选强势品牌的同时,紧接着联想到自己,作为第二选择。

互联网时代,公司的杀招是爆品战略。什么叫爆品战略,我定义为通过口碑产品打爆市场,甚至成为第一。打造爆品,有一个中心,三个法则。一个中心就是"一切以用户为中心的用户体验创新",三个法则就是:法则一:痛点思维,如何找到用户最痛的那一根针,而不是靠渠道。法则二:尖叫点思维,如何让产品会说话,而不是靠品牌。法则三:爆点思维,如何用互联网引爆用户口碑,而不是靠广告。

互联网思维的核心是用户思维,用户思维的极致就是爆品战略。其实,所有互联网公司都是靠爆品战略,小米则是在传统硬件里把爆品战略做到最极致的公司。

必须跟邓德隆普及一个常识,互联网公司一般是从单一品类单点切入,逐点放大,放大的结果就是成为平台型公司。什么叫平台?就是什么都做,就是变成水和电。但在"定位"看来,这是做不好的,这是会让用户心智产生混乱的。很多传统企业不是败在品牌上,而是败在产品上。另外一个受挫的例子是宝洁,宝洁是全球最强的品牌管家,深谙定位之道,但是这几年纷纷被一些专业公司超越。最大的原因,就是搞品牌的,干不过搞产品的。

为什么说"定位"是毒草,不是说它完全没用了,它所强调的品类思维、聚焦思维还是很实用的。最大的原因,是因为定位太旧了。这种"旧"最大的危害是,还在推行一种公司为中心的思想,这种思想在工业时代没问题,在互联网时代很害人的。

3. 姚荣君:五大心智模式是定位理论的有效基础

我们研究顾客,要从五大心智模式入手。

(1) 第一个模式:心智不易改变。

消费者一旦对某产品形成认知,以后将很难改变,要学会顺其流、扬起步,把自己放掉,把客户的想法放到我们心里。

(2) 第二个模式:心智喜好第一。

在品牌设定上,企业要做到与众不同。赋予品牌的内容越多,该品牌在顾客心智中就会越模糊,进而失去焦点,应把重心聚焦在成为某一品类第一。

(3) 第三个模式:心智容量有限。

大脑只会记忆有限的信息,而且是有选择性地记忆。哈佛大学教授乔治·米勒提出一个"7定律":人类的大脑在处理信息时,极限是7,所以许多信息的组合都以7为极。也就是说消费者在一个领域最多只能记住7个品牌。

对于企业和品牌而言,客户资源和客户的心智资源是最稀缺的资源,必须让自己的品牌先在顾客心智中牢牢占据某一个品类,然后才考虑第二品牌和第三品牌。

(4) 第四个模式:心智厌恶混乱。

心智里的品牌,有一个品牌力的公式:品牌和品牌所代表的品类数量成反比,也就是说这个品牌代表的产品品类越多,它的品牌力就越弱。让消费者去买格力的产品,基本上会买空调,但如果让消费者买海尔的产品,那就比较难选择。

其次,要做到足够简单。品牌要能用一个词描述,并把品牌说清楚,也就是顾客为什么需要这个品牌。比如唯品会,"一家只做特卖的网站",早期的时候也是用海外名品折扣、奢侈品折扣、大众品牌折扣这些描述。后来运用定位论,当时已经有了像淘宝和天猫这种品牌,每一个都占据了不同的业态。如果跟天猫淘宝、京东都一样,是没有未来的。

品牌依据不同的定位,会在心智中占据不同的位置,满足这个需求为首选,不需要去跟上顾客的步伐,不需要担心顾客会流失。企业总认为顾客之前喜欢我的品牌,应该推出更高端的品牌来满足他,但顾客的思维是他希望换一个大家认知的品牌,来呈现自己新的生活状态。

任何一个品牌在不同的阶梯,都会占据一个,不要去羡慕对方所占据的市场比自己所在市场更肥沃、更有机会、利润空间更好。别忘了自己脚下踩的这块土壤,好好运用定位,去施肥,去浇灌,一样可以滋生出强大的品牌。

(5) 第五个模式:心智缺乏安全感。

人类大脑当中有一块是发育和成熟最快的,是分管安全的区域。任何一个品类如果能解决顾客安全感的问题,就是一个好战略。当人们没安全感的时候,通常会表现出随主流。随主流也就是消费者无法做判断,所以把是非判断交给别人来看。看所有人都喝农夫山泉,我也喝。大家都买 iPhone,我也买,这样才是最安全的。

心智缺乏安全感有五种风险:金钱、功能、生命、社会、心理的风险。对于心智缺乏安全感,需要帮顾客找到一个信任状。这个安全感也是导致羊群效应的主要原因,因此品牌必须要带着信任。

第三节　品牌定位策划

给品牌定位,是品牌营销重要而关键的环节。品牌定位对内形成品牌塑造的基础和标准,品牌营销的所有工作将围绕品牌定位展开,按照品牌定位标准执行。品牌定位对外形成品牌认知的基准,公众和消费者将按照品牌定位来认识品牌、理解品牌。

品牌定位应该明确品牌的产品品类、品牌服务的目标消费者、品牌承诺提供给消费者的核心价值、品牌的个性风格、品牌的使用与消费场景等。

一、定位产品品类

品牌定位首先要明确的就是品牌的产品品类,否则,消费者无法在选购产品时想起你的品牌。在市场定位中,品牌定位和产品定位关系最为密切,关联度最高。

品牌旗下必须有产品,但是品牌旗下的产品应该有多少品类,各种品类产品之间应该存在什么样的关系,这也是品牌产品品类策划的范畴。

对于消费者的理解和记忆来说,品牌旗下的产品品类应该越单纯越容易。对于企业的资源效应来说,打造品牌需要投资,需要付出时间和资金成本,品牌旗下的产品品类过于单一又不经济。因此,企业具有品牌旗下产品品类多样化的冲动和本能。但市场是检验的最终标准,品牌旗下产品品类的多少应该以消费者的选择为标准,应该以消费者能够理解和识别的产品大类为依据。品牌跨产品大类、跨行业交叉会形成品牌形象的模糊与品牌资产的稀释。因此,跨行业多元化经营的大型企业,需要实施多品牌策略,将每个品牌的产品品类定位清晰,区分清楚。

品牌的产品类别定位清晰而单纯,并在品牌的全程管理中一贯到底地执行下去,能够形成一类产品、一个行业的代名词,这时品牌的力量就非常强大了,品牌的资产就非常丰富了。这样的品牌大多会成为消费者选择这一类产品的首选品牌。比如,中国市场上,百度是网络搜索引擎的代名词,联想是中国电脑行业的代名词,海尔是中国家电行业的代名词。

品牌旗下的产品品类定位清晰准确,将为品牌的命名策划提供依据,为品牌的传播策略制定和创意表现提供依据,为品牌旗下的产品研发设计和营销提供依据。总之,品牌的产品品类定位策划,是整个品牌系统策划与品牌全程管理的起点。

二、定位目标消费者

品牌定位必须聚焦于一个特定的消费者群体。不要指望一个品牌能够得到天下所有消费者的喜爱。品牌定位的消费者越宽泛,实际得到的消费者会越少。成功定位的品牌都有其对应的消费者群体。耐克定位于职业运动员和运动爱好者,555定位于优雅从容的绅士,等等。

品牌定位针对的特定消费者群体,需要有一定的人数规模,需要有基本相同的人文特征,需要持有相同的价值观念与消费观念,需要有基本相近的消费需求、消费能力和购买行为特征。这样才能形成一个具有个性的品牌统一形象,形成一个具有一定规模的市场层面。经营这样的品牌才有投资价值,经营这样的市场才具有经济价值。

品牌定位的准确策划和决策,依赖于市场细分的成果。市场细分是研究和分析消费者的过程,准确有效的市场细分,能够发现一些拥有共同偏好的新消费群体,他们与别的消费群体有着明显的不同。

品牌定位的准确策划和决策,还有赖于市场细分新发现的消费群体有没有被先入为主的品牌占位。如果没有被先到的品牌占位,应该抢先占位;如果已经被先到的品牌占位了,那就要评估对方的实力,看是否可以夺位;如果对方实力强大不能夺位,接下来再评估这个市场的规模和价值,看值不值得参与分享,这叫做分位。

三、定位核心价值

定位品牌的核心价值,就是给品牌定位的目标消费者一个欣赏和购买的理由。品牌要吸引目标消费者,必须创造和提供目标消费者所需要的价值。

品牌的核心价值,需要从两个方面来定位:一是定位品牌的物理价值,另一个是定位品牌的心理价值。品牌的物理价值定位确定品牌给予目标消费者的物理价值利益点。品牌的心理价值定位确定品牌给予目标消费者的心理价值利益点。品牌的核心价值之所以分为物理价值和心理价值两个方面，是因为人既有物质方面的追求，也有精神方面的追求。人类的物质与精神双重性是品牌必须具备物理和心理双重价值属性的根源。

品牌定位于什么样的物理价值和心理价值，不是从品牌定位者个人出发，或者从品牌定位者自身对品牌和品牌旗下的产品的价值理解来定位，而是从目标消费者出发，从目标消费者对于品牌旗下的产品消费使用的价值倾向和需求偏好中去发掘定位。同样是宝洁公司的洗发护发产品，物理价值和心理价值定位都不同于飘柔，物理价值是健康营养头发，心理价值是美丽源于健康。定位的差异也带来了产品市场上的差异，飘柔是洗发产品的第一品牌，潘婷则是护发产品的第一品牌，潘婷品牌旗下的洗发产品则只是第三品牌。

在品牌核心价值定位策划的过程中，同样也可能存在需要与竞争品牌争夺最受消费者欢迎的价值概念的现象。当最有战略意义的价值利益点已经被竞争品牌占位时，需要衡量比较竞争品牌的实力后再做出定位决策。当实力超过竞争品牌时，可以通过强大的传播攻势实行抢位和夺位，竞争获胜的品牌将是消费者最后接受的品牌，而不是先到位的品牌。当双方实力相当时，可以采取更加精准的传播创意去实现同位形象的差异化，或者找到一种定位解释，实现竞争品牌定位的移位或换位。当实力不及竞争品牌时，只得选择让位，转而去寻找别的价值定位，即采取避强定位策略。

品牌的核心价值定位一旦确定，就是对目标消费者的坚定而诚信的品牌承诺，因此，保持始终如一的稳定价值非常重要。这就在要求品牌价值传播和品牌全程营销中必须做到以下两点：第一，品牌核心价值承诺到的就必须在品牌营销的全过程中做到，并且要让消费者在使用品牌的消费过程中真实地体验到、感受到。第二，品牌的核心价值定位要持久持续，不能轻易更不能经常调整变化，否则会造成品牌价值断裂。即使随着时间的推移，消费者的价值倾向已经发生变化，必须进行品牌核心价值的重新定位，也需要巧妙过渡，让原来的品牌资产发挥出最大的效益。

四、定位消费场景

以消费场景作为品牌定位的依据是外显性消费产品的品牌定位的独特方式。外显性消费产品，是指在消费过程展露在公众视线内的产品，比如服装、服饰、手袋、手表等个人用品，这种产品一定消费层次的消费者都不只一件，而是根据出入的场所不同进行不同的选择和搭配。这个时候的品牌选择，代表着场面与场合的需要，身份与身价表现的需要，心情与个性表现的需要，等等。消费者各种消费场景的品牌选择，实际上给了品牌更多的生存空间与表现舞台，也给了品牌更多的定位空间。

中国服装品牌在定位消费场景方面，已经有了很成功的尝试。塑造出了很多服装消费场景品类，并依据这些消费场景品类塑造出很多服装消费场景品牌。比如制服与职业正装、运动装、休闲装、商务休闲装、运动休闲装和生活休闲装等服装品类，正式场合着装的海螺、运动着装的李宁、商务休闲着装的利郎等服装品牌。

高端市场中的轿车，也可以按照使用场景定位品类和品牌，比如出席政务和商务活动时的政务车与商务车，运动和私人聚会时的时尚跑车，旅游探险时的越野车，等等。相对应的定位品牌有奔驰、奥迪和红旗，法拉利，帕拉丁、陆虎和悍马，等等。

在中国，酒类和香烟也是典型的外显性产品，也可以根据消费场景来分类和定位品牌，比如婚庆喜酒、庆功宴酒、团圆家酒、商务招待宴酒等。在快速消费行业，娃哈哈的营养快线定位于上班族早餐替代消费，并通过广告口号"来不及吃早餐，营养快线"来进行传播，在市场上取得了一定的效果。

五、定位市场地位

品牌是市场竞争的主体，判断和评价市场竞争格局常常以品牌为主体。因此，品牌定位策划还需要定位品牌的市场地位。

和企业的市场地位定位类似，品牌的市场地位也可以按照市场领导者、市场挑战者、市场追随者和市场补缺者等角色来定位，并确定一定时间期限内的追赶目标。但在定位的表现和对外传播上，则需要采取消费者语言。比如市场领导者定位表述为"行业第一""市场第一"，其他市场角色则可以按照竞争策略进行定位和定位的传播表现。比如，市场追随者定位表述为"我是第二"，借市场第一的光环衬托自己。市场挑战者另立门户标榜第一，通过与真正的市场第一对阵叫板凸显自己，吸引公众和消费者的关注，比如七喜的非可乐饮料第一品牌，五谷道场的非油炸方便面第一品牌等。如果第一品牌反击并跟着做相同的产品，则意味着第一品牌放弃了自己原来的定位，而在新的品类中跟随发起挑战的品牌，结果给人的印象是从原来的第一品牌、主流品牌变成追随品牌了。因此,这时真正的第一品牌的正确策略是不理不睬,坚持原来的定位不动摇,只要自己的立场和策略坚定,第一的地位是别人无法撼动的。而如果理睬对手并据此调整自己的定位,那就正好进了挑战者设计的圈套。如果认为新品类产品市场前景广阔值得进入,理性的选择是不用品牌延伸的方法去做,而用品牌创新的方法去做。在娃哈哈等民族品牌领导的中国瓶装水市场中,可口可乐以"水森活"的品牌进入而不是直接以可口可乐品牌进入。"水森活"做得不好并不影响可口可乐品牌,还可以重新换成"冰露"品牌再做。

当企业采取多品牌战略时,一个产品有多个品牌,或者是相互之间存在替代关系的产品使用不同的品牌,因而自己的品牌之间也有竞争关系,比如宝洁和联合利华都存在这种现象,中国企业并购重组也会形成这种现象。这时需要注意做好产品和品牌的区隔,定位好各个品牌的目标消费者、核心价值、消费场景与市场地位,避免自己的产品和品牌之间的内部冲突、内耗与内损,形成排开阵势、错开位次的竞争团队,共同对外。

第四节 产品定位策划

产品定位策划是产品营销策划的基础组成部分,如果产品定位策划没有开展或者定位模糊,产品的研发策划、定价策划、分销策划和广告宣传策划等都无法开展。如果产品定位错误,那么接下来的产品研发策划、定价策划、分销策划和广告宣传策划等也会跟着错误。因此,基础性的、先导性的产品定位策划在产品营销策划中的地位非常重要,处在产品营销策划起始阶段的产品定位策划必须从源头就要保证方向正确、定位准确。

产品定位策划和企业定位策划、品牌定位策划之间的关系非常密切。在企业以品牌战略推动产品营销的模式下,企业定位决定着产品研发和营销的大致方向,品牌定位则决定着产品研发和营销的具体方向,品牌定位与产品定位直接相关,是产品定位的基础和依据。下面就以这种逻辑关系为依据展开产品定位策划论述。中小企业、创业初期的企业等以产品创新和产品营销推动品牌建设、建立品牌形象的企业,则需要在产品定位策划的基础上进一步做好品牌定位策划和品牌发展规划。

一、属性定位:产品品种角色定位

产品属性定位,是指在企业的整体产品组合产品阵容规划中,该产品处在什么地位,扮演什么产品角色的定位。在采取多品牌战略的企业,则需要考虑在一个品牌旗下,各种产品的地位与角色的定位,以避免产品地位的冲突、角色的重复,或者是产品地位的缺位或错误。产品角色缺失,将造成产品结构的不合理,产品组合和产品阵容的不整齐、不适当,从而使产品缺乏整体的市场竞争力,并且形成与企业目标市场策略的脱节。

在一个完整的产品整体组合定位中,实施差异化市场策略的企业或者品牌,应该有高端产品、中端产品和低端产品三个等级,而且三个等级的产品品种数量应该有一个合理的比例,这与企业定位、品牌定位以及目标市场的结构和特征相关。一般有这样几种类型:

(1)金字塔型,即中端产品数量多于高端产品,低端产品数量又多于中端产品,这是最为常见的类型。

(2)橄榄型,即高端产品数和低端产品数两头少,处在中间位置的中端产品数量多,当目标市场里的中产阶级人数占社会的主流和大多数的时候,这种产品组合类型是与之相适合的。

(3)M型或称哑铃型,即高端和低端两头产品数量多,中间的中端产品数量少,在高收入人群和低收入人群占比较大的M型社会,这种产品组合结构定位是与之相适应的。

(4)倒金字塔型,与金字塔型结构相反,这种产品组合比较适合于目标市场倾向于向高端市场定位的高端品牌或奢侈品牌。

产品品种角色定位策划与产品规划有密切的关系,为避免重复讨论,请参见第五章产品策划中的产品规划。

二、根本定位:目标消费者定位

产品品种角色定位主要是针对企业内部营销策划和营销管理工作需要的,也是产品对外广告传播策划的依据。但为了更深入、更准确地推进产品营销策划和产品研发,还需要开展产品定位中的一项根本性定位——目标消费者定位,将产品的目标消费者对象定位准确并描述清楚。产品的目标消费者定位还是产品效用价值、产品功能配置、产品质量档次、产品外观造型、产品包装和产品服务等一系列产品具体定位的基础和依据。

产品目标消费者定位的依据是：

（1）企业的目标市场选择策略。产品的目标消费者定位不会超出企业的目标市场之外，应该在企业整体目标市场范围以内。

（2）产品的品种角色定位。相应的品种角色对应相关的目标消费者，不能错位也不能越位。

（3）产品所属品牌的目标消费者定位。产品的目标消费者也不应超出其所属品牌的目标消费者定位，当品牌旗下的产品非常专一而且层次非常集中时，产品的目标消费者几乎就是品牌的目标消费者。

同品牌的目标消费者定位一样，产品的目标消费者定位同样也依赖于市场研究、市场细分的质量和成果，依赖于消费者分析和消费者内心洞察所发现的内在心理需求和购买行为特征。

三、基本定位：产品整体概念分层定位

（一）核心产品定位策划

核心产品定位就是确定产品的效用价值。消费者购买产品的目的不是简单地占有或获得产品的实体形态，而是为了享用产品的效用价值。产品基本定位的第一定位，就是要明确产品的效用价值。

产品效用价值定位的依据，第一是产品所属品牌的物理价值定位，利用品牌物理价值定位形成的品牌资产，可以增加产品效用价值定位的可信度，为产品的成功营销起到品牌背书的作用；第二是目标消费者对这类产品的需求偏好。两者的有机结合，能够确定具有营销价值和营销力量的核心产品定位。

云南白药品牌的物理功能定位是止血，这是众多消费者所了解的，已经是云南白药最重要也最牢固的品牌资产。这也是云南白药牙膏值得利用和依靠的无形资产。而消费者中又确实存在一些人刷牙时牙龈出血的现象，因此市场对能止血的牙膏存在需求和偏好。云南白药牙膏的产品效用价值定位于止血就非常合适，正符合消费者的需要，也能让消费者相信和接受。

定位于目标消费者对产品的最大需求偏好通常是产品效用价值定位的基本策略。但是如果目标消费者对产品的需求偏好有几大类且没有太大数量规

模的区别时,资源有限、只能做单一产品的企业,其产品效用价值定位只能选择其中的一个,而且最好是竞争对手没有定位选中的那一个;而资源丰富的企业,则可以分别定位于消费者的各种效用需求,研发系列化产品。

高露洁牙膏的产品效用价值定位,有防蛀功效的,有亮白和美白功效的,有清新口气功效的,有护龈功效的,还有各种效用都有的全效型的,因为市场上确实有不同类别的消费者追求牙膏的这些效用,其市场占有率足以支持一个独立的产品。除了各种效用的牙膏品种,高露洁还根据消费者的喜好定位出不同口味和香型的牙膏产品。因此,高露洁牙膏的产品线非常丰富,能够支撑起一个专业牙膏制造商的世界性品牌。

产品的有些效用价值可能存在,但需求的消费者不多,需求程度也不强烈,市场面就可能不大,或者消费者对这种产品的效用价值的技术可靠性与获取这种功能效用的可能性持怀疑态度,则不宜于将核心产品定位于这样的效用价值层面。比如,通过刷牙预防感冒、预防胃痛,因为病从口入,天天刷牙则可以防止病从口入,不能说这不是一个创意,也不能说没有一定的道理,也可能存在一定的需求,但是实际上,根据这些特殊效用定位研发出来的防感冒牙膏、防胃痛牙膏(广告传播口号是"从'齿'到胃的关怀"),都没有获得成功。

技术创新和应用环境的变化会带来产品的创新。而随着技术变革创新的产品,其核心产品定位必然也需要随之创新。模拟手机和数字手机的核心产品是清晰通话,但智能手机的核心产品已经不是清晰通话,而是各种与互联网相关的智能化应用,尽管现实中曾经不乏消费者一度拿着iPhone 4s却只用来打电话,但后来大多转为网络智能应用了。

(二) 形式产品定位策划

形式产品是产品的物质实体层面,包括产品的材料构成、质量档次、外观款式、功能配置、体积重量和包装工艺等,这些都是产品研发必须面对的具体实际问题,产品定位必须提前做好这些形式产品的定位策划,并做出正确决策。其中材料构成定位、体积重量是与产品制造技术密切相关的,主要受技术手段和工艺的约束,在此不做讨论。质量档次、功能配置、外观式样和包装工艺等与营销策划的关联比制造技术更多,因此,下面将具体讨论。

1. 质量档次定位策划

一款产品的质量档次定位到什么程度,是值得研究的。一般而言,价廉物美当然是不会有错的。消费者都追求价廉物美的产品。但是,由于产品质量的差异,产品制造工艺技术和成本也就不同,质量保证成本也不同,产品档次形象也就不同,为什么一定要一样地价廉呢?所以,产品营销一定要体现优质优价,体现品牌溢价。从消费者角度来看,不同收入程度的消费者对产品的质量档次要求也不同。从产品种类上来看,消费者对产品耐用性等质量要素的重视程度也不一样,比如对于一次性消费品,消费者的质量要求一般不高,而对于耐用性消费品,消费者的质量要求就比较高。

通常情况下,产品质量档次定位策划的依据和策略主要包括:

(1)该产品已经确定的品种角色定位。高端产品质量档次定位要高,中端产品次之,低端产品最低。

(2)该产品已经确定的目标消费者定位。定位于高收入消费者的产品,质量档次定位一般要高,通过优质优价体现品牌价值,并通过产品和品牌溢价给予消费者更高的心理价值,使得企业能够获得更好的效益;定位于中等收入消费者的产品,质量要均衡,档次和价格要合适,通过良好的质量性能价格比获得中等收入消费者的好评,获得最大的市场份额;定位于低收入消费者的产品,质量要不出问题,但是需要降低成本做到价格实惠。

(3)产品的品牌定位。产品的质量档次定位应该与其品牌相称,一般质量的产品不能使用代表高质量的品牌,否则会伤害品牌;高质量产品也不要使用中低端品牌,这样会形成消费者认知障碍,难以被消费者接受。

2. 功能配置定位策划

一款产品的功能配置也是需要定位策划的,有些产品需要定位于功能配置齐全,有些产品需要定位于功能配置简约,有些产品则需要定位于功能配置适中。产品功能配置定位策划的依据,与已经确定的目标消费者定位关系最为密切,与产品的质量档次定位也有一定的关联。一般来说,高端用户对产品的功能配置的要求更多、更高,高质量、高档次的产品也需要采用高、新、尖的功能配置;中低端用户对功能配置的希望和偏好一般则是功能配置实用。

3. 外观款式定位策划

外观款式是影响产品形象风格、消费者感官印象的直接因素,消费者对于显性的产品外观,一般都能做出清晰的选择与判断,因此,外观对于消费者的购买决策是一个非常明显的影响因素。所以需要慎重策划,并通过优秀的工业设计充分体现其准确定位。社会时尚流行趋势及目标消费者对于外观、造型和颜色等偏好都是产品外观定位策划的重要依据。一般来说,城市消费者欣赏精致简约,农村消费者喜欢大方朴素;年轻人希望动感时尚,中年人欣赏内敛稳重。这些产品外观欣赏的用户偏好,是产品外观定位策划的基本标准。

4. 包装工艺定位策划

产品包装是消费者对产品实体的第一直观印象,是消费者感知产品档次、形象风格和价值价位的重要影响因素,是决定其是否喜欢和购买的重要因素,因此,也需要十分重视对产品包装的定位策划,并通过准确的包装设计表达其定位思想。前面所讨论到的品牌定位和产品定位对于包装定位的策划均有参考意义,是包装工艺定位策划的依据。包装工艺定位策划的要求比较多,要体现品牌定位和品牌形象,要体现产品定位和产品形象,要符合产品类别和产品身份角色,要符合目标消费者的审美观念,还需要符合节约环保的要求,等等。包装定位策划的进一步论述,可参见朱华锋《中国市场营销策划》第五章产品策划中的产品包装策划与设计。

(三) 期望产品定位策划

期望产品是消费者购买产品时除获得核心产品的效用以外期望获得的附加利益,期望产品的内容和性质与产品类别有关,对于不同产品消费者的期望产品不同。比如对于购买洗衣机的人来说,除了洗衣机能够干干净净地清洗衣物这一核心效用以外,还希望洗衣机对衣物的磨损小、不损伤衣物,使用时噪音小,省电省水,外形美观,使用安全不漏电等;对于购买空调的消费者来说,除了希望空调制冷制热稳定外,还希望制冷制热的速度快,送风均匀,噪音小,省电,等等。

当产品竞争在核心产品、形式产品和扩增产品三个层面都同质化的时候,决定竞争胜负的在很大程度上就取决于各品牌提供的期望产品的差异。为此,企业也需要研究期望产品的定位问题。期望产品定位策划的依据主要包括:消费者期望产品的排序,提供各种期望产品的技术难度和成本,竞争对手可能提供的期望产品等。一般来说,企业总是需要优先提供消费者最希望的、企业又能从技术上实现和成本上能够承受,还能形成自己独特形象和竞争优势的期望产品。

(四) 扩增产品定位策划

扩增产品是随同产品销售提供的附加服务和利益,主要包括运送、安装、调试、维修、零配件供应、技术咨询和培训支持等。扩增产品来源于竞争的深化和对消费者需求的综合性和深层次研究,因此,提供哪些扩增产品以及怎样提供扩增产品均需要定位策划,有些扩增产品项目是需要企业免费提供给用户的,有些是需要用户付费才提供支持和服务的,或者在一定的时间内(如国家规定的三包期限)企业向用户提供免费支持和服务,超过时间则需要用户付费才提供支持和服务。扩增产品定位策划的依据是市场竞争的激烈程度、企业的服务竞争策略,同时需要考虑因扩增产品而增加的企业成本和消费者成本等问题。

(五)潜在产品定位策划

潜在产品是指产品具备能够根据时代、消费环境和需求变化有所增加和改变的潜在功能,比如正当数字电视来临的时候,消费者希望当时购买的彩电既可以兼容现时的模拟信号也可以兼容未来的数字信号等。潜在产品现在消费和使用还不需要,但是随着时代和消费环境的变化,未来很可能需要,因此,现在购买的消费者就希望产品能有这个潜在的性能,以便现在购买的产品到未来也不落伍也能使用。为了占领现实市场、引领未来市场,企业需要认真考虑消费者的潜在产品需要,进行潜在产品定位策划,以建立现实的并具有未来意义的竞争优势。

潜在产品的定位策划,需要考虑消费者的潜在产品偏好及优先顺序、企业实现期望产品的技术难度和成本以及期望产品的市场竞争意义。一般来说,企业需要优先确定提供消费者最为期盼的、企业现实技术难度和成本不高的、市场竞争意义明显的潜在产品项目。

四、动态定位:产品寿命周期动态定位

产品定位需要随着产品寿命周期变化而做必要的调整。因为产品寿命周期不同,产品在企业产品组合当中的地位和角色不同,在企业市场与销售上的作用和意义也不同,产品在消费者中的认知也有所不同。不随产品寿命周期而适当调整其定位,就不能适应市场的需要,不能实现产品地位和角色的变化,不能推动企业市场与销售的整体上升。

产品定位随产品寿命周期动态调整的内容和调整的方向主要包括:

1. 产品品种角色定位调整

随着产品进入寿命周期的成长期、成熟期和衰退期,产品定位要从高端产品调整为中端产品、低端产品,从形象产品调整为利润产品、支持销售规模的

产品,最后有一些甚至会变成进攻和防御产品。

2. 目标消费者定位调整

随着产品寿命周期变化,目标消费者一般应从领导市场消费的高端意见领袖调整到时尚潮流人士,再普及到一般消费大众,最后调整为消费观念保守、消费行为滞后的保守派。

3. 产品价格定位调整

新上市产品价格定位通常较高,随着产品寿命周期的后延,价格定位趋于降低。而低价入市的产品,在成长期或者成熟期需要择机提高价格。

4. 产品外观款式和包装定位调整

应该根据寿命周期相应阶段目标消费者的审美观念与消费偏好,对产品的外观和包装重新定位。

5. 扩增产品定位和期望产品定位的调整

随着产品寿命周期的发展,市场竞争会越来越激烈,扩增产品项目和期望产品的内容需要增加,质量需要更有保证,这样才能吸引更多的消费者。

需要注意的是,产品效用和产品质量定位是必须始终坚持稳定不变的,产品效用和产品质量随产品上市时间的推延而下降,将会严重影响产品形象、产品声誉和品牌形象,不仅会造成该产品销量的下降,还会拖累整个品牌和整个企业。这就是市场定位策划中变与不变的辩证思维。

第五节 企业形象策划

一、企业形象与 CI 策划

企业形象是社会公众对企业的整体形象性感觉与认知,是企业实态的外在表现,是社会公众依据其所得到的关于企业价值观念、经营理念、品牌个性、技术水平、产品质量、市场信誉等信息,对企业总体得出的形象、概括的认识和评价。企业形象不是自封的,而是社会公众做出的评价。

任何企业都有自己的形象,或者说有企业就有企业形象。这种并非企业有意塑造而自然形成的形象,是一种无意识、非自觉的企业自在形象。企业经过有意识的塑造和传播从而在社会公众中树立起来的形象,叫做企业自觉形象。通过企业自觉形象的塑造和传播，既能够树立起良好的形象，又能够促进自身的发展。所以自觉的形象是企业对自在形象的认识、改造和升华。企业自觉地进行形象塑造，是选择自己、设计自己、引导自己、宣传自己、发展自己的有效方式。为此，企业需要在企业定位、品牌定位和主导产品定位的基础上，开展企业形象策划与传播。

CI 是 Corporate Identity 企业形象识别的简称。CI 策划是创建富有个性和感染力的企业形象的系统性、整体性策划。CI 策划的导入往往能使企业由显层标识到深层理念都发生积极的转变。CI 策划的主要特点是：

1. 战略性

作为企业形象识别的 CI 策划，其内容和表现是带有企业战略意义的，而不是局部的、细节的。企业形象策划和表现的依据主要是企业定位、品牌定位和产品定位，这些对于企业发展、市场营销都是具有战略意义的，是生成企业形象的基因和骨骼。因此，表现企业形象策划的 CI 策划也是战略性的。

2. 长期性

作为企业形象识别的 CI 策划，其形象呈现是长期性的、稳定性的，不是短期性的、多变性的。它不同于根据市场需要对产品功能的调整，不同于促销活动形式的翻新，讲究快速反应和及时响应，它需要找到能够把握市场竞争规律、把握市场发展趋势的关键点、核心层与基本面，讲究文化积淀、个性修炼和形象积累，因此不能频繁变化。

3. 系统性

CI 系统包括三个组成部分：① 理念识别系统（MI），包括企业精神、价值观念、经营理念、经营目标和发展战略等；② 行为识别系统（BI），包括行为准则、制度规范、工作标准、工作环境、公共关系、文化活动等；③ 视觉识别系统（VI），包括企业名称、品牌标识、标准字、标准色、象征图案、工装服饰、吉祥物，以及广告传播、产品包装、产品展示、事务用品、办公用具、建筑外观、交通工具，等等。CI 策划就是要把企业的理念、行为和视觉外观形象有机地联系起来，形成完整的企业形象系统。

4. 个性化

雷同削弱力量，独特产生力量；相似引起混淆，差异便于识别。这是心理认知的基本规律。个性化的形象识别系统具有更强的表现力，在视觉和心理上引起注意、兴趣和记忆，产生联想和共鸣，从而达到更好的形象传播效果。因此，作为企业形象识别的 CI 策划，需要从理念、行为和视觉表现多方面系统性地反映企业形象的独特性与识别性。

5. 形象化

抽象升华高度,形象深化记忆;抽象浓缩精华,形象演绎精彩。将企业定位、品牌定位、产品定位提炼成企业的理念识别和行为识别是 CI 策划的核心,而将理念识别、行为识别转换成形象化的视觉识别,是 CI 策划的艺术,艺术化的视觉形象识别将借助形象的认知价值,取得公众的理解、识别和记忆,从而给企业形象带来强烈的视觉冲击力和艺术感染力。

6. 传播性

CI 策划的目的在于让更多的公众、消费者了解企业形象、熟悉企业形象、识别企业形象。因此,CI 策划必须用于传播、易于传播。CI 策划完成以后,需要借助各种公共传播媒体如电视、报纸、广播、杂志和网络等进行传播,也需要通过企业自身媒体如产品包装、产品展示、办公事务用品、企业刊物、企业网站以及企业开展的各种营销活动进行传播,使企业形象给社会公众留下清晰认知和深刻印象,并得到广泛认同。

因此,可以说 CI 策划是现代企业形象塑造和传播的重要手段之一。CI 策划作为塑造企业形象的系统工程,不论是对内整合认识及观念,整合资源及行为,形成营销合力和统一形象,还是对外传播企业形象,创造形象的营销价值与营销力量,都具有重要作用。CI 策划在中国已经是一个常规性的策划项目了。

二、企业形象(CI)策划的时机

对于新创立的企业来说,应该在创立之时就清晰定位企业、品牌和产品,准确描绘企业的形象,并借助专业机构,梳理理念识别和行为识别,形成视觉形象识别。这时导入 CI 策划的成本最小,对企业发展的导向作用也最清晰。

对于已经成立一段时间的企业来说,导入 CI 策划是企业形象建设的一项基础性工作,是企业管理规范化的基本要求,否则会影响企业的进一步发展。但是实施 CI 策划的时机需要考虑。一般来说,当原来的企业形象已经影响企业的业务拓展、影响到企业层次提升的时候,就存在企业形象识别系统策划的需要了,企业领导人应该借企业成立周年庆典的时机(如三周年、五周年等)、企业新项目新工程上马的时机导入 CI 策划,建立企业崭新的形象,对内激励经营团队和员工,并规范员工的经营思想、经营行为,对外吸引新用户、新市场或者新的合作伙伴,用新的企业形象带动企业新的发展,创造新的辉煌。

对于已经导入过CI策划、已经有了企业形象识别系统的企业来说,需要随着企业的发展慎重而适时地进行企业形象识别系统的调整,导入新的企业形象,引领企业新的发展方向。重新导入企业形象识别系统、传递企业新形象的时机主要在于以下关键时期:

1. 企业进入新的产业领域实现多元化发展时

原来的企业形象及其识别系统已经难以涵盖企业的产业领域,需要重新确立扩展的形象。比如,美的创业初期的企业形象和形象识别是建立在电风扇等小家电产业基础上的,当进入空调等大家电产业并做大做强的时候,就需要改换以电风扇为视觉创意元素的形象识别系统,而这一形象元素在美的进入电冰箱和洗衣机领域时还不过时,因而有一定的前瞻性。

2. 当企业进入国际化发展阶段时

原来适用于中国国内市场的企业形象及其识别系统已经难以适应走向国际市场的需要,无论是语言层面还是法律层面都需要重新设计。比如以中文文字和汉语拼音为识别元素的品牌名称与品牌标识,就难以被非中文国家的消费者认知与理解。联想进入国际市场时的品牌名称与视觉形象调整,则是由于海外商标注册的刚性需要,不进行形象识别调整就难以进入国际市场。

3. 当企业定位、品牌定位和经营理念调整时

原来的形象识别系统已经无法代表新定位、新理念,有必要重新开展企业形象识别策划。

三、企业形象(CI)策划的内容

(一) 企业理念识别(MI)策划

企业理念识别策划包括企业精神、价值观念、经营理念、企业发展方向、发展目标和发展战略等项目的策划。

(二) 企业行为识别(BI)策划

1. 对内行为规范策划

对内行为规范策划包括企业内部行为规范与标准,如组织管理、规章制度、工作标准、工作环境等内容的策划。

2．对外行为规范策划

对外行为规范策划包括企业对外行为活动，如市场调查、广告传播、用户服务、公共关系、促销活动、文化活动等内容的策划。

（三）企业视觉识别（VI）策划

1．基本视觉元素设计

（1）企业名称、品牌名称及标准字体。

（2）企业标识与品牌标记（Logo）。

（3）标准色、辅助色。

（4）象征图形、吉祥物。

（5）基本要素组合规范。如品牌名称、品牌标记与吉祥物的组合规范，品牌标记、企业名称与企业分支机构的组合规范，等等。

2．应用元素的设计

（1）广告应用规范设计：报纸广告、杂志广告、电视广告、户外广告、广播广告、网络广告和售点广告的创意设计发布规范。

（2）产品展示应用设计：终端售点、展览展示、会场布置等设计应用规范。

（3）产品包装应用设计：产品包装箱、包装盒、包装纸、手提袋、封套等设计应用规范。

（4）员工工装服饰设计：各类员工的服装、领带、公事包、徽章、胸卡等设计应用规范。

（5）办公事务用品应用设计：名片、信封、信纸、便笺、请柬、贺卡、证书、文具、记事本、招牌、旗帜、茶具、礼品等企业名称与标识应用规范。

（6）车体外观应用设计：货车、客车、工程车、轿车、旅行车、机车、手推车、集装箱、周转箱等交通运输工具方面的企业名称与标识应用规范。

（7）室内陈设应用设计：办公设备、室内装修、橱窗布置、标示牌、记事标牌、公告栏等室内陈设方面的企业名称与标识应用规范。

（8）建筑应用设计：建筑外观、风景设置、装饰点缀等建筑物方面的企业名称与标识应用规范。

（9）网络应用设计：在互联网时代，企业网站、微博、微信等自媒体，会议与报告运用的幻灯片，电商平台的视觉呈现等，均需要进行规范设计。

需要说明的是，现在已经有很多企业还将听觉形象识别也纳入企业形象识别的范畴，比如：创作企业之歌，在企业会议和庆典活动中播放和演唱；规范品牌名称和广告用语的标准读音、标准音质和音乐主旋律的配器和演奏,在影视广告、网络广告和广播广告中规范应用。

四、企业形象(CI)策划的流程

由于CI策划具有战略性、长期性与系统性的特征,因此规范的CI策划,过程持续时间将较长,涉及的层面、部门和人员将较多,需要按照流程逐步展开。

(一)组织准备阶段

企业形象识别系统策划组织和准备工作的第一步,就是明确策划领导机构。中国企业开展CI策划早期的做法是成立一个CI委员会,主任委员必须由公司的主要负责人亲自担任,委员则要从各部门负责人中选择,其中市场营销和品牌管理部门的负责人必须参加。为具体落实策划工作,需要在企业CI委员会下面设立一个CI执行委员会,由企业最高营销或品牌负责人主持该委员会的日常工作,负责CI策划与执行的推进。现在很多企业已经设立了承担企业形象综合管理工作的机构,如品牌管理中心等,应以其为CI策划的组织机构,由其承担CI策划的组织职能,以精简机构,避免叠床架屋。

(二)实态调查阶段

这是企业形象策划的基础阶段,实态调查一般从以下两方面展开:

1. 企业实态调查

CI策划人员进驻企业,通过与企业最高负责人、各部门负责人、普通员工面谈等多种形式,开展经营意识、管理制度、组织行为、员工行为、产品研发、生产制造、质量管理、营销策划、品牌管理、广告传播、产品销售、公共关系、促销活动、售后服务、工作效率和经营业绩等实态调查,了解企业实际情况。

2. 环境实态调查

对社会环境、市场环境、市场格局、竞争关系、客户关系等进行实态调查,了解企业所处的经营环境。

(三)形象策划阶段

这是企业形象策划的主体阶段,通常按照先理念、再行为、最后视觉的顺序开展企业形象(CI)策划,具体步骤如下:

（1）以企业的经营理念和社会、市场背景为基础，预测未来，确定企业的事业领域、发展方向与定位。

（2）根据企业经营理念和发展定位，设定新的组织体制以及信息传递系统，修订企业经营管理制度与组织行为规范。

（3）根据企业理念识别和行为识别创作、设计企业视觉识别。在视觉策划设计过程中，需要体现企业的行业领域、品牌的产品品类、主导产品的市场定位特性，便于公众通过企业形象识别系统了解企业和品牌的行业属性与产品定位，便于消费者按照产品品类认知、接受和选择企业与品牌。

（4）整合企业理念识别、行为识别和视觉识别，编制 CI 手册，完成 CI 策划。

（四）形象导入阶段

CI策划方案经企业讨论批准后，即进入导入和实施阶段，它需要在企业内部进行形象导入动员，按推进进度贯彻企业理念、行为规范和 VI 标识，并向企业内外传播企业新形象。传播载体包括企业内部刊物和网络自媒体，各种类型的活动、会议等，以及企业外部的新闻媒体和广告媒体。传播对象主要有股东、员工、消费者、分销商、供应商、广告代理商、政府、社区、银行等。

课后练习

一、策划理论知识练习

1. 市场定位策划包括哪三大方面？
2. 如何开展企业定位策划？
3. 简述品牌定位策划的内容和方法。
4. 简述产品定位策划的内容和方法。
5. 在产品动态定位策划中哪些内容需要随产品寿命周期调整？哪些内容不能轻易变动？

二、策划实战模拟练习

选择本市一家商场或酒店进行细致观察，从企业（品牌）名称、企业（品牌）标志、建筑装潢设计、员工服装设计和员工的服务行为表现等方面，评述该企业（品牌）形象建设的实际做法及其优缺点。

第四章　品牌策划

开篇导语

中国企业间的竞争已经开始从产品竞争上升到品牌竞争,从产品营销上升到品牌营销。政府、企业和公众的品牌意识越来越强,消费者在选择商品时越来越注重品牌,政府在推动经济发展、企业在推动企业发展与市场扩展时越来越注重品牌战略与品牌建设。2014年5月,习近平总书记提出"三个转变"重要论述,即推动中国制造向中国创造转变、中国速度向中国质量转变、中国产品向中国品牌转变。2017年5月,国务院同意将每年5月10日设立为中国品牌日。品牌策划是越来越值得研究和学习的重要策划项目。

学习目标

1. 理解和掌握品牌元素的构成、品牌资产的内涵和品牌建设的思路。
2. 掌握品牌命名策划的流程与方法。
3. 掌握品牌延伸策划的基本思路。
4. 了解品牌拯救策划的基本思路。

课前知识

市场营销学(原理)中的品牌策略。

相关课程知识

品牌学的相关知识。

第一节 品牌建设策划

对于品牌建设和品牌打造,有两种流行的观点:一种观点认为品牌建设是宏观战略,是企业领导要考虑与处理的事,与一般员工关系不大;另一种观点认为品牌建设、品牌打造就是广告传播与新闻炒作,是营销策划与广告宣传部门的事,与一般部门关系不大。

其实,这两种观点都不正确,前者虽然给予了品牌建设高度重视,但是过于宏观与务虚,没有抓手,无法落实;后者虽然具体且便于操作落实,但却失于偏颇,忽视了品牌建设的全面性与全局性。为将品牌建设真正落到实处,把握到着力的抓手,必须从分析品牌的构成元素开始,了解形成品牌资产的源头和责任部门,这样才能找到有效开展品牌建设的清晰思路。

一、解析品牌构成元素

品牌是一个内涵十分丰富的市场营销概念。从消费者认知感受及企业品牌建设这两个方面来分析,品牌概念内涵的形成主要有七项基本构成元素,为方便记忆,本书将其归纳为七个以"品"字开头的词语,简称品牌构成的七品元素。

1. 品名

品名即品牌名称,是指品牌中可以用语言称呼的部分,如可口可乐、娃哈哈等。每一个品牌都必须有一个品牌名称,普通消费者称为"牌子"。品名是营销者和消费者指称品牌的名称,没有品名,就没有办法标称和指称品牌,也就无法传播品牌。

一个好的品名易于传播,便于记忆,易于联想,能够高度浓缩其品牌内涵,高度概括其品牌价值,让人一提起这个品牌就能够理解,产生信赖。品牌名称的策划因此是一项非常重要的营销策划,具有很高的科学性与艺术性。

2. 品记

品记即品牌标记,是指品牌中可以被识别,但不能用语言简洁而准确地称呼的部分,如符号、标志、图形、图案和颜色等。品记是一个品牌所特有的标记,并以此为依据进行注册登记,成为注册商标,就成为品牌所专用的标记,并受到法律的保护。

品记可区分为具象标记和抽象标记两种。具象标记采用自然物体形象为蓝本经艺术设计而成,具有熟悉、亲切、具体、形象、生动等特点,如:海尔的两小兄弟、娃哈哈的卡通娃娃图像等。抽象标记采用符号、线条、图形等元素经艺术设计而成,具有庄重、理性、专业、独特等特点,如:海尔的方圆标记、奔驰的三戟标记等。有的企业仅用具象标记,也有的企业仅用抽象标记,有的则两种都采用。抽象标志用在比较严肃庄重的场合,如重要会议布置、重要公关场所等。具象标志则用在主要与消费者沟通的场合,如售点布置、影视及报刊广告宣传等。海尔的品记有海尔中英文标准字、方圆标记和海尔小兄弟图案,这三种标记在中国市场都可以使用,但在国际市场则根据不同国家和地区的文化与宗教信仰有差异地使用。在美国主要使用英文标准字,在法国则主要使用天真纯洁的海尔兄弟图案,在中东地区则只能使用方圆图案。

3. 品类

品类是指品牌所涵盖的产品类别,即该品牌具有哪些类别的产品。海尔是家用电器、可口可乐是碳酸饮料,这就是品牌所具有的产品品类概念。

品牌必须明确自己的产品类别。因为消费者的消费需求是有产品品类指向的,消费者的购买行为是按照产品品类执行的,一般是先计划好购买哪些种类的产品,然后再思考各类产品可供选购的品牌。消费者认知和记忆品牌的规律也是分品类记忆的,即将各种品牌放在不同的产品类别中去记忆,而不是漫无边际地记忆。因此,品牌要想被消费者在购买产品时选中,必须事先清晰界定并清楚传播其产品种类范围。

4. 品质

品质指反映品牌所涵盖产品的耐用性、可靠性、精确性等价值属性的一个综合尺度。品质是反映品牌形象的一个公认的重要元素。品质好坏几乎成了品牌形象的代名词。我们认为品质是品牌形象的一个重要元素,但不是唯一元素。除产品品质以外,品牌形象还包括核心价值、审美情趣、道德观念、行为规范等与品质相关联的元素。

5. 品值

品值是指品牌的核心价值,包括物理价值和心理价值两方面。品牌的核心价值,从营销者的方面看,是品牌承诺能够带给消费者的物理价值和心理价值。从消费者方面看,是消费者感知到的品牌所能代表和体现的物理价值和心理价值。如果两者一致,则表明品牌做到了自己承诺带给消费者的核心价值,否则,品牌承诺和消费者感知存在距离,品牌的核心价值就没有被接受,没有被肯定。品牌的核心价值虽然是营销者承诺和宣称的,但最终是由消费者认知决定的。

品牌核心价值中的物理价值,主要来源于品牌旗下的产品品质、性能、科技含量等物质属性及其对于消费者生理需求的满足。对消费者生理需求的满足越到位,品牌的物理价值就越高。品牌核心价值中的心理价值,主要来源于品牌与产品的设计理念、设计风格、文化底蕴、审美情趣、形象创意与广告诉求基调等精神属性及其对于消费者心理需求的满足。对消费者心理需求满足越到位,品牌的心理价值就越高。

不同层级的品牌,如大众品牌和奢侈品牌,不同层次的消费者,如低收入消费者和高收入消费者,对于品牌核心价值中的物理价值和心理价值追求都是不一样的。低收入阶层的消费者更重视品牌的物理价值,与之相对应的大众品牌也就需要更加关注、培育和传播品牌的物理价值,因此大众品牌的核心价值更多地表现为物理价值。高收入阶层的消费者更重视品牌的心理价值,与之相对应的奢侈品牌也就需要更加关注、培育和传播品牌的心理价值,因此奢侈品牌的核心价值更多地表现为心理价值。

品牌的核心价值与产品竞争状态也有着密切的联系。当产品竞争差异化明显时,品牌的核心价值可以通过品牌的物理价值差异来呈现。当产品竞争同质化明显时,品牌的核心价值就难以通过品牌的物理价值差异来呈现,必须转而通过培育和打造差异化的品牌心理价值来呈现。

6. 品德

品德是指营销者在品牌宣传中所倡导的企业文化、价值观念与经营理念。如 TCL 将企业使命确定为"为顾客创造价值、为员工创造机会、为股东创造效益、为社会承担责任"。一个品德良好的品牌,就像一个"德高望重"的长者一样很有风范,容易亲近,易被认同。

7. 品行

品行是指品牌营销者的管理行为、广告宣传行为、公共关系行为、销售行为、服务行为等企业组织行为和员工个人行为在社会上的表现给公众和消费者留下的印象,给品牌留下的积累。公众和消费者对一个品牌的信赖和忠诚,不仅取决于产品的品质和企业所宣扬的理念与承诺,更取决于其实际行为。有的品牌标榜热情服务,但实际上仅限于售前热情,产品销售以后立即冷若冰霜;有的品牌声称用户利益高于企业利益,但当企业利益与用户利益发生冲突时,实际维护和考虑的还是企业利益,侵害的还是用户利益;当然,也有许多品牌,承诺得好做得更好,各品牌鲜明的品行差异无疑会形成品牌形象的差异。

有一条微博这样描述"中华"品牌:小时候,"中华"是一管白白的牙膏,我在这头,笑容在那头;上学了,"中华"是一支细细的铅笔,我在这头,考卷在那头;工作了,"中华"是一条红红的香烟,我在这头,领导在那头;结婚了,"中华"是贷款买的轿车,我在这头,而奋斗的路,还在那头……

分析到此,我们可以得出一个结论,并为品牌写出一个构成公式,即:

品牌 = 品名 + 品记 + 品类 + 品质 + 品值 + 品德 + 品行

结合企业形象识别理论(CI),可以这样说:品德即 MI 理念识别;品行即 BI 行为识别;品名、品记、品类、品质、品值则对应于 VI 视觉识别。于是,我们可以总结出如下一组对应关系,如图 4.1 所示。

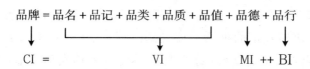

图 4.1　品牌与 CI 的对应关系

二、明晰品牌资产创建路径

品牌资产是一种无形资产。大卫·艾克提出了构筑品牌资产的五大元素,即:品牌忠诚、品牌知名、品质认知、品牌联想和其他独有资产。我们根据品牌的七品元素构成理论,提出品牌资产应该由品牌知名度、识别度、理解度、美誉度、偏好度、认同度、忠诚度七项指标构成,而且品牌资产的七项指标与品牌内涵的七项元素之间存在着内在的逻辑关系。

1. 品名——品牌知名度

品名的传播形成的是品牌知名度,这是品牌与产品营销的基础和起点,没有知名度一切将无从谈起。品牌知名度可以分成第一提及知名度、未提示知名度和提示知名度三个层面来考量:自然状态下的第一提及知名度越高,品牌知名度的资产价值越大;未提示状态下自然提及但不一定是第一提及的知名度价值也较高;提示以后才知晓的品牌,知名度资产价值比较低;而提示后仍然不知晓的品牌是没有品牌知名度资产的。

2. 品记——品牌识别度

品记的传播形成的是品牌识别度,它在知晓品牌的基础上,在众多品牌中凸显本品牌,使公众和顾客能够识别并确认本品牌。

3. 品类——品牌理解度

品类的传播形成的是品牌理解度,它将品牌与具体的产品类别联系起来,使得品牌概念具体化,也有利于消费者在选购产品时联想到品牌。一个品牌即使知名度很高,但品类不清晰或过多过泛,其品牌力也不会强大,品牌价值也不会很高。

4. 品质——品牌美誉度

品质的塑造与传播形成的是品牌美誉度。它既是公众建立在品牌关注和消费体验基础上形成的理性评价,又是顾客是否对品牌及其产品进行货币投票决策的重要影响因素。一般而言,在价格同等的条件下消费者总是选择品质好的品牌。2009年以来,在电商快速发展的同时,假冒伪劣的网货也相伴而生,虚拟经济快速暴富的神话一度受到热捧,实体企业埋头苦干的精神一度受到嘲讽。但自2016年以来,随着低价网货侵害消费者利益、损害品牌企业利益、阻碍中国经济转型升级等负作用被社会各方共同认知,中国政府重新提出"工匠精神""振兴实体经济",中国著名品牌企业家联合推动振兴"中国质造",中国产品在一度迷失之后重启"质量时代"。

5. 品值——品牌偏好度

品值的营造与传播形成的是品牌偏好度。不同的群体有不同的生活方式、心灵空间与审美情趣,因此独特的品值会得到独特消费者的偏爱,从而形成品牌偏好度。由品值产生的品牌偏好度,既源于客观理性认知,也源于主观感性认知。其中,品牌核心价值中的物理价值主要由消费者通过理性认知做出品牌偏好评价,而品牌核心价值中的心理价值主要由消费者通过感性认知做出品牌偏好评价。

6. 品德——品牌认同度

品德的宣传与传播形成的是品牌认同度。优秀的企业文化、正确的经营理念,总是会得到公众认可和赞许的。但是,品牌认同度是否牢固,能否从认同度进一步提升为忠诚度,不仅要看品德的宣传,更要看品行的实际表现。

蒙牛2000~2006年高速发展阶段曾经宣传的"小胜凭智、大胜靠德"的理念,"每天一斤奶,强壮中国人"的口号,曾经感动过很多人。但是从2008年三聚氰胺事件开始,蒙牛品质事故不断,其品行已经让众人怀疑其曾经大肆宣扬的品德理念,故而受到批评与质疑。

7. 品行——品牌忠诚度

品行的传播,尤其是公众、消费者之间的人际传播、口头传播,形成的是品牌忠诚度。时刻把用户利益放在第一位,坚持用户利益高于企业利益,在实际的企业行为、公众行为中一贯维护用户利益、公众利益,将会得到更多的品牌忠诚,而品牌忠诚是品牌营销的最高境界。

从品牌知名度、识别度、理解度、美誉度、偏好度、认同度到忠诚度,是一个循序渐进的过程,上一步是下一步的基础,下一步是上一步的提升,其间不可断裂、不可跨越,直至达到品牌忠诚度的最高境界。从衡量品牌资产的七个尺度反观品牌构成,我们可以发现品牌内涵的七个元素,也是一个有机整体。

根据品牌内涵元素与品牌资产之间的联系,我们可以总结出如下的对应关系,如图 4.2 所示。

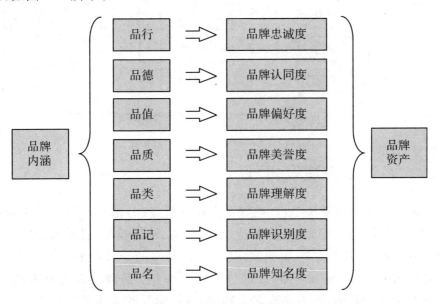

图 4.2　品牌内涵构成元素与品牌资产的对应关系

品牌知名度、识别度、理解度、美誉度与偏好度的积累可以形成品牌生存力。如果一个品牌能在这五个方面达到比较好的指标值,其品牌就有一定的生存能力,具有一定的市场攻击力,形成一定的产品市场占有率。但缺乏品牌认同度和忠诚度,尚不能形成长期、稳固、持续的市场竞争力,形成产品的市场生命力和品牌生命力。只有在此基础上再提升品牌认同度与忠诚度,才会形成品牌生命力,达到品牌营销的最高境界。

综上所述，我们可以用图 4.3 表现 CI、品牌内涵元素、品牌资产与品牌力之间的关系。

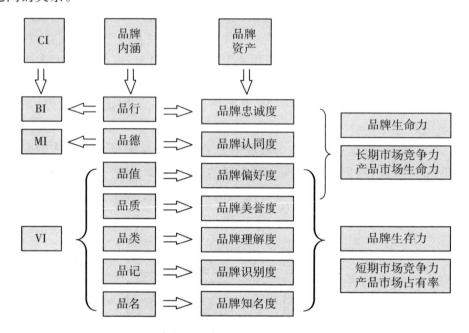

图 4.3　CI、品牌内涵元素、品牌资产与品牌力的对应关系

三、落实品牌建设责任

品牌建设是一项系统工程，它涉及企业各层级、各部门人员以及企业战略决策、技术研发、营销策划、生产制造、广告公关、销售业务、售后服务等企业活动全过程。因此，不只是企业的某一两个人、某一两个部门要对品牌负责，而是企业的每一个人、每一个部门、每一个环节都要对品牌建设负有责任，这既不是推卸责任的套话，也不是言之无物的空话，而是各负其责的实话。

为此，我们需要建立全局品牌建设观念，搭建全员品牌建设架构。

实际上，从品牌七个构成元素中，我们可以找到企业的各个层级、各个部门、企业经营活动的各个环节在品牌建设这项系统工程中所应承担的责任：

1. 品名——企业营销部门与高层领导

品名需要企业营销部门借助营销策划专业机构根据语言文化、社会风俗、产品特征、企业发展战略、品牌战略和被选品牌名称寓意等经过筛选比较，最终由企业高层领导优选确定。

2. 品记——企业营销部门与企业高层领导

品记需要由营销部门借助专业创意设计机构实施VI策划,并经企业高层研究批准后导入VI工程,实施VI视觉传播,方能使大众和消费者形成记忆和识别。

3. 品类——企业高层决策机构

品类要由企业高层进行投资研究决策,确定品牌的产品品类定位。当企业改变投资领域、投资结构,或者是进入相近的产品领域与目标市场,或者是进入全新的产品领域与目标市场,都必须适时进行品牌延伸或者品牌整合,通过品牌重新定位实现品牌再造。

4. 品质——企业供应部门与生产部门

品质是品牌形象的生命线,供应部门和生产部门要建立全面的产品质量管理体系,进行严格的品质控制,对品牌旗下的产品品质承担责任。

5. 品值——企业研发部门与营销部门

品值的营造需要产品研发部门和营销部门在开发新产品时,根据产品概念、产品定位、目标消费者的偏好,通过产品设计、包装工艺、广告创意等手段去表现。

6. 品德——企业高层领导

品德的形成需要企业高层领导具备深厚的文化底蕴、哲学素养与道德修养,能够提出明晰的、符合社会公德的、有助于企业发展的、能够牵引员工思想与行为的企业文化与经营理念。这不是营销策划和广告公司所能包装出来的。

7. 品行——企业组织与员工个人

品行是企业组织行为和员工个人行为在品牌形象上的积累。销售部门在开展销售业务活动时,营销部门在开展广告宣传活动时,公关部门在开展公共关系活动时,售后部门在提供维修保养服务时,能否贯彻企业的经营理念与行为规范,是影响品牌形象的重要环节。言行一致,就有利于维护和提升品牌形象,言行不一致,就会损害品牌形象。而且,当出现产品质量问题或意外事故时,能否及时开展高效的危机公关,能否及时提供高效的售后服务,是能否修补品牌形象损伤的关键。职业化的、训练有素的公关与用户服务队伍,在这方面就能发挥很好的作用。员工个人行为尤其是在社会公众场合下的行为,是否符合国家法律规范和社会道德规范,同样也是影响品牌形象的重要因素。因此,品牌建设、品牌维护与企业里的每一个人都有着密切的关系。

企业各层级、各部门在品牌建设中应承担的责任,可用图4.4表示。

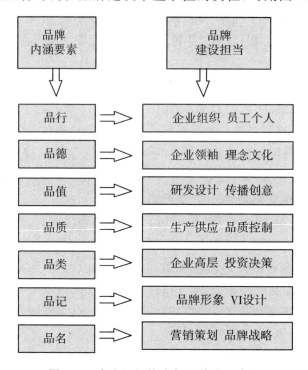

图4.4 企业组织构成与品牌建设责任

品牌建设是一项社会工程。它受很多社会因素的影响,如政治形势、经济形势、竞争者、消费流行趋势、消费者的品牌认知与品牌转移等。品牌生存的环境不是真空的,不断发生种种变化。新品牌不断涌现,抢夺有限的市场资源;老品牌也不断创新,与时俱进。原地踏步的品牌,必然如逆水行舟,不进则退。

营销学者朱华锋:私企也好,国企也好,外企也好,内企也好,名牌也好,杂牌也好,如果自己内心不真诚,如果政府不监管,如果用户不维权,如果媒体不曝光,一样会作恶并玩欺骗、玩掩盖。@头条新闻:【7.6万箱含氯可口可乐流入市场】2012年2月初,可口可乐山西饮料公司因管道改造,致使含氯生产辅助用水混入9批次12万箱可口可乐中,目前确认76391箱流入市场。山西质监局调查事件时发现,该公司以维修电脑为由删除了2月4日到8日部分生产记录和全部电子邮件,关键证人被安排带薪休假。

品牌建设是一项长期工程。品牌是一种动态资产,而这种动态性的最大体现,就是消费者对于品牌的认知、态度与行动的变化。消费者对品牌的肯定、信任、满意、钟情、荣誉感、价值感及情感归属等正面感知,是品牌茁壮成长的阳光和雨露;消费者对品牌的怀疑、轻视、厌恶、反感、拒绝等负面感知,必然令品牌成长受阻,甚至夭折。所以,动态跟踪消费者的品牌认知和评价非常重要。必须随时掌握品牌的认知状况,定期追踪品牌的成长轨迹,进行品牌健康检测,以便及时修正品牌发展方向,调整品牌管理策略,保证品牌健康发展。

营销学者朱华锋:品牌管理是没有终点的持续过程,所谓国际品牌同样需要严苛的品牌管理,在这个过程中,不断地要和企业内部的官僚主义做斗争。而不幸的是,企业官僚主义与企业规模及品牌实力常常成正比。@创业家杂志:【立邦多乐士齐曝质量丑闻,半壁天下属于洋品牌】有着涂料行业代名词美誉的立邦和多乐士两大洋品牌双双曝出与质量相关的丑闻,令业界唏嘘不已。业内专家认为,人们对洋品牌的迷信,使其不断忽悠概念而忽视了最基本的品质,这也给国产品牌的崛起提供了良机。

品牌建设既是情感、精力、智慧、金钱与时间的永久性投入,更是长期性的投资。受到关爱、支持与推动,品牌资产就会如同春天的树木一样拔节成长;一旦不闻不问,任其自然发展,品牌资产就会像秋天的野草一样枯萎发黄;只利用不投资不维护,品牌资产就会像枯灯一样耗尽;而透支性使用、破坏性使用,品牌资产无异于被谋财害命。

四、实战分享

加多宝2012年品牌传播

2011年鸿道集团已预料到自己无法获得"王老吉"的商标权,因此从2012年起开始全力打造全新的"加多宝"凉茶品牌,从零开始创造品牌。

1. 加多宝2012年品牌传播目标

加多宝2012年品牌管理的重点有两个方面:一方面是品牌知名度,让广大消费者知道加多宝=原来的王老吉;另一方面是品牌忠诚度,要把王老吉的忠实消费者引导到加多宝来,让消费者购买加多宝品牌的凉茶。在这两个目标的指引下,加多宝提高了市场费用预算,加强了广告投放。

2. 加多宝2012年品牌传播执行

(1)品牌知名度方面。产品逐步去王老吉化,从2012年初包装上看,一边"加多宝",另一边去"王老吉",到完全不使用王老吉,3月起宣传上已经不再出现任何和"王老吉"相关的字眼,取而代之以"加多宝出品"的字样,广告语也从以前的"怕上火喝王老吉"变更为"正宗凉茶,加多宝出品"。同时加多宝在诉讼过程中根据诉讼的进展充分利用媒体免费宣传。

(2) 品牌美誉度方面。加多宝使用了奥运品牌营销。2012年4月,加多宝"红动伦敦,精彩之吉"活动在广州拉开序幕,加多宝"红动伦敦之星"评选同期启动。同时"红动伦敦畅饮加多宝"系列活动随即以"城市接力"的形式,在全国十大城市依次展开主题活动。

(3) 品牌忠诚度方面。其实加多宝作为一个全新的品牌来说,并不存在什么忠诚度的问题,要做的是把以前王老吉的品牌忠诚度嫁接到全新的加多宝身上来。为此,加多宝将品牌定位修改为正宗凉茶。"全国销量领先的红罐凉茶改名加多宝,还是原来的配方,还是熟悉的味道",让消费者更清晰地知道加多宝就是原来大家经常喝的王老吉凉茶。

(4) 品牌互动度方面。加多宝主要通过网站和微博与消费者互动。从2012年7月开始,加多宝启动了"尽享加多宝""相伴加多宝""加油加多宝""随手拍加多宝"等系列线上下互动促销活动,参与人数已超过100万。同时,网站也开展了多宝币的系列活动,通过会员注册,购买产品所获得的多宝币可以在加多宝的网站上换礼品以及点播各种电影大片。加多宝注册了加多宝凉茶、加多宝红动伦敦、加多宝学子情等商标,并在新浪和腾讯微博与消费者互动,其中新浪、腾讯官方微博的粉丝均已超过30万。而在独家冠名且收视火爆的《中国好声音》中,加多宝做了很多与消费者网络和微博的互动。

(5) 品牌传播管理方面。强大的快速反应能力助品牌知名度快速提升,以冠名浙江卫视《中国好声音》为例,在第一期节目突然蹿红之后,加多宝迅速跟进,在第二期节目就明显加大了广告力度;强力则表现为加多宝运用电视广告、地铁广告、网络媒体、平面媒体进行铺天盖地般的宣传,全力提升品牌知名度。

3. 2012年评估与2013年展望

2012年9月,北京零点调查结果显示,喝过凉茶的消费者中,70.4%的人已经知道了"原红罐王老吉凉茶已更名为加多宝凉茶"这件事。而终端对此事的知晓率更高,达到90.4%;就凉茶品牌的知晓率而言,99.6%的被访者知道加多宝凉茶,明显高于广药王老吉的71.2%;47.9%的受访者最先想到的品牌是加多宝,并表示在购买凉茶时会将加多宝作为首选,只有15.2%的受访者表示会首先选择广药王老吉;72.5%的终端门店销量最好的凉茶品牌是加多宝。调研结果显示：更名后的加多宝凉茶，不仅品牌认知度遥遥领先，而且终端销售未受任何影响，仍然是终端销售最好的凉茶品牌产品。因此，加多宝在2012年的品牌传播效果超越了目标期望。

虽然加多宝凉茶的知名度已经很高，但主要是靠广告集中轰炸出来的，还不稳定，品牌美誉度更是没有积淀。2013年加多宝在品牌知名度方面还是要维持高投入，保持高见面率、高传播率；品牌美誉度方面则需要引起重视，一定要建立正面的品牌形象；加强品牌互动，这样可以增强消费者的品牌黏性，强化品牌忠诚度。而且2013年王老吉一定会有较大的品牌宣传动作，加多宝还得应付对手的强力反扑。

第二节 品牌命名策划

品牌名称并非一个简单的称呼，它能以其自身蕴含的形象价值使产品获得特定的市场优势。品牌命名的成功与否，直接关系到一个品牌能否迅速地打开市场并持久地立足于市场。

一、品牌命名的传统思维

在现代营销策划理论与方法产生以前，传统的品牌命名主要是从产地、创始人和语言等方面着眼。传统的品牌命名方法有其历史的合理性，很多中华老字号能够百年不衰或者能够重新振兴，与其长期不懈的经营努力有关，与其品牌命名也有一定的联系。但是传统的品牌命名方法也存在一定的历史局限性，需要根据现代市场实际和现代营销理念进行创新。

1. 产地命名方法

即将产品的产地命名为产品品牌，中外企业都有这样的做法。Evian是法国一个背靠阿尔卑斯山的小镇，其天然矿泉水特别纯净，中文译名依云也非常有美感。中国企业以产地命名品牌的在改革开放以前也比较多。这种做法在品牌创立初期赢得本地市场有一定的作用，但是当品牌发展到一定程度并进一步向更大的市场范围扩张的时候，浓郁的地域色彩与落后的地方形象会产生严重的障碍，需要更换品牌名称，重新打造品牌形象。此外，由于产地名称是一种公共资源,难以利用商标保护形成独占的品牌资源,往往会淹没在一批良莠不齐的产地品牌之中。鉴于这种现象,对于历史悠久的优秀品牌,很多国家政府部门通过实施原产地标识进行认证和保护。而新创立的品牌,则可以不采用产地命名方法,从开始阶段就避免出现类似问题。

2. 创始人命名方法

以产品创始人的姓名作为品牌名称更是一种历史悠久的品牌命名方法。由于很多品牌创始人在创建品牌的过程中有着特殊的经营理念和经营秘诀,拥有良好的口碑和商业信誉,并形成了很多品牌故事甚至是品牌文化。因此,在中外企业历史上有很多这样的成功案例,比如中国古代的"王麻子"和"张小泉"剪刀等。改革开放以后随着民营企业的兴起和发展,以创始人命名品牌再次盛行,并创建了很多知名品牌,比如贵州"老干妈"辣酱等。这种命名方法的问题在于坚持企业本位,可能缺乏以"消费者为中心"的营销思维。

3. 语言意境命名方法

品牌命名从语言语义方面着眼深入考虑,诞生了很多历史悠久且寓意良好的名牌,比如"全聚德""东来顺""同仁堂""胡庆余堂",等等。现代有人从语言修辞、语义语境的方面对品牌命名进行了研究,认为品牌名称应该独特、简洁、响亮、好读、形象、易记,具有良好的寓意及美好的联想等。无疑,这些都是非常重要的。但从营销策划的角度来说,这还只是语言表现艺术形式上的,而非营销策划本质上的。

那么什么是一个好的品牌名称?品牌命名应按照什么流程、遵循什么基本原则来展开策划创意?我们认为,现代企业的品牌命名策划应该按照营销策划的流程与要求系统性地展开。

二、品牌命名的科学流程

(一)按照品牌定位展开命名创意

现代市场竞争日趋激烈,同类产品越来越多,市场竞争成功的关键在于品牌定位是否准确有力。品牌命名不单单是给某一产品取个名称,实际上,"品牌命名"是一种竞争,是品牌定位的表达方式。一个优秀的品牌名称要能够传达一个品牌的市场定位,并因为其所具备的营销力量而参与这一品牌的市场竞争。因此品牌命名应以品牌定位为依据,并能引导这一定位所确定的营销目标。只有这样,才能从一开始就确立定位优势及营销力量。具体来说,可以按照以下定位思路展开命名策划：

1. 根据品牌的产品类别定位策划品牌名称

消费者是按照产品品类来认知品牌的，购买产品时也是先具有产品品类购买需求而后选择购买品牌。因此，品牌命名应该优先表现品牌的产品类别属性，以便于消费者将品牌放入品类这一熟悉的概念范围中识别和记忆。

联想并购 IBM 的 PC 产业以后，一方面继续使用 IBM 原来的笔记本电脑品牌名称"Think Pad"，另一方面创立联想自己的品牌名称"Idea Pad"；一方面承接和利用了 IBM 笔记本电脑的品牌知名度和品牌行业标志象征，另一方面也让联想与"Think"和"Idea"从语言文化上建立了联系与联想，让新品牌"Idea Pad"与消费者熟悉并信赖的品牌"Think Pad"建立了联系与联想，从而表现了联想笔记本电脑的品牌品类属性。2011 年 11 月联想集团在北京举行发布会，宣布启动"个人云"战略，推出覆盖智能手机、平板电脑、个人电脑和智能电视四大品类的新一代乐终端，未来所有的乐终端产品将统一使用 Idea 品牌，即智能手机 Idea Phone、平板电脑 Idea Tab、智能电视 Idea TV。

2. 根据品牌的目标消费者定位策划品牌名称

一个品牌走向市场，参与竞争，首先要弄清自己的目标消费者是谁，并且可以通过品牌名称反映出目标消费者。品牌名称的策划应将这一目标对象形象化，并将其形象内涵转化为一种形象价值，从而使品牌名称能够直接表明其目标消费者，使得消费者一看就知道这个品牌是为什么人服务的，使得目标消费者一看就知道这个品牌是为自己量身打造的。"喜之郎"等这样的品牌名称就有这样的目标消费者定位力量。

3. 根据品牌的购买决策者和使用者定位策划品牌名称

有些产品和品牌的购买决策者、购买执行者和使用者，具有明显的确定性和稳定性。比如，家庭主妇在家庭日用品和快速消费品购买决策、购买执行和实际使用中均扮演着重要角色；因此，以家庭主妇为角色定位开展家庭日用品、快速消费品的品牌名称策划，就具有重要的市场价值。"太太乐"鸡精、"好太太"晾衣架之所以被女性消费者广泛认识并接受，品牌命名功不可没。

4. 根据品牌的物理价值定位策划品牌名称

消费者在使用一个品牌、消费一个产品时总能产生或期待产生某种切身的生理感受，这是品牌定位其物理价值的基础和依据。品牌命名也可以根据消费者的生理感受和品牌的物理价值定位来展开。

"CoCa-CoLa"在美国命名时的依据是这种饮料导入杯中时发出的"喀哒喀

哒"的响声以及这种响声给人带来的口感联想,其音节与大口畅饮这种饮料时发出的"咕嘟咕嘟"响声颇为相似。刚进入中国市场时,用的音译名称是"蝌蚪嚼蜡",不仅生硬拗口而且没有消费感受与价值联想,传播效果和销售效果都不好。后来公开征集中文名称,一位精通中英文的旅英华人的命名"可口可乐"被选中并一直使用到现在。这一命名直指饮料消费者身心愉悦的感受,一方面向人们显示了其品牌和产品属性,表达了品牌的产品类别定位;同时另一方面也能产生一种消费体验诱惑、期待或承诺,产生有力量的品牌价值,因而具备一种强大的营销力量。

"飘柔"洗发水把消费者在消费这种产品功能特质时期待产生的生理感受和物理价值作为品牌命名的起点,从而使得"飘柔"这一命名本身就具备明确而有力的定位营销力量。而且通过这种命名思路得到的品牌名称很容易让人联想到产品的优异品质,因此非常有市场价值。

当然,实际市场中的品牌鱼龙混杂,名不副实者也有之。所以,现行法律规定不得以直接标明产品优良品质的词语作为产品的品牌或注册商标名称,这是需要注意的。

5. 根据品牌的心理价值定位策划品牌名称

品牌的心理价值和情感形象被许多品牌作为市场定位及传播诉求的重要支点,根据品牌的心理价值定位和情感形象策划品牌名称,更能直接而有效地冲击消费者的心理和情感,从而具备直接的营销力量。

IKEA是两个创办人姓名的首字字母组成的,进入中国市场译名为"宜家",Simmons是弹簧床垫发明者的名字,中文译名为席梦思,这两种中文品牌译名都具有深厚的心理价值。

6. 根据消费认知资源定位策划品牌名称

抓住消费者已经熟悉的概念、已经接受和建立的认知,将品牌定位于这种消费认知资源上,并以此为基点开展品牌命名策划,能够借助消费认知资源,进入消费者的心智,加快消费者品牌认可和接受的过程。

"酒是陈的香""窖藏越久品质越好""头曲比二曲好""原浆酒比勾兑酒好",这些口口相传的说法正是中国老百姓广为接受的白酒消费观念。古井贡酒"年份原浆"正是巧妙利用了这些重要的消费认知资源,成功进入了消费者酒类品牌选择范围,实现了古井贡酒2010年以来的市场复兴。短租平台Airbnb将中译名定为"爱彼迎"遭网友吐槽拗口别扭,且容易联想到中国广泛传唱的闽南民歌《爱拼才会赢》。

（二）通过名称测试筛选最佳命名

以品牌定位为依据，以大脑风暴为形式，策划出众多品牌名称以后，究竟应如何优选品牌命名并最终确定一个最好的品牌名称呢？

在经过品牌名称的内部评价初步筛选以后，应当分别邀请目标消费者和营销专家对备选的品牌名称进行市场测试。目标消费者测试主要评估品牌名称、语音、字型、语义及其与产品类别和属性方面的理解度、接受度与偏好度。

营销专家测试主要评估品牌名称营销层面的六大特性，即：Suitability（适合性）、Originality（独特性）、Creativity（创造性）、Kinetic value（能动性）、Identity（识别性）和 Tempo（扩展性）。这六个特性的英文首写字母连在一起就是"Sock-it"即"一举成功"判别法。适合性要求品牌名称对产品品类、功能、特征、利益、优点的概括恰如其分；独特性要求品牌名称与众不同、独一无二；创造性要求品牌名称能够让公众及消费者创造积极、愉快的消费体验联想；能动性要求品牌名称能够表达品牌的核心价值，能够产生营销力量；识别性要求品牌名称具有识别品牌属性及产品类别又区别于同行品牌的作用；扩展性要求品牌名称不仅符合目前的市场定位，还能适合未来市场与产品拓展的需要。

在中国市场上，借流行一时的热词作为品牌名称的案例比较多，甚至连茅台都推出了"水立方"酒。莫言获得2012年诺贝尔文学奖之后，"莫言醉"白酒商标卖到了一千万元。这种方法曾经被看做是一种取巧的命名策略。但本书并不这样认为，流行的热词在网络时代热得快，冷得也快，并不一定能有持续的生命力，因而不一定适合作为品牌名称。

通过名称测试，可将备选的品牌命名从高到低排列，进入下一工作步骤。

（三）通过注册查询保证命名合法有效

名称测试只能解决品牌命名语言和营销方面的问题，但无法解决品牌命名法律方面的问题。为此，需要进行商标注册查询，如果选定的品牌名称已被注册在先，那么只能选择放弃或者购买；如果没有被注册，我们就可以确定为正式的品牌名称，并登记注册，从而取得品牌名称的合法地位和专有权利。

以前中国品牌由于缺乏品牌和商标保护意识，在国外频繁出现被抢注事件。有意思的是，近年来，也有国际品牌因在中国市场不够重视品牌注册和商标保护而被抢先注册了。

营销学者朱华锋：深圳唯冠经营不善确实不值得同情，但不要因为唯冠经营不善面临破产而低估或者瞧不起唯冠赢得 iPad 商标诉讼的意义。经营不善濒临破产的企业到处都是,每年都有,但赢得国外名企商标诉讼,对于中国企业来说,确实非常不易。因此,与其说是中国某个企业的胜诉,不如说是中国企业的胜诉,中国营销的胜诉。

最后,败诉的苹果公司向深圳唯冠公司支付了 6000 万美元。

在中国市场上,近年来频繁出现流行事件、流行概念被某些机构甚至人员抢注的现象。应该说这些机构及人员的思想是很敏锐的,行动是很快捷的,但过于机会主义,有恶意抢注和炒作之嫌,不是真正做品牌而是转让商标谋利。

第三节 品牌延伸策划

当企业规模扩大,实施多元化发展,同时生产多种产品时,就面临着两种品牌策略的选择:一种是单一品牌策略,即企业生产和经营的几种不同产品统一使用一个品牌,将品牌延伸到新开发新上市的产品上来;另一种是多种品牌策略,即企业生产和经营的不同产品使用不同的品牌,甚至同一类产品也采用不同的品牌。如宝洁公司生产飘柔、海飞丝、潘婷洗发水及汰渍、碧浪洗衣粉等。

由于相对于多品牌策略而言,单一品牌策略能较多地降低新产品进入市场的广告宣传费用,新产品也能借助老品牌的市场影响力和信誉度迅速进入市场。所以,很多企业习惯或者说更偏好于采取单一品牌策略进行品牌延伸。但在品牌延伸策划与执行中,需要把握好以下五个方面。

一、进行品牌体检,检查品牌延伸能力

品牌延伸并非只是浅表层面的借用品牌名称这么简单,而是对整个品牌资产的策略化与有效性利用。因此,品牌延伸之前必须对品牌进行一次全面的体检,对品牌资产进行一次全面的盘点,确认品牌有实力适合于延伸。品牌体检不只是针对实力不强的品牌而言的,不只是小品牌、知名度不高的品牌缺乏品牌延伸能力,甚至大品牌、知名度很高的品牌也有可能缺乏延伸能力。因此,品牌体检主要包括两方面内容:

1. 进行品牌定位检查,确定品牌具有延伸性能

有的品牌定位明确且有刚性,做得也非常成功,甚至已经成为该品类产品的第一品牌和"代名词",成为该行业的标志性品牌,但正是由于其无可争议的成功品类定位,不适合于进行跨行业跨品类的品牌延伸。如可口可乐主营碳酸饮料,是全球碳酸饮料无可争议的第一品牌,定位策划和实际定位表现非常明确,因此,可口可乐公司在扩张时,从不用这种定位清晰的品牌名称进行延伸。在中国推出的果汁饮料叫美汁源,与雀巢公司合作推出的茶饮料品牌命名为原叶。海尔主营家电,所以海尔在家电行业内的品牌延伸取得了成功,但在手机、电脑、房地产行业的延伸并不理想。有些品牌定位明确,但是在产品和产业上没有刚性限制,则可以实行品牌延伸。比如百事,其年轻时尚的品牌定位十分清晰,所以从碳酸饮料可乐延伸到时尚流行运动服饰,年轻一代的消费者也欣然接受。

2. 做好品牌资产评估,确信品牌具有延伸实力

品牌延伸的目的是借助已有品牌的声誉和影响迅速向市场推出新品类产品,因此,品牌延伸的前提就是这一品牌必须具有较高的知名度、美誉度、忠诚度等雄厚的品牌资产,在消费者心中具有很高的地位和很好的号召力。品牌延伸后,不仅是不同的产品将共享同一个品牌名称,而且还将分摊一份品牌资产。因此,当品牌资产并不丰厚,品牌力量并不强大,并且受到诸多同行和诸多专业品牌强有力的挑战时,品牌延伸就是危险的。而当品牌由于自身原因在主业上出现经营困难、产品销量下降、品牌地位下降时,试图向其他产业转型并将处在下降趋势中的病态品牌延伸到新的竞争激烈的产品品类将更加危险,这将进一步拖累受伤品牌,加速品牌衰亡。这就像本该休养生息的病人被迫从事重体力劳动会伤害病人身体一样。

二、规划延伸产品,保证品牌形象统一

品牌延伸必须在品类上具有相关性、在品质上具有一致性。品牌可以在相关产业、相关产品类别中延伸,即在实施相关多元化的基础上延伸。比如,品牌从电冰箱延伸到洗衣机,这类延伸是相关延伸。大多数品牌延伸都是这种模式。另一种是跳跃延伸,即品牌旗下的产品与延伸产品之间没有技术、市场和分销渠道上的任何联系。比如,雅马哈品牌旗下有摩托车和电子琴两个互不相同的产品。从我国企业实际运作经验和我国消费者接受情况来看,在

规划延伸产品时,选择相关产品更有利于维护品牌形象,更易于成功。

品牌延伸到新的产品品类上,必须保证产品品质的一致性与个性的协调性。如果延伸产品的质量还不成熟,与原来产品差距甚大,那么品牌延伸就很危险,以至于"城门失火,殃及池鱼",严重损伤和拖累品牌。这样的品牌延伸传播力度越大,延伸产品销量越大,往往也意味着有越多的消费者将会对品牌开始产生不满,甚至将会远离这一品牌,其潜在危机一定会爆发出来。因此,一定要保持清醒的认识和足够的警惕,一定不能被延伸产品暂时所谓的畅销冲昏头脑。这方面的教训在中国市场可谓俯拾即是。例如,某著名彩电品牌延伸到手机产品上时,也曾一度创造了辉煌,甚至进入了国产手机领军行列,但是由于国产手机整体缺乏核心技术,该品牌手机也未能幸免,结果该品牌手机品质问题对整体品牌形象和彩电品牌的销售产生了较为严重的影响,连该品牌名称也被消费者和竞争对手嘲讽为"太次了"。

此外,为保证品牌延伸的成功,在进行延伸产品规划时,最好选择市场竞争不太激烈、竞争对手实力不强且多为非专业品牌的产品领域。

三、防止品牌延伸误入陷阱

品牌延伸的好处很多,成功的案例也很多,但失败的案例同样比比皆是,以至于许多专家把品牌延伸视为陷阱。这是品牌延伸必须避免的。

品牌延伸的陷阱早已被营销专家认识到了。美国营销学者艾·里斯早在1981年出版的《广告攻心战略——品牌定位》中就指出了这一问题,并警告美国公司在这方面所犯的错误实在太多、太愚蠢。美国企业所遭遇的品牌延伸陷阱类型包括:模糊了品牌定位,形成消费者认知困难,造成了消费者心理冲突,或者造成品牌内部冲突,出现一上一下的跷跷板效应。而众多美国企业前赴后继地重蹈品牌延伸陷阱的原因,是以企业自身为中心的"由内而外地思考",而不是以市场和消费者为中心的"由外而内地思考",即企业往往从自身从现有品牌、现有的自我认知简单地、想当然地从经济学的经济、简便和节约省钱的原理与角度思考问题,认为品牌延伸一定可行,消费者也会像企业一样理解和接受。但实际上,消费者面对企业的品牌延伸往往表现出认知的迷茫、识别的困惑以及心理的冲突。如果这个时候出现了竞争对手清晰定位的品牌并向消费者进行了清晰的传播,延伸的品牌就要遭殃了。

本书认为,品牌延伸表面上似乎只是将品牌构成元素中的前两项外显的元素品名和品记延伸到其他产品就可以了,但实际不然,品牌构成元素的七个方面都需要延伸到新的产品上去才能成功,而内隐性比较强的后五项构成元素:品类、品质、品值、品德和品行是否也能整体性地、无排异地移植到其他产品上去,存在着很多的不确定性。因此,在品牌构成元素的后五个方面都可能存在品牌延伸的陷阱。

1．品类陷阱

(1) 品牌延伸进入了竞争激烈且生存发展规则不同的行业。比如中国家电行业将品牌延伸到计算机行业几乎无一成功,曾经誓言要冲击中国电脑行业前三强的创维,还没有推出产品就以损失 3000 万元退回了彩电老本行。其后来还感叹:幸好陷得不深,损失不多,如果真的陷进去了,不损失几个亿甚至十几亿才怪。

(2) 品牌延伸进入了消费者心理有冲突的品类。"999"胃泰在中国曾经是胃药的代名词,是健康的形象和化身,这本来正是品牌定位所追求的最高境界。然而,三九集团随后进行了大量的品牌延伸,旗下甚至有夜总会等产业及啤酒等产品,消费者喝带有"心理药味"的酒自然不是一种好享受。饮酒会伤胃,"999"还是"胃泰"吗?类似的品牌延伸错误还有支付宝延伸到社交媒体、娃哈哈从饮料延伸到童装等。

(3) 品牌延伸进入了太多的行业。品牌跨行业太多,令消费者目不暇接、记忆不清,搞不清楚这个品牌到底是做什么的,即便搞清楚了,除非是对这个品牌极度忠诚的消费者,一般也不会产生信赖和好感,反而会产生怀疑:这个也做那个也做,能做得好吗?恐怕不专业吧?还是买一个熟悉的专业品牌吧。

2．品质陷阱

这是品牌延伸最为常见的陷阱,消费者感受最为深切,也令消费者对品牌最为失望。这本来是企业应该看到并且有理由规避的陷阱。但是,由于中国企业核心技术的匮乏、品质观念的淡薄、没有条件创造条件也要上的急迫心态,于是这样的错误再三出现,消费者每每受到伤害,品牌的成长和发展反复出现停滞与徘徊局面。

3．品值陷阱

每一个品牌都应该有其独特的品牌核心价值,这个核心价值不一定可以延伸到别的产品品类上去,因为产品的行业属性、市场形象、消费感觉不一样。品牌核心资产中的物理资产因产品不同直接表现出不同,这是营销者比较容易区分的品牌延伸问题。品牌核心价值中心理价值不同的产品可以有一定的共性,可以共享,也因此形成难以区分的品牌延伸问题。比如,迪士尼品牌的心理价值是快乐天真、美丽梦幻,可以从迪士尼乐园延伸到以儿童和青少年为目标对象的一些感性产品上,如迪士尼书包、台灯、手表、服装等,但是不适合延伸到以成人为目标对象的理性产品,更不适合延伸到工程机械等产品。

4. 品德陷阱

不同的产业领域和产品门类,其实有不同的产业文化、不同的经营理念与经营思维。不同的产业文化之间有时是很难兼容的。因此,品牌的跨产业跨产品品类延伸,会遇到产业文化与经营理念的陷阱。

5. 品行陷阱

不同的产业、不同的产品类别,也存在着经营模式、盈利模式和行为方式的区别,因此品牌延伸背后还有更为复杂的深层次的问题与陷阱。

20世纪末,全球互联网产业空前高涨,人类仿佛面临着新经济的狂潮,人类的工作和生活似乎将完全改变。很多大企业、大品牌均被这种浪潮所感染,纷纷怀着梦想投入巨资杀入互联网产业。但是转过世纪的交口,互联网泡沫迅即破灭,众多品牌均遭受了严重的打击。中国也有不少企业深陷其中。当通用电气前首席执行官杰克·韦尔奇来到中国访问的时候,中国企业家就借机请教这位有全球第一CEO美称的企业教父:为什么有先见之明,没有陷入互联网陷阱?韦尔奇这样回答:GE没有进入互联网产业,不是有着能够预知互联网陷阱的先知先觉,而是GE就没有做好IT产业的文化。

以并购方式尤其是国际并购方式进行品牌延伸,更容易引起因文化差异、观念差异、制度差异和行为方式差异造成的深层次品牌价值统一与整合、品德和品行统一与整合方面的困难,更不容易实现品牌延伸的成功。这也是国际并购成功率比较低的重要原因之一。

四、选择品牌延伸策略模式

1. 采用原品牌策略延伸

即完全采用原来的品牌名称进行品牌延伸。如Nike和Adidas用统一的品牌名称统领运动服装与运动器具。具有共同个性风格的相关产品延伸可以采用这种策略。但是,这种策略也容易出现上述各种品牌延伸陷阱。

2. 采用副品牌策略延伸

为了避免原品牌策略延伸的风险,可考虑采取折中的办法——在原品牌不变的情况下为新产品再起个小名,即副品牌,实施主副品牌策略。这样做一方面避免了模糊效应,另一方面又有效地降低了株连风险。实践证明这种策略是非常成功的,在耐用消费品和工业品延伸方面尤其适用。这是因为:

(1) 主品牌可以带动副品牌。比如20世纪90年代,海尔成功地利用主副品牌策略打造了电冰箱、洗衣机和空调等家电产品。海尔冰箱有王子系列:海尔大王子、海尔小王子、海尔双王子;海尔空调有英才系列:海尔大英才、小英才、帅英才;海尔洗衣机有"神"系列:海尔大神功、海尔小神功、海尔小神童、海尔小小神童等等。当海尔进入彩电市场时,打出的是海尔彩电"者"系列:海尔探路者、海尔挑战者,再次成功地运用了主副品牌延伸策略。

(2) 副品牌一般都能直观、形象地表达产品优点、消费者利益点和个性形象,易于被消费者理解和接受。比如格力空调的小金豆就很好地表现了这一系列空调体积小、外观精干、制冷能力强劲的特点。

(3) 副品牌具有口语化、通俗化的特点,易于快捷广泛地传播到消费者中,并容易形成消费者之间的口碑传播,通过免费的二次传播扩大传播的范围和价值。

(4) 副品牌可以激活主品牌形象而又不分散企业广告预算,符合用最少的投入实现最大的产出这一根本的资源配置和使用规律要求。

五、强化品牌延伸传播与品牌延伸管理

品牌延伸策略一经确定,就要按照计划做好各方面的推进工作,尤其要强化品牌延伸传播与品牌延伸的系统管理。否则,品牌延伸可能会在实际执行过程中走形甚至流产。但这已属于品牌管理的范畴,而不属于品牌策划的范畴,故不在这里展开深入讨论。

六、实战分享

乐视:神奇的互联网生态化反,造就的是神话还是笑话?

过去三年,乐视给公众的印象是一家善于开发布会、善于做PPT、善于讲故事、善于圈钱融资的公司,利用互联网思维将多种业务做得风生水起。乐视所开创的"互联网生态"神话,在电视、汽车、网站、手机等领域掀起了一场又

场的旋风,对于传统实体企业和经典营销模式带来了极大的冲击。但是进入2017年以来,乐视的"互联网生态"却因为只是烧钱而没有自造血功能,如今却在电视、手机、网站、叫车服务、体育和汽车各大等"乐视七大生态"全面遭遇滑铁卢。

从2016年乐视资金链的突然断裂,美国汽车工厂工地荒草丛生迟迟没有开工,不得不紧急引进融创救命,到2017年乐视手机换帅、乐视易到用户叫不到车、司机结不到款,到乐视超级电视全面告别烧钱模式,走向硬件不亏损,到乐视收购VIZIO告吹、供应商集体轮番讨账但屡遭拖欠、高管纷纷离职、公司欠薪裁员,再度让外界不得不重新审视乐视在过去几年所吹嘘的"互联网生态模式"到底是创新还是欺骗。

确实,乐视所有问题的核心和根源都是贾跃亭的"互联网思维"基础上的生态化反模式。

2015年3月,贾跃亭对乐视生态曾经做出如下解释:我们打造的"平台+内容+终端+应用"的乐视生态,其本质是产业链的垂直整合。垂直整合更符合互联网时代用户的需求以及经济发展的趋势,代表着先进的生产力。其意义在于:第一,是真正能为用户打造极致体验的产品和服务,为用户创造最大价值;第二,可以打破创新边界、跨越创新鸿沟;第三,推动各个环节协同,引发化学反应;第四,开放联合产业链各环节上的合作伙伴,共同创造更大的社会、经济价值。

贾跃亭说,一般人"理解乐视模式需要15年"。与之形成印证的是,TCL集团董事长李东生前不久表示,"看不懂乐视模式"。

贾跃亭上述解释的重点是"平台+内容+终端+应用"。乐视为此架构出互联网、内容、大屏、手机、汽车、体育、互联网金融等七大子生态。

如果你觉得这么解释等于什么也没有说,我就直说吧:贾跃亭的意思是,乐视什么都做,而且什么时髦做什么。

过去,这么做叫战略不聚焦、核心竞争力不清晰。但不知从什么时候起,战略不聚焦被互联网企业包装成了一个时髦的概念——"生态",一下子成了资本市场追捧的香饽饽。

理想很丰满,现实很骨感。4年之后,人们越来越觉得"生态"更像被人为臆造出来的梦幻。否则,我们无法解释为什么2016年以来,小米、乐视相继遭遇重挫。

真实的答案只有一个:乐视从顶层设计就错了。

乐视帝国建立在两大想象之上：一个是生态想象，一个是融资想象。乐视神话是从"生态想象"开始的。在乐视语境里，"生态"其实就是我们常说的"相关多元化"，亦叫"产业关联"。但互联网企业不这么表述，他们谙熟年轻人及资本市场心理，太容易理解显得没档次，"生态"既洋气又有科技感。

平心而论，"生态"是个不错的概念。问题在于，互联网企业把它拔得太高了，结果被严重异化。好比森林有大有小，生态也有大小之分，但是，互联网企业口中的"生态"，是无边界的，这就麻烦了。

苹果也做生态。但你发现苹果生态有边界，而乐视生态无边界。

从乐视网延伸到乐视电视，这是生态；但从乐视网延伸到乐视汽车、乐视金融，就变成了"伪生态"、非理性多元化。

这几年，有人提出"企业无边界"的观点，这是非常危险的倾向，企业并非无所不能。做有边界的、有限度的生态，要想成功并不特别困难，苹果就是例子；但要做无边界的生态，就困难得多，而且需要相当长的时间，三星是这方面的例子。要想在极短时间内做出一个成功的无边界生态型企业，目前全球尚无成功先例。

虽然贾跃亭十分推崇生态理论，但至今并未对无边界"生态"做出严谨而缜密的论证。因此，"乐视生态"很大程度上是贾跃亭的想象或假设的结果。

但这个想象对于贾跃亭和乐视来说太重要了，它构成了乐视神话的基石，只要有一定数量的人相信这个想象，乐视的故事就可以一天天地讲下去。

但是，贾跃亭描绘的明天总是那么美好，而展示出来的今天却总是那么糟糕，于是人们开始思考："生态"理论是不是看起来很美？人们一旦觉醒，就会动摇乐视存在的理论根基，这才是贾跃亭最为恐惧的。

对于乐视铁杆粉丝来说，他们已经习惯了拒绝思考，而乐视最需要这样的无脑人。

"生态想象"在中国的流行是对中国社会的极大毒害，因为它会让人误以为聪明人根本不要做什么实事，只要把PPT做得漂亮就可以发大财。

支持贾跃亭的群体未必理解生态的真实内涵，他们对贾跃亭的支持很大程度上缘于他们对社会的反叛心理。

说罢"生态想象"，再说"融资想象"。贾跃亭曾经说过一句特别自信的话："只要战略足够前瞻、足够领先，产品足够颠覆，有足够的用户价值，只要你的组织能力足够强，只要能把事做出来，资金自然会追随而来。"

所谓"融资想象"，就是把融资想象得很容易，其前提是讲故事。不得不承认,在这方面贾跃亭十分成功,以至于仅凭一个生态的故事就能融资800多亿。融资如此容易,进一步强化了贾跃亭的自恋,甚至产生了"只要战略足够前瞻,钱不是问题"的错觉。打个比喻,就好他坚定地认为,"只要我这棵苹果苗品种足够好,我就可以做到今天栽树明天就能摘果子。"所以,贾跃亭在很长一段时间内都认为"钱不是问题",正是基于他对自己那套"生态想象"的迷恋。

既然钱不是问题,当然摊子越铺越大,而且花起钱来毫不心疼,能做不能做的都敢做,比如激情澎湃地收购美国电视品牌Vizio,一意孤行地进入汽车领域,等等。

超级自信的人有一个共同特点,一旦进入自己设定的状态就很难出来。残酷的现实依旧未能唤醒贾跃亭:"乐视战略绝对不会改变"。

2016年11月,乐视控股创始人贾跃亭公开承认乐视蒙眼狂奔、烧钱追求规模扩张的同时,全球化战线一下子拉得过长。相对应的是资金和资源其实非常有限。下一阶段,乐视将告别烧钱扩张,聚焦现有生态。有人认为这是贾跃亭主动反省,但其实那不过是捂不住之下的无奈选择。假如贾跃亭预知会有后来这样的结果,打死他也不会发表那封信。

目前,乐视处境十分尴尬,继续此前的硬件"超低价"甚至"免费"软件收费赢利的模式已无可能,而这正是乐视曾经高速增长的基础。今天的乐视,除了摊子更大更缺钱,看不到任何希望的前景,而公众信心的崩塌仍在加深,这意味着乐视危机结束的那一天遥遥无期。

写作至此,突然想起孔尚任《桃花扇》中的那句话:"眼见他起高楼,眼见他宴宾客,眼见他楼塌了。"

2017年,也许是乐视的生死劫。

曾有人这样评论:从过去两年小米的互联网粉丝经济神话遭遇破灭,到今年以来乐视的互联网生态神话面临破碎,种种迹象表明随着互联网泡沫被不断挤干,互联网浪潮在家电产业的发展从过去的改造家电业,到如今的被家电业改造。可以说,任何互联网创新和互联网工具,都不能不尊重产业规律、都不能不遵守产业规则。

同样,对于正在转型升级之中的中国家电产业来说,也提前敲响发展的警钟,那就是不要盲目求新求奇,而是应该坚持企业的核心竞争力产品,坚持尊重产业发展的核心力量用户,才能在千变万化的竞争中坚守自我、活出自我。

第四节　品牌拯救策划

面对极度受伤、日趋没落的夕阳品牌,企业应该怎么办？是任其自然苟延残喘？还是舍弃丢开重新创牌？面对夕阳品牌,企业首先要仔细分析品牌衰落的原因所在,然后结合自身的能力,采取有针对性的拯救措施。概括起来,主要有以下六种方法。

一、品牌许可与转让

即把夕阳品牌许可、转让给其他实力雄厚的公司运营。品牌许可是授权其他企业有偿使用,如王老吉曾许可加多宝使用。品牌转让有全部转让和部分转让两种。全部转让是品牌持有者转让其全部资产权益,不求品牌所有但求品牌所在。部分转让则是转让部分品牌资产权益,不求独自占有,转为共同持有。对于合作、收购公司来说,拯救一个仍有发展潜力的夕阳品牌,无疑要比开发一个新的品牌更节省费用,并可以大大缩短品牌开发进程。

实行多品牌战略的联合利华,99%的品牌都是买来的,夏士莲是从东南亚买来的,旁氏是从美国买来的,和路雪是从英国买来的。面对激烈竞争,我国有许多著名品牌,如"中华""黑妹"通过与外商合资,保留自己的原有品牌,扩大了企业实力,在市场竞争中重新站稳了脚跟。重庆奥妮的"百年润发"等品牌形象还是很有价值的,但由于资本和生产等方面的原因无法继续运营,也于2006年通过拍卖方式转让,后被浙江纳爱斯集团购买,并于2008年重新推广上市从而获得新生。

二、进行产品革新

很多品牌的衰落都源于产品的落伍。为了防止品牌随着产品寿命周期的衰落而老化,必须不断革新产品激活品牌,并通过适当的营销推广活动与消费者进行沟通与互动。产品寿命周期越短、价值越低的感性消费品,越需要不断推出新品才能延续品牌生命活力。技术含量高的产品,也需要不断推出技术升级和更新换代的产品,才能够增强品牌活力,延长品牌寿命。

美国施乐公司在20世纪80年代初由于忽视新产品开发,曾一度陷入困境。但是,公司积极应变,不惜投入巨资,加强研究开发,终于推出了简便的、高质量的新一代复印机,又一次走在了竞争的前列。但是21世纪以来,由于网络的兴起和数码产品的普及,复印机市场大幅萎缩,在市场大趋势下,仅靠产品革新难有回天之力。

21世纪以来,面对消费者对肥胖的担心、对健康和美体的关心,面对中国文化,出现品牌危机感的肯德基在中国开始打造"新快餐主义"运动,针对中国市场和消费者开发新产品,甚至销售稀饭、油条等传统中国早餐食品。

三、重新定位品牌

当原来的品牌定位失去市场时,或者原来的品牌定位不合时宜时,可以通过重新定位品牌使品牌获得新生。

派克钢笔最早以其实用、廉价最负盛誉。圆珠笔的出现,打破了派克公司一统市场的局面。由于圆珠笔更加实用、廉价,一问世就大受消费者的欢迎。派克公司无所适从,结果销售大受打击,身价也一落千丈,公司濒临破产。公司立即着手重新塑造派克钢笔的形象,突出其高雅、精美和耐用的特点,使其从一般大众化的实用品成为一种高贵社会地位的象征,并让派克钢笔获得了伊丽莎白二世御用笔的资格。老的以实用、廉价为标志的派克钢笔没落了,新的派克钢笔却以炫耀、装饰为标志的形式再生了。

类似派克钢笔这种将低端品牌直接重新定位于同类产品的高端品牌,成功的概率可能不大,实际执行也需要特定的市场背景条件和特殊的营销艺术,但重新定位品牌获得新生的思路是可以肯定的。

四、转移目标市场

如果品牌的衰落是由于目标市场的缩小造成的,企业可以选择进入更有潜力的目标市场。

英国香烟"万宝路"进入美国市场后曾于1924年定位成女性香烟并延续到二战结束。从1946年开始,美国出现长达18年之久的战后婴儿出生高峰,大量妇女放弃了萧条和战争期间养成的抽烟喝酒等不良生活习惯,开始了新的生活或专心生儿育女,妇女市场呈现疲软之势,迫于无奈,万宝路便改变目标市场,定位成男性香烟,在广告宣传中反复强调"万宝路,男性世界"这一主题,结果万宝路西部牛仔那阳刚、豪迈、典型男子汉气质的品牌形象迅速征服了世界各地的男性烟民,品牌获得重生。

五、进行区域转移

如果品牌只是在某些地区成为夕阳品牌,可以考虑转移到其他地区,使品牌换个市场区域获得新生。发达国家的企业纷纷将其衰落的品牌产品销往发展中国家,继续获取丰厚利润,也正是运用了这一方法。

六、进行产业调整

当遇到产业市场不可逆转的衰落时,会形成品牌的行业性危机。为拯救将要陷入行业危机的品牌,需要提前策划,通过有组织、有计划的产业战略调整,使品牌在转换产业与产品上获得新生。

20世纪90年代初期,TCL在电话机领域取得巨大成功以后,预见到随着电信市场的普及,由电信部门安装电话统一配送话机的时代终将宣告结束,中国电话机市场将出现饱和与衰退,于是这家亚洲最大的电话机品牌成功转战彩电行业,并取得了更大的成功,TCL彩电品牌比TCL电话机更加闻名。

● 课后练习 ☆

一、策划理论知识练习

1. 品牌的构成元素有哪些?
2. 品牌资产的指标有哪些?其形成的源头分别是什么?
3. 根据品牌构成元素和品牌资产指标,简述品牌建设的基本思路。
4. 简述品牌命名策划的流程与方法。
5. 简述品牌延伸策划的流程与方法。
6. 简述品牌拯救策划的基本思路。

二、策划实战模拟练习

积极参与企业公开征集企业名称、品牌名称的活动,并与广告设计专业的同学共同参与企业标志、品牌标志的设计工作。

第五章　产品策划

开篇导语

产品策略是营销4P策略组合的主线,是制定价格策略、分销渠道策略和促销沟通策略的基础。企业生产与社会需要的衔接是通过产品来实现的,企业与市场的关系也主要是通过产品或服务来联系的。因此,产品策略是企业市场营销活动的支柱和基石。产品策划是营销策划的核心。

学习目标

1. 了解产品规划的内容与方法。
2. 掌握产品上市策划的流程与方法。
3. 了解疲软产品提升策划的内容与思路。

课前知识

市场营销学(原理)中的产品策略:
1. 产品整体概念:核心产品、形式产品、期望产品、扩增产品、潜在产品。
2. 产品组合:产品项目,产品线,产品组合的深度、广度和关联度。
3. 产品寿命周期及其营销策略。

第一节　产品策划原理

一、产品策划的思维路径

在营销策划中,产品策划是始创性的策划,是难度较大的策划。系统思考产品策划,需要依次重点思考下面这样一些问题:

1. 生产什么产品

这是一个拷问企业生存价值的问题,也是一个与企业定位密切相关的问题。如果企业不能创造价值,也就无法与其他社会成员交换价值,从而就没有存在的必要与可能。产品是企业呈现价值的载体,没有产品就没有价值,有什么样的产品就应该有什么样的价值。这样一种属于企业存在本源意义上的问题,自然是产品策划首先要思考的问题。在产品策划过程中,这个问题还有可能会细化和深化为这样一系列的问题:生产多少种产品?各种产品生产多少数量?各种产品在同一时间阶段是什么样的结构关系?在不同时间阶段是什么样的前后衔接关系?这些问题,都是产品策划必须思考清楚并准确回答的。在企业营销实战里的产品策划中,我们把对这些问题的思考与设计称之为产品规划。

2. 怎样将决定生产的产品开发出来

当企业生存价值的问题思考清楚以后,接下来要思考的问题就会是:怎样将决定生产的这些产品研发出来呢?对这个问题的深入思考,还会具体细化为这样一些问题:在战略层面如何配置开发资源、设计开发目标?在组织设计上如何才能给产品研发提供更好的组织保障?在技术层面如何合理优化产品开发流程?等等。在产品策划中,我们把对这些问题的思考与设计称作新产品开发策划。

3. 怎样将开发出来的产品导入市场

拥有产品是开发市场的基础,但是拥有产品还不等于拥有市场。怎样将开发出来的产品成功导入市场就是接下来要认真思考的问题与精心策划的课题。对于这个问题的深入思考,还会派生出这样一些问题:产品以什么价格上市?在什么地方通过什么销售渠道上市?上市广告传播、公关传播和促销活动怎么展开？等等。我们将在本章第三节新产品上市策划中更详尽地展开对这些问题的系统思考并研讨上市策划的流程，而关于价格策划、分销渠道策划、广告传播策划、公关传播策划和促销活动策划的具体内容，由于篇幅过大，我们安排在本书第六章到第十章中阐述。

4. 导入市场的产品如果出现销售疲软怎么办

这是产品导入市场以后接着会担心的问题。在营销实践中确实有可能出现这样的问题，从时间上来讲，产品并没有临近寿命周期的终点，出现的疲软问题也不是产品寿终正寝的征兆，但是应该怎样诊断产品出现销售疲软的原因，解救产品于销售疲软状态，焕发产品应有的生机呢？这个问题我们在疲软产品提升策划项目中专题介绍。

沿着产品策划的思维路径，我们认为产品策划的内容包括：① 产品规划；② 新产品开发策划；③ 新产品上市策划；④ 疲软产品提升策划。由于新产品开发一般在《市场营销学（原理）》中已有论述，故本书不展开讨论分析，有兴趣者参见朱华锋《中国市场营销策划》第五章相关内容。

二、产品策划的策略主线

1. 产品规划：对接市场资源与企业资源

企业产品品种能有多少、产品阵容能有多大，基本取决于两个资源的约束，一是市场资源的约束，即市场有多少需求，二是企业资源的约束，即企业资源能满足多少市场需求。市场资源是同行共有的，是需要企业凭借自身的资源和能力去竞争的。因此，从整体上来说，产品规划就是要在市场资源与企业资源之间找到最好的结合，充分发挥自身资源的效率，争取在市场资源中获得尽可能大的份额。但是，也要防止自身资源的透支与枯竭，过快、过多、过大铺摊子、上项目，拉长战线、拉宽阵容，往往会分散资源，削弱资源的战斗力，不利于企业的科学发展和可持续发展。

2. 产品开发：消费者需求的发现与把握

企业产品开发的成功一定是基于对消费者产品需求的成功把握，全新产品的成功开发是这样，非全新产品的成功开发也是如此。2002年异军突起的国产手机选择外观进行突破，是以中国消费者对外资品牌未能满足其外观审美需要为基础的；国产手机从成本和价格上创新产品，是以消费者对外资品牌未能满足其购买力需要为基础的；而国产手机从渠道上的突破，则是以消费者对外资品牌未能满足其购买地点的便利性需要为基础的。当然,这些成功都是阶段性的,当外资品牌在这些方面赶上和超过国产品牌的时候,也能很好地满足消费者对外观、价格、购买地点便利性的需要时,国产手机的竞争优势就弱化了。事实证明,当2010年以来,智能手机快速替代功能手机时,苹果等国际品牌再夺优势地位,而中国传统功能手机品牌再次失利。

在充满竞争的市场上要找到消费者完全未满足的需求当然是非常不容易的。但是问题也没有那么绝对,消费者是不是有些需求没有得到很好地满足呢?消费者是不是在凑合着购买某些产品呢?到消费者中间去听听抱怨,到销售一线去听听消费者向销售人员砍价时的挑刺,或者与没有实施购买行为的消费者聊一聊没有购买的原因,往往能得到意想不到的收获。这些从消费者中间捕捉消费者需求的方法,远比从企业自身和竞争对手这两种渠道获得更为有效。

3. 产品上市:消费者利益准确清晰呈现

针对消费者未满足的需求开发的产品具备了成功进入市场的基础或者说基因,但市场顺利接受产品还需要产品在上市过程中呈现出清晰的消费者利益,产品的名称概念、产品的广告诉求、产品的展示与销售地点、产品的销售价格乃至产品的促销活动,都需要全方位地清晰表达产品的消费者利益。无论产品概念包装有多少种方法,无论广告创意有多少种思维,不能清晰呈现产品的消费者利益的,再花哨、再新奇都是无效的。

4. 产品推广:产品寿命周期需准确把握

产品策略是营销策略组合中的第一策略,一般来说是整合其他营销策略的核心依据。因此,产品策略适用的时间越久越好。可口可乐正是因为正宗不变才是真正的可乐。营销策略调整频次最高的首先应该是促销沟通,其次是价格和分销,最后才是产品。为此,我们需要从促销沟通、价格和分销渠道等策略方面去延长产品的寿命周期,去变换产品寿命周期不同阶段的策略组合形式。当然,产品寿命周期四个阶段的时间过程也不是一样漫长才好,理想的状态是导入期要短、成长期要快、成熟期要长、衰退期要慢。在产品推广的全过程中,整体营销策略模式的把握、营销策略组合的动态调整都需要以产品寿命周期的演变规划和运动节奏为主线。当老的产品按照规划结束市场生命历程时,新的产品又将从市场上升起开始新的寿命周期。

第二节 产品规划

产品规划是关于企业生产多少品种产品、各品种设计多大生产规模和各产品之间组合关系的思考和策划。产品规划是企业产品策划的一个重要方面,是企业配置资源、开展生产经营活动的纲领和依据。

一、产品品种数量规划

这是对企业一定时间内生产多少种产品的思考和策划。单纯从销售的角度看,生产的品种越多,越能满足各种顾客的不同需求,但是随着生产品种的增加,企业的原料采购成本、生产调度成本和产品库存成本也将上升,企业的营销推广的难度也将增加,推广资源也变得分散而难以集中,难以实现市场的突破,因此,未必一定是经济而有效的。所以企业产品品种数量的规划,需要从企业整体与全局出发,通过企业资源与营销策略的系统思考,进行合理规划。产品品种数量规划有以下三种思维路径,它们是相互补充、相互支持的。因此,既可以单独使用也可以综合运用。

(一) 目标市场策略规划路径

企业的目标市场选择策略有无差异市场策略、差异性市场策略和密集型市场策略三种。企业的目标市场策略,是进行产品规划的基础和依据。

1. 在无差异市场策略之下,应该采取单一产品规划

既然企业认为市场需求是没有差异的,可以采取一种无差异的营销策略,因此产品品种应该单一化,无需多样化、差异化。

2. 在差异化市场策略之下,应该采取多品种差异化产品规划

企业采取差异化市场策略的前提是市场需求和购买行为是有差异的,所以必须生产多种不同的产品才能满足各个细分市场各种类型消费者的需求。

3. 在密集型市场策略之下,应该采取少品种的产品数量规划

企业应针对目标市场的需求,集中企业资源生产和推广一两种产品,实现目标市场的集中性成功突破。

（二）行业发展阶段与企业市场地位规划路径

产品品种数量的规划还可以从行业发展阶段及本企业在行业中的市场地位为线索进行思考和策划。符合理论逻辑并具有实际成效的规划思路是：

1. 在新兴行业完全竞争市场结构下，实行单一产品规划

因为在这种行业发展阶段，企业之间的竞争实力没有太大的差异，消费需求也没有形成明显的差异，单一产品完全可以满足需求并有效实现市场的突破。

2. 成熟行业新进入市场的企业，应该采取单一产品规划

在成熟行业里，已经有很多企业先行进入并取得了良好的市场地位，新进入的企业往往是市场的补缺者或追随者，要获得消费者的接受和认可，时间上需要一定的过程，形象上需要简明而有力，因此，需要瞄准消费者尚未完全满足的需求开发一两种产品，实行集中性营销。

3. 成熟行业规模化生产企业，应该采取多品种产品规划

在成熟行业，市场的规模和容量已经基本定型，不会有太大的波动和风险，其中的优势主导企业应该采取多品种规模化策略，继续保持其在市场规模上的领先优势。

（三）品牌资产和营销资源规划路径

企业能够成功掌控多少种产品的营销运作，与其品牌资产和营销资源有相当大的关系。企业的品牌资产和营销资源短期难以大量提升，因此是企业产品品种数量规划的一个约束性因素。

1. 品牌资产和营销资源雄厚的企业，可以采取多品种规划

因为这样的企业消费者认知清晰，品牌资产丰厚，充足的营销资源又能够保证多品种营销推广的需要，可以实现多种产品的全面、成功营销推广。

2. 品牌资产和营销资源不足的企业，只能采取少品种规划或单一产品规划

这类企业消费者缺乏认知或认知模糊，品牌资产不足，营销资源匮乏，难以支撑多品种产品营销推广的需要，只有单一集中才有可能实现市场突破。

称雄当今世界的宝洁公司是一个日用消费品帝国，其生产的日用消费品品类、品种和品牌多得数不过来。这些庞大的产品数量群体，其实也不是从一开始就有的，而是在近200年的发展过程中逐步积累起来的，也是靠雄厚的营销资源支撑起来的。1837年，当宝洁公司刚开始创业的时候，其实也只做蜡烛和肥皂两种不起眼的产品。

二、产品品种角色规划

采取多品种产品规划的企业还需要对各种产品的市场角色进行规划,以明晰各种产品在整体产品组合中的地位和作用,为各种产品制定营销推广策略、配置营销资源提供依据。

产品角色的划分可以有多种方式,比较流行且实用的一种方式是将企业的产品分为主流上量产品、高端形象产品、主力利润产品和进攻防御产品四类。

产品品种角色的规划一般有下列三种路径,可以视情况针对性采用或综合性运用。

(一)产品市场定位规划路径

新研发的产品在企业的产品组合中应该扮演什么样的角色,通常是在该产品的市场定位过程中就明确界定的。因此,新产品的市场角色规划应该从新产品的市场定位中去提取。

(二)产品寿命周期规划路径

产品的角色定位不可能一定终身,也不应该是一成不变的。随着产品寿命周期的变化,其在企业产品整体组合中的角色需要随之进行调整和重新规划。

1. 导入期产品的角色规划

如果是全新产品、换代产品或者重大改进产品,往往被规划为高端形象产品,但是在完成市场导入后,不能一直占据这一角色位置,需要根据市场竞争或者市场销量增长的需要从高端形象产品的位置上调整下来,承担别的市场作用,扮演别的市场角色。导入期的产品,如果是降低成本性新产品或模仿性新产品,一般直接被规划为主力利润产品或主流上量产品或进攻防御产品。

2. 成长期产品的角色规划

通常会将其从原来的高端形象产品的位置上调整下来,重新规划为主力利润产品或主流上量产品,通过降低价格等营销手段,拉动其销量快速增长。导入期原为主力利润产品的,在成长期则宜定位为主流上量产品。

3. 成熟期产品的角色规划

一般规划为主力利润产品和主流上量产品。更加细分的规划是,成熟期前一阶段为主力利润产品,通过价格空间获取利润。成熟期后一阶段为主流上量产品,通过平价快销支撑企业销售规模,扩大企业产品市场份额,降低产品库存风险。

4. 衰退期产品的角色规划

一般承担产品组合的防御保护作用,扮演进攻防御产品角色,在完成这一任务之后退出市场竞争,退出企业的产品阵容。

(三) 市场竞争策略规划路径

市场竞争动向的变化和激烈程度的加剧,往往会影响到产品角色规划的转换或调整。因此,在特定的竞争环境下,需要根据竞争策略的需要重新进行产品角色规划。

1. 产品技术竞争、产品概念竞争与产品角色规划

产品技术的升级和产品概念的调整,无论是本企业领导的还是竞争对手发起的,只要被消费者认可成为行业主流,将会使原来的高端形象产品立不住脚,需要将其向主力利润产品和主流上量产品调整,并重新规划和研发新的高端形象产品。

2. 价格竞争与产品角色规划

由于价格竞争可以在少数个别产品层面展开,也可能在全线产品中爆发,所以价格竞争对产品角色规划的影响是广泛而复杂的。当价格竞争演变为激烈的价格战时,价格战所涉及的产品角色都将面临重新调整与规划,即需要将高端形象产品、主流上量产品和主力利润产品中的某个或某些型号直接变成进攻防御产品,由此形成的高端形象产品、主流上量产品和主力利润产品的缺位,需要迅速研发新的产品替补,或者将储备的产品拿出来补充上去。当然,反其道而行之的竞争策略也可以在适当的情况下采用,相关内容请参考第六章价格策划中的价格调整策划。

三、产品品种规模规划

在明确了产品品种数量和产品品种角色规划之后,企业的产品规划还面临着产品总体生产和销售规模与各种产品产销规模的思考与决策的问题。这是关系到企业市场风险和经济效益的重大问题,既不能拍脑袋决定,也不能做多少算多少,因此也必须预先科学合理规划。

（一）产品总体产销规模规划

企业总体产销规模规划，可以按照以下依据进行综合分析后得出结论。

1．行业整体市场容量

这是企业总体产销规模规划的行业基础性依据，行业整体市场容量的预测与把握，参见本书第二章市场调研策划中的市场需求调研。

2．企业的市场地位与产品市场份额

根据过去和现实营销业绩，以企业现有的市场地位和产品市场份额为基础，可以预计企业在整体行业市场所能做到的产销规模。

3．企业的营销资源投入与市场增长潜力

根据企业推广资源、人力资源的加强或增长情况，预计企业在现在的基础上产销规模的增长潜力和增长幅度。

4．竞争对手的竞争优劣势和市场增长能力

在行业总体市场容量一定的情况下，各企业产销规模的大小取决于各企业竞争能力的对比。因此，在考虑本企业的情况之后还要考虑竞争品牌原来的市场地位与市场份额，考虑竞争对手营销资源投入与营销能力的变化。

（二）产品品种产销规模规划

在产品总体产销规模确定之后，还需要对各产品类别和品种的产销规模进行规划，以便形成可以执行的产品生产和营销计划。规划的依据主要有：

1．各产品细分目标市场的行业总体容量与企业细分市场销售份额

以此为依据规划各种产品产销规模的方法和步骤与产品总体产销规模规划相同。

2．企业总体产销规模规划和产品品种角色以及营销资源的投入分配

以此为依据规划各种产品产销规模的思路是：以已经确定的总体产销规模为前提，产品角色重要且营销资源投入比重较高的产品产销规模应该大一些，比如主流上量产品、主力利润产品产销规模要大一些。高端形象产品虽然角色重要且营销资源投入占比很高，但由于市场容量小且需要培育，产销规模要适度。攻击防御产品是短期战术性产品，且不会投入什么营销资源，因此产销规模要尽可能小一些。

无论以什么依据和方式规划品种的产销规模，各种产品的产销规模之和都应该和总体产销规模相等，不能留有缺口或存在落空现象。

四、产品导入时间规划

规划中的新上市产品,除了品种数量和产销规模需要明确以外,还需要明确与合理规划好上市导入的时间,以便做好上游供应链的时间衔接、生产过程的时间衔接和营销推广的时间衔接,同时保证产品品种角色在动态调整中的先后接替与合理组合,以及各产品品种在寿命周期不同阶段上的前后接替与合理组合。具体导入时间规划与新产品上市策划中的时间安排具有相似性,请参见本章新产品上市策划中的相关内容。

第三节　新产品上市策划

新产品研发成功以后,能否成功导入市场,能否被消费者迅速接受并发展成为市场畅销产品和企业主导产品,与上市策划工作是否成功关系极大,因此新产品上市策划非常重要。上市策划是新产品走向市场的重要一步,需要精心组织安排。在市场竞争越来越激烈、技术更新和需求变化越来越快的时代,产品更新越来越快,新产品上市策划也越来越频繁,成为营销策划中最常见的、最值得学习和掌握的策划项目。

一、新产品上市策划与执行流程

新产品上市策划,营销实战中也称新品上市策划,是一项具有创造性但同时又有一定风险性的工作。为了尽可能减少风险,提高新产品上市的成功率,应该按照科学的流程进行系统、规范的思考和策划,并在新产品上市过程中有效实施和执行。

1. 市场调研的回顾

开展上市策划之前,应对前期市场调研信息进行回顾,内容包括市场环境分析、竞争产品研究、消费需求与购买行为特征、产品概念测试结果等,以此作为上市策划的策略依据。如果新产品开发前期没有做过市场调研,那么,在产品上市策划之前有必要开展一次市场调研。如果新产品开发之前的市场调研时间过久,或内容过于简单,不能适应新产品上市策划的需要,也应进行补充调研或重新进行调研。

2. 新品研发的跟踪

动态跟踪并及时了解和掌握新品研发的工作进度、取得的技术突破、带来的产品形态与技术参数变化,为上市策划提供时间进度和产品技术、性能、质量等方面的信息。需要说明的是,新品研发的跟踪是动态的、持续的,而不是一次性的或者偶然性的。新品研发由于市场和技术等多方面的原因,经常需要进行必要的调整,从而对新品研发的进度、新品性能和技术参数等带来影响和变动。而由于新品上市策划和新品研发分别属于市场营销和产品研发两个不同部门,相对独立开展不同性质的工作,很容易造成信息沟通的中断和不畅,因此信息的有意识沟通是非常必要的。在这方面,市场营销部门从事新品上市策划的人员,应该比从事研发的技术人员更有沟通与跟踪的意识。

3. 新品试销的分析

新品在正式大规模上市之前,应该有计划地进行小规模的市场试销,有目的地收集新品试销销售数据和消费者的接受程度及反映意见,并进行分析和研究,形成新品试销分析报告,为确定新产品的市场规模、市场目标和营销策略提供来自市场一线的依据。

4. 上市目标的界定

根据企业的产品规划,结合市场调研和新品试销的市场反应,细致地进行分析研究,制定出新品的整体市场目标和上市期间的目标,作为新品上市方案策划和执行的努力方向。

5. 上市策略的研讨

在上述工作的基础上,开展新品上市的具体和系统的策划研究,形成以新品上市时间、地点、通路、价格、广告、促销、公关活动为主要内容的上市策略和基本策划方案。这是新品上市策划的重点工作,需要耗费较长的时间和较多的精力,并且要进行反复多次研讨。在策划力量安排方面,除企业的营销部门需要全力以赴以外,在很多情况下还需要借助外部力量,借助营销与广告方面的专业策划机构的支持,以完成上市系统方案的策划。

6. 上市方案的确定

新品上市策划方案基本完成以后,需要进行内部讨论和审核,必要时还需要进行策划方案的市场测试以完善上市方案,尤其是广告创意的测试和新品价格的测试。在成功确定上市策划方案的基础上,企业内部需要调配和落实各方面的资源和力量,形成新品上市计划,明确新品上市工作各个部门的职责,最终形成包括新品上市策略和上市计划在内的整体上市方案。

7. 上市工作的启动

在新品上市方案确定以后,按照新品上市计划的行动步骤,进行新品上市工作的内部动员、布置和协调,培训参与新品上市的各级各类相关人员,联络与新品上市有关的外部机构如新闻媒体、分销渠道和广告公关机构,同步协调行动,启动上市执行工作。

8. 上市执行的监控

按照新品上市方案实施上市工作。监控新品上市执行的时间进度和到位程度,监控新品上市的阶段性进展和阶段性成果,及时解决新品上市过程中的执行性问题,确保新品上市执行工作的质量和效果。

9. 上市策略的修正

根据新品上市执行中发现的新问题和出现的意外情况,提出解决办法和应对措施,对上市计划进行适度修正和补充,使之更加完善,更有利于下一阶段的上市推广。

10. 上市工作总结

上市工作结束以后,全面收集新品上市信息和销售数据,总结上市工作。信息收集的范围包括终端消费者、经销商、企业内部销售人员,企业外部营销与广告策划机构人员、新闻媒体和公众等对象,包括新产品质量、性能、价格、广告、公关和促销活动、销售数量和金额等内容。

二、新产品上市策划内容

我们认为,新产品上市策划涉及的因素很多,是一项系统化整体性策划,至少应该就下列内容进行思考和筹划:

1. 上市新品定位

通过产品整体规划与定位分析研究,明确上市新品的目标市场与市场定位,确定上市新品的性能、质量水平、价格档次、所采用的品牌名称与品牌定位,明确上市新产品与老产品的关系、上市新品在企业产品组合产品阵容中的地位,以确保上市推广策略的精准、上市推广效果的实现,确保上市的新品推广和企业整体产品推广与营销的协调,避免产品之间顾此失彼或互相冲突。上市新产品定位与第三章中的产品定位策划和本章中的产品规划有密切的关系,在工作流程定位和内容上需相互衔接。

2. 新品上市目标

根据产品整体规划,该新产品应达到什么总体目标?上市期间的目标是什么?新产品试用率和接受度应达到什么指标?这是新产品上市首先要明确的任务。新产品上市策略与活动的策划要以此为依据配置资源,制定预算,决定推广活动的力度与强度。新品上市目标的确定,既要有一定的鼓舞性和挑战性,能够激发营销人员的士气和斗志,同时也要建立在科学分析与客观判断市场容量的基础上,具有一定的可行性和现实性。

3. 新品上市时间

上市时间面临着多种选择,必须综合考虑做出选择:是根据研发生产时间决定上市时间,还是根据市场需求与销售季节决定上市时间?是在销售旺季上市还是有意选择在淡季入市?是否选择在一个特别的日子,如在企业周年庆典纪念日上市?是抢在竞争对手前上市,还是跟随竞争对手之后上市?

这项决策要视企业研发生产与销售的能力与节奏,整体市场与产品推广的时间与节奏以及市场竞争形势,消费者需求的程度与时间特征等多种因素而定。在一个技术约束型的企业,新产品上市的时间往往取决于研发时间、进度。在研发力量很强且有多项产品储备的企业,可以根据市场需求与销售季节或竞争需要决定新产品上市时间。旺季入市能够迎合需求浪潮趁势上量,但往往由于旺季产品宣传推广集中,上市推广信息容易被淹没。淡季入市则相反,虽然没有旺季需求与销量的大势支撑,但由于竞争品牌推广活动一般较少,因此显得很突出。选择在企业周年庆典纪念日上市有利于强化、提升企业形象,但由于市场销售时间、季节等原因,未必有很好的上市销量反应。抢在竞争对手之前上市可以抢占先机,但前提是产品与上市方案必须完善,否则仓促上阵问题很多。跟随竞争品牌上市可以回避风险、节省费用,虽不能产生优先效应,但也可能后来居上。

4. 新品上市区域

新产品上市区域的策划需要明确的问题包括:是先在本地上市再在外地上市最终推向全国,还是根据各地人口规模、消费能力和品牌影响力,按城市大、中、小分期分批在全国上市?

这需要根据企业资本实力、销售能力、生产能力等因素综合考虑。如果是一个有影响力的全国性品牌,拥有全国性分销网络和大量生产能力,产品又在全国普遍适用,应该考虑在全国市场同步上市。如果只是一个区域性品牌,仅在区域性市场具备竞争优势,应先考虑在本地上市。如果产品的需求存在梯次差异,则应按各地消费能力差异分批上市。

5. 新品上市通路

新产品上市通路的策划需要思考与解决的问题包括:新产品选择何种通路形式上市?实体渠道还是电商渠道?分销商的类型、数量和标准如何控制?销售通路需要按照什么样的进度在什么时间按照什么样的质量标准和数量标准建设好?这要依据上述上市新品定位、上市区域选择以及上市时间安排进行系统设计。

一般来说,改进型新产品、系列型新产品和降低成本型新产品可以按照原来的销售渠道进行销售,不必进行太多的新渠道策划与设计,这样既可以节省新品上市的时间,加快新品上市的速度,也可以进一步推进与原来渠道的合作,巩固和强化与原来销售渠道的关系。跟进竞争对手的模仿型新产品也可以参照或模仿竞争对手的销售渠道上市。但是,全新产品和重新定位新产品必须进行上市通路和销售渠道的重新策划和设计,沿用原有通路渠道的可行性可能较差。

6. 新品上市价格

新品上市零售价格定在什么价位最好?按照市场可以接受的零售价格,零售商、批发商的进货价格应为多少?一批、二批价格及销售政策应如何确定?上市价格是否具有市场竞争力?是否符合产品组合的价格结构?

这需要对新品上市目标、新品定位、竞争产品价格、目标消费者的需求水平和价格承受能力、企业与分销商的盈利目标、企业的整体价格体系等因素进行系统考虑、优化设计。

7. 新品上市广告

新品上市是否需要以及需要何种强度的广告传播攻势?新品广告应如何定位?广告诉求对象是什么样的受众?广告诉求主题是什么?采取何种广告诉求方式?选择哪些广告媒体?广告创意与广告制作什么时间完成?广告何时投放?投放多长时间?广告投放的频率和力度如何安排?POP广告能否和产品发货上柜展示同步?广告费用预算是多少?广告效果如何保证和监控?这是产品上市广告策划中应明确的内容。

一般来说,新产品上市广告的传播攻势强度与广告创意的新颖度,与新产品的创新程度和老产品的差异化程度密切相关。全新产品和重新定位产品需要较强的广告传播攻势,不同于现在正在销售中的产品的广告创意。改进型新产品可以重新创意广告并进行一定程度的广告传播,系列型新产品和降低成本型新产品则不必开展强势广告攻势,只需要在销售终端开展传播即可。

8. 上市公关活动

新品上市是否需要配合公关活动?如果不需要,理由是什么?如果需要,理由又是什么?什么样的公关活动既能传播知名度又能提升美誉度?新品上市策划需要考虑公关问题并做出明确决策。

一般来说,全新产品和重新定位的新品上市需要在公关层面形成有利的舆论氛围,通过借势和造势,通过新闻公关传播形成有利于新品上市的舆论导向与消费认知。在这方面,新闻公关宣传和新闻营销造势的作用特别重要,作用效果甚至要超过直白的广告传播形式,以至于策划界有人提出"公关第一,广告第二"的观点。

9. 上市促销活动

新品上市是否需要针对经销商、消费者甚至企业内部的销售人员配合开展SP实效促销活动?如果不需要,理由是什么?如果需要,理由又是什么?什么样的促销活动既能启动市场又能提升品牌形象?产品上市策划通常需要考虑这些促销问题并做出明确决策。

一般来说,消费者从对新产品概念的认知、了解到尝试购买使用新产品,是一步重要的跨越,为了推动这一步跨越的尽快实现,确实需要促销活动的支持。营销实战中不乏新产品广告传播和公关宣传做得很好,消费者的新产品知晓度很高,但接受度和尝试购买率很低,反差极为明显的案例。单一重视广告和公关传播而忽视促销配合支持,导致上市新品难以实现销售的启动和销量的增长,既浪费了营销资源又耽误了市场机会和新品上市工作,甚至导致新品上市的失败。因此,应该在广告和公关传播形成的有利认知基础上再加一把力,通过促销活动建立尝试性消费购买。而在启动新品上市尝试购买的终端促销活动方式选择上,则要充分考虑产品的性质和消费者的促销偏好,或免费试用,或买赠,或展示、演示等。

当新品上市需要经销商和促销人员创造性地大力支持时,也需要针对销售通路、销售人员策划和设计一些激励性的促销措施以调动他们的积极性。

新产品和老产品的差异程度也是影响新品上市促销活动策划的重要因素。相对来说,产品越新颖、消费者越不熟悉,其接受和购买过程越长、难度越大,越需要促销活动支持。产品越接近老产品,消费者熟悉和接受难度越小,需要的促销活动支持越不强烈。

10. 上市组织保证

新品上市工作涉及企业内部诸多部门,只有协调作战才能解决上市过程中遇到的方方面面、里里外外的问题,因此需要考虑和明确的是,企业是否需要成立新品上市领导小组?市场部门是否需要成立新品上市项目小组?研发、生产、市场、销售、广告、培训、服务、财务、供应、物流和后勤部门应该如何协调一致地开展工作?这是新品上市组织方面应该考虑的问题。明确决策以后要以文件或上市推广手册的形式告知所有相关部门和人员,以便统一步伐协调行动。

新品上市一定要有组织保障,但是新品上市的组织规模和复杂程度则需要根据新产品的类型和定位来设计,全新产品需要系统全面设计上市组织架构,而一般性新产品则不必兴师动众,但是需要紧密合作的市场、销售、生产等部门按照各自的职责范围加强沟通和协调,在新产品上市的组织设计中应尽可能采取矩阵式组织方式,以免形成组织膨胀和臃肿,增加协调困难和运行成本。

由于篇幅限制,也为避免重复,这里不具体论述新品上市价格、分销渠道、广告传播、公关传播、促销活动等主要策划内容的策划方法,请参考本书第六章到第十章的内容。

三、新产品上市策划的注意事项

根据营销实战经验,在新产品上市策划中应重点关注下列问题,以免出现工作脱节,影响上市工作的正常开展与上市工作成效。

1. 时间衔接与进度把握

产品研发、生产、配送发货、进店铺货、上柜上架及广告创意、制作、发布的时间与工作进度要衔接把握好,避免延误脱节,影响上市推广节奏和效果。

2. 新品产销能力衔接

产品生产量、销售区域数量、销售渠道数量、销售终端数量、销售速度和数量以及广告投放量、公关促销活动的力度所能拉动的市场需求量要均衡一致。

3. 产品质量性能与技术服务保障

新上市产品由于技术和生产工艺还不十分完善,产品质量性能的可靠性、稳定性都有可能存在问题。因此,新产品上市策划中必须考虑到产品性能与技术服务保障需要,安排研发、生产和技术部门的人员深入推广和销售一线,一旦遇到问题应能及时解决。

4. 企业资源的整合与营销传播的整合

新产品上市工作是一项牵涉到企业多个部门、需要调动企业人财物多方面资源的工作。因此,需要整合企业的资源力量,协调运作。在上市推广过程中,也需要整合各个部门的信息出口,整合多种传播途径和传播媒体的信息内容,实现营销传播的整合。

四、实战分享

好产品才是好营销的前提

在第十四届中国营销盛典上,江小白获得了中国企业营销创新奖(专项奖)——年度产业文化营销创新奖。此文根据江小白CEO陶石泉在会上所做的"重新定义好产品"主题演讲整理而成。

大家介绍我是江小白的创始人兼董事长,我自己给我自己的定义,本质上我更多地扮演着产品经理的角色。

向大家汇报2016年我的工作时间分配:40%的时间做消费者调研;30%的时间是做产品开发,我是我们公司产品部一号负责人;20%的时间是品牌管理;另外有10%的精力管一管渠道。2016年工作重心放在了重新把产品做升级,相当于重新定义一款好产品。

几乎每一个行业都会遇到市场份额的抢夺,很多创新品牌或企业,会喊着颠覆行业、干掉传统。我个人的观点,绝大多数的行业中不存在去颠覆或者干掉人家,因为几乎在很多品类中都拥有非常优秀的产品。如何去思索做出不一样的好产品,从这个逻辑上要想取得绝对的领先优势挑战性比较大。

感谢《销售与市场》给我们评了一个奖项,到今年为止我们在产品方面获得了一些奖项,个人内心觉得,如果说产品端竞争力能够更加的坚韧、更加的突出,实际上可以减缓做营销的压力。好产品是好营销的前提!

消费者调研和洞察看上去会做很多数据化的研究,我个人的感受更多在于能不能做一些感性化的研究和洞察。

我北京的朋友请我去喝酒,他说了一句话挺触动我。他说,"我每个礼拜喝一次酒",我问为什么,他说,"每到周末的时候,我就想活成另外一个自己"。

所以喝酒这个消费行为习惯,是由产品属性的精神层面需求所引发的。

你会发现原本很沉默的人,他可能突然变得话很多,原本一个很外向的人有可能喝酒之后特别的沉默,走向了性格的反面。这是消费者调研方面的工作,也是感性方面的观察。

当把消费者调研和消费者洞察做得足够深厚,产品自然而然就出来了。当产品能够满足消费者在消费中情感的表达和某一种消费的解决方案,这个时候品牌自然而然就形成了。

自媒体运营的方式很多,其实最重要的是基于产品的解决方案、基于产品引发的情感而自然产生的品牌传播的内容。今天渠道碎片化非常地严重,传统的线下渠道和电商渠道细分,渠道越来越多。这种情况下,事实上当我们完成了一个有竞争力的产品、完成了一个好的品牌传播,消费者的主动搜索购买会变得比较多。

最近几年销售渠道发生最大的变化是电商销售爆发式增长。一个成立五年的创新品牌怎么跟同行领先企业去竞争呢?

从品牌传统意义的知名度上讲,我们并不占优势。反过来通过品牌案例化的运营,部分特定的年轻消费者对于品牌的主动搜索性比传统的品牌更强,电商恰好是售后的渠道,消费者会主动搜索品牌,进入到我们的店铺并且产生购买行为。我们在"双十一"和天猫酒水节的表现都是行业中的前几名!

今天很多企业看到行业中谁做得最好就去跟随,中国市场上山寨比较普遍,几乎每个领先品牌困扰最大的是有很多山寨版。可追随原本优秀的品牌不太可能寻找突破口,也不太可能重新定义一个好产品或好品牌。

这个突破点恰恰是到对立面。我们的方法是更多地从另外一端、从更大的反差、从对立面寻找一些突破的机会。

(1) 第一款产品:表达瓶。

我们江小白出来以后全行业对小瓶酒市场突然非常重视,我们也是专注运营小瓶酒定位的小切口公司。原本语录版所有的文案是江小白品牌人物所表达的,消费者觉得说到了心中去了,但他们只是接受方。

表达瓶是语录版的第二代,千千万万个消费者他们想了很多有意思的表达情感、在喝酒消费场景中想讲的话,我们做一些筛选把它产品化,它就变成了每一个消费者自己的表达。

表达是第一大欲望。为什么我们愿意发朋友圈,为什么女孩子愿意自拍?这是对今天"90后""80后"消费者的最大洞察,是因为每个人都特别有表达的欲望。今天每一个人都是自媒体,我把产品变成像微博、微信朋友圈一样也成为表达自己态度和行为的载体,还可以发到朋友圈跟朋友炫耀一下,我的图像变成了江小白的广告语,成为了它的代言人。

我们拥有特别大的文案库,都是来自于消费者的创意。某种意义上是C2B,消费者端推导过来如何做产品,如何产生消费者的互动,如何去做内容,如何去定义和聚焦消费的场景,满足了私人定制,也满足了让产品成为一个超级的媒体。

(2)第二款产品:拾人饮。

这款单瓶重达四斤、只有25度的清淡型高粱酒聚焦很小的市场细分领域:单位的团队建设,如开阅读会、年会、部门聚餐。

企业管理者有很多流派,有特别理性的,也有特别感性的。我个人的管理风格是理性加感性,既得跟员工提数据、做计划、讲梦想打打鸡血,同时也得吃肉喝酒,兄弟感情得好。

过去两年,中国创业创新蓬勃发展,一些别人不太看好的草根团队,反而把大事给办了。其中一些特别接地气的管理方法值得我们去思考,比如对待后进员工,拉到办公室说教甚至骂他一顿都不一定管用,反过来找个机会喝顿酒用真性情换真心聊一聊,这件事可能就解决了。喝酒是一个特别好的沟通场景,能降低团队的沟通成本。

团队喝酒讲究个豪爽,高度酒往往给人的负担比较大,不敢大口饮。分量足、度数低、口感清淡的拾人饮能让人感受更轻松的饮酒体验。比如团队加完班,这个时候老大站出来,请大家吃个宵夜,喝着拾人饮面对面谈个心,团队氛围变得更加轻松,心在一起了,人才能聚在一起。"大海航行靠舵手,感情交流靠喝酒。"

我们用一款产品帮助团队打鸡血,召唤、必胜、齐心!无论是项目开始前的壮行酒,还是业绩达成后的庆功酒,拾人饮凝聚起了整个团队的力量。

拾人饮现在已经成为三只松鼠团队建设最大的单品,三只松鼠每年从我们这里买几百件这样的产品,在2016年"双十一"一举拿下五个多亿。三只松鼠誓师大会非常的豪迈,就是喝酒的大会。

如何找一个方法论和逻辑去定义一款好产品,我认为第一毫无疑问是品质的领先性。

比起性价比,个人的观点是宁愿做品价比更高的产品。价格优先的市场,要么是牺牲应用、要么是牺牲品质。我们宁愿把品质拔高一些,对应的售价拔高一些。如果是同等的品质,我们跟别人比价格上又会有一定优势。同时,仍然可以通过品牌溢价，品牌的存在一定是带来经营上的正向毛利。我们内部提的是"为了提升20%的品质，愿意付出200%的成本"。当我们拥有一个品价比比较高的产品，就证明我们拥有足够的能力提供优质的产品。

中国白酒最低的度数是35度左右，我们通过科研人员的大量研究，突破了底线做到了25度。可能内行知道做低度酒的难度比做高度酒难得多，我们企业拥有3名白酒国家评委、1名果酒国家评委、7名白酒省评委及4名国家注册高级酿酒师为代表的蒸馏酒专业技术团队，打造出口感更加轻松的轻口味白酒。

我们认为在大的行业中去做企业才不会遇到天花板。我们企业发展五年，到今天为止仍然是行业中的中小企业，基本上也可以算得到未来十年、二十年都不会轻易地能够到达天花板，因为行业足够大，白酒行业去年总的市场规模有5600亿。

寻找非常小的市场缺口。所有市场非常大，品类非常大但并不代表所有的市场品类各个消费场景都要去切。两款产品定位是比较清晰的，表达瓶是小聚小饮小时刻，两三个人吃饭拿一个小瓶；大瓶"拾人饮"是大场面，人比较多。

生产供应链、产品的开发、品牌传播和渠道方面都去研究怎么创造更高的效率，或者说找到相对更高效率的突破点。今天比较容易理解的是传统的广告平台已经失效了，大家觉得互联网自媒体方面的营销可能是有效的，但是又不是轻易可以做好的。如果说两个传统企业同样投放广告，在投放传统广告的过程中可能大家差距水平高低差一两倍，放到互联网时代差距更大，我们会发现其实更需要探讨每一个环节里面更高效率的可能性。

二维码的技术、H5的技术等新的技术，实质上不单纯只是高科技的行业可以应用，包括消费品行业同样可以以它作为工具来进行应用。

消费者是需要电灯泡吗？消费者是需要光明。举个灯泡的例子，在电商时代来临以前，灯泡就是灯泡，电灯泡坏了我们看一下型号然后跑出去买个电灯泡，甚至于不知道哪个地方可以买，所以还有寻找信息的过程。电商时代来临以后很方便了，至少解决了商品信息，可以通过淘宝京东下单买一个灯泡回来，看一下是什么牌子、什么接口、多少瓦的。消费者的痛点在于消费者需要解决把坏灯泡变成一个光明的灯泡，O2O时代这个业态一定会被一家方案解决公司所改变，那就是只要你家灯泡坏了拿手机一拍照，这个时候马上有人送灯泡来帮你换上灯泡，现在白领尤其需要这样的服务，这是打个比方。

酒本身也不只是酒，它在商品属性以外，能够提供消费者在饮酒场合社交的解决方案。酒除了能满足生理需要外,还能满足心理需要。

我们做语录是要让产品具备更好的跟消费者沟通的力量。

我们将产品变成一个超级自媒体,之前认为产品是产品,营销是营销,广告是广告,渠道是渠道,后面发现广告还可以通过自媒体方式方法来做,把单向的广告变得互动性更强,产品就应该成为最好的自媒体,产品是带来最大流量的自媒体。

消费升级非常重要的一个方面是品质比原来更高了,另一方面最明显的特征是消费者开始从原来的物质彰显,变成情感彰显,原本商品的售价把消费者分成三六九等,今天发现很多消费者对品牌给予的精神分类非常地看重。

在做产品的过程中,只要满足了功能,可以尽情地浪漫,可以做更多跨界的事情。今年做了一款产品叫JOVOART——"万物生长"纪念版,是跟当代的艺术家合作,将他们的作品做成酒标,虽然是小众的产品,但是对于提升品牌非常的重要。

在组织结构上,更多地要一体化贯彻和执行。

产品主义是原点,一切经营以做出有竞争力的产品为出发的原点,产品出来了,营销体系就出来了;消费者洞察是焦点,经营不是做给投资人看的,不是做给渠道经销商看的,所有的创新经营以用户为焦点才不会跑偏;互联网社交是支点,可以撬动整个市场。

第四节 疲软产品提升策划

疲软产品是指已经成功导入市场,但是在市场销售过程中出现销售状态不温不火、销量增长不快不大甚至停止或下滑等现象。与正常接近产品寿命周期的疲软和下滑不同,它出现在成长期或者成熟期这两个阶段。这种产品的市场概念和市场本身是没有问题的,问题存在于营销操作层面,因此是可以治理好的。如果疲软的原因分析正确,解决问题的方法正确,解决问题的措施及时,这种产品还有很长的市场寿命,能够为企业做出更长时间和更大数量的销售贡献。否则,就有可能提前夭折退出市场。

产品出现销售疲软现象,这在营销实战中是非常普遍的。因此,解决疲软产品问题使之青春焕发对于销量提升具有重要的现实意义。

一、疲软产品的原因分析与诊断

在分析和诊断疲软原因的过程中,常常会出现这样的现象:向一线销售人员和经销商了解原因,他们首先反映的基本上是产品质量不如以前,价格偏高,销售政策不灵活,物流配送不及时,售后服务也跟不上,再有就是营销策划水平差,广告太少且没有创意,促销活动力度也不够,竞争对手在这方面却是力度很大,攻势很猛,或是现在市场淡,城里人都不上商场,有点消费能力的农民都出去打工去了。一般不会提及销售人员和经销商自身的问题。

而向生产制造以及技术部门了解原因,则可能是另外一种答案:我们的产品技术是最先进的,质量是最好的,比竞争对手可强多了。销售不好,可能是销售力量不足,或者是市场部门和销售人员水平差。

而营销计划和财务部门对销售人员质疑价格高导致产品难以销售则有不同意见:如果只要降低价格就可以实现销售,企业就不需要销售人员了。又要产品价格低,质量好,还要广告多,促销力度大,这样的销售人员有什么本事?企业还怎么赚钱?

对于疲软产品的原因,如果不全面客观分析,单方面采用某个部门或某类人员的意见,极有可能误诊从而导致药不对症,费用成本投入了不少,但产品销售问题仍然得不到解决。

其实,产品出现销售疲软的原因,有可能很简单,很直接,也有可能很复杂,每一个影响市场与销售的层面与环节都有可能是产生或隐藏问题的节点。归纳起来,可以从以下五个方面来分析和诊断可能造成产品销售疲软的原因。

1. 竞争方面可能的原因

市场机会被众多竞争对手所看好,竞争对手纷纷加入,产品市场被分割,导致企业产品销售停滞或下滑。

2. 产品方面可能的原因

(1) 产品技术没有很好地完善,产品品质不够稳定,售后服务能力和水平又没有及时跟上,导致用户使用体验感觉不好,评价不高,购买意愿下降。

(2) 产品概念单薄,产品整体概念不够丰富,难以支持更广泛的市场层面。

(3) 消费者对产品的基本需求已经满足,并且出现了没有满足的扩增需求与期望需求,但是产品的研发没有及时跟上。

（4）消费者的差异化需求开始出现，而产品的差异化与相应营销手段的差异化没有跟上。

3. 价格和销售政策方面可能的原因

（1）产品定价未随着产品推广节奏和市场寿命周期及时进行调整，仍然保持在市场导入期的较高价位，难以实现产品的普及和大面积推广。

（2）销售政策存在问题，经销商或代理商经营利润不足，积极性不高。

4. 分销渠道方面可能的原因

（1）销售执行存在问题，经销商通路压货过多，走货不畅，周转缓慢。

（2）市场管理出现问题，窜货频繁，价格混乱，经销商、代理商心生抱怨，积极性受到挫伤，甚至由于问题严重且长期得不到解决而失去信心。

（3）销售人员与经销商或代理商缺乏激情和动力，缺乏创新，对产品疲软问题熟视无睹，没有改变的意愿与措施。

（4）分销渠道沿用上市导入期或成长前期的策略，无心或无力改变渠道现状，不去拓宽渠道以扩大市场，致使市场无法成长。

5. 沟通传播和促销方面可能的原因

（1）产品的沟通传播与促销力度减弱或者停止，凭借上市导入期和成长期的推广形成的认知资源惯性销售，品牌资产和广告印象几近淡化，消费者开始遗忘，终端销售出现不畅现象。

（2）广告创意和产品卖点出现钝化，消费者感到老套，没有新鲜感，吸引力下降。

二、疲软产品市场提升的思路与对策

针对疲软产品产生的原因，可以采用的应对策略包括以下五个方面：

1. 竞争应对策略

（1）分析竞争对手的产品及其营销策略，评估竞争实力，制定有效的竞争策略，抢占、瓦解或渗透对手市场，扩大自己的市场。

（2）研究竞争对手的产品，避免产品同质化，研发差异化产品，开发差异化市场，实现差异化竞争。通过产品差异化、定位差异化、形象差异化、营销策略差异化，避免竞争混战，通过有效的差异化区隔市场，形成独特的稳定市场。

2. 产品应对策略

（1）丰富产品整体概念，从核心产品向形式产品和扩增产品拓展，丰富产品内涵,改善产品服务,实现产品升级,增强产品对消费者的吸引力,从而扩大产品市场。

(2) 发掘消费者未被满足的产品需求,研发改进型产品或换代型产品,从而扩大产品市场。

(3) 发掘消费需求差异,开创细分市场,研发细分产品,并实行差异化定价和促销,实行差异化营销运作,以扩大产品整体市场。

(4) 改善产品技术,稳定产品品质,以形成良好的消费使用体验,并通过用户口碑传播带动新的消费。

3. 分销应对策略

(1) 根据产品推广规划,调整渠道策略,拓展渠道策略,实行市场精耕细作。

(2) 对于既影响品牌形象又无法实现正常销售的渠道或终端积压产品,下决心采取返厂处理等措施,用自己承担责任的诚信态度与勇气,重建经销商或代理商信心,以利于下一步的产品推广与销售。

(3) 开发新的区域市场,或者从区域市场拓展为全国市场,或者从国内市场拓展为国际市场,通过产品市场地理空间的拓展扩大产品整体市场规模。

4. 价格应对策略

(1) 根据产品推广规划,调整产品价格,降低产品消费门槛,扩大消费者阵容,普及产品消费。

(2) 强化产品市场管理,严厉打击窜货乱价行为,维护市场秩序。

(3) 优化销售政策,增加利益牵引和信心激励,调动经销商积极性。

5. 沟通传播和促销应对策略

(1) 增强沟通传播力度,快速恢复、巩固和提升消费者对品牌与产品的记忆和认知,增强产品的市场拉力。

(2) 通过升级产品、换代产品、差异化产品以及细分产品的上市,改变沟通传播主题诉求与广告创意表现,活跃品牌形象和产品形象,刺激新的消费需求。

(3) 策划积极有效的终端促销活动,解决通路和终端的产品库存,为启动新一轮产品推广扫除障碍。

(4) 开展经销商、代理商和销售人员的精神激励和产品知识培训,策划相关的销售竞赛活动,从态度、技能和利益等方面促进中间商和销售人员的积极行动。

三、疲软原因诊断与营销提升策略的整合

疲软产品的产生原因,可能是上述原因当中的某一个或几个,也可能是这些原因的全部,或者还有上述分析中没有提到的原因。在单一原因的分析诊断中,一定要抓准,否则,治理对策无法对症显效。在多原因的分析诊断中,一定要注意原因的主次,否则,营销治理对策可能治标不治本,不能从根本上解决问题。

同样,疲软产品的市场提升策略,也可能只需要上述措施中的某一个、某几个,也可能需要动用上述全部措施,甚至上面没有提到的其他措施,因为疲软的原因是复杂的、普遍的和系统性的,不是一招一式的单一办法可以解决的。在策划疲软产品市场提升的策略方案过程中,既要注意"针对有效、各个击破",又要注意防止"头痛医头、脚痛医脚";既要解决目前存在的问题,又要尽可能防止将来可能出现的问题;既要注意达成提升的目标与任务,又要注意解决问题的成本和代价、时间和效率。

四、实战分享

海澜之家的华丽成绩是如何完成的?

1. 逆势的华丽成绩单

在电商网购快速发展之时,许多线下零售企业深深感受到了压力,做起了线上销售,或是O2O模式。在关店潮中,海澜之家却逆势疯狂开店,2016年前三季度新增门店972家,营收过百亿元,位列2016年前三季度全国服装零售业上市公司总营收榜首。毫无疑问,在行业面临寒冬的情况下,海澜之家逆势交出了一张华丽的成绩单。

有人问安踏创始人丁志忠在互联网的巨大冲击下,零售业谁能活下来。丁志忠说除了自己,还有一个品牌——海澜之家。海澜之家创始人周建平说:我们不是一家服装企业,因为我们不赚差价。那么,海澜之家卖的不是服装,究竟是什么呢?

2. 海澜之家的商业模式画布

经营业绩背后必有恒定的盈利逻辑作为支撑,相比其他同行,海澜之家的

商业模式有何优势呢？笔者用瑞士商业模式专家 Alex Osterwalder 的"商业模式画布（Business Model Canvas）"来描述和分析海澜之家的零售模式。

商业模式画布的九个模块回答了企业提供什么、为什么提供、怎么提供、收益如何以及成本如何5个问题。

（1）清晰的价值主张：男士着装整体解决方案

男士的购物习惯与女士有较大区别，其消费行为目的性更强，希望通过一种快捷的方式完成既定的目标。海澜之家提供了男士着装的整体解决方案，帮助客户在穿衣选择上做减法、节省时间。成年男性所需的服装这里应有尽有，涵盖了成年男性从头到脚、从内到外、从冬到夏、从正装到休闲装的所有产品。入店消费者可以买到全套服饰，充分迎合了中国男士的消费习惯，节省时间的同时简化决策。

（2）准确的客户细分：都市白领男士

一个服装企业不可能占领全部市场份额，只能选择若干细分市场作为自己的目标市场。海澜之家的目标客户是25～45周岁、年收入在5万～10万元的男士，这是品牌男装市场中竞争相对较小，但是市场份额足够大的蓝海市场。它的每套西服价格在480～1680元，比同档次品牌的价格低很多，完美实现了"高品位，中价位"的品牌理想。

（3）亲和的客户关系："无干扰，自选式"男人的衣柜

男人购物是需要才买，看中就买，并且不喜欢有人在旁边跟着、盯着。海澜之家摒弃了传统的人盯人导购模式，给消费者提供了一个无干扰的、自由自在的购衣环境。服饰产品按品种、号型、规格分类出样陈列，消费者可以根据自己的身高、体形轻松自选购买。正是这种轻松、方便的购衣体验，使更多的男性消费者愿意来海澜之家，选了西服选衬衫，选了衬衫选领带，选了领带选皮带，成为时尚便捷的"一站式"消费。同时，抓住男性购物直接、不爱过多讲价的特点，所有商品都是按照标签价格销售。此外，还坚持一年四季不打折、不降价，以维持品牌形象。

（4）规范的渠道通路：托管式加盟，标准化经营

加盟商不参与门店管理，其商品投放、门店管理、经营方式等所有工作全部由海澜之家进行标准化管理，甚至连门店选址都由其确定。具体操作上，统一形象、统一价格、统一管理、统一采购、统一配送、统一装修、统一招聘、统一培训、统一结算，实行全国统一连锁经营管理，真正做到了既"连"又"锁"，"连"住了品牌，"连"住了形象，"连"住了产品，"连"住了服务，也"锁"住了管理，使

每一家门店都能按照公司的标准化模式经营,公司的每一个部门也能按照标准化的业务流程为门店服务。

(5) 高黏性的关键合作:"线下实体"的联营模式

供应链管理模式是请代工厂代工,所有的服装设计、样式,都是由供应商的设计师提供的。供应商的设计完成之后,拿到海澜之家的总部,由总部的设计师审核挑选。总部设计师会根据当下流行的趋势,评估哪些款式设计可能畅销,再下订单。支撑海澜之家与供应商之间紧密合作的背后是利益分享机制,通过销售后付款、滞销货品退货及二次采购相结合的模式,将供应商、品牌方的利益紧紧捆绑在一起。公司与供应商之间是"可退货的联营"关系,两个适销季后仍然滞销的产品可进行退货。这样一来,供应商不再是简单的贴牌加工生产商,必须了解市场流行趋势,生产适销对路的产品。当然,海澜之家也不当"甩手掌柜",需要帮供应商提高动销率,提高专卖店的坪效。通过建立利益共享、风险共担机制,把供应商、加盟商和品牌方打造成利益共同体,实现产业链各环节各司其职、各获其利、共同发展。

(6) 高效的关键业务:供应链整合

在供应链管理上,海澜之家是典型的SPA(自有商标服饰专卖店)企业,即拥有自己的原创品牌,并自产自销。从生产到销售,整个流程都统一管理,以减少中间环节、降低成本。在国内服装界率先形成了从羊毛进来到服装成品出去的完整产业链,全部利用自身资源,没有任何中间商参与,有效控制成本和品质,直接让利给消费者。海澜之家在整个供应链环节中,就是一个高度扁平化的平台,就像一个接口一样,把各种资源组织起来,最终形成一个独特的产品和品牌;自己不占有太多资源,但是各种资源在它这里都发挥了最大的作用。

与此同时,海澜之家不断拓展线上流量,整合线上资源,与线下不打折、不降价的定价策略相匹配,严格保证线上线下的同款同价。并与天猫、唯品会等平台合作,自主创新策划符合品牌调性的店铺活动,提升品牌线上的影响力。

(7) 核心资源:男装国民品牌的无形资产和高变现的线下流量

在做好产品的同时,着力打造品牌形象。通过与热门综艺节目如《奔跑吧,兄弟》《了不起的挑战》《最强大脑》等栏目合作,提升品牌知名度。增加具有网红特质的明星林更新等作为品牌代言人,抓住父亲节、春节等进行情感营销,引起消费者的情感共鸣。投巨资在央视黄金档节目中播出广告,"海澜之家,男人的衣柜"可谓家喻户晓、深入人心,也奠定了"男装国民品牌"的地位。

海澜之家3000多家加盟店都位于人流量大的核心商圈,带来了巨大的流量入口;而且门店消费者入店购买率都较高,流量变现率高。所以,周建平说海澜之家"卖的不是衣服,是线下流量"。

(8) 轻资产的成本结构:低比例预付货款

海澜之家是典型的"轻资产"模式,将生产环节和部分销售渠道大部分外包或完全外包,自己经营的重点就放在品牌运营、终端渠道和供应链管理等环节上。抢占产业链、价值链制高点,进而编织起一条微笑曲线。在货品最初入库的时候,支付给供货商的货款不超过30%,后续资金随着货品的实际销售情况,逐月结算。

(9) 低风险的收入来源:加盟费和利润分成

加盟商进入海澜之家分销体系,需要准备200万元左右的资金,其中100万元用来承担店铺租金、水电、物业、装修、工商税费、人员薪金和物流运输等费用,另外100万元是交付给海澜之家的货品押金,可在5年之后归还。此外,每年交纳6万元左右的管理费。海澜之家与加盟门店依据一定比例分配营业收入,每日都会结算。据公开数据显示,海澜之家加盟商每年的投资收益率大概能达到20%,按照业内的说法,它是"以做通路的方法,做服装品牌",过去几年其关店率只有2%左右,远低于同行业其他服装企业。

课后练习

一、策划理论知识练习

1. 简述新产品上市策划的内容、流程与应注意的问题。
2. 如何开展疲软产品的市场提升策划?
3. 简述产品规划的基本内容和方法。

二、策划实战模拟练习

1. 跟踪正在本地上市的一款新产品,分析其上市活动背后的策划意图及其执行效果。

2. 到超市进行调研,找出一款上市时间较长但销售平平的产品,分析其销售疲软的原因,并提出改进销售的意见和方案。把方案提交给超市经理或该产品制造商的当地销售主管,努力说服他们接受你的方案。在听取他们的意见修改、完善方案之后,参与方案的执行,并总结方案实施的效果。

第六章　价格策划

开篇导语

在市场营销的产品、促销、分销和定价四大要素中,企业通过前三个要素在市场中创造价值,通过定价从创造的价值中获取收益。价格是唯一能产生收入的因素,其他因素均表现为成本。价格也是营销策略组合中最灵活的因素,与产品和渠道不同,它的变化可以是迅速的,但是,企业一般总是希望产品价格稳定。而随着营销环境的日益复杂,价格策划的难度越来越大,不仅要考虑成本补偿问题,还要考虑消费者接受能力和竞争状况。因此,价格策划十分重要而微妙,价格策划的科学性与艺术性也最显著。

学习目标

1. 理解价格策划的意义与要求。
2. 理解终端价格策划的方法,了解价格结构策划的流程与方法。
3. 了解价格体系策划的流程与方法。
4. 掌握价格调整策划的内容与方法。

课前知识

市场营销学(原理)中的价格策略:
1. 定价影响因素。
2. 定价目标。
3. 定价方法。
4. 定价技巧。

第一节　价格策划原理

在营销策略组合中,价格是运用最便捷、作用最直接、效用最快速的一个策略,其他营销策略的运用速度和执行效果都要比价格缓慢得多。市场接受产品速度的快慢,企业市场占有率的高低,企业盈利水平的高低,企业及其产品在市场上的形象等都与价格有着密切的关系。因此,价格策划十分重要且具有巨大的压力和挑战性。

一、价格策划的基本要求

1. 价格策划要以整体市场和整个企业为背景

要将价格策划作为一个整体,把握价格策划的系统性。以市场为背景就是要联系市场状况,把价格策划建立在对市场需求和市场竞争全面清晰分析的基础上;以整个企业为背景,就是要考虑企业的产品生产成本、企业的运营成本、企业的资源限制和资源优势,考虑到企业价格工作与产品策略、分销策略和促销沟通策略的衔接;要处理好不同产品或服务价格的协调,具体价格制定与整体企业价格政策的协调。这是进行价格策划的基本前提。

2. 价格策划要以企业营销目标为基础

在制定产品价格之前,必须回顾企业的营销目标,然后再考虑定价目标和定价策略。当苹果公司在1984年推出它的Macintosh计算机时,营销目标是建立起富有生命力的Macintosh计算机品牌体系,促使苹果公司继续发展壮大;广告目标是使3/4的大学生在一年内熟知这种产品;生产目标是一年内生产成本下降15%;定价目标是使大多数大学生喜欢并买得起Macintosh,赢得一定的细分目标市场,使Macintosh在学生中间比IBM公司的PC计算机更有价格优势,以强有力的促销活动鼓励苹果公司的零售商,使90%以上的零售商努力销售Macintosh。这样的价格策划才有利于与其他营销策划一起形成合力,促成营销目标的实现。

3. 价格策划要具备现实和未来双重意义

价格策划既要立足于现实,更要放眼于未来。价格策划的优劣不仅取决于它是否适应于现实状况,而且还取决于其是否具有未来意义。尽管价格的调整比其他营销策略的调整更方便,但仍需注重对未来的分析,包括对竞争者未来状况、消费者未来状况、企业未来可利用资源状况的分析。这是保证价格策划具有强大生命力的关键,也是保证企业可持续发展的重要条件之一。

二、价格策划的策略主线

1. 价格策划要有终端观念

终端价格是最主要的价格,是决定产品是否能够最终实现销售的价格。所以,价格策划要面向终端,要优先考虑终端消费者对产品价格的接受性,优先考虑产品价格在终端市场上的竞争力和形象感。终端价格是产品价格策划的基础,在保证终端价格科学合理的基础上,才能理顺后台价格。

2. 价格策划要有整体观念

价格策划并不仅仅意味着单一产品定价方法与技巧的简单组合,而是要将价格策略作为一个整体来把握。必须综合考虑和处理好企业内部不同产品之间的价格关系,同一产品不同寿命周期阶段的价格关系,本企业产品价格与竞争者产品之间的价格关系,本产品与连带品、选择品之间的价格关系。

3. 价格策划要有系统观念

价格策划要考虑营销价值链上参与营销价值创造的各个营销环节及营销机构的利益均衡与合理分配,要让参与产品分销的零售商和批发商(代理商或经销商)、参与产品设计制造的企业,都能够通过适当的价格体系获得利益空间,否则,营销价值链的运转就会出现问题。

4. 价格策划要有动态观念

尽管企业总是希望保持价格的稳定,但是由于市场竞争的存在,市场上的价格常常处在变化调整之中,企业的产品价格也就需要随着市场价格的波动而有意识地进行调整。而在营销活动中,从来不存在一种适合于任何企业、任何市场、任何时间的战略、政策和策略。成功的价格策划是与市场动态、企业营销目标相一致的构思和举措。而且,企业要能够根据不断变化的内外部环境与条件,对原有的战略、政策及策略适时、适当地进行修正或调整。这是保证价格策划有效性的基本条件。

于是,相对应地,需要我们在价格策划中介绍的策划内容依次是:① 终端价格策划;② 价格结构策划;③ 价格体系策划;④ 价格调整策划。

第二节 终端价格策划

终端价格是指产品的终端零售价格,是决定产品能否被消费者接受的最终市场价格。终端价格策划在产品整体价格策划中具有重要的意义,是产品价格策划中必须放在首位的策划项目。

一、终端价格策划的定性分析与策略推演

一款产品终端价格的定性分析策划,内容包括定价目标的确定、定价策略的选择和定价技巧的运用,而这些定性策划的依据,来自于对影响产品定价要素的分析与推演。

一般来说,影响产品终端价格制定的主要因素包括:市场定位、市场需求、市场竞争、生产技术、生产与分销成本、促销沟通策略和分销渠道策略等七大方面。在不同的要素状态下,定价目标、定价策略和定价技巧的运用均有不同的选择。

当一个具有市场影响力的强势企业以高端品牌推出一款高端产品时,市场上的反应通常是,消费者的价值认知高,但市场容量小且需求弹性小。竞争方面的情况是该产品有领先优势,竞争产品价格一般或较低。该企业的生产技术领先且技术壁垒性高。目前的产品生产成本、预计达到规模生产时的生产成本和分销成本都高。企业需要采取强有力的公关、广告、促销活动和人员销售力度去开拓市场。且进入市场的分销渠道策略是高端集中性渠道策略。在这种市场背景之下,可以推演出如下的价格策略:

(1)定价目标:利润。凭借品牌和产品形象优势,能够通过定价实现获取利润的现实目标。

(2)定价策略:取脂定价。利用有利的市场条件采用取脂策略,以获得较好的营销绩效。

(3)定价技巧:整数定价。通过整数价格进一步巩固和展现品牌价值和产品形象。

当一个没有市场影响力的弱势企业以中低端品牌推出一款中低端产品

时,市场上的反应通常是,消费者对品牌和产品的价值认知一般,但市场容量大且需求弹性大。竞争方面的情况是该产品没有领先优势,竞争产品价格较高或一般。该企业的生产技术落后且技术壁垒程度低。目前的产品生产成本、预计达到规模生产时的制造成本和分销成本都比较低。企业没有实力采取强大的公关、广告、促销活动和人员销售攻势去开拓市场。进入市场的分销渠道策略是低端广泛性渠道策略。在这种市场背景之下,可以推演出如下的价格策略:

(1)定价目标:市场进入与增长。以顽强精神弥补羸弱形象的不足,实现市场的进入与逐步增长的目标。

(2)定价策略:渗透定价。利用低价渗透市场并防止众多强大竞争对手的正面阻击。

(3)定价技巧:尾数定价。通过尾数定价体现产品价格的实惠。

当一个具有中等市场影响力的企业以中端品牌推出一款中端产品时,市场上的反应通常是,消费者对品牌和产品的价值认知处于中等水平,但市场容量大且有一定的需求弹性。竞争方面的情况是,该产品与竞争产品基本相当,但竞争产品价格有较高的,也有较低的。该企业生产技术与对手基本同步,但技术壁垒性一般。目前的产品生产成本、预计达到规模生产时的制造成本和分销成本都处于中等水平。企业计划采取中等程度的公关、广告、促销活动和人员销售攻势开拓市场。进入市场的分销渠道策略是中端选择性渠道策略。在这种市场背景之下,可以推演出如下的价格策略:

(1)定价目标:市场保持与巩固。通过合理定价实现市场的进入与市场份额的保持。

(2)定价策略:满意定价。在不太满意的市场条件下获得比较满意的营销绩效与财务成果。

(3)定价技巧:吉祥数字定价。以吉祥数字价格博得消费者的情感认同,获得成功销售机会。

规则市场条件下的终端价格策划的定性分析与策略推演,请参见表6.1。

非规则市场条件下的终端价格策划的定性分析与策略推演,情况比较复杂,需要具体问题具体分析,并且不同个性的营销者、不同竞争谋略和文化的企业,所采取的定价目标、定价策略和定价技巧也将不同,从而呈现出定价策划和价格决策的艺术性。

表 6.1 终端价格策划的定性分析与策略推演

定性分析要素		要素状态描述		
市场定位	企业地位	强势	弱势	中等
	品牌定位	高端	中低端	中端
	产品定位	高端	中低端	中端
市场需求	市场容量	小	大	大
	价值认知	高	一般	中等
	需求弹性	小	大	中等
市场竞争	产品对比	本品领先	本品落后	基本同步
	对手价格	一般或较低	较高或一般	有高,有低
生产技术	技术领先性	本企业领先	本企业落后	基本同步
	技术壁垒性	高	低	一般
生产与分销成本	目前生产成本水平	高	较低	中等
	预计规模生产成本	高	低	中等
	分销成本	高	低	中等
促销沟通策略	广告传播力度	强	弱	中等
	公关宣传力度	强	弱	中等
	促销支持力度	强	弱	中等
	人员销售力度	强	弱	中等
分销渠道策略		高端集中性渠道策略	低端广泛性渠道策略	中端选择性渠道策略
		↓↓	↓↓	↓↓
定价目标确定		获取利润	市场进入与增长	市场保持与巩固
		↓↓	↓↓	↓↓
定价策略确定		取脂定价	渗透定价	满意定价
		↓↓	↓↓	↓↓
定价技巧运用		整数定价	尾数定价	吉祥数字定价

二、终端价格策划的定量分析与价位区间确定

一款产品终端价格的定量分析与价位区间策划,内容包括顾客心理价位区间分析、竞争产品价格区间分析、单位产品生产成本区间分析、单位产品营销成本区间分析和单位产品利润率区间分析五个方面。在不同的定价策略指导下,呈现出不同的定价区位思考。

假定现有一款产品,经市场调研得知,顾客的心理价位区间在 $A_1 \sim A_2$ 之

间,市场上竞争产品的价格区间在 $B_1 \sim B_2$ 之间,经测算,单位产品的生产成本在 $C_1 \sim C_2$ 之间,单位产品的营销成本(包括分销渠道成本和公关、广告、促销及人员销售成本)在 $D_1 \sim D_2$ 之间,单位产品的利润率区间在 $E_1\% \sim E_2\%$ 之间。

当企业采取取脂定价策略时,对单位生产成本、单位营销成本和单位利润率的预估将倾向于靠近其高位值 C_2、D_2、$E_2\%$,并以此为依据计算终端价格数值。结果,通常最终价格数值将靠近顾客心理价位区间的高位值 A_2,接近甚至超过竞争产品价格区间的高位值 B_2。

当企业采取渗透定价策略时,对单位生产成本、单位营销成本和单位利润率的预估将倾向于靠近其低位值 C_1、D_1、$E_1\%$,并以此为依据计算终端价格数值。结果,通常最终价格数值将靠近或低于顾客心理价位区间的低位值 A_1,接近或低于竞争产品价格区间的低位值 B_1。

当企业采取满意价策略时,对单位生产成本、单位营销成本和单位利润率的预估将倾向于靠近其中间值,并以此为依据计算终端价格数值。结果,通常最终价格数值将靠近顾客心理价位区间的中间值和竞争产品价格区间的中间值。

常规状态下的终端价格定量分析与价位策划如表 6.2 所示。

表 6.2 终端价格策划的定量分析与价位区间确定

定量分析要素	定价区间数值 低位数→高位数	定价策略与定价区位		
		取脂定价	渗透定价	满意定价
顾客心理价位区间	$A_1 \rightarrow A_2$	靠近 A_2	靠近或低于 A_1	靠近 A_1 与 A_2 的中间值
竞争产品价格区间	$B_1 \rightarrow B_2$	超过 B_2	靠近或低于 B_1	靠近 B_1 与 B_2 的中间值
单位生产成本区间	$C_1 \rightarrow C_2$	靠近 C_2	靠近或低于 C_1	靠近 C_1 与 C_2 的中间值
单位营销成本区间	$D_1 \rightarrow D_2$	靠近 D_2	靠近或低于 D_1	靠近 D_1 与 D_2 的中间值
单位利润率区间	$E_1\% \rightarrow E_2\%$	靠近 $E_2\%$	靠近或低于 $E_1\%$	靠近 $E_1\%$ 与 $E_2\%$ 的中间值

常规状态下的终端价格定量分析与价位策划,具备一定的逻辑性和科学性,但在营销实战中,非常规状态是更普遍的。因此,在终端价格策划中还需要发挥智慧和艺术,以应对非常规问题。

三、终端价格策划的定价计算

1. 取脂定价策略下的计价公式

$$P_1 = (C_2 + D_2)(1 + E_2\%)$$

且 $B_2 \leqslant P_1 \leqslant A_2$

终端价格 P_1，接近顾客心理价位区间的高位值 A_2，接近甚至超过竞争产品价格区间的高位值 B_2，且一般按照定价技巧取整数数字。

2. 渗透定价策略下的计价公式

$$P_2 = (C_1 + D_1)(1 + E_1\%)$$

且 $P_2 \leqslant A_1$，$P_2 \leqslant B_1$

终端价格 P_2，靠近或低于顾客心理价位区间的低位值 A_1，接近或低于竞争产品价格区间的低位值 B_1，且一般按照定价技巧取尾数数字。

3. 满意定价策略下的计价公式

$$P_3 = \left(\frac{C_1 + C_2}{2} + \frac{D_1 + D_2}{2}\right)\left(\frac{1 + E_1 + E_2}{2}\right)$$

且 P_3 接近 $\frac{A_1 + A_2}{2}$

且 P_3 接近 $\frac{B_1 + B_2}{2}$

终端价格 P_3，靠近顾客心理价位区间的中间值和竞争产品价格区间的中间值，且一般按照定价技巧取吉祥数字。

例如：某品牌一款 52 寸 LED 液晶数字高清电视，顾客的心理价位在 10000~13500 元之间，竞争对手同等产品的价格在 9999~14000 元之间。单位生产成本在 5000~6000 元之间，单位营销成本在 4000~5000 之间，单位利润率在 10%~25% 之间。则：

取脂定价策略下的价格：

$$P_1 = (C_2 + D_2)(1 + E_2\%) = (6000 + 5000)(1 + 25\%) = 13750(元)$$

比较接近顾客心理价位和竞争产品价格区间的高位值。以整数定价技巧修订价格尾数，可以确定为 13500 元、13600 元或 13800 元等。

渗透定价策略下的价格：

$$P_2 = (C_1 + D_1)(1 + E_1\%) = (5000 + 4000)(1 + 10\%) = 9900(元)$$

比较接近顾客心理价位和竞争产品价格区间的低位值，以尾数定价技巧修订价格尾数,可以确定为 9899 元或 9999 元。

满意定价策略下的价格:

$$P_3 = \left(\frac{C_1+C_2}{2}+\frac{D_1+D_2}{2}\right)\left(1+\frac{E_1+E_2}{2}\right)$$
$$= (5500+4500)(1+0.175)$$
$$= 11750(元)$$

比较接近顾客心理价位和竞争产品价格区间的中间值。以吉祥数字定价技巧修订价格尾数,可以确定为 11680 元、11788 元或 11880 元等。

最后,需要指出的是,如果产品在终端售点销售时普遍存在顾客砍价的现象,那么一般品牌就需要尊重现实,在策划和确定终端价格时预留顾客砍价空间,并规定终端销售可以让价的幅度。强势品牌、终端不让价的名牌,则不需要考虑这一问题。

第三节 价格结构策划

通常企业不只生产一种产品,而是一系列产品的组合,因此,产品的价格策划就不能停留在单一产品的价格策划上,必须按照产品结构、产品组合精心考虑价格结构,达到整体价格优化,实现企业产品整体竞争力强化。如果同时生产多品种多型号的企业不能合理制定产品价格结构,就很有可能形成企业自身产品的价格内战,并降低甚至丧失企业整体竞争力。

一、产品线组合定价

企业整体价格策划需要对产品线的所有产品价格进行通盘考虑。个别产品的定价要依据其在整体产品线价值中的相对关系及定价策略而定。确定产品的价格结构,一般要分析各种产品在整体产品组合中的地位、各种产品成本之间的差额、顾客对各种产品的评价、竞争产品的价格等因素。各产品间的价格差异要能反映各产品的相对价值和定位差异,否则消费者会产生认知困难,且容易发生产品定位区分不清晰的现象,从而无法达到市场细分化及产品定位清晰化的目的。组合定价方法一般有产品功能配置组合定价、产品市场地位定价、产品组合矩阵定价三种。

1. 产品功能配置组合定价

同一产品线上的不同产品型号和不同产品项目,功能设计和产品配置会有所差异。产品功能和配置的差异,会给用户带来使用功能和效用上的差异,同时也会在生产上带来工艺(或工序)和成本上的差异。因此产品线的组合定价可以按照产品的功能差异和配置差异来进行,功能多的产品型号定价高于功能少的产品型号,配置高的产品型号定价高于配置低的产品型号。电脑和汽车产品通常都实行产品功能与配置组合定价。

2. 产品市场地位定价

按照产品规划,根据产品市场地位的不同,产品分为高端形象产品、主力利润产品、主流上量产品和进攻防御产品四种类型,必须分别给予适当的定价,形成合理的产品价格结构。

高端形象产品是指支撑品牌形象的代表性产品,一般来说技术含量最高、功能最全,在产品价格结构中应为最高价位,以从价格方面支撑品牌形象。

主力利润产品是保证企业盈利的主要产品,技术、功能和质量有相当大的吸引力,其定价一般应属中高价位,具有良好的性能价格比,价格和销量的互动能够达到利润最大化。

主流上量产品是承担企业销量规模与市场份额最大化的产品,其技术和功能达到基本要求,适合普通大众的广泛消费需求,因此应采取中低价位。

进攻防御产品是用于攻击竞争者或应付竞争者攻击的产品,通常功能技术与竞争产品相似,但价格要比竞争产品更有优势。如果品牌形象高于竞争对手,价格可以与竞争产品相当;如果品牌形象与竞争对手相当,价格可以低于竞争产品,以保持进攻产品的价格竞争力,并捍卫企业产品价格结构和市场领地。

自 1999 年投产以来,国产奥迪 A6 经历了 5 次升级,在不到 5 年的时间里销量超过 20 多万辆,在国内豪华车市场一直是"一枝独秀"。2006 年 6 月 16 日,一汽-大众公布了全新奥迪 A6/L2.4 和 A6/L3.0 共 6 款车型的价格和详细装备表。其中 A6/L2.4 三款车型的厂家指导价格区间为 46.22 万至 57.02 万元;A6/L3.0 三款车型的价格区间为 56.18 万至 64.96 万元。新奥迪 A6 的最高价格已经打破了目前国产豪华轿车最贵的一款宝马 530i。以前奥迪 A4 也同样采用的是高价入市策略。这样可以在短时间内攫取大量利润,等到过一段时间后,竞争对手的车也上市了,消费者的热情也消退大半,再降价刺激市场,扩大市场占有率,提升销量。对于高档豪华轿车来说,顾客多是高收入个人、政府和企事业单位,对价格并不是太敏感,他们主要看重的是品牌。奥迪轿车的产品线并不长,但是其产品价格结构的设计整合了产品装备配置、品牌市场地位、市场竞争战略和顾客消费心理等多种因素,有力地支持着奥迪的市场形象与市场销量。

3. 产品组合矩阵定价

根据优化产品组合的需要,可以以产品的相对市场占有率和销售增长率为标准,将企业的产品组合分为四个矩阵,形成四类产品,并给予适当的定价形成合理的产品价格结构。

第一类是销售增长率与相对市场占有率均高的"明星产品",代表着企业与品牌的现实最高形象与发展未来,应在产品价格结构中处在最高段位,哪怕高价影响市场份额和利润获取也在所不惜。

第二类是相对市场占有率较高但销售增长率不高的"金牛产品",这类产品是一种成熟产品,正在为企业贡献着丰厚的利润,其价位应处于价格结构中的中高段位,以合适的价格取得单位利润与最佳销量的平衡。

第三类是处在高销售增长率与低相对市场占有率的"问题产品",这类产品的整体市场前景应该是看好的,本企业的相对市场份额不高,是因为自身营销存在问题,要注意分析问题症结所在,采取具有针对性的解决措施,产品定价也要作为一项基本措施协调运作,通常做法是制定一个具有上升空间的中等价位,以期能够将问题产品改造成最高价位的"明星产品"或中高价位的"金牛产品";定高了价位,"问题产品"根本不会有市场,定低了价位"问题产品"有可能很快演变成"瘦狗产品",除非企业将其作为市场进攻产品能对企业还有所贡献外,没有太大用途。

第四类是销售增长率和相对市场占有率均低的"瘦狗产品",这是企业应该淘汰出局的产品,应该确定一个清仓排空价或特价,尽快压缩库存收回资金。

二、关联产品组合定价

不同产品线之间的产品,如果存在消费、使用或购买上的关联关系,如有连带性、选择性等,也应该系统地考虑定价问题,形成合理的价格结构。

1. 选择品组合定价

选择品是指那些与主要产品有一定关联的可任意选择的产品,消费者可以选择买或者不买,或买哪一种。例如,汽车经销商常以基本车型给用户报价,然后提供其他附加性的产品或服务及其报价,如是否加装电子导航系统与可视倒车雷达,是否需要汽车美容服务等。这样,用户会觉得更加合理,容易消除戒备和紧张心理。再例如,顾客去饭店吃饭,除了点饭菜之外,可能还会要点饮料、烟酒等。在这里饭菜是主要产品,烟酒、饮料就是选择品。企业为选择品定价有两种策略可供选择:一种策略是为选择品定高价,以此来盈利;另一种策略是定低价,把它作为招徕顾客的项目之一。例如,有些饭店的饭菜定价较低,而烟酒、饮料等定价很高,而有些饭店的烟酒、饮料等定价低,而饭菜定价高。

2. 连带品组合定价

连带品又称受制约产品,是指必须与主要产品一同使用的产品,例如,胶卷是感光相机的连带品,存储卡是数码相机的连带品,剃须刀头、剃须刀片是剃须刀的连带品,硒鼓是打印机的连带品,正版软件是计算机的连带品。大多数企业采用这种策略时,主要产品定价较低,而连带产品定价较高。以低价或平价销售主要产品启动消费创造获利机会,以高价销售连带产品达到获利目的。例如,经营打印机的 IT 数码服务商店将打印机等主材定价较低,而将硒鼓和墨盒等耗材产品定价较高,以提供耗材和服务赢得利润。

3. 副产品组合定价

很多行业在生产主导产品的同时往往还有副产品,肉类加工、石油化工等行业副产品更多。通常副产品并不是企业的营销重点,所以定价只要高于成本就可以了。如果副产品没有太大价值,定价高了难以销售。而企业如果不能实现副产品的销售就要采取措施自行处理,这样的成本也不小,还将增加企业的总成本负担,使得主产品价格高居不下从而缺乏价格竞争力。

在倡导建设节约型社会的时代,企业需要积极寻找和创造副产品的新市场、新用途,通过适度的产品开发和市场开发,变废为宝,甚至变副产品为主导产品,为企业增加产品项目和盈利增长点,并从此改变副产品的用途、地位和定价。副产品地位的改变可以大大提高其价格,同时还可以通过降低主产品价格来提高其市场竞争力。比如将"地沟油"转变为航空煤油。2012 年 7 月中旬,2000 吨产自上海的地沟油被运往荷兰,加工成航空生物煤油供飞机使用。在中国国内,中石化也于 2013 年启动了"地沟油"提炼航空煤油工程。

第四节 价格体系策划

价格体系是影响生产商、经销商、用户三方利益和产品市场前途的重要因素。因此，制定正确的价格体系，是维护厂家利益、调动经销商积极性、吸引顾客购买、战胜竞争对手、开发和巩固市场的关键。在进行价格体系的设计和策划时，既要考虑到价格的适应性，促进销量和利润的最大化，又要考虑到价格水平的稳定性、价格体系的严密性，以维护正常的市场秩序。一般应首先根据销售环节设计基本的价格体系框架，然后再根据销售区域、销售规模、销售季节、销售回款的差异进行价格折扣的调整。所有这些都必须经过认真研究、反复测算，最终形成决策以后，要以价格政策或销售政策的方式予以确定并严格贯彻执行。

一、按销售环节设计基本价格体系

企业必须设计好销售通路各环节的价格体系，在实体流通中，要处理好产品出厂价、批发价和零售价之间的关系，而很多快消品还存在多级批发环节，因而要处理好出厂价、一批价、二批价、三批价、零售价之间的关系，形成各环节价差基本合理的价格体系。

销售通路的长度、宽度和广度对价格体系的制定有着很大影响，通路越长，即通路中的层级数量越多，预留的利润空间就应越大，价格体系就越复杂，由于此时企业对通路末端的控制已很弱，所以必须采取一定的措施加强对通路的控制与管理。通路越短，销售环节越少，价格体系就越简洁明晰。通路越宽，即通路中每一环节的分销商越多，通路中的价格竞争与冲突就越激烈，此时企业必须制定一定的政策防止价格竞争、价格冲突的产生。有时，通路密集程度不足，而广告宣传的拉力却很强，这时容易出现窜货现象，企业应事先在合同中规定每个分销商的分销区域，并对违规者予以惩罚。通路越广，各种形式的经销模式也越多。通路的多元化要求企业必须针对不同的通路类型和通路形式，制定相应的价格政策，并形成严格的价格体系，确保市场与销售的稳定和繁荣。

自 2009 年淘宝第一次开展"双 11"电商大促以来,流通环节少且销售范围不受太多地域限制的电商渠道低价抢夺实体渠道市场的速度加快,对制造品牌的分销渠道和价格体系带来了冲击。为保护品牌和市场,很多企业不得不应对电商渠道冲击,以低成本制造低质量的电商专供型号(俗称网销型号或网货),低价供应电商渠道,实行实体渠道和电商渠道分产品分价格体系运营。但这并不是真正有效地塑造和维护强势品牌的方法。为此,自从 2015 年以来,很多优势企业利用品牌优势和电商增长趋缓的态势,强势整合分销渠道和价格体系,实现同一产品同供实体渠道和电商渠道,但电商渠道零售价格高于实体渠道,有效控制了销售占比仅为 10% 左右的电商渠道低价扰乱整体市场的现象。

二、按销售区域调整价格体系

由于我国幅员辽阔,各地居民收入与消费差异又非常大,企业的品牌和产品在各地区的影响力和销售状况也存在不平衡性,因此在制定价格体系时,必须考虑这些差异,并采用不同的价格政策来保证整体市场的均衡发展。

对收入水平较低、购买力不强的地区,宜适当调低价格,同时对价格、折扣、物流仓储费用等放宽限制,努力扶持分销商的发展和市场的发育;此外,对于市场容量较大、具有发展潜力,而由于当地消费者对品牌和产品认知不足,导致销售未上量的地区,要配以广告宣传,适当调整价格策略和价格水平,以迅速打开市场,扩大销量。在实际运作中,可选择的区域价格模式有:

1. 统一送货价格

即最终价格是固定的,不考虑买方与卖方的距离,运费完全由卖方承担。

2. 可变送货价格

即产品的基本价格是相同的,运输费用在基本价格之上另外再加。因此,对于不同地方的顾客来说,产品的最终价格要依他们距离卖方的远近而定。

如果基本价格是确定的,运输费用是后来加上的,这叫离岸价格(自提价)。如果最终价格是确定的,其中包括运输费用,这叫到岸价格(到货价)。

在离岸价格和到岸价格这两种方法之间还有一些折中方法,如:

(1)基点定价

基点定价以某个基点城市的价格为基础,再加上销售目的地的物流费用。如以郑州市为基点城市,向开封、洛阳、新乡送货,则分别追加郑州到对应城市的物流费用。如果选定的基点城市不止一个，那么这种方法就属于"多基点定价方法"。

(2) 地区定价

即在一个地区性的市场上制定统一的价格。这种方法简单易行。

(3) 全国统一零售价

既保证全国价格形象的统一，又考虑到不同区域经销商的利益差别，执行不同的通路价格政策，日用消费品常采用这种方式。

三、按销售政策调整价格折扣

按照销售环节确定基本价格体系并按照销售区域适当调整以后，还需要根据销售政策的有关内容对各级通路价格折扣做出明确的规定。产品零售价格亦可在通路价格折扣的基础上进行灵活调整。

1. 按销售规模调整价格折扣

为鼓励增加销量，可按产品销售规模制定价格折扣，具体方法有：

(1) 客户分级折扣

按照客户销售实绩或潜在实力而将客户分为不同的等级，分别确定不同的价格折扣率。如 A 级大客户价格折扣率是 $X\%$，B 级客户价格折扣率是 $Y\%$，C 级客户(小批量进货者)依定价出货。

(2) 非累计交易数量折扣

即价格折扣根据一次购买的数量而定。

(3) 累计交易数量折扣

根据一定时期内的累计进货量给客户计算价格折扣。

2. 按销售回款调整价格折扣

销售回款是一个非常敏感而又非常关键的问题，处理得不好，轻则影响企业的预期利润，重则造成呆死账拖垮企业。因此，在制定价格体系和价格政策时，就应该鼓励经销商及时回款，甚至提前预付款。预付款时可享受较高的价格折扣，按期付款可以享受正常的价格折扣，延期付款则不能享受价格折扣，甚至要加收滞纳金或罚金。

3. 按销售季节调整价格折扣

生产销售有明显淡旺季的产品，可根据销售的季节性规律调整通路价格折扣，以促进生产的均衡性和资金流动的均衡性。比如空调和服装产品经销商淡季打款订货的可以享受高比率价格折扣,旺季打款提货则不享受价格折扣。

四、实战分享

某彩电品牌产品价格体系和价格结构

某彩电品牌2007年春节部分产品价格体系和价格结构如表6.2所示。每种产品的零售价、批发价和出厂价形成价格体系,而各规格型号之间的价格则形成价格结构。对比现在的价格,还可以看出彩电产品价格的下降趋势。

表6.2 彩电产品价格表　　　　　　　　　　单位:元/台

产品规格	产品型号	零售标价	最低零售价	经销商批发价	出厂销售价
42″	LCD42Baa-P	26998	25000	19420	19000
	LCD42Baa	21998	20000	17380	17000
40″	LCD40Acc-P	16998	16500	12985	12700
	LCD40Acc	16998	16500	12985	12700
37″	LCD37Baa-P	17998	16500	12985	12700
	LCD37Acc-P	14998	14000	11960	11700
	LCD37Bdd-P	13998	13000	11450	11200
	LCD37Bdd	13998	13000	11450	11200
32″	LCD32Baa-p	13998	12000	9510	9300
	LCD32Baa	13998	12000	9500	9300
	LCD32Acc-P	10998	10000	8480	8300
	LCD32Acc	10998	10000	8486	8300
	LCD32Bdd-P	9998	9300	7975	7800
	LCD32Bdd	9998	9500	7975	7800

第五节　价格调整策划

价格调整一般首先考虑终端价格调整,而后系统考虑后台价格体系的调整。价格调整包括主动调整和被动调整两个方面、涨价和降价两种形式,共有发动涨价、发动降价、跟随涨价和跟进降价四种类型。这里我们主要讨论如何发动价格调整、如何应对通货膨胀价格上涨和如何应对降价的策划。

一、发动价格调整

(一)准确把握调整价格的时机

市场上产品价格的调整是频繁而迅速的,价格调整对市场销售的影响也是直接而快速的。但这并不意味着企业可以随心所欲地调整价格。调整价格总是出于一定的目的和动机,有其特定的市场背景,时机不成熟不宜轻举妄动。

一般来说,在下列情况下可以考虑发动涨价:① 产品供不应求;② 产品质量提高;③ 品牌形象提升;④ 市场定位调高与营销策略调整;⑤ 产品成本上升;⑥ 企业希望增加利润。

在下列情况下可以考虑发动降价:① 企业产能过剩;② 企业希望扩大销量和市场份额;③ 市场不景气,行业整体下滑;④ 企业的市场份额下降;⑤ 产品成本、品质或形象下降;⑥ 企业需要回笼资金减轻财务压力;⑦ 企业需要处理产品库存;⑧ 企业计划退出这一产品市场。

(二)正确预估价格调整的反响

价格无论是提高还是降低,无疑都将会影响消费者、竞争者、分销商或供应厂商的利益,也会引起政府和新闻媒体的注意,企业必须事先进行预估分析,预计各方面的反应,以便采取相关措施,达到价格调整的预期目的。

1. 预估消费者对价格调整的反应

消费者对于价格调整未必能像企业所希望的那样正确理解。对于降价,消费者的看法可能是：这种产品将要被淘汰；这种产品功能有缺陷或者质量有问题，因而销售不畅；这个企业存在资金困难，现金流出现了问题；这个价格还会进一步下降，应该继续等待观望。这是对降价的消极反应，是发动降价的企业最不希望出现的。降价要达到效果，必须调动消费者的积极反应，形成产品降价了现在正是购买的大好时机，产品价格降了但品质没有下降，购买没有后顾之忧，价格已经降到位了，现在购买不会吃亏等舆论气氛。当然这涉及降价的理由和原因，降价的公开方式、时机和地点等，这些后面将有具体介绍。

对于涨价，消费者通常是不满的，因此，涨价通常不利于销售，但有时候也能引发消费者的积极联想：这种产品是非常热销的，如果不马上购买就可能买不到或者还要涨价；这种产品的品质非常优良，涨价是必然的。消费者对不同产品涨价的反应也有所不同。对于非常昂贵的产品和经常购买的日用消费品，涨价会引起消费者不安和不满。而对不经常购买的某些非生活必需品，有些消费者几乎不在意它的价格高低，因此涨价一般不会引起消费者抵制。对于投资品，消费者往往买涨不买跌，对于消费品，消费者大都买跌不买涨。房产具有消费品和投资品双重属性，当市场强化了房产的投资品属性时，房价就会上升，当政府强调房产的消费品属性时，并实施有力的调控措施，房产价格就会趋于稳定。此外，消费者的收入状况不同对涨价的反应也不同，高收入者比低收入者较能接受涨价。

2．预估竞争者对价格调整的反应

打算进行价格调整的企业还必须考虑到竞争者的反应。产品越同质化，竞争者的反应速度越快；竞争者越多，反应越复杂。如果竞争者在生产规模、市场地位、营销目标、竞争策略、销售模式和销售政策方面存在关键性的差异，他们所做出的反应也大不相同。

企业如何判断竞争者可能做出的反应呢？

首先，需要调查竞争者的竞争目标、经营状况与竞争实力。如竞争者最近的销售状况及其与经营目标的差距，资金周转与经营利润的财务状况，生产能力的利用与闲置状况等。因为竞争对手的经营目标与经营状况不同，应对价格调整的措施反应也会不同。如果竞争者经营目标的重点是提升市场份额，那么他们很可能要跟进降价而不跟进涨价。如果他们的经营目标是竭力达成既定的利润指标，那么他们很可能采取非价格反应。

其次，要掌握竞争者对企业价格调整动机和意图的认知。比如，对一个企业降价的动机，竞争者可能做出不同的解释，并导致不同的反应。如果竞争者推测某企业降价是试图悄悄地夺取他们的市场,那么他们很可能迅速采取价格反击。如果认为降价是因为企业经营情况不佳,他们可能不会做出降价反应,而会在媒体上宣称其市场销售和经营效益良好,承诺其不会降价,并预测整个市场价格将会保持稳定。

最后,竞争者的反应还与调价产品的技术特性及消费者购买行为特性有关。因为产品越同质化,越需要价格差异化和品牌差异化。这样才有利于消费者选择,有利于产品销售。因此当一个企业提高同质化产品价格时,竞争者一般可能不跟进,以突显其价格优势维持或巩固其市场份额。如果提价对整个行业是有好处的,他们就会跟进。但降低同质化产品价格时,竞争者很可能迅速跟进。在非同质的产品市场上,竞争者对价格变更所做的反应有更多的自由选择。如果用户选择产品主要考虑的是质量和服务等因素,而价格差异的敏感度较小,竞争者一般不会跟进降价,但如果价格是顾客购买决策的重要影响因素时,竞争者则会跟进。

消费者和竞争者对价格调整的反应是影响企业价格调整能否成功的关键,当消费者和竞争者出现企业预期的反应时,企业无疑应该发动价格调整,当消费者和竞争者不会出现企业所希望的反应时,价格调整可能达不到预期的效果,反应就可能很平淡。

3. 预估社会各界对价格调整的反应

在分析价格调整的反应时,我们还应该分析分销商、供应商的反应,要做好宣传引导工作,取得分销商和供应商对价格调整的支持和配合。

在分析价格调整的反应时,我们还有必要关注政府的反应,是赞同,还是干涉,抑或默许?争取政府支持和赞同,将有利于企业推进价格调整;遭到政府干涉,可能导致价格调整流产甚至遭受法律制裁。在得不到政府支持的情况下,如果企业决意进行价格调整,也要尽可能争取政府默许或不表态,避免政府干预。为此要防止竞争对手进行政治公关,逼政府表达,逼政府干预。

在分析价格调整的反应时,我们还需要密切关注新闻媒体的反应,要尽可能争取和引导媒体的正面宣传和报道,避免负面报道和恶性炒作。最为理想的是企业通过媒体以新闻的形式公布价格调整信息,以提高价格调整的权威性与正面效应,同时减少广告投入,降低价格调整的负面效应。

(三)合理策划价格调整的范围和幅度

在经过上述认真分析研究之后,确认需要发动价格调整时,还需认真进行产品价格弹性分析，测算价格调整带来的销量变化、市场变化和收益变化，从而决定价格调整的范围和幅度：是全线全面调整还是部分产品调价？是一步到位大幅调价还是小幅分步调整？价格调整的幅度多大最合适？价格调整的频率多快最好？一般来说，价格调整的范围和幅度事关企业经营业绩的高低成败，有关职能部门应做好相关数据的测算、相关方案的比较，最终决策还是需要能够承担经营责任的企业负责人做出。

（四）合理策划价格调整的时机与地点

在价格调整范围和幅度确定之后，还需要研究推出新价格的时机、地点等技术性及策略性问题。选择合适的时机和地点推出价格调整措施将有利于价格调整的顺利实施。这既可以选择在一个地点率先爆破然后各地响应的方式，也可以采取一声令下遍地开花的方式，给竞争对手一个措手不及。由于现代信息通信技术十分发达，给价格调整的信息发布和快速执行带来了很大便利，同时尽可能地降低了价格调整可能带来的市场购买行为异常变动。比如中国市场成品油的价格上调，曾经在夜间公布、次日凌点即开始执行新价格标准。究竟采取何种方式，取决于营销决策者价格调整的目的与动机、决心和信心。前一种方式比较慎重，带有试探性，后一种方式比较果断，更具坚定性。

（五）合理策划价格调整的公开理由与公开方式

如果说"策划是将真正的动机隐藏在行动背后"这句话对于整体营销策划可能不合适，但对于价格调整的策划来说则是比较生动形象的。是将价格调整的理由实话实说还是适度包装？这是需要认真研究的。无论采取何种理由公开，其目的都是为了达到预期的市场反应，同时避免伤害品牌。如果调价的理由合情合理，社会、用户和竞争者方方面面都可以接受，不妨实话实说。但如果各方面都难以接受，那就需要适度合理包装。但合理包装也必须合情合理，能够自圆其说，不至于损害品牌价值和品牌形象。否则，牵强附会反而令人生疑并影响品牌形象。

价格调整的公开方式对于价格调整的成功与否也有一定的影响。因此，也需要认真研究、细心策划。视情况不同，可以由经销商在流通领域公开，可以借新闻媒体的宣传报道公开，在自媒体时代，还可以通过企业官方微博或者企业高管微博公开。当然必要时也可以召开新闻发布会或以企业新闻通稿的形式公开。也不排除用发布广告的形式公开。但如果不是行业重组市场重新洗牌式的价格大调整,没有必要采取既花钱又影响品牌形象的广告形式公开。

京东商城 CEO 刘强东 2012 年 8 月 14 日在微博上公布降价挑战苏宁易购。仅两天时间,刘强东两条宣战微博转发次数就达到近 10 万条,刘强东宣布所有大家电都比苏宁线下便宜的微博则创下 20 多万条的转发记录。与电商价格大战相关的新浪微博数量已经超过 5520 万条,并引起全国新闻媒体的跟踪报道,仅价格战执行的 8 月 15 日当天刘强东接待了 30 多家媒体采访,当日晚上,央视二套《经济信息联播》和《财经评论》均给予了深度报道和分析。无论京东发动这场价格战正确与否,其微博发布方式的影响力都是可以肯定的。

(六)系统做好配合价格调整的相关工作

在营销实战中,不乏产品提价了,但产品质量没有相应提高的实例;也不乏降价了,卖火了,生产供应又跟不上出现断货脱销现象,以及产品质量也跟着下降,从而殃及品牌、失去用户信赖的现象。这都是要尽力避免的。为配合价格调整,企业应审视下列问题,做好配套工作:

(1) 生产设备、原材料有没有做好相应的调整?
(2) 生产能力、物流配送能力、服务能力有没有做好相应的调整?
(3) 产品供应能否得到保证?
(4) 产品质量能否得到保证?

二、应对通货膨胀价格上涨

由于国民经济发展的周期性,也由于世界经济的一体化,一个国家的经济发展总是表现出一定的波动性,企业就难免遇到通货膨胀等难以控制的宏观经济环境和经济形势。为此,有必要展开深入的对策研究。

(一)通货膨胀类型的分析与判断

通货膨胀对推动产品价格上升的作用是直接而明显的,企业应对通货膨胀的第一反应就是跟随涨价。但是简单地将涨价作为应对通货膨胀的万全之策并不正确。实际上,企业对通货膨胀的营销对策反应,需要建立在对通货膨胀类型的正确分析和判断基础之上。因为通货膨胀的类型不同,国家的宏观调控措施就不同,消费者的反应就不同,行业内企业之间的竞争关系和博弈策略也不一样，营销对策的正确性与有效性也就不同。

从形成原因方面来看，通货膨胀的类型主要有需求拉动型和成本推动型。需求拉动型通货膨胀通常在产品供不应求背景下由于货币发行过多等原因引发，成本推动型通货膨胀则是由于生产要素供应不足及价格抬高引发的。从影响程度方面来看，还需要区分通货膨胀是结构性的还是全面性的。市场上部分产品价格的上涨只是结构性的通货膨胀，市场上所有产品价格全部上涨则是全面性的通货膨胀。

（二）通货膨胀背景下的通常价格反应

1．明确公开涨价

这是应对成本上升型通货膨胀的直接价格反应。例如，2007～2008年以农产品为原料的食品生产制造企业采取的就是这种措施，方便面涨价和食用油涨价是其中的典型。由于政府对这类生活必需品的价格实行了干预措施，使得这类产品的涨价格外引人注目。

2．变相暗中涨价

有些企业没有采取令人不愉快的公开涨价，而是采取减少产品包装分量等方式暗中涨价。这种方式一般不易被关注，市场负面影响较小。

真正由于成本上升导致的产品涨价是应对通货膨胀的一种正常措施。但是仅以涨价形式全面应对通货膨胀，策略手段过于单一，且策略效果不持续，对企业核心竞争力的提升和企业的健康成长也没有好处，对企业的品牌形象建设和客户关系维护也是不利的。尤其是成本上升压力不大的行业和企业，跟风涨价更容易引起消费者和社会公众的反感。比如在2007～2008年通货膨胀周期中，一些与农产品关系不大的产品，由于市场分散集中度不高、市场竞争不充分、企业品牌意识不强、趋利意识猛烈，也借着通货膨胀的理由涨价；建材和房地产价格在2007年也大涨，以至于王石在2007年中国最受尊敬企业颁奖典礼上感慨："我在这里感受非常深的就是，我们知道房地产是大家离不开的，又是不大受欢迎的一个行业。"2016年上半年一线城市和二线部分城市，房地产价格再次暴涨，政府虽然采取了限价措施，但开发者以号头费和绑定车位等方式仍然变相涨价。对此房价上涨的城市紧急于国庆黄金周前夕，迅速重启楼市升级限购、限贷措施，较为明显地治理了房地产市场乱象，基本遏制了房价疯狂上涨态势。

而由于流动性过剩导致的游资投机炒作和控制的涨价更不得人心。在

2010年下半年～2011年上半年,"蒜你狠""姜你军"和"豆你玩"成为媒体和公众对大蒜、生姜和绿豆价格暴涨的怒称。2011年,借口日本大地震和韩国泡菜原料减少,游资开始炒作大白菜价格,而到年底,价格暴跌到2分钱1斤也无人问津。

价格是企业的重要营销手段,但是企业可以控制的营销手段不只价格一种,除价格之外还有产品创新、促销沟通和分销渠道等等。在通货膨胀时代,企业不能简单地采用涨价方式来转移成本压力,保持原来的利润水平。如果所有的企业都这样做,结果是相互转嫁成本,最终进一步推高物价,使得通货膨胀扩大化。

当然,在中国多次通货膨胀中也有很多行业和企业没有涨价,比如手机、电脑等数码产品和电视等消费类电子产品,这有行业充分竞争的原因,更有企业品牌意识和营销策略的原因。而恰恰是在这些行业里,集中了世界级的企业和品牌。难道这些大企业大品牌不知道涨价这种简单的获利手段?他们为什么反而在创新产品的同时不断降低产品价格?

在通货膨胀背景下,涨价看似是简单而直接的有效对策,但是并不值得推崇,甚至值得反思和拷问。全面、系统和长远地考虑通货膨胀背景下的企业营销出路,是需要多角度、全方位与系统化思考的。

(三)通货膨胀背景下营销对策的研发框架

正确研究通货膨胀背景下的营销对策,需要系统研究下列问题并做出正确的判断和结论,才能推演出既真正符合市场需要又有利于企业长期全面发展的营销策略。

1. 研究消费者的通货膨胀预期与应对行为

2010～2011年,中国遭遇CPI超政府控制目标的上涨。经历过多次通货膨胀之后,中国消费者已经有了明确的应对意识,并各自采取行动缓解通货膨胀形成的经济压力。所以,企业通货膨胀背景下的营销策略需要研究与掌握消费者的心理和行为。当然,由于消费者对通货膨胀的预期不同、收入水平不同、经济和投资意识不同、消费观念不同,所采取的应对措施也不尽相同,但还是能够找出其中的一些基本规律。

(1)消费者的通货膨胀预期如果是"时间不长幅度不大,相信政府会采取有力措施控制通货膨胀,市场会很快恢复正常",则会在行为上顺应和接受可以承受的商品涨价而不刻意采取规避措施。于是2015～2016年CPI处在3%

以下的温和增长范围。但是，预期通货膨胀时间长且幅度大的话，政府就会采取积极行为减轻通货膨胀的影响，以保证实际生活水平和财富价值不会因为通货膨胀而缩水。

（2）收入水平高且具有增长潜力、资产存量多的消费者，首先会考虑和采取增加收入、存量资产保值增值的方式，比如要求增加现行工作的工资，寻找兼职，寻找工资水平更高的工作，购买增值空间更大并可以储存的金融性资产或房产、黄金珠宝等。其次才是考虑生活消费品的购买调整。但是，当股市和楼市低迷、预期不好或者不确定性时，通过投资实现资产增值的道路被堵塞、切断或者变得充满风险，改变生活消费品的购买行为会上升为其化解通货膨胀的主要选择。

（3）收入水平低且缺乏增长潜力、资产存量少甚至没有的消费者，对通货膨胀的敏感性最高，他们减轻通货膨胀压力的主要甚至是唯一的途径就是改变自己的产品购买行为。如：改变购买品类，猪肉涨价太多，改买涨价少的牛羊肉或者鸡鱼肉；改变购买品牌，放弃心理价值高的品牌，选择实用价值高的品牌，放弃价格高、涨价多的品牌，选择价格低、涨价少或没有涨价的品牌，更加注重性价比和经济实惠；改变购买地点，减少到豪华商场购物的次数，增加到普通商场购物的次数，寻求价格低、优惠多的购买场所，购买的比较性和选择性增强；推迟非生活必需品的购买，在以食品涨价为特征的通货膨胀中，由于食品无法长期储存的特性，使得消费者家庭不得不持续将食品购买排在第一位和保障位置，留足保障基本生活需要的费用，非生活必需品的购买被推迟，涨价的非生活必需品更不在购买清单之列。

（4）为应对长期的通货膨胀，在股市、房产和黄金市场收益不明显的情况下，消费者存量资产会按照最小风险和最小损失原则选择银行储蓄形式，即便银行利率已经是负利率。当存款准备金率提高，银行发行收益高于利息的理财产品时，消费者会选择银行理财产品。

（5）由于长期通货膨胀下行为的惯性，通货膨胀结束后的一段时间里，消费者仍然会紧缩消费，因此，很容易形成新的消费需求不足。而这将会给企业的市场营销带来新的问题。

工业用户在通货膨胀背景下的购买行为同样会有所调整。比如：短期内会增加有涨价趋势的产品采购，长期会寻找成本较低的替代产品或替代供应商。短期内会增加与所有供应商的联系，长期会强化与价格稳定合理的供应商的关系，弱化与价格上涨的供应商之间的关系，从而形成供应链关系的重组。

2．研究竞争者的通货膨胀预期与应对行为

宏观环境的重大变化通常是影响行业发展和行业重组的重要时机,宏观环境带来的市场集中和企业重组要比企业之间自由竞争形成的结果要猛烈和迅速得多。因此,通货膨胀时期企业的市场营销对策研究,必须考虑这一背景下同行业竞争对手的通货膨胀预期、竞争目的与应对策略。市场竞争激烈、集中度需要进一步提升的行业,尤其需要研究这一问题。在成本上升压力下实施涨价的企业或许正好符合某些竞争对手的意图,他们采取降低成本、改善产品、保持原价,甚至降低价格的竞争策略,必将赢得顾客和市场,从而将涨价的企业挤出市场,实现自身市场版图的扩大。

3．研究政府的通货膨胀控制目标与调控措施

面对通货膨胀,政府一定会提出控制目标并采取积极有效的措施达到目标。有些产品,政府不实行价格管制,企业可以自由调整价格;有些产品,政府实行价格审批制度,上调价格必须上报审批,获准以后方可执行;有些产品,政府采取价格补贴的方式弥补生产企业的不涨价损失。在2010～2011通货膨胀周期中,中国政府对有不合理涨价动机的企业采取了约谈措施,对违规涨价的企业则实行了经济处罚。企业需要掌握政府的通货膨胀治理目标与措施,从而主动接受政府的宏观调控,并将自身的营销对策措施纳入政府许可范围之内。

4．研究企业的资源优势与竞争策略

在对通货膨胀背景下消费者、竞争者和政府行为等外部因素分析之后,企业需要对内部资源进行分析研究,确定企业自己通货膨胀背景下的市场竞争策略。如果企业的品牌资源、产品资源、资本实力、技术资源、渠道资源和人力资源足以支持企业实施市场扩张,则可以考虑市场攻击策略,夺取竞争对手的市场,实现市场份额和市场规模的扩大。否则,需要考虑市场维持策略,保持和维护现有的市场份额和市场规模,即在竞争中吃不掉别人但也要防止被别人吃掉。

5．确定通货膨胀背景下企业的营销目标

在对内外部因素进行全面分析之后,企业需要研究制定通货膨胀背景下的营销目标,并以此为依据策划营销策略。一般来说,通货膨胀背景下的营销目标不外乎下面三种:

(1)利润目标。就是在通货膨胀背景下,仍然确立盈利为第一目标。生存是企业的第一法则,盈利是保证企业生存的条件。为了盈利和生存,失去一些没有效益的市场份额在所不惜。

（2）声誉目标。在通货膨胀背景下，以维护品牌形象和企业信誉为第一目标，将客户关系、品牌信誉等看成是最重要的市场资源，甚至不惜牺牲眼前的经济利益也要保护企业的客户利益和品牌声誉，其长远目的是在未来的市场竞争中获得品牌优势与客户支持。

（3）竞争目标。即借助营销环境的改变，打破竞争格局，实现市场份额和市场排名的提升。

6．策划通货膨胀背景下企业的营销策略

通货膨胀背景下的营销目标确定之后，需要开展营销策略的策划，并选择能够支持营销目标实现的营销策略组合。

（1）产品策略策划。基本思路有三种：

① 创新产品。通过改进产品的生产制造技术，采用更加优质但低价的原材料，提升产品的品质和功能，从提高产品价值与价格、降低成本两端扩展产品的盈利空间，以适应成本推动型的通货膨胀环境。

② 维持产品。如果产品创新短期内难以实现，并且还需要支付创新成本，则不如维持产品现状，这样更适应成本推动型的通货膨胀环境。

③ 简化产品。简化产品的功能配置，只保留产品的基本功能与主要配置，简化产品包装，简化企业产品服务，引导和强化用户自助服务，降低产品成本。这种产品策略更适合低端用户市场。

（2）价格策略策划。同样有三种基本思路：

① 提高价格。在成本推动型的通货膨胀背景下，提高产品价格有其合理性和市场接受性。但是，单一使用提高价格策略则有一定的风险性，最好应该在创新产品的基础上使用提高价格策略，而如果在简化产品的同时使用提高价格的策略，则明显有丧失未来市场的风险。

② 维持价格。为保持市场声誉，不提高产品价格，宁愿降低企业自身盈利空间或者通过降低成本方式保持企业的盈利空间，不向用户转嫁成本。

③ 降低价格。这是成本推动性通货膨胀背景下最不容易实施的价格策略。但是在创新产品成功和简化产品合理的情况下，有实施的可能和条件。只要不是以次充好、劣质低价，这种价格策略的营销道德形象建设意义和市场竞争力量是不容忽视的。

（3）分销策略策划。由于分销渠道的建立需要较长的时间，属于相对稳定和比较长效的营销策略手段，因此，在成本推动型通货膨胀背景下，分销渠道的策划和调整不可能是颠覆性的，需要调整以下两个方面：

① 为减轻成本压力,可以也需要收缩销售价格高、销量小而分销费用高的渠道和网点。

② 为适应通货膨胀时期的消费者购买地点变化,适当增加和支持销售价格低、分销费用也低的渠道和网点。比如,相对于百货渠道而言,超市和便利店价格更低,通货膨胀时期消费者会更多地选择在超市和便利店购买相同的产品,企业就需要增加超市和便利店的网点密度和支持力度。

(4)促销沟通策略策划。在成本推动型通货膨胀背景下,多数企业倾向于压缩营销费用预算,或者虽然不压缩营销费用总预算但调整营销费用的预算构成,通常是削减广告、公关和人员销售的费用预算,增加终端价格折让和优惠等促销活动预算。但是,这样做的风险是,有可能降低品牌价值和品牌形象。而在企业选择创新产品策略和提高价格策略的情况下,促销沟通策划也需要重新考虑,比如,需要增加广告预算、改变广告传播主题和媒体、传递已经提升的品牌和产品价值。这样才能让消费者了解和接受,实现营销沟通的目的。

(四)整合通货膨胀背景下的营销策略模式

企业最终需要整合一套自己的适合通货膨胀背景的营销策略模式,并在实践中加以贯彻执行。为表述简便起见,现以通货膨胀背景下最为重要的产品和价格为策略主线来分析营销策略的整合模式类型,分销策略和促销沟通策略可以在这个基础上添加和补充。

如上分析所见,产品策略有创新产品、维持产品和简化产品三种思路,价格策略有提高价格、维持价格和降低价格三种思路,组合起来将有三类九种不同的策略模式,如表 6.4 所示。

表 6.4　通货膨胀背景下的营销策略模式

价格策略 \ 产品策略	创新	维持	简化	支持的营销目标	适应的目标市场
提高	创新产品 提高价格	维持产品 提高价格	简化产品 提高价格	利润目标	高端消费群体
维持	创新产品 维持价格	维持产品 维持价格	简化产品 维持价格	声誉目标	中端消费群体
降低	创新产品 降低价格	维持产品 降低价格	简化产品 降低价格	竞争目标	低端消费群体

第一类三种策略模式以提高价格为特征,分别为创新产品提高价格、维持产品提高价格、简化产品提高价格,是支持以利润为目标的营销策略组合模式,基本适用于高端消费群体市场。

第二类三种策略模式以维持价格为特征,分别为创新产品维持价格、维持产品维持价格、简化产品维持价格,是支持以声誉为目标的营销策略组合模式,基本适用于中端消费群体市场。

第三类三种策略模式以降低价格为特征,分别为创新产品降低价格、维持产品降低价格、简化产品降低价格,是支持以竞争为目标的营销策略组合模式,基本适用于低端消费群体市场。

由此可见,通货膨胀背景下的营销策略远比简单涨价或变相涨价的方式要多得多。采取何种方式应对通货膨胀压力,取决于市场的结构和企业的竞争策略,也取决于企业的经营理念。在图6.1中,从创新产品到简化产品、从降低价格到提高价格,表面上看,企业的获利空间提升,但是市场风险也相应增加;从简化产品到创新产品、从提高价格到降低价格,执行的难度越来越大,但是市场的进取性和攻击力也越来越强。

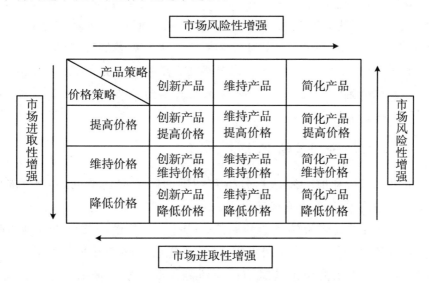

图 6.1　通货膨胀背景下营销策略模式分析

通货膨胀背景下的企业营销对策,不仅要立足现实、着眼于通货膨胀时期的市场,更要放眼未来、看到通货膨胀之后的市场。在最能反映企业经营理念的时候,企业要兼顾短期利益和长期利益,兼顾企业利益和社会利益,做一个让"上帝"满意、政府满意的有利于建设和谐社会的"道德公民"。尤其是房地产行业应该回归到"房住不炒",遵守中央领导 2016 年底提出 2017 年重申的"房子是用来住的,不是用来炒的"政策,规范房地产价格行为。

三、应对降价

在供过于求和行业激烈竞争的市场背景下,降价便变得比较频繁,甚至有可能引起各大品牌的轮番降价,发生价格大战。价格大战给企业带来的压力非常大,参与价格战企业的利润损失严重,不参与价格战企业市场份额又会受到巨大影响,不做出任何反应可能意味着坐以待毙。因此既需要认真分析、谨慎对待,又要准确应对、快速出击。

2012 年 6 月 18 日,在经历了长达半年的各种预热后,天猫、苏宁易购、亚马逊中国,不约而同地把价格战的高潮留在了这一天——京东商城的店庆日。这场一共投入了"58 亿元弹药"火拼的价格大战,被称为国内电商史上最猛烈的正面巅峰对决。吹响这场各大电商狙击京东号角的是苏宁易购执行副总裁李斌在 6 月 12 日发布的一条微博——"'6·18'是苏宁易购挑战京东的高潮日,也是电商行业狭路相逢的决战日"。一时间,"超级 0 元购""全网零利润""全网比价,差额补返"……电商们的促销广告让消费者们眼花缭乱。

就在"6·18"刚刚过去一个月的时候,京东刘强东发表了"谁价格不是最低,谁走人"的微博。而几乎同时,淘宝天猫也发布了 10 亿元回馈计划。电商江湖,将再次刮起血雨腥风。

(一)应对降价的策略思考

在做出反应行动前必须认真分析并准确回答下面这些问题,才能将应对措施建立在正确的策略分析基础之上。

(1)竞争者发动降价的目的和动机是什么?是想解决其企业自身的问题,如利用闲置的生产能力,快速回收资金,还是想改变整个行业竞争格局?

(2)竞争者推出的降价是短期行为还是长期战略?是个别产品的降价还是全线产品降价?

(3)如果本企业对此不做出反应,其他企业是否会做出反应?会做出什么样的反应?市场格局将会因此发生什么样的变化?

(4)降价产品处在寿命周期的什么阶段?

(5)降价产品在企业的产品组合中的地位如何?

（6）市场对于这种产品的价格敏感程度有多大？等等。

通过上述问题的深入分析，会发现不是所有的降价行为都是降价大战，有些降价行为只是短期的、局部的、解决降价企业特定问题的，不一定会演变成全行业的价格大战和市场灾难，当然，也会有些降价行为来者不善，试图改变市场格局，需要高度警惕。

（二）应对降价的对策措施

在深入分析上述问题之后，应对情绪会变得从容，应对思路会变得清晰。结合企业自身资源状况、营销目标和竞争策略，可以选择以下应对方式：

1．维持原价不参与降价

在以下几种情况下，竞争者尤其是市场领导者可以维持原来的价格和利润幅度，不参与降价：

（1）市场上的降价只不过是小品牌干扰视线的烟幕弹，行业不会发生激烈的价格竞争。

（2）降价会降低自身品牌形象，并对炒作降价的品牌形成支持。

（3）维持原价不会失去很多的市场份额，而且失去的一些市场份额，是可以重新获得的。

（4）不降价能留住优秀的忠诚顾客，而流失一些注重价格和短期利益的顾客无关大局。

2．加强促销沟通提升形象

如果降价问题比较严重，简单地维持原价不采取任何措施不足以应对降价威胁，而同时企业不想采取跟进降价或采取价格反击，可以在维持原价的基础上采取加强促销沟通等非价格反击措施。如强化和完善服务、强化广告投放力度、开展公关活动和促销活动，以使顾客能看到本品牌产品的更多价值。在正确策划和运作下，以促销沟通措施进行反击，有时市场效果比降价还要好得多，并且可以维持更高的品牌与产品形象，巩固企业的市场地位而不影响产品价格体系和价格稳定。

3．推出高端新品进行错位反击

如果降价问题非常严重，很有可能会引发价格大战，不采取有力措施肯定是无法阻止降价品牌进攻的。在这种情况下，有技术实力和产品储备的市场竞争者，如市场挑战者，可以推出高端高价值的新产品，以逆向思维迎战。

2000年夏季中国彩电行业再度陷入价格大战，康佳、长虹等品牌均卷入其中,但TCL没有跟进降价,而是采取了"研制最好的产品,提供最好的服务,创建最好的品牌"即三个最好的竞争策略。当年推出高清晰数字电视、音响电视、超薄电视、防雷电视和换壳电视五大系列新概念彩电新品,2001年初又推出世界第一台高技术高价位的能上网的彩电全新产品——家庭信息显示器(HiD,该产品是2010年以后流行的互联网电视的最新雏形)。从而在价格大战中脱颖而出,逆风飞扬。2001年实现彩电销售量、销售额和利润额三项全国第一,成为新世纪彩电行业新领袖。

这种策略成功的原因在于:当全行业卷入价格战时,高端消费者突然会发现市场上找不到适合自己的产品和品牌了,而他们又不愿意跟随大众购买降价品牌。于是,普遍的价格战就形成了高端品牌高端产品的缺位,这个时候推出的高端新品价格正好与降价产品形成了反差,体现出高端品牌高端产品的特征,迎合了高端消费者的需要。

2010～2016年间,电商低价冲击市场,降低了中国品牌和中国产品的品质形象,以致于实现消费升级的中国消费者在海外旅游时抢购马桶盖和电饭煲等产品,成为中国制造一段难堪的时光阴影。

4. 降价反击维护市场地位

在下列情况下,可以果断地采取降价措施应对竞争品牌挑起的价格大战:

(1)产品的成本将随着销量增加而下降,不必担心降价导致成本接受不了。

(2)不降价将会失去很多的市场份额,因为这种产品的降价对消费者是有明显刺激的,对销量的提升是显著的;而一旦丢失市场份额,今后还要使尽全力去重新夺取市场份额,而这将是比较困难的,并且会为此付出昂贵的代价,带来企业利润的重大损失。

需要指出的是,有些企业面对降价大战,在降价的同时也降低了产品的质量、服务并减少广告投入以维持利润,但这种做法将损害企业的未来,是没有眼光和不可取的。所以降价的同时应该努力维持产品的品质和价值。

5. 跟进降价共同受益

如果降价是合理的,对产业、市场和消费者均有益,而且产品又非常同质化,跟进降价是明智而快乐的选择。如果不跟进降价,损失的反而是自己。处在市场跟随者地位的企业尤其需要采取降价跟进策略。

但是在价格大战爆发的时候,往往难以有充分的时间和信息深入分析企业可供选择的方案。竞争者可能已经花费了相当多的时间精心策划和全面准备这个降价行动,但是其他企业可能必须在一两天内甚至不得不在几个小时内就要做出应对降价大战的决策。只有一种办法可以缩短价格反应的决策时间并降低决策风险,那就是根据竞争对手的市场动向以及在媒体、终端或者经销商通路环节表现出来的某些市场预兆,提前预计可能发生的竞争者的价格变动,并提前做好应对方案。

四、实战分享

美的微波炉——从价格战到"价值战"的突围

在微波炉行业,格兰仕作为市场的先入者,一直保持着较大的市场份额,数年来坚持不懈地挥舞价格战屠刀,并以"价格屠夫"自居,声称"价格的竞争乃是最高级的竞争方式",原格兰仕副总裁俞尧昌更是以创立了"摧毁产业投资价值"理论而名闻业界。在恶性价格战策略之下,这个行业的整体价值走低,各个方面都不能获得正常的利益。微波炉行业的整体市场总量已经连续5年没有增长,徘徊在每年800万台的规模上,而主要品牌的市场份额也连续多年变化不大。

然而,2007年中怡康的监测数据显示,9月、10月、11月,美的微波炉的市场占有率已高达42%,比上一年同期提升了13%;10月底,美的微波炉在国内市场已经完成了全年销售目标,销量接近400万台……

从被迫参与恶性价格竞争到回归价值创新,美的微波炉走过了一条营销变革之路。

美的通过研究消费者需求,引进国外技术人员加强技术创新,制造出更适合中国家庭使用的蒸功能微波炉"食神蒸霸",打破了此前的微波炉只是加热工具的局限,可以做出中国八大菜系近百种菜品,解决了自微波炉发明以来,一直横亘于行业面前的最大难题:用微波炉直接加热的食物,营养流失严重,脱水严重,口感也不好。用微波炉蒸菜,还可以实现智能化控制,而且无明火、无油烟,与明火蒸食物相比,最大限度地减少了消费者用于烹饪的时间,还解决了厨房清洁难题。

在品牌传播上,美的将蒸功能作为品牌定位,致力于成为"蒸功能微波炉"这一全新品类的代名词。在2006年年底确定的品牌策略中,美的以"食尚,蒸滋味"作为品牌的主打口号,并通过以央视为核心的媒体组合,进行广泛传播。

2007年4月,美的微波炉联合电子科技大学,制定了微波炉蒸功能标准,被中国标准化协会纳入其CAS标准体系,引发了持续半年的媒体关注。

美的微波炉日前已经推出蒸功能升级产品——"全能蒸"微波炉系列,以强化其在蒸功能产品上的领先地位,牢牢把握对行业发展的话语权与方向引领权。

创新使美的微波炉在国内市场上的经营发生了本质变化:经销商信心大增,员工队伍稳定;经营业绩前几年徘徊于亏损边缘,如今已是小有盈利。

创新也为行业发展提供了新的空间。其他微波炉企业迅速跟进,海尔、LG、格兰仕也推出了具有蒸功能的产品。在日韩市场上,具有蒸功能的微波炉产品的市场占有率达到80%以上。

课后练习

一、策划理论知识练习

1. 产品的终端价格如何策划?
2. 在价格结构策划中,产品线组合定价应如何策划?
3. 如何进行产品价格体系的策划?
4. 如何发动价格调整?
5. 如何应对涨价和降价?

二、策划实战模拟练习

1. 到超市找到最畅销的方便面品牌,分析其各种包装方式、各种包装规格或口味的终端零售价格及其价格结构。

2. 了解娃哈哈和农夫山泉瓶装水的零售价格,并分析其定价策略。

3. 搜集近期具有重大影响的产品价格调整信息,了解消费者的反应、新闻媒体的舆论导向、政府部门的表态、制造商和零售商的价格行动措施,并分析其背后的原因和动机。

第七章　分销渠道策划

开篇导语

分销渠道是产品走进市场、走近用户的通路。同产品策略、促销策略、定价策略一样,分销策略也是企业能否成功进入市场,扩大销售,实现企业经营目标的重要手段。而在现代中国市场,分销渠道要比国外复杂得多,分销渠道的驱动力量也非常强势,因此,分销策划更具有中国特色和中国意义。

学习目标

1. 理解分销布局策划的内容与方法;
2. 理解分销模式策划的内容与方法;
3. 掌握选择分销商的目标、原则与方法。

课前知识

市场营销学(原理)中的分销策略:
1. 分销渠道:直接渠道与间接渠道,长渠道与短渠道,宽渠道与窄渠道,单渠道与多渠道,密集性分销渠道、选择性分销渠道与独家性分销渠道。
2. 流通业态与中间商:批发与零售,代理与经销,超市,连锁。
3. 产品实体分配与物流。

相关课程知识

分销与物流的相关知识。

第一节　分销渠道策划原理

分销渠道是产品走进市场、走近用户的通路。同产品策略、促销沟通策略、定价策略一样，分销策略也是企业能否成功进入市场，扩大销售，实现企业经营目标的重要手段。而在现代中国市场，分销渠道要比国外复杂得多，分销渠道的驱动力量也非常强势，因此，分销渠道策划更具有中国特色和中国意义。

一、分销渠道策划的思维路径

系统思考和全面策划产品应该如何分销，需要依次考虑下列问题：

1. 到哪里去销售

这是一个关乎能否将产品销售出去并尽快达成营销目标的问题，而且还与营销费用的投入关系极大。因此是分销渠道策划首先要思考的问题。这个问题还有可能会细化和深化为这样一系列的问题：是在本地销售还是去外地销售？去外地销售是向东还是向西？去几个地方？去几个什么样的地方？大城市还是中小城市，亦或农村？这些地方同时去还是分别去？在分销渠道策划中，我们将对这些问题的思考与设计叫做分销布局策划。

2. 通过什么样的分销模式去销售

这是一个影响销售效率的问题，是在分销渠道策划与思考第一个问题明确以后自然会出现的问题。对这一问题深入思考，还会深挖出下列细节问题：是自己组建销售队伍开赴市场一线销售，还是借助当地的商业机构经销或代理？分销渠道的环节多少为宜？经销商或代理商的数量多少为宜？是采取总经销下设分经销模式，还是采取区域多家经销模式？是采取独家代理模式，还是采取多家代理模式？或者直接采取电子商务网络销售模式？在分销渠道策划中，我们将对这些问题的思考和设计叫作分销模式策划。

3. 通过什么途径能够找到分销商

这是一个落实分销模式建设销售网络的问题，是分销模式策划形成决策之后自然要面对的问题，也是企业高层、营销策划部门以及销售业务部门都十分关心的问题。在分销渠道策划中，我们将对这一问题的思考和设计叫作通路招商策划。

因此，在分销渠道策划中，我们需要相应地探讨和开展以下项目策划：① 分销布局策划；② 分销模式策划；③ 通路招商策划。

二、分销渠道策划的策略主线

1. 战略视野纵横拉阔，战术手段缜密可行

分销渠道策划既包括市场布局等宏观问题的谋划，也包括通路招商方式、销售政策条款等细节问题的思考。需要策划者对宏观市场局势和企业的资源状况了然于胸，对企业的资源调度和资源整合能力有正确的把握，对企业的自有资源能量有正确的判断，这样才不会出现市场布局上的错误。同时，需要策划者对于商业流通环境和商业客户心态有准确的把握，对于招商方式和销售政策力度与作用的把控有准确的分寸，否则，分销布局的战略态势就有可能落空，销售渠道的建设就有可能搁浅。

2. 流通环境复杂多变，深入市场实地调研

由于工作性质和工作岗位的原因，营销策划人员日常接触的比较多的是产品、促销、广告、媒体和公关，流通渠道和商业客户接触得比较少，因此有可能不太熟悉。但是，分销渠道策划则要求策划人员必须熟悉流通领域、流通业态和商业客户等流通环境，为此，分销渠道策划一方面需要与了解流通环境、经常与商业客户打交道的销售部门一起共同开展；另外一方面也要求从事分销渠道策划的专业人员深入市场一线，亲自掌握渠道一线的第一手资料，找到渠道一线的亲身体验。

中国市场流通环境存在着时间维度的多变性与空间维度的差异性，这更是分销渠道策划必须经常深入一线调研的根源所在。中国经济体制的改革流通领域早于生产领域，中国企业的改革流通企业先于制造企业，改革的力度和彻底程度也是商业超过工业。流通行业进入成本低，退出障碍也少，吸纳劳动力多，个体企业多，民营企业多，中小企业多，经济成分复杂，但企业持续发展稳定经营的不多，地面渠道、地下渠道、正规渠道、水货渠道和假货渠道同时存在，鱼龙混杂。而中国加入WTO之后，外资强势进入，对于中国城市商业格局、商业竞争和消费者的行为又带来了显著的影响。

随着互联网的发展，电商渠道成为中国商业流通渠道的一员，并在2010

年代的前几年实现迅速扩张,成为分销渠道策划需要重视的渠道类型,但无论电商渠道怎么发展都不能完全替代实体流通渠道。而且由于网络的虚拟性及商业诚信的缺失性,导致了网络安全问题的产生,对市场秩序的稳定带来了不利影响,需要持续加强监管和规范。

3. 渠道资源珍惜有限,争夺意识不可或缺

商业客户是独立于企业之外的经济组织,对于企业来说就是一种市场资源。而有实力有信誉的商业客户更是一种珍贵的市场资源,如果他们不和我们企业合作就会和我们的竞争对手合作,为竞争对手开拓市场,扩大销售。分销渠道策划需要将这些具有市场意义的客户资源发掘出来并缔结为合作伙伴。在中国企业内部,往往会出现市场经理、营销经理话语权没有销售经理有分量的现象,其中的主要原因就在于销售经理更接近商业客户这个重要资源。在中国市场上,在家电产业和食品饮料行业,都有中国企业或单个或整体战胜资金和品牌实力更强大、产品和技术更优秀的外资品牌的众多案例,这从很多层面似乎都不好理解,但在分销渠道层面则比较好理解,就是中国企业比外资品牌有着更广泛的分销网络、更紧密合作的商业合作伙伴。

4. 坚定立足战略双赢,渠道运营持续稳定

分销渠道策划无法回避市场利益的分割,也在一定程度存在着厂商博弈。但是,对于上游制造企业来说,需要放眼大时代、适应大环境,着眼于打造相对稳定的渠道联盟,建立具有持续竞争优势的战略合作体系,克服小矛盾,不计较短期利益和短期冲突,不频繁调整分销模式,不颠覆性调整分销体系和商业客户。如果将分销渠道的调整弄得像促销活动一样频繁,对于企业销售和市场的影响将是伤筋动骨式的。

5. 坚守高效率低成本,市场主权自我掌控

一般认为,产品、价格、分销渠道和促销沟通是企业可以控制的四个营销要素,因此能够据此形成市场营销的4P策略。但实际上,这四个要素的企业可控制程度是有差异的,产品、价格和促销沟通是企业内部的要素,是可以有效控制的,而分销渠道是独立于企业之外存在的,是难以控制的。但是,作为企业营销策略之一的分销又不能是企业不可掌控的。为成功实现产品的营销目标,企业需要将渠道建设和市场控制的主动权掌握在自己手中,并实现分销与产品流通的高效率与低成本。低效率的分销渠道是没有竞争力的渠道,是不能够抢占市场先机的渠道,是不能够提升市场份额的渠道,必定会被竞争对手的高效率渠道所打败。而高成本的渠道也是损伤企业盈利的渠道。企业不能控制的渠道也将是威胁企业生命的渠道，尽管其销售能量较大、销售规模可观，但同时也往往与高费用、高成本相伴，并且在销售价格和市场管理方面制约上游制造企业。如果生产制造企业在销售规模、销售成本和销售控制方面无法在强势商业客户面前达到平衡，就需要回避这种商业客户。分销渠道较难控制，但也不能失去控制，或者反被渠道控制。一定程度的掌控度是企业必须做到的，也是分销渠道策划必须坚持的。

第二节 分销布局策划

企业首先要对其产品销售区域进行合理布局规划，而后才能据此建立分销网络和分销渠道，正所谓布局落子。而分销布局策划的第一步就是要分析影响布局的因素。

一、分析分销布局影响因素

分销如何布局难以直接做出确切决策，需要认真分析影响分销布局的因素，根据各因素的影响方式与影响程度来策划和设计适合本企业、本品牌和产品的分销布局方式。

影响分销布局的因素，既有企业内部的因素也有企业外部的因素，主要有营销目标、市场定位、企业资源、市场竞争和交通物流等五大因素。前两个因素决定着企业"应该"怎样进行分销布局，后三个因素决定着企业"能够"怎样进行分销布局。必须将"应该"进行的理想布局和"能够"进行的现实布局结合起来，才能对分销布局进行科学策划与合理决策。

1. 营销目标

营销目标是影响分销布局的第一要素。如果营销目标的重点是增加销售额、扩大市场份额，一般就要求市场分布面广一些；如果营销目标的重点是树立高端形象，那么就应该采取重点选择性布局。

2. 市场定位

市场定位中的企业定位、品牌定位和产品定位均是直接影响分销布局的重要因素。定位于全球性企业、全国性企业和地方性企业的分销布局之间是有天壤之别的。当品牌和产品定位于城市高档消费时,分销布局应重点锁定大中城市。当品牌和产品定位于农村市场时,分销布局必须渗透到农村乡镇。当品牌和产品定位于大众日常消费时,分销布局必须全面撒网,密集织网。当品牌和产品定位于选择性购买消费时,分销布局需要专业化布控,网线简明清晰。

3. 企业资源

企业的品牌资源、产品资源、财力资源、人力资源和管理资源是影响分销布局的重要条件。这里的品牌资源主要是指品牌的影响区域空间范围与影响程度范围,因此常有国际品牌、全国品牌和地方品牌之分,从商标价值方面来看,也有中国驰名商标与地方省市著名商标之分。品牌资源不同,分销布局也相应不同。产品资源即产能大小与品种多少,它决定着产品市场覆盖面的宽度。生产规模小、品种少的企业是无法也不必大面积占领市场的,应该针对特定区域市场开展集中营销。企业的财力与人力资源能支持多大范围的市场开拓与巩固,与市场布局同样有着重要关系。企业市场开发与管理能力也在一定程度上影响着企业的市场布局。

4. 市场竞争

市场竞争状况对分销布局策划是一个重要的制约条件。竞争对手实力越强、竞争越激烈的市场越不容易攻占,即使能攻占下来也难以巩固,企业还必须为此支付大量的市场开拓和维持费用。所以,应该扬长避短、乘隙而入,尽量进入竞争规范且互补性较强的市场。除非企业具有明显的强大的竞争优势,或者这个市场对企业来说十分重要,否则,不要轻易进入竞争过于激烈的市场。

5. 交通物流

产品实体分销必须具备相应的交通物流条件。只有在物流通畅的前提下,分销布局才有可能实现。在分销布局策划中,应该优先考虑在物流运输具备便利性、快捷性和经济性的市场区域布点布阵。

二、规划分销布局形式

在全面分析影响分销布局的各种因素之后,就可以进入分销布局的策划与规划设计阶段了。一般来说,分销布局形式主要有以下三类:

1. 全面布局

全面布局是指广泛建立销售网络,全面进入所有的市场区域。如可口可乐公司的全球市场战略,就是要让全世界的人都喝"可口可乐";TCL 销售网络的精耕细作,就是要全面占领中国市场。

全面布局可以使产品有尽可能大的市场覆盖面,从而能最大限度地增加产品销量。但需要付出大量的市场开发费用,实力不强的企业不宜采用。

全面布局主要适用于消费需求差异性不大的产品和标准化产品。而需求差异比较大的产品不宜采取这种形式。

2. 重点布局

重点布局就是选择若干主要区域市场建立销售渠道和销售网络,确保成功开拓并巩固市场。

一般来说,重点布局适用于:

（1）需求差异性比较大、定位针对性较强的产品。

（2）消费梯度层次比较明显的产品,需要也只能先从重点市场做起。

（3）企业市场开发费用、人力资源和管理能力等不足以实现全面布局,只能开发几个有限的重点市场。

3. 区域布局

区域布局是根据市场需求特征、市场成熟程度、流通网络体系和企业的经营实力与发展规划,分步骤按区域开发市场。

这是一种积极而又稳妥的分销布局策略,既可以尽可能地扩大市场,又可以根据不同区域市场的特点,有针对性地采用市场开发和营销策略,同时还兼顾了企业资源实力、市场开拓和管理能力,但前提条件是产品必须拥有较大的市场潜量,存在按区域逐步开发的市场机会。

三、策划分销布局实现方式

分销布局形式是一种目标性规划,分销布局目标规划的实现还需要有具体的措施性规划的支持。对应于分销布局的三种基本形式,分销布局的实现方式也有三种形式:

1. 鲸吞席卷式

这是实现全面布局的一种方式。生产厂家将营销资源及时、迅速投放到所有市场区域内,实现全面布局、迅速成势。如 TCL 集团正是通过降低销售重心、实施网络精耕细作和千店工程迅速占领中国市场的。

这种方式的优点是市场覆盖广泛而迅速,可在短时间内快速启动全盘市场。缺点是销售力量分散,市场覆盖面虽广,但不易巩固,易于被竞争对手抓住破绽,如果管理不到位还有可能导致全线溃败。因此,实力不强的厂家应谨慎采用这种方式,否则,广种薄收、得不偿失。

采取这种方式需要注意的是:追求市场的覆盖面,战线必然拉得长,从而导致企业市场管理的人力、物力和财力分散,因此多数企业需要依赖中间商。但是,如果中间商处于强势地位,厂家又有可能失去市场控制权。TCL采取这种方式之所以能够成功,是因为TCL自营批发网络,掌握着自己产品的销售与市场命脉。

网络约车、共享单车在中国市场快速攻城略地,采取的也是鲸吞席卷式策略。迅速在全国范围内布局是这类企业发展的基本模式。而且一般来说,这类企业并不具备别人不可超越的核心技术和核心竞争优势。发展的根本思路就是快速实现全面布局。而快速全面布局对企业的资金需求量是巨大的,因此必须同时开展卓有成效的资本运作,寻找天使投资、多轮风险投资,最终上市融资是这类企业扩张的核心战略。

2. 重点突破式

这是实现重点布局的一种方式。这种方式将营销资源投放到一个或几个企业力所能及的或对企业营销有重大意义的市场区域内,实现重点突破。

这种方式比较适用于营销资源不是特别雄厚的企业。其优点是可以集中资源打歼灭战;缺点是目标市场容量可能有限,如消耗资源过多,会影响企业进一步扩大市场的能力。

3. 蚕食扩张式

这是实现区域布局的一种方式。这种方式是先巩固大本营和根据地,然后再逐步蚕食周边或条件相似的区域市场,步步为营,逐渐扩张。这种方式最适合资源有限实力、不足的企业。

这种方式的优点是比较稳健,还可以合理安排营销力量;缺点是市场覆盖速度较慢,对时效性或时尚性产品不适用。采用这种方式还必须及时构筑市场防御屏障体系,以确保已经占领的区域市场不被竞争对手所蚕食。

巨人集团在其脑黄金时代,以广告狂轰滥炸方式试图快速占领全国市场实现全面布局,结果由于资源不足和广告诉求失误陷入失败。而在东山再起的脑白金时代,史玉柱采取了集中资源攻占一地再逐步蚕食扩张的方式,通过区域布局逐步连片最终实现了占领全国市场的目标。其布局形式和实现方式的调整及其实际效果呈现,很有思考和借鉴价值。

第三节　分销模式策划

当明确了在多大市场区域范围内布局以及如何在该区域内布局之后，接着还必须进行分销模式的策划，即要根据流通环境和分销目标，选择流通渠道业态、分销运作模式和渠道结构模式。

一、分析流通环境

策划分销模式必须密切监视和预测营销环境因素的变化，及时准确把握环境变化对分销模式的影响，必要时还需要开展流通渠道调研，调研内容和方式见第二章中营销环境调研的相关内容。

环境因素中有对企业分销模式具有积极影响的机会性因素，也有对企业分销具有消极影响的威胁性因素。分销模式策划必须善于利用机会性因素，规避威胁性因素，无视环境变化必然要犯错误。

21世纪以来，中国流通领域发生了一系列变化，值得分销策划者注意，先是连锁商业和超市业态的兴起对传统百货业带来了冲击，但连锁扩张一定也存在门店数量规模的市场制约；网络时代的到来、电子商务的快速发展，给超市和百货等实体零售业态及批发市场带来了冲击，但到2015~2016年时，随着网络红利增长放缓，电商发展空间受限，加上假货和刷单乱象不断，导致网购体验不佳，电商顾客下线进店，迫使电商下线落地与实体商业合作。

进行分销模式策划还需要分析竞争者的分销模式，看其是否具有值得学习的优点，是否具有可以攻击的缺陷，等等，从而为分销模式策划提供借鉴。

二、明确分销目标

分销目标往往决定着对分销模式及渠道的要求，分销模式策划必须考虑分销目标的要求。分销目标基本上可以分为销售顺畅、市场份额、购买便利、迅速开拓市场、维护品牌形象、渠道经济性和渠道控制性七个方面，对应的分销策划要求也有所不同，具体内容如表7.1所示。

表 7.1　各分销目标对应的分销策划要求

分销目标	分销策划要求
销售顺畅	这是对分销渠道的基本要求，直销或短渠道最能达到这一要求
市场份额	追求网络覆盖率和产品铺货率，全面布局，多路并进
购买便利	应尽可能地贴近消费者，实体广泛布点，电商入驻强势平台
迅速开拓市场	一般较多地利用经销商、代理商的分销力量
维护品牌形象	高端布局，优选渠道，精选客户
渠道经济性	要考虑渠道的建设成本、维持成本、替代成本及经济收益
渠道控制性	企业应扎扎实实地培植自身的分销能力和渠道管理能力，以管理、资金、经验、品牌或所有权来掌握渠道主动权

三、选择流通业态

分销模式策划不可忽视的基本内容是，要规划销售通路的业态形式，尤其是选择好贴近消费者的零售通路业态。这是决定分销通路策划是否走对路的方向性问题。因为只有适当的零售业态才能顺利地销售产品，形成并扩大市场影响与份额，增加产品销量。

（一）渠道业态的规范设计

从本质上说，到哪里去卖，从什么终端去卖，取决于消费者到什么地方去买，到什么样的终端业态去买。而在有多种购买渠道与终端业态的情况下，销售渠道和终端业态的主次取决于消费者光顾的便利性、频次和购买的比重。消费者可能会上网看看，通过图片和文字，了解产品价格和买家评价，可能会到实体商店直接了解产品实体，而后选择一种合适的渠道购买。

现在经常采用的零售业态形式主要有百货商店、超级市场、专业商店、专卖店、便利店、城市综合体和电商平台等。

1. 百货商店

这类商店主要面对有选择性地购物的消费群体。通过百货商店这种流通业态销售的一般是消费者选择性比较强和品牌偏好度比较大的产品，或者是消费者购买频率比较低的耐用消费品。因此，服装、纺织品、家用陈设、家用电器等，应选择这种零售通路业态。

2. 超级市场

这种流通业态主要面对的是购买日常生活用品的消费群体,是日用消费品和食品最适宜、最具潜力的零售通路业态。随着沃尔玛和家乐福等超市巨头在中国的发展,超市业态已经成为中国快速消费品流通的重要形式。

3. 专业商店

这种流通业态主要面对的是购买特定商品且有目的地选择性的消费群体。在经营方式上专业化程度较高,专门经营某一大类产品,产品线窄而深,品类专一,但品种齐全,便于顾客充分挑选。这类商店可以按照产品类别开设,比如服装商店、数码产品商店、家用电器商店、汽车装潢用品商店等,还可以按照消费者年龄和身份以及产品开设,如儿童用品商店、青年女性休闲用品商店等。选择在人流量大的商业路段开店是专业商店的重要经营策略,开展连锁经营是专业商店扩大经营的重要方式。选购性购买的产品需要采用这种流通业态。

4. 专卖店

专卖店是专门销售特定品牌产品的零售商店。可以由生产企业自己投资开设,也可以授权一些中小型商业企业特许经营或特约经销。但并不是任何品牌都可以建立专卖店分销产品。专卖的基本要求是:品牌应当具有相当高的知名度与美誉度,并拥有一定的品牌忠诚度;产品已经构成比较完整的阵容和系列,能够适应不同类型的消费需求;产品的质量可靠并有良好的售前、售中、售后服务做保证。

5. 便利店

这种商店是面对生活小区居民日常消费的便利小店。追求购买便利性的日常生活必需品需要选择这种零售业态。

6. 城市综合体

随着城市营销城市运营的开展,商业地产发展很快,城市综合体和购物广场业态吸引了新锐时尚消费者。城市综合体集合了购物、娱乐、餐饮,甚至运动、休闲等多种生活消费方式,已经成为中高端品牌、快时尚品牌的新兴主流分销渠道。

7. 电商平台

随着网络技术的发展和网络生活的普及,电子商务和网上购物已经从尝试变成一种常态,产品范围也从最初的低价格低购买风险的图书等长尾产品,扩展到日用消费品、服装、箱包和数码家电等选购品,但总体来说,产品价值和客单价不高,汽车和房产等高价值产品仍然不多。此外,随着数字电视的开播,电视频道资源进一步扩大,消失了一段时间的电视购物卷土重来,对于2007年手机市场的复兴来说,电视购物是一种重要的流通渠道。但与快速发展的电商相比,电视购物的便利性和普及性已经远远落后了。

选择零售业态,需要根据产品的特性、目标消费者的购买习惯、流通业态的经营成本与经营效率以及企业的营销目标等几个方面的因素综合考虑。在必要的情况下,也可以几种流通业态同时采用,以适应不同目标市场的需求,但要正确认识各种业态的地位和作用,正确划分各种业态的销售比例与结构,以达到销量与效益的最大化。

(二)渠道业态的创新设计

一般而言,渠道业态的规范设计比较适用于市场上已经正常销售的产品,但是并不适用于全新品类产品。因为一种全新品类的产品,消费者根本还没有见到过,还没有消费概念与消费意识,还想不到哪里有卖、到哪里去买,更谈不上购买习惯与购买行为规律。而一般商业渠道和终端对于这种产品的市场前景和经营效益也并不一定很有把握,于是也不太愿意销售。因此,全新品类产品,在产品概念和产品技术层面实现创新之后,还需要在分销渠道层面进行大胆创新和突破,才能打通产品与市场的通路,从而顺利走向市场。

当联想电脑从国际品牌电脑销售代理转向电脑生产时,理性告诉他们不能一步进入专业电脑和办公电脑领域,那是国际品牌的天下,联想竞争不过他们。因此只能从家用电脑市场、民用电脑市场切入计算机制造行业。然而,这个国际品牌电脑销售专家在销售自己生产制造的电脑时却遇到了困惑:到哪里去卖定位给普通老百姓的电脑呢?

全新品类产品,现有销售渠道不卖,目标消费者不知道从哪里去买,渠道创新的根本途径就在于:目标消费者经常在哪里出现,就将产品带到那个地方去与目标消费者见面,向目标消费者推荐,让目标消费者了解,促使目标消费者购买。早期的联想电脑将其首批开发的E系列电脑带到少年宫广场,拉起横幅,搭起台子,向带着孩子来学奥数、学物理、学化学、学书法、学舞蹈的望子成龙的家长们推销。后来又到普通消费者经常去的百货商场去展示、销售。

当空调还是一种奢侈性的电器产品时,原来家用电器产品的主要销售渠道及主流业态百货商场和专业家电商场都没有太大热情,这种产品耗电大,需要电力部门增容、需要消费者改造电路、销售以后还需要安装才能使用,销售服务比较麻烦。结果,空调在城市市场是由有办法解决电力增容问题的由电力系统开办的劳动服务公司等三产企业先销售起来的,是由不怕麻烦的个体商户先卖起来的。以至于在空调销售行业长期存在百货和专业家电业态之外的销售大户。

彩电在进入农村市场的时候,农村也并不存在现成的销售渠道和终端客户。第一个做农村彩电销售网络的TCL就遇到了这个难题,业务员根本找不着彩电经销商。TCL的销售精英们就动员卖农具、卖化肥的商店来卖彩电,最终成就了TCL彩电强大的农村销售网络。

空调在进入三、四级市场时同样也找不到现成的空调经销商。格力空调就动员TCL彩电的经销商增加空调产品销量。一段时间,格力空调召开区域经销商会议,来参加会议的客户当中70%～80%是TCL彩电专卖店。TCL的销售网络资源被格力空调借用了。

商业批发和零售本身就是高度竞争的行业,自身也在激烈竞争中不断发展变化。受电商低价冲击的实体商业也在不断降低成本并优化自身服务,增强顾客体验优势。电商企业在增速放缓后经历过移动电商APP和线上线下O2O的突围效果不明显之后,也在下线落地,或开设线下实体门店,或投资线下实体商业。国际电商鼻祖亚马逊2016年12月宣布在西雅图开设了一家占地167平方米的实体店Amason Go,使用传感器跟踪顾客选购商品行为,无须排队结账。马云2016年10月提出阿里巴巴将没有电子商务,将来只有"新零售",但被同为浙江的娃哈哈董事长宗庆后批评为"胡说八道"。

2016年初,京东成立新通路事业部,为食品饮料、日用百货,粮油副食、个护清洁等行业搭建生产商与终端实体中小商店线上采销平台,将传统快消品的实体流通渠道从3～5级缩短到1～2级,通过京东的供应商资源和物流配送体系,实现品牌厂商产品到广大而分散的小微实体店的快速直通分销,中小商店到品牌厂商的集中快速采购,双方均提高了运营效率。2016年业务开展的区域有北京、河北、山东、江苏和四川等地。2017年计划开通天津、上海、浙江、福建、广东、重庆等区域。中小商户通过京东掌柜宝手机APP就可以上线订货,京东负责运货上门。2017年初已有500余家品牌通过京东新通路为中小商户供货,京东新通路还将为制造商上线大数据服务平台"慧眼"系统,解决传统渠道的不透明、不扁平、难监控、难互动的痛点问题,实现终端门店洞察和进销存监控。2017年京东还相继启动了万家京东家电专卖店计划和百万家便利店计划,持续发力线下实体门店建设。

生产制造企业需要关注到商业自身的发展变化和业态创新，并将之纳入生产制造企业销售渠道创新统筹考虑。但是也需要对商业模式和流通创新保持客观、科学和理性的态度，不要被某些商业机构的夸大宣传所迷惑、所困惑，相信"电子商务将颠覆传统实体商业""今天如果不做电子商务，明天将无商可务"等极端狂热言论，其实电商平台自身都已开始转战线下，通过互联网电商渠道实现快速成长的小米也已开设实体门店。

需要注意的是，新品类产品的渠道业态创新，策划者和实际执行者刚开始可能会从各种方向、各种途径进行尝试，希望能够从多种路径上找到出路，找到愿意尝试合作的客户，实现渠道创建的从无到有，但在一定的市场时期内最终能够形成主流渠道的往往只是其中的一种。所以，在尝试多种思路时需要抓住重点，抓住主要方向，一旦确定主流开发方向就要及时集中资源和精力，迅速推广普及。长时间多路出击将分散精力和资源，不适合新品类产品市场推广初期的资源条件和成长需要。

四、界定分销运作模式

分销布局、分销目标与终端流通业态确定之后，企业接下来就要研究和确定适合市场需要、符合自身特点的分销模式。目前分销模式主要有三种模式选择：第一种是由生产企业自己直接进行销售的自销模式；第二种是将产品卖给中间商，再由中间商转卖的经销模式；第三种是委托中间商进行代理销售的代理模式。

（一）自销模式

自销模式，就是产品销售全部或基本上由生产制造企业自己的销售队伍及销售网络来承担的销售模式。根据其自销环节的多少和业态类型的不同又分为五种形式：

1. 直销用户

即生产企业自己将产品卖给最终用户，像计算机行业的戴尔，中间没有任何商业环节。

2. 直供电商

生产企业将产品销售给 B2C 自营电商，如京东、亚马逊等，2B 环节生产企业自行销售，2C 环节由电商负责零售。

3. 直营电商

生产企业自建电商队伍，或自建电商网站或入驻电商平台开设旗舰店和专卖店，实现产品从出厂到最终用户的电商网络直销。

4. 直营批零

生产企业建立从批发到零售的全部商业体系，承担产品从出厂销售到批发销售再到终端零售的全部功能。这是采用得比较少的自销模式。

5. 直供零售

即生产企业直接将产品卖给零售商业，自行承担批发商业功能，但没有取代而是利用了零售商业的零售功能。这是采用得最普遍的自销模式，故做深入介绍。

直供零售的分销模式一般是这样操作的：在省会一级市场设立分销机构，直接面对省会城市的零售商供货，在地市二级市场或设立分销机构或派驻业务员，直接面对二三级市场的零售商和三四级市场的专卖店，所有零售商均直接从厂家进货。由于生产企业内部销售体系存在两种模式，因此直供零售模式又有两种类型：

（1）销售分支机构在当地注册，拥有法人资格和经营权利，与销售总部既是上下级关系又是买卖关系，这时，直供零售是零售商直接从厂家的销售分支机构进货。

（2）销售分支机构未在当地注册，没有法人资格和经营权利，与销售总部仅是上下级关系，不存在买卖关系，销售分支机构不是经营实体，只承担产品实体分销功能，这时，直供零售是零售商直接从厂家的销售分支机构拿货，但必须从销售总部开票。

直供零售模式的优点是厂家真正拥有了自己的零售网络资源，有利于对零售终端网络的控制与管理，且信息反馈及时，市场灵敏度高，能较好地控制零售价格。缺点是原来由批发商承担的网络开发、销售、促销、仓储、融资、物流等分销职能，现在全部由厂家独自承担，这无疑对厂家的资金、技术、人员管理等提出了更高的要求。由于交易分散，资金回笼慢，厂家要承担库存成本的风险；零售商进货零散，货物的配送不够方便，特别在交通不便的地区，物流成本非常高；厂家直接面对零售终端，所投入的人力成本大大提高。

采取直供零售模式的一般是实力雄厚的大企业。但由于我国市场广阔，情况复杂，这种模式并不是对全国所有的区域市场都合适，因此，在交通不发达、经济水平不高、产品销量有限的偏远山区，这些企业也采取经销制，以降低销售费用和配送成本。

在生产企业自销模式下,企业的销售系统还面临着集权与分权的决策。集权于销售总部的好处是销售政策与措施统一,但灵活性不够,市场反应不快。分权于销售基层的好处是销售政策与措施灵活性强,适应区域市场实际,市场竞争反应速度快,还有利于发挥区域营销基层组织的积极性和能动性,但是区域差异大,统一性差。

销售系统是集权还是分权的策划和决策,要根据企业发展阶段、自身人员能力与结构等条件考虑。总部力量强,企业要规范发展,则需要集权。基层销售力量强,企业还处在开拓市场阶段,则可以适度分权。必要时还需要考虑市场特征,比如,在京津沪等重点地区市场实施总部集权,在偏远地区市场实施分权,让基层灵活操作市场。

(二) 经销模式

经销模式,就是企业的产品销售基本上由经销商来承担的销售模式。由于同一区域市场层级选取的经销商数量不同,分为区域多家经销制和区域总经销制两种形式。

1. 区域多家经销制

这是生产企业在同一市场层级同时选择多家经销商的经销体制。对于多个经销商各自的销售区域与销售范围,有的厂家严格划分、严格规范,有的厂家则任其自由竞争与自然发展。

区域多家经销制的优点是:经销商在价格上不可能进行垄断,只能靠拓展自己的销售网络,在产品配送、终端促销等方面加倍努力来争夺市场、扩大销量,这对于厂家来说有利于铺货率的提高、网络的拓展和销量的提升。但同时也会暴露其缺点:多家经销商之间的竞争往往容易出现为了冲量而各自压价倾销,从而导致价格混乱、窜货等现象发生,最终使经销商无利可图,积极性受到挫伤,降低经销商对品牌的忠诚度。

在区域多家经销制中,为了能够从根本上规范经销商的行为,培育好通路网络系统,稳定市场,最终提升销量,厂家与经销商可以探索新的合作模式,采取区域内的多个经销商共同入股设立销售分公司的做法。比如,格力空调在一些区域采用了这种合作方式。具体做法是:将销售分公司改造成由集团控股、当地数个一级批发商和一级市场大零售商共同入股的独立法人公司。这样就形成了厂家与经销商利益的共同体,有利于维护市场稳定、控制市场和规范市场秩序,作为经销商也愿意主推本品牌。

2. 区域总经销制

这是生产企业在同一市场层级只选择一家经销商的经销体制。区域总经销制的优点是：厂家在发货、价格控制、终端市场、广告促销等方面管理更为便利。具体表现如下：一是厂家与经销商关系密切，出现问题容易协调解决；二是厂家在某一区域的销售业务全部由一家经销，对经销商的业务状况和要求比较重视，而作为经销商来说，经销利润比较丰厚，积极性高，也会把所经销的品牌作为主推品牌；三是便于市场价格和区域内窜货的控制。

但是区域总经销制也有其弊端：一是厂家在销售上过于依赖经销商，容易受经销商的要挟；二是相对于多家经销，总经销商没有竞争压力，会把营销目标从重销量转向重利益，致力于获取最大的自身利益，从而导致生产企业销量下滑或增长迟缓，下级分销商利益受损，不利于提高铺货率和终端市场渗透力，更不利于产品销量和市场份额的提高。

（三）代理模式

代理模式是现代国际商务中普遍采用的一种销售模式。近年来，在国内市场销售中也有采用。

代理模式是指生产企业与具有优秀销售网络与分销能力的代理商以契约的形式建立稳定的代理销售关系。通过代理，生产企业不必建立庞大的销售体系与网络，可以集中资源和精力从事生产制造。

代理模式的优点是：

（1）迅速进入市场。对于自身没有销售机构或者在新的销售区域尚未建立自己的销售机构和网络的生产企业，采用代理制可以充分利用代理商的现有网络优势，迅速进入市场，节约自建网络机构的时间和成本。

（2）规避经营风险，对于不熟悉的市场、不熟悉的商业环境，生产企业如果贸然进入的话，会面临很大的风险，通过可靠的代理商运作，可以规避风险。

（3）运营成本较低，由于代理商的收入是代理佣金，相对于自建网络自行销售的费用和经销模式的利润让渡来说，费用较低。

与其他方式相比，代理模式更适合于迅速运作大市场，1997年中国VCD市场的迅速增长，就与代理制有着重要关系。但缺点是制造商对市场的管理和控制比较弱，容易出现失控现象，爱多VCD之死同样与代理制有关。

根据分销的不同需要，还可以在独家代理与多家代理、总代理与分代理之中选择合适的代理方式。

1. 独家代理与多家代理

独家代理是指厂家在一个市场区域只委托一家代理商销售其某种或多种产品。独家代理关系确定后,厂家对独家代理商的约束是不得再代理竞争品牌的同类产品;独家代理商对厂家的约束是不得在同一市场区域内同时委托其他代理商销售其产品。

独家代理的优点是:双方都容易获得对方的支持,代理商有较高的积极性开发市场;缺点是:由于是独家代理,厂家过于依赖代理商,难以控制渠道和市场,久而久之,厂家开拓市场的能力会渐渐萎缩。为此,有些企业如商务通曾经采取小区域独家代理制以克服其缺点。

多家代理是指厂家的某种产品在一个市场区域同时委托两家以上同一层级的代理商销售。代理商没有市场销售独占权。采用多家代理方式的优点是:厂家处于比较有利的地位,不受代理商牵制,还可以利用多个代理商的营销网络,销售见效快;缺点是:代理商之间可能会产生恶性竞争从而破坏整个市场。因此,对厂家的市场管理能力要求比较高。

一般来说,新上市的产品,可以采用独家代理制,待市场成熟后,品牌力增强了,可以再考虑增加代理商数量;市场潜力小的产品,不宜采用多家代理制,因为容易导致恶性竞争;厂家同一种产品线内产品项目型号较多,可以错开型号,交多家代理商销售。

2. 总代理与分代理

总代理和分代理是并存的代理模式。总代理与独家代理享有相同的权利。不同之处在于:总代理必须是独家代理,但独家代理不一定是总代理;总代理享有按区域指定分代理的权利,而独家代理则没有。

分销模式是自销、经销还是代理,关键取决于不同分销模式所产生的成本、效率和效益。企业委托中间商进行经销和代理,必然要让渡一部分利益给中间商,这部分利益就是企业采取中间商渠道而发生的交易成本。企业建立自己的销售系统直接销售,交易成本就不会发生,但企业在自建销售系统时的投资和建成后的控制、管理,则必然会产生内部管理成本。从经济学的角度讲,在假设各种分销模式的效率和效益不变的情况下,如果交易成本大于管理成本,企业就倾向于建立自己的销售系统进行自销;如果管理成本大于交易成本,企业则应当委托中间商进行经销或代理。而在经销和代理两种模式中,立志做强势品牌、自己掌控市场、规范运作市场的企业一般倾向经销制,难以掌控市场、无力精耕细作市场的品牌则倾向于代理制。

五、规划渠道结构模式

分销模式策划的最后一个问题是渠道结构模式的策划,即对渠道的宽度和长度问题进行定性和定量的分析研究,确定分销渠道的层级数量结构和每一层级渠道的成员数量结构。即使总体市场空间范围大,区域市场之间差异大,无法按照统一的数量结构一刀切地贯彻执行,那么渠道层级和渠道成员数量结构灵活选择的标准,也是需要研究和明确的。否则,就会形成混乱的市场局面。

渠道结构模式的策划和设计不仅对形成企业的渠道模式有帮助,便于营销管理层实施渠道控制和渠道管理,同时对营销执行层的具体招商工作来说也是一项必不可少的前提性策划环节。如果渠道结构模式不确定,商业伙伴选择的资格质量标准和规模数量标准也无法科学确定,招商工作就难以顺利推进。

渠道结构模式基本上有扁平式和纵深式两大类型,下面展开介绍。

(一)扁平式渠道结构模式

扁平式渠道结构模式的内涵是渠道层级少、同级渠道成员多,是一种短而宽的渠道结构模式。

扁平式渠道结构模式有利于快速进入市场,市场推进与市场控制力度大、速度快,成本低、效率高,是现代市场渠道运作的主流形式。

扁平式渠道结构的适用条件是:

(1) 整体营销策略目标是快速攻市。

(2) 产品销售的时效性与季节性明显。

(3) 产品的理化性质不稳定,比如鲜活性产品就需要短渠道快节奏分销。

(4) 盈利模式简单,没有技术壁垒,市场竞争激烈,效率是竞争制胜的关键。

(5) 市场空间范围集中,交通便利,物流配送方便及时,特别适合于城市市场以及周边卫星城镇市场。

扁平式渠道结构模式可以选择自销模式、经销模式中的区域多家经销制以及代理模式中的多家代理模式来实现。渠道层级环节数以零级、一级和二级居多,层级的多少与分销布局关系较大,重点布局和区域布局一般采用零级和一级渠道环节，全面布局由于市场范围宽，需要增加管理环节，一般采用二级渠道层级，但一般不采用三级及其以上层级。

同级渠道的成员数量是比较难以做硬性统一规定的。但需要综合考虑以下因素，确定一个可以在一定范围内灵活掌握的标准：

（1）区域市场的规模，包括市场空间面积、人口数量规模和产品销售计划规模或实际能够达到的规模。

（2）区域市场渠道资源，包括渠道成员总数量、经营实力和主要客户的分销能力。

（3）销售队伍的执行能力，如网络开发能力、客户管理能力和市场控制能力。

（4）产品的特性和特征，如是选择性购买产品还是广泛性购买产品。广泛性分销的产品，一般不必对终端层级的渠道成员数量加以限制，但对批发环节的渠道成员数量采取优选制，有一定的数量限制；选择性产品对于批发环节和零售终端环节的渠道成员数量均进行一定的控制。比如，在市场范围达到20平方公里、商圈覆盖半径在2.5公里、年销售规模达到500万元的城区可以设置一个二级批发渠道成员；商圈之内人口规模达到2万人、年销售规模达到80万元的城区可以设置一个终端售点，等等。当然，这里的数量标准只是假定的。

（二）纵深式渠道结构模式

纵深式渠道结构模式的内涵是渠道层级多、同级渠道成员数量少，批发环节同一市场区域一般只设立一家，零售终端环节才放宽限制，除实行独家专卖的品牌以外，一般不特别严格限制数量。

纵深式渠道结构模式的优点是市场覆盖范围广，市场触角可以借助渠道的长度触及广阔边远的地理空间范围；缺点是市场控制力度和调控速度会随着渠道的变长而衰减。

纵深式渠道结构模式可以选择经销模式中的区域总经销制、代理模式中的总代理制来实现。在总经销和总代理之下，再按照区域与市场层级设置分销商和分代理。纵深式渠道结构模式一般难以通过自销模式全面实现，因为这种模式成本太高，单个制造品牌又难以整合其他品牌分摊运营成本，因此，一般都是通过经销模式和代理模式来运营的。

为应对国美、苏宁等家电连锁的冲击，家电制造商开始试水自建家电农村连锁分销渠道,2004年TCL开始酝酿"幸福树"计划,2005～2006年实施"幸福树"项目,2007年海尔启动"日日顺"项目,长虹启动"乐家易"项目,希望打造连接家电制造商与农村市场的纵深式渠道,结果都以不成功收场。国美、苏宁的连锁拓展也止步于中小城市,没有进入农村市场。

纵深式渠道结构模式适合以下产品:
(1) 产品市场需求与销售范围广泛,渗透农村三四级乡镇市场。
(2) 产品适应性强、通用性强,专业性不明显,分销的技术性要求不高。
(3) 产品价值低、价格低,消费者购买次数频繁。
(4) 产品理化性能稳定,仓储要求不高,并可较长时间储存。
(5) 产品的销售周期较长,时令性不明显。

六、实战分享

美特斯邦威的不同寻常路

美特斯邦威公布的2016年三季度财报显示:1～9月营业额为47.11亿元,净利润为—1.54亿元。在过去的2015年,美邦全年巨亏4.32亿元,净利润同比大幅下滑396.57%,门店数量从5220家降到了3800家。从2016年表现来看,美邦仍然没能走出亏损阴影。

为何曾经的服装业老大突然不行了?它在发展过程中究竟犯了什么错?周成建在2016中国零售大会上做出了总结和反思:之前向互联网转型走了很多错路和弯路,其实互联网只是一种手段,不是一种目的,希望交过的学费能够让其他同行有所警示。

"我曾经走了一些错路,把互联网当成使命,花了很多钱去买流量,但那些流量是留不住的,钱白烧了。我觉得过去十年的确让自己错位了,让自己'出轨'了,没有专心专注围绕这个产业、专业,真正用工匠精神做好一个裁缝,所以被市场抛弃。"

美特斯邦威的崛起

1995年,当30岁的周成建在温州创立美邦之时,他并没有想到自己的"轻资产模式"最终能够开创出一个庞大的服装王国来。按照他在成功后接受《南方周末》的采访时说的,属于选择自主设计、生产外包时"误打误撞",只是因为他一次到广东服装市场做调研,看到不少做外贸代工的服装加工企业,设备精良,工人技术熟悉,但机器闲置率却很高,所以萌生出来的想法。2000年初美邦将总部从浙江搬迁至上海,并于2008年在深交所成功上市。2009年、2010年,周成建两次登上中国内地服装首富。这是美邦一段"顺风顺水"的时光,也是大部分国产服装品牌的好时光。曾经,印着"Meters/bonwe"标牌的衣服,就是小城青年心里的"名牌"。到了2011年5月,雄心高涨的周成建甚至在股东大会上喊出上半年将实现600%的净利润增长。然而,这个中国服装业首富彼时并没察觉到,滑铁卢已经近在眼前。自2012年起,美邦销售业绩一路下滑,从2011年营收99.45亿元下滑到2014年的66.2亿元。

传统渠道难以成就快品牌

美邦的偶像是Zara,快时尚的创造者。快时尚的精髓就是"快",Zara可以做到设计、生产、交付在15天内完成。但是美邦的速度大约是70天。

然而美邦却没有在学习中快起来。与Zara清一色的直营店不同,美邦长期采取加盟店模式。根据区域不同,每年分别向加盟商收取5万至35万元的特许费,"与加盟商共担风险,实现双赢"。此举被称为"借网捕鱼",为美邦的门店规模带来了几何级数的增长。从1995年至2003年,美邦在各地的门店数量从几十家飙升到1100多家,到顶峰时期的2011年,美邦的门店数量高达5220家,营业额和净利润分别达到了99.45亿和12.06亿。

但在加盟代理体系下,根本无法去学Zara的快时尚。因为订货制的主动权掌握在了大量加盟代理商手中,实际上形成了自下而上的组货制。加盟商因为承担风险,更希望获得爆款,而爆款服装就注定是数量极多的街服,缺少个性化元素。而Zara恰恰相反,它开发完产品,直营店必须无条件销售,这就是供应链上的本质区别。Zara可以在潮流出现后的15天内,完成从设计到出货的整个过程,因此货品在上市时,产品的款式及颜色都能紧扣住当季流行。而美邦完成整个供应链需要2~3个月,潮流风向早已转变,生产出来的商品多数只能转为库存。为此,美邦开始不惜以高出加盟店5倍的代价大力推动直营店。很快直营店的营收占到了总量的半壁江山,可加盟店和直营店的矛盾也很快呈现。

2011年,在加盟商的库存成为一个必须正视的问题时,美邦给予了加盟商优惠的补贴,加盟商在指定的十几天的日子里可以对货品进行八折销售,而美邦将给予8%的金额补贴,而这意味着加盟商自己还要付出12%的利润亏损。但许多加盟商反映,八折根本不够,不远处的美邦直营店直接低至5折。这让加盟商很受伤,左右互搏之势也在原本整个服装行业不景气的大环境下,变得更加严重。而加盟商的怨念，也在左右着美邦的决策，因为加盟商都期盼爆款，因此美邦会选择每一款服装多生产一些，以防断货。但供应链速度摆在那里，很多预计中的爆款，就这样成为了更多的库存。

2011~2012年间是美邦发展史上的一个"拐点"。这一年，美邦遭遇了上市以来最大的舆论危机，深陷财务造假的传言中，导致股价暴跌。2011年底存货虽已降至25亿元规模，然而彼时，美邦的净资产是32亿元。在当时的一次高层管理会议上，周成建就库存如山愤怒地批评下属的作风是"三蛋一不"，即"混蛋、王八蛋和瞎扯淡，以及不作为"。就在一骂前后，美邦出现了急剧的人事动荡，不少创业功臣和发展干将离开美邦。

拥抱互联网，推出网购平台

此刻的周成建却在谋划新的大计——O2O。他想要借助O2O的力量，来解决供应链上的缓慢，彻底成为类似Zara这样的快时尚品牌。

这并非突发奇想。2010年之后，一大批快时尚品牌如凡客诚品等以电商面目出现，这种垂直电商模式，采取了类似美邦的代工模式，却又以电商的扁平化渠道优势，轻松地实现了美邦想要实现的供应链快速反应效果。轻资产、轻渠道、低库存等电商特点，也在同时刺激着美邦的神经。快速跟风，成为了美邦最初的选择。

2010年12月，美邦的电商平台邦购网上线，实现了实体店内扫码消费，一店缺货全国寻货，线上购物线下退换等多项功能。美邦在互联网转型上的举措可谓行业"先驱"，但效果却非常差，邦购网运营还不到一年就草草收场，美邦为此投入的6000万元打了水漂。

转战O2O，再次失败

酝酿了两年之后，2013年10月，美邦宣布启动O2O战略。为了打造线下体验店，美邦关闭了一些加盟店，增开了1000多家直营店。美邦还试图将城市特色和店铺主题结合起来，引入"一城一文化，一店一故事"的理念，构建情景式购物。此时，独立运营了两年之久的邦购网也重新回归到公司体系内，全力配合周成建的O2O战略蓝图。

然而在业内人士看来，美邦打造的体验店看客寥寥，O2O试水成效并不大。2015年11月21日，美邦非公开发行股票42亿元，用于"智造"产业供应链平台、O2O多品牌销售平台及互联网大数据云平台中心的构建。

押宝移动互联网，推出"有范"APP

在这场互联网转型之战中，周成建的儿子周邦威走到台前。

2015年,周成建和周邦威共同发布"有范"APP。而针对这款APP的推广,美邦依然选择"烧钱":连续两季高调冠名互联网选秀节目《奇葩说》,仅前一季就豪掷赞助费5000万,后一季赞助费虽未公布,但估计肯定不在5000万之下。

2016年,"有范"APP又找到李易峰代言。但从市场反应来看,美邦这一系列动作的效果并不理想。根据2016年3月媒体报道,"有范"APP当时的下载量仅为37万左右。

国内服装电商的盈利模式实际上存在着天然的缺陷,由于消费者被培养了在淘宝、天猫此类电商平台上消费的习惯惯性,很难扭转向商家自营的电商平台上消费。所以美邦前后耗资数亿元,自建邦购网和"有范"APP,从开始就种下了失败的种子。

第四节　通路招商策划

招商就是招募经销商(或代理商)结成商业伙伴,建立销售网络。商业伙伴的选择影响到制造商的分销效率与分销成本,也影响到企业在消费者和用户心目中的品牌形象与产品定位。选择好的商业伙伴非常重要,这使得不少企业感到压力很大。那么,应如何策划招商并选择商业伙伴呢?

一、商业伙伴的选择标准

明确商业伙伴的选择标准是选择商业伙伴的起点和前提条件。一般来说,选择商业伙伴的标准应该包含如下几项:

1. 实力优先

企业选择商业伙伴,建立分销渠道,就是要把自己的产品打入目标市场,因此商业伙伴必须在目标市场拥有完善的分销网络,拥有较高的市场地位与通路竞争优势。

2. 业态对路

商业伙伴应当在经营业态方面符合制造商的分销要求,能够承担产品从制造商顺利、快速、大量传送到消费者的分销功能。

3. 形象吻合

商业伙伴与企业的实力和形象应当比较接近,这样才有可能平等合作。所以"名品进名店,名店卖名品"是相得益彰的举措。

4. 文化认同

商业伙伴只有认同生产企业的文化价值观念、经营理念和经营策略,与生产企业具有共同的愿望与抱负,才有可能与生产企业共同攻坚克难,共同开拓市场,谋求共同成长。

二、商业信誉的考察评估

在复杂的商业环境中,有诚信经营的商业客户,也有信用缺失的商业机构,有精诚合作的商业客户,也有唯利是图的不良商贩。开展招商工作,尤其需要考察商业客户的商业信誉与经营作风。越是具有经营实力的大客户,越是要深入考察其信誉与作风。因为在商业实战中,越是有实力的客户,越是规模大的客户,越是对上游供应商要求多、制约多、影响大,越具有叫板和谈判倾向,越会以其掌控的市场来要挟厂家、制约厂家,越会给厂家的市场运作和市场管理带来压力,越会对下游分销商和终端消费者进行欺压,出现"店大欺客"的现象。因此,对于商业伙伴的考察,要重"实力",但不唯"实力"。

商业信誉和经营作风考察的方法包括:

1. 了解商业客户的教育背景和从业经历

教育背景和从业经历是形成商业客户商业信誉与经营作风的主要背景性因素与过程性因素。虽然这不是商业信誉与经营作风本身,但却是其形成的主要原因,因此很有考察的必要。经过30多年的改革开放,中国商业领域已经实现了国退民进,除城市少数国营、股份和外资企业外,绝大多数均为私营和民营企业。了解商业客户的教育背景和从业经历主要就是了解老板本人和经营者本人的年龄、学历、从业经历和创业过程,此外还可以考察其经营团队主要成员的教育背景和工作经历等,因为这些人员是缔结合作关系以后直接开展业务工作、影响销售业绩的人员。

2. 了解商业客户的价值观念与经营作风

了解商业客户的价值观念与经营作风,不能单方面听信客户自己的语言表白与自我标榜,需要并且可以通过以下商业话题的面谈沟通来侧面了解和判断其价值观念与经营作风:

（1）对正在代理和经营的品牌的认识和评价。

（2）喜欢厂家给予什么样的销售政策,喜欢什么样的厂商合作方式。

（3）对同类产品的市场竞争如何分析。

（4）对与新品牌新厂家的合作表现出的热情和关注程度。

（5）希望从新厂家新品牌那里得到什么样的利益承诺、风险保证与销售政策支持等。

3. 考察商业客户的公共关系与公众印象

这是考察商业客户商业信誉与经营作风的主要层面。具体考察途径包括：

（1）同行走访,通过走访商业客户的同行了解其与合作品牌的关系。

（2）用户访谈,通过终端消费者和用户了解其商业信誉与经营作风。

（3）诚信考察,通过工商行政管理、税务、金融和司法部门了解商业客户的经营作风与资信情况等。

（4）市场考察,通过拜访商业客户的下游客户和终端客户,了解其对厂家营销策略的执行态度与执行能力、市场开拓能力、网络建设与管理能力等。

4. 考察商业客户的合作意识与合作态度

通过面对面沟通、合作方案审核等方式考察商业客户的合作意识及合作态度等与商业信誉相关联的内容：

（1）是否认同企业文化与价值观念。

（2）是否认同企业的经营理念和经营模式。

（3）是否能理解和接受企业关于分销渠道模式、产品价格、推广策略、结算周期和结算方式等方面的制度和规定。

（4）是否有足够的经营信心,等等。

三、商业伙伴的量化优选

在对商业客户进行商业信誉考察评估后,基本可以确定合作伙伴了。如果几个待选的商业伙伴情况相当,无法直接确定的话,可以采用以下量化方法优选合作伙伴：

1. 综合评分优选法

对拟选商业客户逐一按照评估因素进行打分。不同因素的重要程度不同,可以分别赋予不同的权重系数,然后根据总得分优化选择商业伙伴。

例如,一家高端家居品牌供应商决定在某市精选一家专业零售商,现有三家"待选客户"。供应商希望专业零售商占有理想的地理位置,有一定的经营规模,顾客流量较大,在消费者心目中有较高声望,与同行关系良好,与供应商合作关系融洽,主动进行信息沟通与销售数据交换,货款结算回笼及时、足额、不拖欠。各个"待选客户"在这些方面都有一定优势,但是没有一个"十全十美"。因此,家居品牌供应商采用综合评分优选法进行筛选,如表7.2所示。

表 7.2　家居零售客户综合评分表

评价因素	权重系数	待选客户 A		待选客户 B		待选客户 C	
		打分	加权分	打分	加权分	打分	加权分
地理位置	0.10	95	9.5	80	8	75	7.5
经营规模	0.15	80	12	80	12	85	12.75
顾客流量	0.15	90	13.5	85	12.75	90	13.5
市场声望	0.15	80	12	80	12	85	12.75
合作精神	0.15	80	12	90	13.5	85	12.75
信息沟通	0.10	80	8	80	8	75	7.5
货款结算	0.20	80	16	90	18	90	18
总　　分	1.00	585	83	585	84.25	585	84.75

尽管三个"待选客户"的简单加和得分相同,但"待选客户C"的加权综合得分最高,因而应该是最佳合作客户。

2. 销售业绩优选法

通过对比拟选商业客户同类产品近几年销售业绩规模的分析和计划承担的销售任务规模的评估,必要时再通过实地考察待选客户的顾客流量和成交情况,分析其营销策略与市场运作能力,评估商业客户实际能够达到的销售业绩规模,从而做出最佳选择。

3. 销售费用优选法

产品分销是有成本的,主要包括市场开拓费用、让利促销费用、由于货款延迟支付而带来的风险、合同谈判和监督履约的费用等。有些强势主流商业客户还会向生产企业收取进店费、选位费、上架费、条码费和店庆费等多种费用。这些费用构成了企业的销售费用,企业可以依据销售费用的高低来选择商业合作伙伴。

(1)总销售费用优选法。计算各商业客户同等销售规模下的总销售费用,按照总销售费最低标准确定合作伙伴。

（2）单位销售费用优选法。计算各商业客户单位销售费用水平，如万元销售金额的平均销售费用、单位产品的平均销售费用等，在同等销售业绩规模的条件下，选择单位销售费用最低的客户作为合作伙伴。

（3）费用效率优选法。根据各商业客户能够实现的销售业绩（销售量或销售额）与其总销售费用的比值——费用效率来评估商业客户的成本效益，在同等销售业绩规模的条件下，选择费用效率较高的商业客户作为合作伙伴。

四、招商方式的策划运作

如何传播招商信息，寻求到有合作意向的商业客户进行深度沟通与商务谈判呢？一般来说，以传播招商信息为主要标志的招商方式主要有以下八种类型，需要根据实际情况选择运用或综合运用。

1．信函招商

通过直接给销售布局内区域市场的有关商业客户发出招商信函，寻求合作意向，这是一种传统的招商方式，优点是费用低，但信息单向传播，沟通不充分，客户反馈率低，反馈速度慢，因此缺乏主动权，不容易找到优秀的合作伙伴，除非是营销资源非常匮乏的中小企业在创业初期采用外，一般已经很少采用。

2．推荐招商

通过老客户推荐，亲戚、朋友、熟人介绍推荐寻找客户。这也是一种传统的招商方式，但是在中国传统市场、在讲究人际关系的区域还是一种比较适用的方法。但是其效率不够高，不适合快速招商，也难以在异地有效使用。

3．网络招商

早期的网络招商主要是通过企业网站、企业博客、电子邮件，甚至手机短信等渠道发布招商信息，虽然是一种信息发布快、费用低的招商手段，但是信息发布的冲击力不强，信息反馈比较被动，招商推进速度不够快，因此只能作为招商方式的补充手段，不宜作为大型快速招商运作的主要手段。

在搜索竞价排名应用出现之后，通过购买关键词使得企业信息出现在搜索排序靠前的位置，可大大增加关注度和访问量从而提高招商效果。微博和微信出现以后，也可以利用企业官方微博和企业经理人个人微博、利用企业微博自媒体方式发布招商信息。

4. 电话招商

通过电话沟通方式向商业客户传递招商信息，游说商业客户加入企业的销售网络，从事企业产品的销售工作。这种方式比信函和网络招商方式主动，信息也有反馈，因此效率比较高一些。但是，还需要与实地访问、实地考察等沟通方式相结合，才能有效提高招商沟通的质量和成果。

5. 访问招商

通过派销售业务人员深入市场实地考察，访问商业客户，选择合作伙伴。这也是一种传统的招商方式，速度虽然不快，但对商业客户的考察、了解比较真实、稳妥，因此即使是在网络、电话、会议和广告招商为主要招商运作方式的背景下，通常也采取实地访问、考察商业客户的方式作为补充手段最终确定合作关系。这种方式如果前期没有广告铺垫，同期没有广告支持，取得商业客户信任和支持的难度比较大，速度比较慢。但是，寻求长期稳定合作的商业伙伴，访问招商是最有质量保证的重要招商方式。

6. 广告招商

公开发布招商广告征求合作伙伴。招商广告媒体一般选择招商区域的主流报纸媒体、行业性报纸和行业性杂志或行业内刊以及商业客户比较关注的销售与市场类实战性杂志刊物，如《销售与市场》的渠道版等。可在批发商户集中的大流通市场区域及路段发布路牌广告。也可在大众媒体密集投放一个阶段的附带招商信息的产品广告，这时的广告一方面是为了预热终端市场，另一方面更是为了启动招商工作。这种方式声势较大，易被商业客户认为企业有实力、产品有市场，从而增加了招商谈判的实力和筹码，因此参与的商业客户多且反应快，有可能找到比较有实力的合作伙伴。

广告招商加访问招商模式是众多中国企业广泛采用的招商方式。大规模的广告招商在企业开发城市市场的初期使用得较多，在省市级等区域批发商、经销商的招商工作中使用得也较多，有了一定的知名度以后再开发三四级农村市场就主要靠销售业务人员的上门访问招商了。

7. 会议招商

在通过广告、网络、信函、电话和实地访问沟通洽谈等方式与商业客户达成一定意向后，组织这些商业客户参加企业召开的招商大会，通过产品展示、会议讲解、市场分析与研讨、企业领导与商业客户见面沟通以及会场气氛的渲染，调动商业客户的合作意愿，并通过现场签约优惠政策的刺激，达成会议期间的签约合作，完成招商的主体工作，会后继续跟踪落实，巩固招商成果。

8. 拍卖招商

通过邀约商业客户召开会议集中限时竞价拍卖产品区域经销权（或代理权）的方式招选有竞争实力的商业客户。这种方式由于有现场气氛的强烈渲染和限定时间的紧迫感，因此竞争性强、收获性大，是一种比较特殊的招商方式，但是策划和执行的难度比较大，需要具备强势品牌、优质产品、良好的营销造势实力和拍卖技巧才能成功操作。

课后练习

一、策划理论知识练习

1. 分销布局如何策划？
2. 分销模式如何策划？
3. 如何策划招商？

二、策划实战模拟练习

1. 了解本地轿车、服装和饮料三类产品的分销渠道类型、终端零售业态形式和构成，分析其背后的原因。

2. 了解身边同学有没有做电商和微商的，如果有，请组织一场电商或微商运营交流活动。

第八章　广告传播策划

开篇导语

企业必须实现与目标消费者的有效沟通才能达成营销的目标，广告传播就是企业实现与目标消费者沟通的重要桥梁。广告传播策划充满智慧和创意。广告传播策划从广告诉求主题定位到广告创意表现，再到广告制作发布，虽是各自相对独立的作业单元，所涉及的策略思维与方法既有一致性又有差异性，但更是一个系统性、逻辑性严密的整体，需要系统思考、整体策划。

学习目标

1. 了解广告传播策划的流程。
2. 了解广告诉求主题策划的路径与方法。
3. 掌握广告媒体策划的方法。

课前知识

市场营销学（原理）中的促销沟通策略：
1. 广告的概念与属性。
2. 广告的种类：平面广告、影视广告、网络广告、广播广告和户外广告。
3. 广告媒体：电视、网络、报纸、杂志、广播等五大广告媒体的特性与传播效果。

相关课程知识

广告学的相关知识。

第一节　广告传播策划原理

在广告传播策划中,我们必须依次清楚思考并准确回答的问题包括:① 为什么做广告? ② 对谁做广告? ③ 跟广告对象说什么? ④ 怎么跟广告对象说? ⑤ 在哪里跟广告对象说? ⑥ 什么时候跟广告对象说? ⑦ 跟广告对象说多少次? ⑧ 广告对象接受了多少?

相对应地,广告传播策划的思维路径和作业流程依次是:① 广告目标策划;② 广告诉求对象策划;③ 广告诉求主题策划;④ 广告创意设计;⑤ 广告媒介策划;⑥ 广告时机策划;⑦ 广告频次策划;⑧ 广告执行监测策划。

一、广告目标策划

关于做广告的目的,有两种比较普遍的看法:一种是做广告是为了促进销售;另一种是做广告是为了建立品牌。

从质化的目的方面看,广告既要促进销售也要建立品牌,但是从量化的目标方面看,直接将广告与产品销售的具体数量目标准确挂钩,从目前的研究成果和实现手段来看,还是不成熟的。比较现实可行的方法是根据消费者的认知基础和品牌规划目标来具体设定量化的广告传播目标。

消费者的认知程度可以分成从未听说过、仅仅听说过、知道一点点、知道的比较多和熟知等五个层级。如果认知调研测试证实消费者对于我们品牌的认知属于前三个层级,广告的主要目标无疑是要建立和提升知名度,具体广告传播目标可以表述为:通过本次广告活动使百分之多少的目标消费者知道本品牌的名称和品类。而消费者认知达到熟悉这一层级时,知名度已经不是问题。我们应该测试其对本品牌的情感态度,并以此为依据来设定广告传播的目标。消费者的态度可以分成很不喜欢、不怎么喜欢、没有特别成见、较喜欢、很喜欢等五种程度。如果大部分消费者主要是前两种态度,那么广告目标就应该是改变消费者的情感态度,解决消费者对品牌的印象问题,建立积极正面的品牌态度。具体广告目标可以表述为:通过本次广告活动使百分之多少的目标消费者喜欢和正面评价我们的品牌。

对于一次广告活动来说，在广告策划过程中，不宜将广告目标确定得过于复杂，需要精准目标方向，重点解决品牌建设或市场营销过程中存在的消费者认知或态度中的某一问题。

二、广告诉求对象策划

广告诉求对象不明确无异于无的放矢。广告诉求对象策划的内容包括：明确广告诉求对象的性别、年龄、职业、收入、教育、性格、爱好和媒体接触习惯等。常言说得好"见什么人说什么话，到什么山唱什么歌"，这样才能有良好的传播沟通效果，否则，对牛弹琴、鸡同鸭讲，根本无法沟通。

一般来说，广告诉求对象与产品的目标消费者基本上是一致的，但要注意品牌发展阶段和产品寿命周期的变化所带来的目标消费者的变化。当一个品牌上市一款新产品时，广告诉求对象是具有领先消费行为和带动效应的"意见领袖"；当产品进入成长期时，广告诉求对象是早期采用者；进入成熟期时，广告诉求对象应调整为主流大众；进入衰退期时，则应定位为落伍的消费者和怀旧的消费者。

产品购买决策模式对于广告诉求对象的确定也有着重要的影响，个人独立自主决策的个人消费品，广告诉求对象比较好确定，一般就是购买者自身。但在复杂的集体购买决策模式中，广告诉求对象就比较难确定，比如家用电器产品、家庭住宅、家用轿车等高价值产品的购买决策就相当复杂，购买过程中也往往存在倡议者、影响者、决策者、购买者和使用者多重角色，对谁进行诉求，以谁作为广告诉求对象，是不太容易决定的。在营销资源偏紧的情况下，一般应将购买决策者确定为广告诉求对象。在无法直接而肯定的情况下，则需要针对具体产品、具体市场进行一定范围内的市场调研，根据调研得到的结论，再加上企业营销资源的充分程度、市场培育和启动时间长度与快慢程度等因素来确定广告诉求对象。

三、广告诉求主题策划

广告传播策划接下来必须明确的问题是：广告说什么？这个问题似乎很简单，但实际并不简单，它不应从企业或产品本身出发，而应从消费者角度出发。为什么雀巢速溶咖啡刚进入市场时宣传产品本身的"方便、快速、提神"等优点没有产生市场效果，而改说"味道好极了"却能成功？可见找准广告诉求主题并不容易。确定广告诉求主题的方法和路径比较多，是广告策划中重要而复杂且工作难度较高的部分，我们将在本章第二节"广告诉求主题策划"中专门深入地介绍。

四、广告创意设计

同一件事，不同的人用不同的方法去说，效果大不一样。广告传播策划在说什么确定之后还要研究怎么说，即开展广告创意设计。

广告创意设计是广告策划中最具挑战性与神秘性的创造性劳动，我们将在本章第三节"广告创意设计"中专题讨论。

五、广告媒体策划

在哪里向广告诉求对象说？这是影响到广告传播效果高低与费用多少的重要问题。广告策划流程的第五个步骤，就是要在广告诉求对象确定的基础上确定广告传播的媒体。由于媒体技术和格局不断演进，广告诉求对象的媒体环境和媒体习性又存在差别，因此，广告媒体策划需要科学的流程、方法和评估标准，涉及的内容相当多，在本章第四节"广告媒体策划"中专题讨论。

六、广告时机策划

广告发布时机策划是指关于广告发布的时序、时限和时点的策划。

广告发布的时序指广告发布和相关营销活动在时间上的配合，有提前发布、同步发布、延迟发布三种策略形式。

广告发布时限是指广告发布的持续时间。广告发布总的持续时间由广告运动（活动）总体的持续时间、广告产生效果的时间过程和广告预算决定。在总的时限内，广告发布是否分成不同长度的时间段，以及各时间段的时间期限长短，则应根据广告目标与广告策略的要求来决定。

广告发布时点是指广告发布的具体日期和时段。这需要根据品牌或产品的广告目标、广告策略和媒体的时间特征、接触受众的类型和规模等因素来进行策划。

七、广告频率策划

广告频率是指一定时期内广告发布的次数,是影响到广告是否能够达到效果,是否存在浪费的重要因素。广告频次不够,广告诉求对象认知不清、印象不深,广告效果自然难以达到。广告频次过多,不仅浪费传播费用还容易引起广告诉求对象以及其他广告受众的反感。合适的广告频率与产品和市场特性有关,与广告创意的吸引力和冲击力有关,还与广告媒体发布的规格和时间有关,需要根据企业营销传播目标合理设定。

八、广告执行监测策划

跟广告诉求对象通过策划好的媒体、策划好的时机、以策划好的频次进行实际沟通传播,在执行的过程中会出现问题吗?沟通传播执行以后的实际效果如何?广告诉求对象接受和理解的信息是否和我们传播表达的信息一致?他们信赖我们所说的吗?他们将按照我们的意图建立(或改变)他们的消费态度和行为吗?这就是广告策划流程最后一个环节——广告执行与效果监测策划需要解决的问题。

(一)广告执行过程监测的策划

广告执行过程是形成广告执行结果的主要原因,为保证广告传播有一个良好的最终结果,不仅要有科学合理的前期策划,而且要保证科学合理的广告传播策划的有效执行。因此,广告传播执行过程的监测非常有必要。

广告执行过程监测的主要内容是监测广告媒体发布计划执行的正确率与差错率,比如电视广告、广播广告有无错播、漏播、少播,或者变换频道、栏目与时间和广告版本播出等现象;报纸广告有无错登、漏登,或者更换时间日期、版次、面积、位置等现象,发布的内容信息有无错误或问题,印刷效果是否清晰等,监测的方式可以采取企业市场或广告部门系统监测和抽样监测,也可以委托第三方专业机构进行系统监测。一般来说,对于报纸杂志和网络广告,企业可以自行监测,但是对于电视和广播广告则应该委托专业机构进行监测。发现执行有差异,必须及时通报广告公司和广告发布媒体,协商补救办法以挽回损失。

（二）广告执行结果监测的策划

广告投放以后的效果是企业十分关心的问题。因此有必要对广告执行后产生的效果进行测定和评估。广告执行效果监测包括广告促销效果监测、广告沟通效果监测和广告社会效果监测三个方面。

1．广告促销效果监测

广告是一种促销手段，广告的主要目的之一就是为了促进销售，因此监测广告的促销效果自然是一种主要的内容。简便而适用的监测方法包括销售成果测定法和广告前后销售比较法。不过，需要说明的是，影响产品销售的因素是多方面的，广告只是其中的因素之一。因此，通过销售结果来监测广告效果有时是比较复杂的，如果不将影响销售的其他因素及其影响程度清晰地计算并分离出来，是难以清晰界定广告对销售的促进效果的。正因为如此，我们还需要监测广告沟通效果和社会效果等可以直接评价的项目。

2．广告沟通效果监测

广告投放的目的之二是为了建立品牌认知，广告沟通效果测定就是检验广告投放对于品牌和产品认知的作用和效果。

广告对受众作用的过程可分为"注意—兴趣—欲望—确信—行动"五个阶段。因此，测定和评价一个广告的沟通效果就是对广告引起受众的注意、产生的兴趣和感情的效果进行测定。测试方法有广告印象认知回忆法、问卷调查测定法等，就广告的吸引力、可读性、记忆度、理解度和引起购买欲等方面的指标对广告受众进行调查测评。而具体测评某一场广告运动、某一次广告投放的沟通效果，应通过与事前设定的广告目标联系起来进行测评。

3．广告社会效果监测

广告的社会效果一般是指广告的思想性与社会主流道德观和价值观的吻合程度，广告的艺术性得到受众欣赏与喜爱的程度。通常采用的方法包括专家评估、受众和公众意见收集、工商行政管理部门广告执法监督以及新闻媒体机构的舆论评价与监督。盖中盖的希望工程广告因社会效果不好而被停止播出，原因是其赠送事件的真实性受到质疑，并由此带来了品牌的诚信形象问题，引起了公众的反感，受到了新闻媒体和有关机构的批评。

综上所述，广告传播策划的原理与流程，是与广告沟通传播要解决的问题紧密相连的。广告决策问题与广告策划流程之间的对应关系，图8.1给予了清晰的对照。

序号	广告传播策划思维路径	⇒	广告传播策划作业流程
1	为什么做广告	⇒	广告目标策划
2	对谁做广告	⇒	广告诉求对象策划
3	跟广告对象说什么	⇒	广告诉求主题策划
4	怎么跟广告对象说	⇒	广告创意设计
5	在哪里跟广告对象说	⇒	广告媒介策划
6	什么时候跟广告对象说	⇒	广告时机策划
7	跟广告对象说多少次	⇒	广告频次策划
8	广告对象接受了多少	⇒	广告执行监测策划

图 8.1　广告传播策划思维路径与广告传播策划作业流程

第二节　广告诉求主题策划

在大多数情况下,广告是利用广告受众的无意注意传播信息的。因此,广告诉求什么内容能更好地引起受众的注意与兴趣是非常重要而关键的问题。而这就是广告诉求主题策划的课题。在广告诉求主题策划中,必须明确的一个标准是:广告诉求主题必须精准、明确而单一,必须相信的一个事实是,广告诉求主题越多越分散,广告传播难度越大,受众接受的信息越少;广告诉求主题越清晰,传播的信息越单纯,受众接受的信息越多越准确。在广告诉求主题中,少就是多,少就是好;多就是少,多就是差,正如利郎休闲服的理念一样"多则惑,少则明"。

事实上,在消费者的购买决策中,尽管会考虑多种因素,但起主导性决策作用的往往只有一两个核心动机。广告诉求主题策划的本质,就是洞察消费者购买的主导动机,说出消费者购买的首要理由。因此,广告诉求主题策划的关键往往在于寻找产品的消费者利益点,用互联网行业的说法就是寻找消费者的痛点、痒点,或者兴奋点。

那么广告诉求主题怎样才能从众多复杂的信息中清晰而单纯地凸显出来,引起消费者的关注和共鸣呢?根据本书的梳理总结,广告诉求主题的策划主要有六种思维路径。

一、品牌愿景策划路径

每一次广告投入都是对品牌的投资。每一次广告投放都会对品牌形象带来影响。因此,我们在广告创作之前,就应该考虑其广告诉求主题是否符合品牌定位与品牌个性,是不是有利于塑造和累积我们所期望打造的品牌形象。所以,广告诉求主题尤其是品牌形象广告诉求主题的策划应该在品牌定位的基础上进行,按照品牌建设规划的要求去展开,按照品牌愿景描绘的形象去演绎。当然,这种策划思路的前提必须是:品牌愿景、企业形象是消费者欣赏的,而不是企业自己的孤芳自赏。

二、消费利益策划路径

在产品广告诉求主题策划中,经常出现将产品功能特点、优点、消费者利益点等混合纠缠在一起,难以挑选出明确、单纯的诉求主题的现象。或者明确了诉求主题,但却主观地从企业和产品出发,诉求产品的功能特点和优点,结果并不能打动消费者。正确的诉求主题策划应该以消费者为导向,诉求产品对于消费者的价值利益点。为此,必须采取FABE分析法来梳理产品的广告诉求主题。

F:Function/Feature,产品的功能特点。一般来说产品的功能特点是比较多的。众多的产品功能特点是难以在广告里一并诉求。

A:Advantage,产品的竞争优点,即与竞争产品比较超过竞争对手的优点。一般来说,产品的竞争优点要少于产品的功能特点。

B:Benefit,产品对于消费者的价值利益点。这是产品对消费者来说最有意义的东西,是产品最吸引消费者的价值所在,是产品超越竞争对手的关键所在。因此,营销者应该将产品的功能特点和竞争优点转化成对消费者有意义的价值利益点才能吸引消费者,才能有利于调动消费者的购买欲望。一个产品对于消费者的价值利益点,在广告传播中不可能也不需要太多,一两个足够,越单纯越清晰,消费者认知和记忆越容易越深刻。

E:Evidence,产品具备消费者价值利益点、竞争优点和功能特点的证据支持点,比如技术原理、制造工艺、材料材质、权威认证和消费者证言等。

FABE分析法,也称费比模式,原本是美国奥克拉荷大学企业管理博士、中国台湾中兴大学商学院院长郭昆漠教授针对销售人员与客户面对面的推销提出来的一种推销理论，其原来的意思是指在推销过程中应该按照FABE的顺序向客户进行面对面的推销宣传。但是在广告宣传中，由于广告传播方式的单向性和广告传播时间的短暂性，尤其是影响力最大的电视广告时间更为短暂，因此无法按照向客户面对面推销、长时间沟通方式下的FABE的顺序进行产品介绍。在广告诉求主题策划中，当然可以采用FABE分析方式，但是需要调整FABE的宣传介绍步骤。

运用FABE分析法进行广告诉求主题策划，首先要将产品单纯而清晰的消费者价值利益点准确提炼出来，确定为产品广告诉求点，以广告口号、广告标题的形式进行重点突出传播。其次，可在广告文案和广告视觉听觉创意中呈现产品的竞争优点和功能特点。最后，为了增强说服力，可以依据需要和篇幅，在广告中依次列举支撑产品的价值利益点B、竞争优点A与功能特点F的证据支持点E。但在媒体广告中，尤其是昂贵的电视广告中，一般只需要列举支撑产品价值利益点的证据支持点即可。其他内容可以在产品说明书中、产品宣传材料中详细介绍，或者通过终端销售人员向消费者面对面地介绍。

三、产品寿命周期策划路径

当产品处于导入期和成长期时，消费者缺乏对产品和品牌的了解，他们会积极寻求合理的和能够解决问题的产品信息，此时运用USP（独特的销售主张）策略为佳，集中宣传产品的独特"卖点"。而广告诉求对象则应该是目标消费者中那些能够率先采用新产品，对产品的购买和消费具有示范、带动和榜样作用的创新者和早期采用者。

能够成为产品独特销售主张（USP）的条件是：第一，必须是产品本身确实具备的，而不是虚假的、虚无的"卖点"；第二，必须是消费者确实关注和追求的"卖点"，而不是消费者不关心、不在意的，或者忽视忽略的"卖点"，从这个意义上来说，产品独特卖点的实质是消费者关注的"买点"；第三，必须是竞争对手产品所不具备的"卖点"，或者竞争产品虽然也具备但没有在广告中诉求传播的"卖点"。

而当产品进入成熟期时，广告诉求对象应定位于大众消费者，广告诉求主题应定位于强化品牌形象或个性，使得产品在同质化阶段能够区别于竞争品牌。国际名牌能几十年甚至上百年畅销不衰，其原因主要在于品牌的魅力。

当产品进入衰退期时,广告诉求主题应定位于向保守者、习惯性消费者和怀旧型消费者进行感性诉求和提醒性告知,以促进衰退期产品销售,并尽可能延长产品寿命。

四、目标消费者策划路径

这种广告诉求主题的策划思路是,首先分析目标消费者在年龄、性别、身份、收入、教育背景、思维方式、生活形态、价值观念、性格爱好、消费观念、消费感受、购买决策形式、媒体接触习惯、信息接收及处理方式等方面的特征,然后以此为依据策划并确定符合消费者特征的广告诉求主题。

娃哈哈儿童营养液,是家长购买、儿童消费的产品,主要解决的是家长普遍深度关心的孩子厌食挑食问题,所以广告诉求对象应定位于家长,广告主题和口号则定位于"喝了娃哈哈,吃饭就是香"。娃哈哈果奶的目标消费者年龄比儿童营养液要大一些,有了消费选择的意识,但购买决策权还掌握在家长尤其是母亲手里,广告诉求对象可以定位于儿童,但诉求主题口号是"妈妈,我要喝!"

五、产品特性类型策划路径

这种广告诉求主题策划的思路是,首先以"消费者参与程度的高低"为纵轴,以"产品的理性与感性差别"为横轴,将产品分为四种类型、四种特性,然后按照产品的类型特性进行广告诉求主题策划。

1. 高参与——理性产品

以电脑、经济型轿车等产品种类为代表,消费者在购买决策时有较高的风险性与不确定性,他们处理广告信息的意识和能力都较强,一般会主动搜集材料,通过分析和归纳,最终形成对产品的理性认识。因此,这类产品的广告就需要通过剖析产品特点,提供令人信服的、符合逻辑的消费者利益解释。对于豪华轿车和经济轿车,消费者的评价标准是大不相同的。对于豪华轿车,消费者要的是卓越性能带来的身份和地位的象征;而对于经济轿车,消费者就想亲眼看见实实在在的产品实用功能。因此,经济型轿车不宜以企业理念和品牌形象作为广告的诉求主题。

2. 低参与——理性产品

以牙膏、洗衣粉等产品种类为代表,在购买这类产品时,消费者承担的风险比较小,他们不会反复比较各品牌产品之间的差异,而是根据产品的主要功能与利益以及使用感受与习惯来选择品牌。因此,广告诉求就要集中在产品的一两个利益点上,以刺激消费者试用和购买。比如高露洁和佳洁士牙膏的防止蛀牙,两面针香皂的止痒,汰渍洗衣粉的去污力强等。

3. 高参与——感性产品

以豪华轿车、高级香水、高档香烟和名牌服装等为代表,其目标消费者是高收入阶层。给品牌塑造一种形象或个性是这类产品广告的重要任务。消费者可以通过购买、拥有或使用这个品牌而使品牌的形象或个性传递、附加到自己身上。选择适当的形象代言人是塑造品牌形象或个性的手法与捷径之一。万宝路香烟广告中粗犷帅气的西部牛仔形象塑造了自由、野性与冒险的万宝路品牌个性,它使万宝路香烟升华到了理念和精神层面。

4. 低参与——感性产品

以啤酒、儿童食品、快餐等产品为代表,消费者并不根据产品功能等理性信息进行购买决策,而是根据感觉与印象来决定购买品牌。通过广告来营造这种产品的情感属性,并通过高频次的广告发布方式提高展露度,则可以使消费者产生熟悉乃至喜爱的情感,从而形成消费者的偏好和行为。

六、广告竞争策划路径

增加与竞争产品广告的差异性,可有效地吸引受众注意力和促进消费者记忆广告信息。如果同类产品的广告诉求主题相同或相似,就可能减弱广告吸引注意力的效力,并且在消费者的意识中造成模糊或混淆,产生严重的干扰,难以形成具有良好清晰度的消费者认知。在这方面,通常要和企业的竞争实力与竞争策略联系起来综合考虑,且有以下广告诉求主题策划思路:

1. 差异化诉求主题

即与竞争品牌采取完全不同的竞争策略与广告诉求主题,比如乐百氏"27层净化"理性定位于纯净,娃哈哈"我的眼里只有你"感性定位于情感。竞争实力相当,但品牌定位,品牌个性不同的企业应该采取差异化广告诉求主题。

2. 对抗性诉求主题

即与竞争品牌采取针锋相对的竞争策略与广告诉求主题,比如农夫山泉天然水对抗纯净水,美之声无绳电话挑战步步高。企业在与主竞争品牌市场形象相差不太大,但又希望夺取更大的市场份额以超过主竞争品牌,且又有一定实力背景支持的情况下,可以采取挑战者攻势与对抗性诉求主题。

3. 模仿性诉求主题

即模仿竞争品牌的广告诉求主题。比如海信电视曾经主打环保,创维电视曾经力推健康。其实,普通消费者很难清楚区分环保电视和健康电视的概念,认为都差不多。当企业与竞争品牌实力相当,竞争品牌又采用了一个符合市场主流的诉求主题时,通常可以采取模仿性策略来定位广告诉求主题。

4. 超越性诉求主题

即在量或质、局部或整体上超越竞争品牌的广告诉求主题,以表现比竞争品牌更高、更好、更全面。

2006年9月,阿里巴巴收购雅虎之后,为推广雅虎搜索,耗资3000万元邀请张纪中、冯小刚和陈凯歌拍摄三条广告大片,每条广告均约10分钟且由明星出演,张纪中的《前世今生》篇由明星黄晓明出演,冯小刚的《跪族》篇由范伟出演,陈凯歌的《阿虎》篇由范冰冰出演。三条广告拍摄、投放、报道和炒作的费用过亿元,是当时中国互联网行业最昂贵的广告战役。

百度搜索则以才子唐伯虎城墙悬赏告示的断句"我知道你不知道,我知道你不知道"打败老外的场景诉求"百度更懂中文",广告创意制作费用不过几十万元,投放则在互联网上实现病毒式传播,但由于百度搜索广告超越式诉求主题的合理性,以及诉求方式的幽默性,在这场搜索广告大战中实现了以小预算对大预算的胜利,并在PC互联网时代保持了持久的竞争优势。此后,雅虎退出中国。

七、实战分享

解密云南白药的品牌传承与创新之道

贯穿中国人百年伤痛史的云南白药

2006年,中央电视台10套《探索发现》栏目,播出了一档《白药传奇》的特别节目,一幅幅凝重的历史画面从眼前闪过,1902年,那位饱经沧桑的彝族行医人曲焕章发明了云南白药,并用它医治了自己的创伤。云南白药因北伐、长征、抗日战争、解放战争等重大历史事件扬名海内外,在整个20世纪,一直与中华民族的伤痛历程紧密相连。

1917年,讨袁护法运动爆发,来自云南的蔡锷将军将云南白药广泛用于为官兵疗伤,使之名声大振。1923年,军阀在滇南开战,出现了大量痛苦不堪的伤兵,曲焕章的治疗方法简单有效,只要将伤口洗净,撒上白药,一个月便好。从此,许多将士身上常备白药。1930年,四川瘟疫流行,云南白药以"百宝丹"的名字入川后大显神效。长征开始后,红军官兵在两万五千里的长途跋涉中历尽艰险,白药一次又一次挽救了无数人的生命。抗日战争爆发后,曲焕章和他的云南白药又积极投入了抗战洪流。在惨烈而又辉煌的台儿庄战役中,来自云南的60位军将士负了伤,外敷内服白药后继续拼杀。新中国成立后,无论是在20世纪50年代热火朝天的工业建设中,还是在80年代中国体育健儿奋力拼搏的体育比赛中,以及90年代惊心动魄的抗洪救灾中,云南白药总是会在危急的关头为人们医治疗伤、慰藉痛苦。

于是,在上了年纪的一辈人心目中,云南白药的价值已经大大超越了一种疗伤的良药,它已经成为一个名副其实的大品牌——不仅仅是商业意义上的,而且是文化意义、民族情感意义上的品牌。云南白药凝集着历史、凝集着民族的伤痛与苦难,也凝集着战胜伤痛的喜悦和自豪,更凝集着一种对民族和个人创伤至真至诚的关爱。

云南白药的现代困境——"百年品牌的认知断裂"

进入新时代,云南白药除了原来的传统剂型外,衍生出相关新产品,像云南白药膏、创可贴、气雾剂等。这样一个让人激动、让人感念的百年品牌,在历尽岁月的洗礼之后,是否还具有曾经有过的感召力呢?面对今天国内外药业市场空前激烈的竞争挑战,白药应该如何去实现它在新时代的价值传承呢?为了回答这些问题,我们先来看看中国消费者认知研究中心提供的相关调查资料。

(1) 云南白药的知名度和使用率:在听说过云南白药的人中,有64%的人使用过云南白药的相关产品,其中白药粉的使用率最高,达到71.5%,其次是气雾剂28.0%,再次是创可贴11.1%。

(2) 使用云南白药系列产品的消费者结构:年龄越大的消费者,认可程度越高,使用也越多。其中,传统的白药粉更为中老年人所认可,新研发的创可贴和气雾剂则更为年轻消费者所接受。

(3) 消费者对云南白药的品牌认同结构:人们对"中药老字号"认同度最高,对白药产品的止血愈伤、活血化瘀和解毒消肿三大功能认同度也比较高。说明这几点是云南白药重要的品牌资产。另外,消费者对"民族品牌""知名度高""质量有保证"和"产品效果好"这几点的认同度也比较高。

从数据上看,云南白药仍然具有较高的社会知名度与认可度,但就其品牌的感召力来看,已经明显出现了年龄分布上的断层。对于广大中老年消费者来说,云南白药这一百年品牌的感召力仍然非常强大,他们之所以选择云南白药,主要还是源于对其百年品牌在情感上的亲近和精神上的敬慕,但是对于云南白药的新形态产品却缺乏了解。而对于35岁以下的青年人而言,他们选择白药主要着眼于其实际的功能与疗效,至于这种老品牌所包含的品牌价值内涵,并不是主要因素。换句话说,在青年人心中,这只是一种药,不同于老年人心目中的饱含历史关爱和人性关爱的精神寄托。

修复认知断裂——百年品牌与时俱进策略

如何发掘百年老字号独具魅力的品牌价值,使这种价值为新时代的青少年消费者认可;如何利用白药的新产品去开发、宣传、推广、唤醒中老年消费者对新白药的关注与接受,这是一个重大的战略修复工程。弥合中老年消费者和青少年消费者对白药品牌的认知断裂,将品牌的内涵与价值观传递给新时代的全体消费者,使云南白药的系列产品延伸同消费者新时代治疗伤痛的需求相吻合,这又是一个十分细致的战术修复工作。

(1)从"伤痛文化"到"关爱文化":确定云南白药的品牌承诺"如果伤痛在所难免,云南白药在你身边"。

云南白药的历史,就是近代中华民族战胜创伤的历史,在一次次战胜伤痛的过程中,云南白药逐渐融入中国人的精神世界和情感世界,成为关注伤痛、抚慰伤痛和治疗伤痛的代名词,不仅治愈肉体上的伤痛,还抚慰着心灵和感情上的创伤。白药本身已经成为一个关爱个人伤痛和民族悲欢的情感符号。

通过对白药历史资源的梳理,找到了从"伤痛文化"到"关爱文化"的价值升华。通过对重大历史事件的情景再现,让更广泛的民众感受到了云南白药的深厚底蕴。"如果伤痛在所难免,云南白药在你身边。"中国人在面对伤痛的百年经历中,逐渐由无奈变为从容。值得一提的是形象片的许多历史镜头是根据当时的文献资料进行的影像再现。在创意执行上,形象片对时代风貌的精致还原,让人叹服。

(2)从创可贴到"有药的创可贴":云南白药创可贴的品牌承诺"有药好得更快些"。

2005年之前,邦迪在中国创可贴市场上占有绝对统治地位,几乎成为创可贴的代名词。

为了打破邦迪的垄断,云南白药充分利用伤科圣药的优势,在创可贴里加入了白药成分,让创可贴不再仅仅停留在保护伤口的功效上,而是能够更好地治愈伤口。

云南白药采取了有效的差异化竞争策略——不是单纯宣传疗伤效果如何好,而是凸显了邦迪所不具备的独特优势:有药的创可贴。邦迪强调保护、强调材质的舒适性,云南白药创可贴则引领从"保护到治疗"的升级。用"有药"和"无药"树立创可贴的新认知范式。这样的认知范式的重建符合消费者对伤口快速愈合、复原的需求,将云南白药这一百年品牌的"止血"疗效与其现代衍生产品密切联系起来。

云南白药创可贴"有药好得更快些"推广活动之后,87%的受访者认为创可贴的功效应该是治疗伤口,75%的受访者表示首先考虑购买有药的创可贴。企业的终端拦访调查证明,消费者重复购买率上升22%,2006年市场份额同比上升120%,实现云南白药创可贴历史上的最高增长。

第三节　广告创意设计

广告创意设计,在影视广告中通称广告创意,在平面广告中也称广告设计,是一件充满激情又极富才智与灵感的创造性活动,但它必须在一定的品牌规划营销策略要求之下,通过一定的创作表现手法才能实现。

一、广告创意概念

广告创意是具有创造性的广告表现立意与构思。它是在广告诉求主题定位的基础之上与前提之下,对广告表现做出的具有始创性的立意与构思,是形成广告作品的蓝本和依据。广告创意是广告策划与运作的关键环节之一,是广告作品的艺术灵魂。优秀的广告创意是成功广告的主要标志,是吸引受众注意,加深受众印象,达到传播效果与促销效果的利器。

广告创意的内容包括广告创意策略和广告创意构思表现。

广告创意策略是对广告诉求方式、广告创意基调与风格的思考与界定。

一般地,广告创意有理性诉求、感性诉求两种诉求方式,但何时采用理性诉求?何时采用感性诉求?这里面既有科学规律又有艺术上的考虑。

广告基调与风格是对广告创意方向、广告创意构思的边界性界定,广告创意设计也必须给出明确说法与规定,不得忽略或一带而过交代不清,或模棱两可界定不清。否则,广告创意构思就没有原则和规则了,广告创意表现就没有依据和基础了。

TCL美之声无绳电话电视广告的《股市篇》和《摇篮篇》,诉求主题同样都是"清晰",同样都是感性诉求方式,但两个广告的基调与风格却明显不同,这可以从最终的广告创意表现中倒推出来:《股市篇》中的卫生间场景,"股市怎么啦?股市到底怎么啦?"的质问,使整个广告充满挑战步步高的火药味。而《摇篮篇》中的温馨家居环境、儿童摇篮、母亲轻声哼唱的摇篮曲,使得整个广告充满了宁静、平和、温馨的意味和韵味。

表8.1是作者主持的两支广告片的广告创意策略对比。虽然同是一个品牌的同一类产品,但由于产品定位、目标消费者不同,因此广告诉求对象、广告诉求方式和广告基调与风格也完全不同。

表8.1 荣事达两个洗衣机产品的广告创意策略

产品	银龙全自动洗衣机	智龙全自动洗衣机
广告片名	手洗篇	旋转篇
产品定位	城市市场中档全自动洗衣机	城市市场高档全自动洗衣机
目标消费者	中等收入洗衣机换代家庭	高收入洗衣机换代家庭
广告诉求对象	45~55岁中老年夫妇	35~45岁青壮年夫妇
广告诉求主题	手洗一样的效果	生活品质与光彩
广告诉求方式	理性诉求	感性诉求
广告基调与风格	朴实的家居环境、亲切的母女对话	时尚的家居、工作、出行、休闲环境,各种转动画面的切换

广告创意构思表现即在广告创意策略指引和规定之下对广告诉求主题的艺术性显现,我们在下面的广告创意要求与广告创意手法中展开探讨。

二、广告创意要求

广告创意要充分发挥想象空间,在思维的无限世界里展翅翱翔。但广告创意绝对不是天马行空,独来独往,我行我素。广告创意也不是无中生有,肆意杜撰的。广告创意是要跳出美丽动人的舞姿，但要遵循舞蹈的艺术准则，这在广告界被称之为"戴着脚镣跳舞"。有人将广告创意的要求归纳为五个 I，即：Idea，创意要有主意；Interest，创意要有趣味；Information，创意要表达内容信息；Impact，创意要有冲击力；Impulse，创意要能使人冲动。这五个 I 的总结是非常精炼的，但美中不足的是策略性不足。为此，在这里，我们将广告创意的要求归纳为以下八点，这也是优秀广告创意的特征和评价标准。

1. 贯彻品牌规划，遵循营销策略

广告创意是艺术创作，但不是纯艺术创作，而是一种营销艺术与广告艺术创作，因此它必须符合并体现品牌规划与营销策略。只有在品牌与营销策略规划之下才能创造出符合塑造品牌形象需要、实现营销目标的广告创意。脱离品牌与营销策略，很难评价广告创意的优劣。

2. 精准广告诉求，传达主题定位

在广告策划流程中，广告创意是广告诉求主题定位的下道工序，广告诉求主题定位是广告创意的上道工序。广告创意必须符合并体现广告诉求主题定位所做的界定，这样才能保证广告创意不会偏离方向，不会走错地方。不会变成创意人为创意而创意的技巧炫耀。

3. 符合民族文化，顺从民众心理

广告创意还必须符合受众的接受心理，而这又与民族文化、价值观念、道德规范以及社会心理密切相关。有一支获戛纳广告奖的泰国香水广告，表现了一个女魔为了吸引王子，浑身喷洒了大量香水，王子受香水吸引匍匐在女魔胸间。这在泰国可能没问题，但在中国却未必好，未必符合中国人的审美情趣。还有一支广告，表现的是一种啤酒的好口味，一个从小生长在单亲家庭的小伙子靠打工攒了一点钱，给敬爱的母亲买了一双她梦寐以求的红舞鞋，然而在回家的路上由于受不了啤酒的诱惑而将红舞鞋换啤酒喝了。这在西方国家可以，但在中国却不符合中国人的道德伦理与价值观念。因此，在中国还是像"威力洗衣机，献给母亲的爱"这样的创意更符合人意，更打动人心。正因为如此，洋品牌的中国版广告也越来越中国化、本土化了。

4. 原创新颖贴切，表达传神会意

广告创意必须具有原创性、始创性，而不应邯郸学步、东施效颦。嚼别人吃过的东西会索然无味，只有原创的才可能是新颖的，才是受众愿意接受的。同时，创意还必须是贴切的、会意的，而不是牵强附会的、机械生硬的。创意原点与创意表现两者之间必须具有天然的直接联系，这样才能说服受众，达到广告的作用。比如美的空调表现静音省电功能,用一只芭蕉扇做衬托,称芭蕉扇最静音、最省电,美的空调次静音、次省电。新颖而又贴切会意,容易理解,不易忘记。

5. 引发注意兴趣,形成联想记忆

广告需要引起受众注意与兴趣,并形成美好联想与深刻记忆,才能达到广告的传播效果。如果不能引起注意,不能形成印象,那就不能称为广告创意。投放这样的广告只能是白花钱。为此,广告创意要在原创性、新颖性、吸引性基础上,"创造不同,争取认同",即从众多同类产品的广告创意中突显出来,得到受众的格外注意与特别兴趣,争取消费者的赞许与认同。

6. 调动需求欲望,增强销售引力

优秀广告创意还应该能够调动受众需求与欲望,调起消费者的购买冲动与享受欲望,从而增强产品的销售力,达到广告的促销效果与促销目的。食品、日化用品、美容服饰类产品的广告创意尤其要高度重视这一点。家用电器等耐用产品同样也需要并且也可以做到这一点。例如荣事达洗衣机"手洗篇"广告诉求手洗一样的效果,引起洗衣机换代用户的极大兴趣,调动了其需求,结果有很多广告诉求对象定位中设定的目标消费者到商场点名要买"手洗一样"的洗衣机。

7. 保持策略一致,形成累积效应

上述六点是每一个独立的广告创意必须达到的要求。但从一个企业一个品牌不同时期的广告策划与广告创意角度看,还必须考虑广告创意策略与风格的传承与变化问题。从这个层面上看,首先要保证广告策略和广告风格的一致性与继承性,以保持品牌形象的一致性或统一性,达到广告效果的累积作用,而不要人为割断广告风格与广告创意的联系,形成断层或鸿沟,从而造成沟通障碍与消费者理解障碍。

8. 适度变化调整,保持创意活力

在一定的时期内,广告策略定位必须是稳定的,但广告创意却必须是鲜活的。广告风格与广告创意在保持策略一致的前提下必须适度变化调整,变化面孔和形象与消费者进行沟通,以保持新鲜感、活力感和生机感。比如立邦漆的广告,从"草原小屋篇"到"小屁股篇",创意表现有变化,越来越可爱,但广告诉求主题没有变,广告策略没有变,都是"立邦漆处处放光彩",不管是在辛勤搭建的草原小屋上,还是在天真无邪的儿童们那可爱的小屁股上。

三、广告创意手法

广告创意表现手法多种多样,不胜枚举,这里介绍十种常见表现手法。

1. 渲染

通过场景布置,人物语言、表情、动作,音乐、灯光等多种镜头语言,强烈地渲染消费者的心理渴求与消费享受,达到与目标消费者的心灵沟通。

沐歌沐浴露电视广告,通过愉快的沐浴过程,达到高度的肌肤放松与享受,在轻松流畅的音乐声中推出广告诉求:沐歌沐浴露——让肌肤唱首歌。

2. 再现

真情地再现消费者经历过或感知过的典型而又感人的消费场景。

南方黑芝麻糊的经典广告,将时光定格在20世纪30年代的一个晚上,江南小镇的街巷,芝麻糊的香味,芝麻糊担子上的油灯,小男孩搓手舔嘴唇迫不及待的神情,吃过之后天真而自然的舔碗动作,叫人不禁想起儿时的美食,达到了与目标消费者的情感沟通。品牌和产品形象自然深入人心。

3. 借用

巧妙地借用消费者熟悉的美好事物与深刻印象表现新的广告信息。

美国前总统克林顿因莱温斯基事件头痛不已、痛苦不堪时,巴西一家药厂巧借这一公众熟悉的事件传播其头痛药,在广告画面的主要版面上,愁眉苦脸的克林顿的额头上贴着莱温斯基的照片,画面的右边是广告传播的头痛药。这一广告立即引起了广大受众的注意,并且过目不忘。

4. 重组

戏剧性重组消费者经历过或见识过的不同场合的情景故事,以达到意想不到的戏剧性效果。

金莎巧克力广告"教堂忏悔篇":寂静空阔的教堂中,一个面孔清纯的少女低头走近告解室,期期艾艾地向神父坦白,说因抵受不了诱惑,后悔发生了第一次(观众至此已被故事情节牵引,免不了想到少男少女最不该犯的过失上去)!画面一转,少女竟解释为抵受不了金莎独特口味的诱惑而第一次将整盒金莎巧克力吃光了。(此刻观众从女主角向神父忏悔所营造的压力中突然解脱出来)。少女继续描述金莎巧克力的特质,并使之成为抵受不住诱惑的主要理由。(这样一来观众通过故事而认识金莎独特的美味,而且印象极其深刻。)画面又一转,突然出现刚才聆听少女忏悔的神父,(在吃完金莎巧克力后)又向另一位神父开始坦白他的第一次……

5. 夸张

以夸张的表现手法放大产品功能卖点,引起受众注意并达到记忆效果。

有一支电视广告是这样的:楼上的女士在用吸尘器打扫卫生,吸地板上的灰尘,楼下的男士被吸上天花板,并随着楼上吸尘器的运动而运动,这是伊莱克斯吸尘器强调其吸力强劲的广告。大家都知道这只是夸张,并不是说吸尘器真有这么大的吸力,因此不会被认为是虚假广告。但观众却在这种带有戏剧性的夸张中接受了伊莱克斯吸尘器吸力强劲的功能特点。

6. 谐趣与幽默

利用语言文字的双关谐趣幽默,引起消费者兴趣、注意与记忆。以前有过打字机"不打不相识"、牙刷"一毛不拔"的广告创意,后来又有"你想尝尝亲嘴的味道吗"——清嘴含片的广告创意。这种创意表现手法只要贴切自然,是有良好传播与记忆效果的,但要注意不要走过了,故意玩弄文字游戏,那就适得其反了。

7. 拟人与仿生

用拟人化手法或仿生学原理表现产品利益,往往能达到意想不到的效果。

ROLO糖的广告创意:一位调皮捣蛋的小男孩用ROLO糖挑逗一头在象群中行进的小象,当小象费劲地伸长了鼻子,想接住ROLO糖块时,小孩却戏弄而赖皮地把糖扔到自己的嘴里,还做出个鬼脸。转而若干年后,那位孩子长成青年了,在一次庆功会上,当大象队伍通过青年身边时,一只大象甩出鼻子,狠狠抽了青年一个耳光,真可谓"君子报仇,十年不晚"。广告末尾,出示产品ROLO糖包装的同时,显示出"THINK TWICE WHAT YOU DO WITH YOUR LAST ROLO"的字幕(拥有最后一块"ROLO"的你,要三思而行)。

8. 对比与突显

通过对比,突显优势,说服受众。对比可以采取多种方式:是否使用本产品的对比,佳洁士和高露洁都使用这种对比方式来证明其牙膏的防蛀齿效果;在不同品牌之间进行对比,"牛肉在哪里""艾维斯只是老二"是美国对比广告的经典之作。有些国家允许比较广告,中国法律则不准做比较广告,因此在中国运用对比与突显的广告创意手法时要注意避免触犯法律法规。

9. 悬念与互动

制造悬念,引起受众兴趣,调动受众参与,形成互动效果。报纸和广播悬疑与互动广告创意出现最早,电视媒体悬疑与互动广告创意与执行最昂贵,而网络媒体悬疑与互动广告创意与执行最便捷,最新案例也最多,已经成为悬疑与互动广告创意与执行的第一媒体形式。但是悬念与互动要把握好度,以免引起公众恐惧与反感。

市场营销经典案例：【梅兰芳是谁】梅兰芳刚出道时，虽唱功绝顶却很难在上海出名。其在报纸的大版面上只登三个字"梅兰芳"，连续登一周，大家都在议论梅兰芳究竟是谁。最后一天广告：梅兰芳——京剧名旦，今晚在剧院登台献艺，欢迎观看。当天票卖光，梅兰芳从此一路走红。

10. 移植与模仿

借鉴经典广告创意表现手法为我所用也不失为一种表现手法，如果移植与模仿的广告创意在本地没有媒介投放，目标受众还未见过，应该有不错的效果。如果移植与模仿的广告创意在本地有大量媒介投放，几乎家喻户晓，在特定条件下，也具有借势传播的意义，比如采取跟进策略的企业和品牌来说，由于知名度不够、营销资源不足，采取移植与模仿的创意手段是比较取巧的方法。

2012年加多宝凉茶与广药之间围绕王老吉的纷争正酣，今麦郎冰糖雪梨推出电视广告"怕上火喝冰糖雪梨"：在疑似加多宝公司原版王老吉凉茶广告夏天时节年轻人一起吃火锅的镜头里，当吃货们伸手去拿一种看上去很像红罐王老吉的饮料时，画面一转，代言今麦郎的小美女对着观众吐槽——"听爷爷说，怕上火，喝今麦郎冰糖雪梨才对！"

第四节　广告媒体策划

广告媒体投放费用在企业营销传播费用占比通常是最高的。广告媒体策划既关系到广告效果的好坏，又关系到广告投入的多少。能否以最小的广告投入达到最大的广告效果是广告媒体策划的关键。为此，我们必须掌握正确的媒体策划流程与方法，合理选择和组合媒体。

一、媒体策划流程

（一）明确目标市场策略和广告诉求对象

在进行媒体的选择和组合前，应该对广告要在什么样的范围内、向什么样的受众发布有明确的认识，而这就需要回顾营销的目标市场策略和广告传播策划上游环节已经确定的广告诉求对象定位。

（二）进行广告媒体评估

对可供选择的媒体按照受众对象的类型特征、受众总量和结构、有效受众数量、媒体的到达率和影响力（如电视收视率、网络点击率、广播收听率、报纸阅读率等指标）、媒体的权威性、媒体广告的费用与千人成本等要素进行分析与评估。

互联网对营销的最大影响，就是对营销传播的影响，网络广告规模从最初的零起点，一路逐步成长，到2010年以后实现快速增长。2011年超过报纸广告，2014年超过电视广告，成为中国第一广告媒体。但是网络广告中，电商平台内的广告占比很大，且在2016年超过搜索、广告成为第一，这些大都是直接追求销售转化的促销广告，所以业内有人认为阿里巴巴首先是一家广告公司，其次才是一家电商企业。网络广告还因为媒体众多而呈现出碎片化特征。此外，网络广告还存在大量专业度权威性不高的低端性公关文章。这些都导致网络媒体难以承担品牌传播重任，更多承担促销宣传职能。宝洁等世界性广告投放主体在积极探索互联网广告之后，最近又压缩了网络媒体预算，增加了传统权威媒体预算。

传播理论分析认为网络媒体存在：① 三大缺失，道德伦理缺失、内容把关缺失、社会责任缺失；② 三大泛滥，网络暴力泛滥、低俗信息泛滥、虚假信息泛滥；③ 三大隐患，信息安全隐患、网络侵权隐患、信息深度隐患；④ 三大倾向，低俗化倾向、庸俗化倾向、媚俗化倾向。这些问题的存在降低了网络媒体的权威性，也给社会管理带来了挑战。2015年12月习近平主席在第二届世界互联网大会上提出构建互联网全球治理体系，2016年4月在全国网信座谈会上提出建设网络良好生态、维护网络安全和健康发展。随着网络治理的深入，网络空间的净化，网络媒体的规范运营未来网络媒体的权威性可望提升，能够为品牌传播承担更多的作用。

（三）确定广告发布媒体

以媒体评估为依据，选择最接近广告诉求对象、有效受众数量最多、权威性与接受性最高而广告费用经济合理的媒体作为广告发布的媒体。

（四）确定媒体组合和媒体排期

按照整合传播整体优化的原则对确定进行广告发布的媒体进行时间和规格上的组合，确定各媒体广告发布的时间与内容。

二、广告媒体选择

赢新网络:【营销打砸抢时代终结】你的公司野心勃勃,但品牌尚未确立;你的目标客户是"80后",甚至更年轻;你计划花不菲的广告预算打市场。但"打一通广告,砸几千万银子,抢几个黄金A段"的传统做法已经失效。营销人最大的挑战:如何在多媒体、多屏幕、多任务和多时间碎片的环境下持续吸引眼球、传递信息。

在广告媒体繁多且分众现象明显的时代,必须正确掌握广告媒体的选择方法,才能找到能够与目标诉求对象进行有效沟通的广告媒体。通常地,广告媒体的选择方法有:

(一) 目标市场——广告媒体优选法

广告的作用是将品牌和产品信息传播给目标消费者。这就要求广告媒体的选择必须符合产品的目标市场,充分注意广告媒体与目标市场的一致性。

1. 目标市场区域范围与广告媒体覆盖范围的一致性

如果目标市场是全国市场,那么最好选择覆盖全国的广告媒体。如果目标市场是某一地区市场,那么应选择能有效地覆盖这一地区的广告媒体。从理论上来说,媒体的覆盖范围应该正好涵盖目标市场的地理范围。如果覆盖面小于目标市场范围,则达不到传播的目标。如果覆盖面大于目标市场的范围,则浪费了一部分广告投资。随着省级电视台的上星传输信号与落地接收信号,地方电视台的卫星频道也可以覆盖全国了,理论上也可以通过某一个地方卫视或者几个地方卫视联播组合覆盖全国,不是只有中央电视台一种能够覆盖全国市场的电视媒体了。但是,地方卫视和中央电视台还存在权威性和收视率的差异,因此,需要根据企业的营销资源与营销策略,结合其他的广告媒体选择方法进行深入研究、精心策划。

2. 目标消费者与广告媒体受众的一致性

广告的媒体选择还应注意与目标消费者及广告诉求对象的媒体习惯协调一致。由于消费者的年龄、职业、性别、收入、文化程度不同,对各种不同的媒体存在着不同的偏好,对媒体的接触也各不相同。以消费者的电视媒体接触习惯来看,公务人员喜欢收看新闻频道,商务人士偏爱财经频道,而市民阶层则常接触电视剧频道,年轻人则倾向于娱乐频道。

广告媒体选择还需要注意由于媒体技术和社会应用背景变化带来的媒体接触习性变化。20世纪90年代保健品和电视机以及21世纪初手机抢占农村市场的主要传播形式是散发传单和刷墙体广告。2010年以后,电视媒体的涉农频道已成首选。而对于"80后"的年轻白领阶层和"90后"的时尚青年,网络媒体是第一媒体,他们尤其关注社交媒体、网络论坛、视频媒体和音乐媒体。如果其中有人还看报纸,则会被同龄人视为"老了""OUT了"。在政府机关和事业单位,公务员和职员网络媒体接触时间和频率也远远高于纸质媒体。

3. 购买决策者与广告媒体受众的一致性

目标消费者在重要产品如高档家具、家用电器的购买决策过程中,会由于产品价值、技术特点、用途等原因,出现购买倡议者、影响者、决策者、执行者和使用者几种身份角色,例如购买洗衣机,购买倡议者和产品使用者一般是家庭主妇,购买影响者是家庭其他成员或者亲戚朋友、同事、邻居,购买决策者一般是一家之主的丈夫,而现在购买执行通常是夫妇一起去商场或上网挑选。在购买活动中起决定性作用的是购买决策者。因此,广告投放一定要针对购买决策者,一定要考虑购买决策者的媒体习性。尤其是广告预算非常紧时,一定要保证这一点。当然如果预算宽裕的话,可以适当兼顾购买影响者。

(二)产品性能——广告媒体优选法

不同的产品具有不同的性能特点以及由此带来的广告诉求主题与广告创意表现的差异,不同的媒体也有不同的诉求与表现能力,具有不同的传播效果。因而,需要根据产品的性能特点来进行广告媒体的选择与策划。一般来说,印刷媒体适用于要向消费者做较为详细文字说明的规格繁多、结构复杂的产品,如工业用品、高新技术产品等;影视媒体则适用于有形象、外观、色彩、运动和声音效果表现需要的产品,如服饰、汽车、家用电器等。随着数字视频技术在网络上的应用,视频广告在网络媒体中有所增长,网络媒体的传播效果比以前有了较大的改进,成为能够综合传达文字、语音图片和视频的广告媒体。

(三)媒体特点——广告媒体优选法

不同的媒体具有不同的传播特点,其传播能力、传播时机、广告费用也各不相同。而广告的媒体选择应充分注意媒体自身的特点。在媒体运用实战中,有选择强势媒体、成本媒体和有效媒体三种做法。

1. 按照媒体传播能力选择强势媒体

媒体的传播能力包括媒体的传播数量和质量。传播数量主要指媒体的覆盖面，如报纸、杂志的发行量，广播电视的覆盖人口等。传播质量主要指媒体的权威性、信任度、好感度、收视率，以及媒体广告表现的特长等。选择强势媒体基本能够保证启动市场，但需要一定的胆识魄力和资金实力，也可能浪费一些广告费用。

2. 按照媒体传播费用选择成本媒体

不同的媒体广告费用不同。同一媒体，不同时间、不同栏目、不同版面，广告收费标准也不尽相同。因此，广告媒体的选择还要考虑到媒体的收费标准与企业的支付能力。所以众多中小型企业倾向于选择费用较低的成本媒体。

已经在美国成功上市的北京新东方教育集团，其创始人俞敏洪现在已经是新闻媒体的"红人"，但在创业初期，他也选择了在高校校园张贴海报、在大街上贴电线杆广告这种原始的低成本广告媒体方式进行宣传和招生，企业发展壮大以后再改成高层次的媒体进行广告宣传。选择成本媒体是中小企业创业初期的务实选择，但要防止出现达不到广告效果与目标的现象。

3. 按照媒体传播效果选择有效媒体

为达到广告效果与节约广告费用双重目标，理性的选择是根据可靠的媒体资料与科学的分析方法，结合考虑营销策略、广告目标、媒体传播能力与费用，选择有效媒体发布广告。

在有效的大众媒体之外，安装在卖场终端、楼宇电梯旁边和医院候诊室里的液晶电视、火车和公交汽车上的移动电视，被看成是面对特定受众强制性地发布广告的分众媒体或者小众媒体。这些媒体现在虽不是强势媒体，但受众指向性较好，费用也较经济，合理使用也是有效的，尤其对于广告费用预算不足、市场和受众面不宽的企业来说，不失为实际的选择。有时候，小媒体的极致使用也很有效果。

4. 按照媒体传播效能选择新兴媒体

新兴媒体（又简称新媒体）是相对于传统媒体而言的，是在报刊、广播、电视等传统媒体以后发展起来的新媒体形态，是利用数字技术、网络技术、移动技术，通过互联网、无线通信网、有线网络等渠道以及电脑、手机、数字电视机等终端，向用户提供信息和娱乐的传播形态和媒体形态。新兴媒体传播具有即时性与交互性、个性化与社群化、共享性与扩散性、多媒体与超文本等特征，因此传播速度快、效能高。新兴媒体传播平台和渠道，主要包括电商平台、搜索引擎、门户网站、资讯推送平台、微博、微信和网络名人（网红）自媒体等，随着4G网络的普及和智能手机性能的不断优化，移动互联网成为最重要的新媒体,但由于手机屏幕和内存的局限,移动互联网的竞争也更加激烈。

从理论上来说,网络媒体可以实现广告的快速精准推送,但由于商业利益和价值观的问题,网络广告也存在非精准的泛滥推送的现象,需要广告主加强甄别和监控。

三、广告媒体组合

在现代广告活动,特别是在广告运动中,同时使用多种广告媒体的媒体组合策略较为普遍。当广告目标对广告影响广度大于影响深度时,更需要运用多种媒体进行组合传播。

媒体组合能够提高广告信息的触及率,将广告信息传达给单一媒体所无法触及的更广泛的广告受众对象。广告媒体的有机组合,可以克服单一传播惰性,产生"1+1大于2"的结构功能放大作用。在几个媒体上用不同的方式宣传同一个广告主题,可以产生整合传播效应。比如组合媒体的广告能使目标消费者"电视上能看到,手机里能读到,大街上能见到,问人家能知道,商场里能找到",就能够取得良好的整体传播效果和促销导向作用。

但是,广告媒体组合也并不是广告发布的媒体越多越好。一般来说,广告媒体组合应该掌握以下原则和方法:

1. 符合广告目标传播策略

不同类型的广告活动,广告目标与传播策略不同,媒体组合方式和权重次序也不相同。企业形象、品牌形象广告的媒体组合,应以电视和网络视频广告为主,辅以高端户外广告、新闻报道和杂志形象传播,使广告受众对品牌形象信息产生形象记忆效果;实体卖场的产品促销活动广告的媒体组合,应以本地化网络媒体、地方性报纸广告为主,辅以电视字幕、广播、户外条幅、商场海报和企业自媒体等,使广告受众广泛而快速地接受促销信息,产生产品促销效果。电商平台的促销广告则需组合网络和电视及户外等媒体,电商卖家的促销广告则主要组合站内搜索、直通车和钻石展位等形式。

2. 扩大受众强化广告力度

某一种媒体的受众对象,不可能与广告的诉求对象完全重合,没有被主要广告媒体覆盖到的那部分广告诉求对象就需要通过其他媒体来补充接触。媒体组合应尽可能地接近和覆盖所有的诉求对象,并强化广告力度。

3. 广告信息内容支持互补

各种媒体具有不同的传播特性,媒体组合应该有助于克服单一媒体的传播局限。如电视媒体不能进行细致解释,可以通过纸质媒体进行补充;纸质媒体广告信息不容易检索查找,可以与搜索非常便利的网络媒体广告进行组合。

4. 广告展露时间长短配合

不同的媒体有不同的时间特性,如电视和广播广告展露时间很短,而报纸广告时间则相对较长,杂志和户外广告更长。因此为了延续广告作用的时间,要注重不同媒体在时间周期上的配合。

5. 广告发布规格大小配合

在多种媒体上同时发布同一版面规模、同一时段时长的广告并不一定能达到最佳的广告效果,因此要对在各种媒体上发布的广告的规格和频次进行合理的组合,以在保证广告效果的前提下,尽量节省广告费用,获得更大的广告效益。

在广告传播实际运作中,有时还需要考虑协调媒体关系,在不分散广告资源、不影响广告效果的前提下,尽可能照顾到各个媒体的广告投放,这也是兼顾媒体关系、开展媒体公关的需要。

四、实战分享

网络广告投放:如何判断网络流量和价值

网络媒体自2015年以来成为企业广告投放的重要媒体,但是网络媒体也存在虚假现象。网络媒体的虚假流量有多大成分?怎样判断网络媒体的流量和价值?21世纪经济报道记者吴燕雨采写的"虚假网播量产业链调查",值得参考。

"流量"生态链调查

在移动互联网时代,"流量"掌控了不少企业运营的生命线,"流量红利"让先行者尝到甜头,然而也滋生了各类造假生态链。在网播平台上,相关利益方为了获取广告青睐购买虚假流量;而在各类追求流量规模的企业APP,内部员工购买虚假注册用户也不鲜见……种种求"流量"若渴进而购买虚假流量的背后,都共同指向了虚假身份的泛滥、个人真实身份的泄露和滥用。手机实名制被作为遏制"养卡"产业的有效武器应运而生,但遗憾的是,运营商每一次启动的实名制监管程序都有大量漏洞,系统更新的同时就被破解。

泡沫很突出,平台利用泡沫吸引更多人制作、在其平台上播放,部分的网络剧用假的点击量数据来吸引投资。

电视剧、网剧的网络播放量正在以惊人的速度刷新高度。据第三方统计，2016年，共有11部电视剧网络播放量突破百亿。2017年开年，已有两部破百亿，《三生三世十里桃花》则宣布突破300亿播放量。

高流量背后，一方面是国内观看习惯的改变，视频网站正在追赶电视台成为主流的观看渠道；另一方面，外界对数据真实性的质疑声也未停歇。

"网络上的点击率90%都是有水分的。"北京某影视公司CEO这样告诉21世纪经济报道记者。一部50集的剧，如果要达到300亿播放，就意味着每集有平均6亿的播放，这合理吗？一位常年从事刷流量工作的人士肯定地告诉记者，百亿流量大部分有水分，"全网加起来10亿，已经是很多了"。

谁在买流量？流量怎么刷？这种情况对行业有哪些危害？以流量作为标准之一、选择投放的广告主们是否因此利益受损？刷流量能否避免？带着这些疑问，记者联系与流量相关的各方角色，试图梳理出完整的产业形态。

两个月刷27亿流量

实际上，刷网络播放量早已是行业内公开的秘密。在这个灰色地带里，有制片方对流量存在刚性需求，有代理对接需求方和流量公司，更有专业的刷流量公司负责刷量；而在视频网站端，各家均建立了防刷系统；另外，也有第三方数据公司，综合各维度数据，为广告主提供数据报告，以判断投放性价比。

为什么刷流量？华夏兄弟国际传媒董事长萧文告诉记者，"刷流量的主要目的一是加大对戏的品牌宣传力度；二是加大视频网站的广告收入；三是视频网站之间的竞争导致的"。

在淘宝搜索"网剧播放量"等关键词，可轻易找到大批相关店铺。按照各视频网站刷流量难易程度和各家刷流量技术不同，各家给出的报价也有一定差别。

记者综合多家给出的报价发现，目前，爱奇艺的流量报价最高——1万流量在20元左右，优酷在8元左右，搜狐视频在5元上下，腾讯视频、乐视、芒果TV则维持在2元上下。不过，这个报价并不固定，根据平台的系统，报价会出现变动，个别网站甚至出现过0.5元的低价。

2017年"3·15"之前，相关店铺被淘宝大规模下架；但"3·15"过后，又有大批"新"店铺重出江湖。

在与多位商家交谈中，记者发现，近期各网站都在升级技术。如刷量报价曾在1元以下且不设上限的某视频网站近期完成了升级，如今报价翻倍，刷量速度也明显变慢,每天只能刷到几十万;而有多位商家对记者表示,自己曾在该网站刷过上亿流量,最多的用两个月时间刷了27亿。

虽然网站系统升级,但"突破他们的系统只是时间问题",多位商家表示。"有需求,自然有市场,我们做了几年了,再严重的都碰到过,最终还是会突破的。"一位成功避开了"3·15清洗"的商家说。

虚假流量生产链

通俗来讲,刷流量即制造访问量,IP地址是关键因素,刷流量者必须掌握大量IP地址。此外,在网络黑产中,每天有上千万黑卡(手机号)在售。在一位知情人士提供的实时截图中,某视频网站接入了不少卡商,最大的一个卡商对接了1000多个刷单手。

租用IP地址库,这是刷流量商家们最大的成本之一,其他成本还包括服务器费用和后期维护等。

从某种意义上讲,视频网站对IP地址的识别能力是核心技术之一。"找网站后台统计数据规则的漏洞",检测网站是否统计数据,也是刷流量的核心技术之一。

最"专业"的刷流量者对视频网站技术了如指掌,他们团队作战、有自主研发的技术和平台。"优酷一周修改2次参数,这大半年没有例外";"爱奇艺一段时间会清除一次数据"……也有部分个体商户,利用其他的平台技术,以代理的形式接小体量的单子。

后期维护阶段,即圈内俗称的"掉量",当视频网站系统升级后,会甄别出一批假数据,一部分会被清除,也有全部清除的现象。这时候,就需要重新研究刷法。

整个交易中,采购流量者并不需要与商家签订合同,由于行业缺乏第三方监管,因此即使签署合同也不具备法律效应。

按照行业公开报价的均价计算,刷出百亿流量需要好几百万元的费用,对于制片方来说,这是一个不小的数字。据了解,目前鲜有如此大体量的单子出现。实际上,由于视频网站与流量商都明白这其中的"规则",一旦出现刷量太多,被下架的可能性是很大的。

然而,更加容易被忽视的是,某些视频网站存在"绿色通道",即内部人直接调数据,这种情况曾盛极一时,如今正在减少。目前,以网站自制内容居多。

对于这种现象,北大文化产业研究院院长陈少峰对记者表示:"泡沫很突出,平台利用泡沫吸引更多人制作、在其平台上播放,部分网络剧用假的点击量数据来吸引投资。这些内容其实都是血本无归的,反而是给视频网站打工。"

博弈:防刷与鉴别

如何防刷?21世纪经济报道记者联系了各视频网站,优酷以担心"道高一尺魔高一丈"为由拒绝了采访;正在升级系统和技术的腾讯视频则选择现阶段暂不回应;芒果TV相关负责人也在电话中拒绝对刷流量问题给出回应。

爱奇艺CTO汤兴对记者透露,"曾经有一部内容的数据量90%多都是盗刷产生的"。在他看来,数据的真实性是平台的生存核心生命力之一,他介绍,爱奇艺已建立自有流量防刷系统,通过技术手段对刷量行为进行拦截处理。目前,反作弊团队有100人左右。

"盗刷有几个特征,毕竟不是真实的人的行为,很多是通过一些固定IP、固定的机器,个别的地区突然之间爆发。有的只是刷播放接口;有的是播放几秒钟立刻就退出。这些来源能明显地追踪到,它不是正常的人类行为,或该用户从来未出现。我们会去监控这些突然异变,也会监控这些来源的IP和用户。通过这种方式,把这种盗刷的数据清除掉。"汤兴说。

搜狐集团创始人张朝阳近期曾公开表示,"除了运营平台造假之外,还有主创团队把内容卖给平台之后雇人刷流量。那个数字调了以后,第三方数据的很多软件去抓那个页面,最后算出来的排行榜,也不靠谱。这都是商业驱动导致的"。

从另一个角度来看,流量数据是评判一个剧成绩、商业价值的重要指标之一。流量造假是否影响广告主的后期投放?

一家为广告公司提供报告的数据公司CEO告诉记者,这对广告主投放广告的选择会有一些影响,但对广告投放的计量是不影响的。"广告和视频网站的播放量在物理层面是两个不同的系统,是分开的。广告计量还有一种广告监测,跟播放量是两套独立的系统。"

如何帮助广告主甄别?他继续表示,播放量只是衡量一些剧和新媒体关系的其中一部分,我们还包括网络舆情、粉丝反馈等多维度的方式来甄别哪些剧是真正的火哪些存在虚火。

而一位多次在网剧投放广告的广告主则对记者表示,刷流量对广告主来说一定有损害,但在众多"刷"的流量里,哪些是完全无效的流量、是垃圾流量,是无法统计得知的。"有些刷的节目,一堆广告主前赴后继地买,说明是有价值的。"他说。

实际上,行业在经历非理性增长后,或许正在回归理性。"有过一次就坏了口碑,圈子很小,传得很快。要么打一枪换一个地方,要么至少让交易双方觉得相对合理。"上述广告主表示。

课后练习

一、策划理论知识练习

1. 简述广告诉求主题策划的路径。
2. 简述广告创意的要求。
3. 简述广告媒体策划的流程。
4. 简述广告媒体选择的方法。

二、策划实战模拟练习

1. 收集本班同学使用量最多的三种手机,对照包装盒、说明书和广告宣传资料,分析其 FABE。

2. 参与企业公开征集产品名称、广告口号等活动,为其创意设计产品名称与广告口号。

3. 选择某个正在播出的电视广告或发布在主流媒体上的报纸广告,透过其广告创意表现分析其广告定位策略。

第九章　公关传播策划

开篇导语

营销公关是现代营销必不可少的一个手段。营销公关以消费者为对象、以媒体传播为手段，对市场营销形成直接支持。新闻公关策划、赞助公关策划和危机公关策划不同于一般公关策划，对于品牌塑造和营销造势意义重大，是更具有挑战性、更需要创意的公关策划。

学习目标

1. 了解新闻公关策划的作用与策划方法。
2. 掌握危机公关策划与赞助公关策划的方法。
3. 掌握新闻发布会策划的内容与方法。

课前知识

市场营销学(原理)中的促销沟通策略：
1. 公共关系的含义与职能。
2. 公众对象与公关类型。

相关课程知识

公共关系学的相关知识。

第一节　公关传播策划原理

一、公共关系与市场营销

公共关系与市场营销的关系非常密切,市场营销将公共关系作为大众促销沟通的手段之一纳入其促销沟通策略之中。但实际上,市场营销只是运用了公共关系职能中的一小部分,准确地说,是只运用了公共关系中对市场营销作用比较直接和明显的一部分。

作为管理学科的公共关系与市场营销诞生的时代背景基本一致,作为企业管理职能的公共关系与市场营销在企业管理中的运用发展也基本同步。公共关系和市场营销同时在企业中运用的情况也很普遍,典型的情况是一些大型企业既设立了公共关系部门,也设立了市场营销部门。在企业的经营管理活动过程中,这两个部门既有分工也有合作。一般来说,公共关系部门通常设置在企业集团层面,主要负责企业形象和品牌形象宣传、政府公关事务、股东投资者关系事务和重大法律事务等,一般不直接处理面对顾客和消费者的关系事务。而市场营销部门一般按照产业分布设置在各产品事业本部或事业部,直接面对顾客和消费者开展市场营销工作。

二、营销公关与公关传播策划

在市场营销的策略组合框架中,公共关系是促销沟通(Promotion)策略中的一个手段。在市场营销的促销沟通策略四个工具中,公共关系和广告、促销活动一样属于大众促销沟通手段,通常需要借助媒体进行沟通,而人员销售则是人际促销沟通手段,不需要借助大众媒体。

市场营销中公关手段的运用,起先只是公共关系中的公共宣传(Publicity)部分,后来发现这不足以快速和直接对市场营销提供支持,于是发展成为营销公关(Marketing Public Relation,缩写为MPR),将公共关系全部搬到市场营销中去,这实在是中国营销学人的误解。

一般而言,公共宣传(Publicity)是不公开支付广告费的企业宣传,而媒体机构的主动宣传,则是看中了企业公共宣传的社会价值和媒体受众价值,是媒体的受众喜闻乐见的。而由于这种宣传不是广告性质,受众接受性好、排斥性和抵制性小,因此对于企业来说宣传效果更好。这种免费的宣传,对于企业来说几乎是免费的午餐,于是在企业的市场营销中流行开来。其实这种免费宣传,在美国指的是不用支付报纸杂志媒体的版面费和电视广播媒体的时段费,对于编辑和记者的劳动还是要支付报酬的,但是这与广告的费用相比已经是相当低的了。在中国,由于政策和新闻舆论导向的需要,官方新闻机构也对原来的国有企业、后来的外资企业和民营企业提供过免费的新闻宣传报道,未能享受到这种政治性、政策性新闻报道宣传的企业,以及享受不充分的企业则试图通过支付编辑记者劳务费的形式进行新闻宣传,但这常被新闻宣传管理机构以禁止"有偿新闻"的规定加以限制。中国民间网络媒体兴起后,收费承接企业公关宣传成为其生存与谋利之道,但这与公关宣传有关,但与原本严格意义上的公共宣传又存在很大的不同,这是值得注意的。

从公共宣传到营销公关是中外企业方向一致的共同选择。菲利普·科特勒在《营销管理》第11版里描述了营销公关在美国的发展情况。在中国,以社会大众和消费者为对象,以产品营销为目的,整合新闻媒体资源开展营销公关传播,也十分普遍。营销公关的效果大大超过了公共宣传,甚至接近和超过了广告宣传。因此,"公关第一,广告第二"的观点被提出来,并受到一部分人的追捧。

本书认为,在中国市场上,从公共宣传到营销公关的转变背景原因在于:

(1) 企业集团总部的公共关系部门关注的重点是政府关系、股东关系等直接与企业有着重大利害关系的直接型公共关系,而对于潜在的顾客关系不太关注;其主要职责是负责维护企业整体形象和整体品牌形象,而对于具体产品形象以及产品层面的品牌形象则无暇顾及。因此,对于营销部门来说,借助集团总部的公共关系推动产品营销有些"远水解不了近渴",于是自己走上公关前台,依靠自己的力量开展对自己的营销职责有直接帮助的营销公关。

(2) 公共宣传的内容和节奏比较被动,依靠媒体的无偿或友情支持,运作空间有限,企业无法根据市场营销与产品推广的需要有效把握新闻宣传的内容。

(3) 公共宣传的见效速度慢,见效方式不直接,对于产品销售的促进作用太间接,工作业绩和成果也不好评估,这对于现代市场营销的高效率、快节奏运作来说显然非常不适应。

营销公关的策略要点主要包括以下几个方面：

1. 营销公关的主要对象是消费者

从逻辑上说，有多少种公众关系就有多少种改善公众关系的公关策划。营销公关将主要的公共关系锁定在消费者关系，这是与市场营销以消费者为中心的理念相吻合的。营销公关以改善和维护企业、品牌和产品与消费者的关系为主要职责，将其他与市场营销关联不太密切的公共关系交给专门的公关部门和具体对口部门处理。比如将政府公关、社区公关交给行政事务部门处理，将内部员工关系交给人力资源部门处理，等等。

2. 营销公关的主要目的是支持营销

营销公关的直接目的就是支持市场营销，促进产品销售。因此，凡是与市场营销和产品销售直接相关的问题，都是营销公关的范畴，凡是与市场营销和产品销售没有直接关系的问题，则由相关部门协调处理。营销公关集中资源与精力塑造对营销有利的企业、品牌和产品的正面形象，消除对营销有不利影响的负面形象，并积极开展营销公关活动制造舆论及声势，这就需要开展和执行新闻公关策划、赞助公关策划以及危机公关策划等。

3. 营销公关的主要手段是媒体传播

既然营销公关的主要对象是数量众多的广大消费者，因此主要沟通方式就是大众媒体传播。在网络时代，企业网站、企业微博等自媒体也是很好的营销公关传播手段。而政府公关、社区公关、内部公关和客户公关，由于沟通对象明确，数量不多，可以通过人际沟通直接且有效实现，所以不需要通过大众媒介形式实现。这也是营销公关与一般公关的不同。从沟通的角度来看，企业的媒体关系就是企业与消费者关系的重要纽带，是企业维护良好消费者关系的主要路径，企业的媒体关系好坏在很大程度上影响着营销公关的效率与质量。

4. 营销公关的主要考核标准是投入产出效益

与一般公关促销效果的间接性、滞后性不同，营销公关的促销效果应该是直接的、当期可以见效的。营销公关的评估和考核需要讲究投入产出效益。以考核营销公关对市场营销的支持度来检验营销公关目标的达成度。

综上所述，与一般公共关系不同的营销公关重点在消费者关系，关键在媒体传播。因此，本章的名称确定为"公关传播策划"，需要在本章中介绍的公关传播策划任务项目主要包括三个方面：① 新闻公关策划；② 赞助公关策划；③ 危机公关策划。

第二节　新闻公关策划

新闻公关策划就是利用和策划有价值的新闻事件,通过新闻媒体的公开宣传报道,传播企业形象,开展营销造势,形成对企业有利的公众认知。

开展新闻公关活动,是现代企业的一项重要营销手段。在消费者和公众的注意力已经成为一种非常重要的营销资源的时代,企业必须善于运用新闻公关手段,形成对企业形象建设和产品营销有利的认知环境。

一、新闻公关策划的目的与作用

(一)为企业形象添彩

传播企业形象是新闻公关活动的主要目的和长期目的。为企业形象添彩是新闻公关活动长期不变的主要努力方向,在具体工作中需要从两个方面展开工作:一方面,新闻公关活动通过持续性的新闻报道宣传为企业树立正面形象。企业利用新闻媒体的传播力打造企业的知名度,同时利用新闻媒体的公信力和新闻报道的真实性打造企业的美誉度。另一方面,新闻公关活动通过必要的公关手段和矫正性宣传为企业消除负面影响,澄清事实真相,消除公众误解,化解企业形象认知危机,重塑企业的美好形象。

立意于传播企业正面形象的新闻公关策划,我们将在接下来的新闻公关形象策划中介绍;立意于消除负面影响的危机公关策划,我们将在本章最后一项策划任务项目中专题介绍。

(二)为市场营销造势

作为营销策略的一个构成部分,新闻公关活动还需要紧密结合营销活动为当期的营销目标服务。具体来说就是,企业的新闻公关活动还承担着为产品市场的打开和销售的提升进行舆论造势的职能与作用。通过新闻舆论宣传引导消费观念,刺激消费需求,配合广告宣传,整合新闻宣传和软文发布,为产品上市推广制造声势,积累消费认知。

为市场营销造势的新闻公关策划在中国市场营销实践中运用较为广泛,

有很多经验和做法,也非常具有中国特色,我们将在接下来的新闻营销造势策划中具体介绍。

二、新闻公关策划的内容与范围

(一)建立新闻媒体基本合作关系,开展常规性新闻公关传播

为了给企业形象建设和产品市场营销营造良好的新闻舆论环境,新闻公关部门必须与区域内的所有媒体建立起基本的工作联系,保持良好的关系状态。

(1)建立媒体机构和人员档案,并及时动态更新,确保新闻公关能够随时"找对人,找到人"。

(2)建立媒体正常沟通联系制度,保持电话、网络和见面沟通。

(3)接待新闻媒体正常采访与拜访,支持新闻媒体正常工作。

(4)正常发布企业新闻稿件,保持企业在公众心目中的声音和形象。

(二)建立主流媒体互动合作关系,开展创新性新闻公关传播

在与区域内的所有媒体建立基本合作关系的基础上,新闻公关部门还需要与区域内影响力较大的主流媒体建立起良好、密切、深度的互动合作关系,为企业形象建设和产品市场营销搭建主力新闻公关传播平台,策划和实施具有重大和深远影响力的创造性的新闻公关活动。代表企业形象的企业最高领导人要在主流媒体上保持一定的出镜率和曝光度,在主流媒体举办的企业领袖高峰论坛和重大经济新闻报道中扮演重要的角色,比如联想的柳传志、海尔的张瑞敏和TCL的李东生都曾经是央视年度经济人物的当选者。而万科的王石则以年龄最大的非职业运动员成功登顶世界第一高峰而在新闻媒体中保持着独特的形象。

概括起来,媒体深度互动合作的范围包括以下几个方面:

(1)处理好广告投放与新闻宣传的关系,打好互动合作基础。

(2)策划新闻传播公关,打造企业知名度。

(3)策划新闻传播公关,打造企业美誉度。

(4)策划新闻危机公关,重塑企业正面形象。

(5)策划新闻造势营销,推动产品市场销售。

(6)联合媒体共同策划新闻事件营销,实现双赢和多赢。

三、新闻公关形象策划

新闻公关传播是企业塑造形象的重要手段之一。新闻公关传播通过利用和策划具有社会影响的新闻事件,引起媒体对新闻事件的关注与传播,使得公众在关注新闻事件的过程中增加对企业、品牌或产品的了解和喜爱。新闻公关形象策划集新闻效应、广告效应、公共关系、形象传播于一体,是近年来国内外十分流行的公关传播与市场推广手段,是一种快速提升企业品牌知名度与美誉度的营销手段。但是,新闻公关形象策划并不只是吸引眼球、提升知名度那么简单。成功的新闻公关形象策划必须紧紧围绕正确的立意基点沿着正确的创意方向,才能得到具有价值的策划创意。

(一)新闻公关形象策划的立意基点

新闻天天发生,但是企业应该借用什么样的新闻进行传播呢?对新闻素材的选择,仅仅看到其新奇、新鲜是不够的,仅仅看到搭借新闻的传播可以提高知名度也是不够的。选择和利用新闻事件,必须坚持这样的立意基点——新闻事件与企业和品牌的相关性。

一个新闻事件的营销价值对于不同的企业来说是不一样的,因为企业有行业之分,有经营理念之分,有形象特点之分,品牌也有不同的形象基因,不同的品牌理念和价值主张。企业选择新闻事件的判断标准就是新闻事件对于企业和品牌的相关性,对于传播企业和品牌的理念与形象具有紧密相关的营销价值。所以,新闻公关形象策划对事件的选取绝不能是随机碰上的,也不能是毫无依据信手拈来的,而必须是根据企业与品牌形象规划与定位进行优选与取舍的。

在企业策划新闻事件通过媒体传播时,同样要考虑自己策划的新闻事件与企业和品牌的相关性,同样要按照企业和品牌形象规划进行新闻事件的策划。同时,还需要兼顾事件的新闻性与社会价值,从而取得媒体在传播新闻上的支持。媒体看待新闻的立场和视觉会与企业有所不同,企业觉得有价值的新闻,媒体可能认为没有多大价值,不是媒体自身和媒体的读者、观众和听众所关注的。如果出现这种情况,媒体就不会配合企业策划的新闻事件的传播。因此,在策划新闻事件时,一定要在企业和媒体之间寻找到一个结合点,找到媒体和企业的共同话题,这个共同的结合点往往就在企业的用户和媒体的受众之间,当企业的用户和媒体的受众同为一个群体的时候,共同的话题、共同的语言和共同的立场与观点就容易产生了。

(二)新闻公关形象策划的创意方向

在找准新闻公关策划的立意基点之后,还需要把握好新闻事件选择和策划的创意方向,才能找到或策划出既具有新闻传播效应又具有营销价值的新闻事件。新闻事件选择和策划的创意方向包括以下路径:

1. 选用社会新闻搭载传播企业形象

选用与企业形象要素、企业经营理念、品牌价值主张和产品消费使用相关的社会新闻,进行有计划、有目的的宣传,可以传播和提升企业与品牌形象。具体方式有:

(1)选用国家与国际重大经济、科技、军事与民生新闻事件,搭载进行企业新闻公关传播,可以借势传播企业的价值观念与品牌理念,提升企业形象,扩大企业影响。

(2)选用与企业形象和产品使用有关的重大社会活动、重大体育赛事和各种娱乐节庆活动,搭载进行企业新闻公关传播,不仅可以借助强有力的新闻传播价值提升企业与品牌的知名度,而且可以借助重大社会活动本身的社会人文背景与意义打造企业和品牌的美誉度。

(3)选用与企业、品牌和产品有关联的社会名流及其新闻事件,进行企业公关形象传播,通过社会名流的名人效应,提高企业、品牌与产品的知名度和影响力。社会名人、明星等著名人物本身的形象魅力是企业可以借用的无形资产,其形象意义巨大是肯定无疑的。但是利用名人效应,不仅方式要机智、巧妙、自然,而且对名人也要有所选择,要尽可能选择那些公众形象好且与企业品牌内涵有内在联系的名人。

2. 利用企业新闻故事传播企业形象

积极主动宣传企业自身是新闻公关传播的基础工作、主体工作与常规工作,需要制度化、长期化和持续化。对于社会知名度比较高、社会影响力比较大的企业来说,企业本身也是社会和媒体的关注点,企业发生的事情也会成为公众的议论点,成为媒体的新闻消息来源,因此,同样需要把握好企业新闻公关传播的主调,宣传企业和品牌的正面形象,避免负面新闻和消息的流传与扩散。具体方式有:

(1)传播企业的经营理念,宣传企业诚信经营和真诚服务消费者的故事,宣传企业积极主动开展社会公益活动的故事。

（2）传播企业的技术创新，及时跟踪企业技术创新的进展，及时宣传企业技术创新成果，彰显企业技术领先优势。

（3）传播企业的品质形象，宣传企业在强化品质管理和控制方面采取的措施、执行的制度和流程，宣传企业品质管理方面的成果，如获得品质认证和品质奖励。利用珍奇而又真实的特殊消费案例，讲述产品品质故事，进行产品品质展示和传播，使企业的品质形象深入人心。

某电视机厂曾将因地震砸破机壳，但仍能正常播放收看的电视机陈列在会议室里；某洗衣机厂家将用户使用了20年仍能正常工作的旧洗衣机请回厂里，并向用户免费赠送一台崭新的全自动洗衣机；2008年一辆在汶川大地震中被淹没在唐家山堰塞湖中长达78天的客车，被车主成功打捞出来后居然还能发动起来上路行驶，被称为"最牛客车"。这些事件是产品品质宣传最宝贵的素材。

（4）宣传报道党和国家领导人、外国政府领导人与国际友人、地方政府领导人和其他社会团体、消费者组织到企业视察、考察和参观的新闻，传播企业受到政府组织和社会各方面关心关怀，寄托着政府与社会殷切希望的情感形象。

（5）宣传企业对于国家和当地经济建设与社会发展、对于行业发展和技术进步以及对外合作与交流所做的努力与贡献，塑造企业社会公民的健康形象。

3. 策划新闻事件强烈凸显企业形象

搭载社会新闻、利用企业新闻故事这两种新闻公关传播方式，对于一些渴望在短时间大幅度提升知名度与影响力的成长型企业来说，有些无奈、被动和迟缓。因为企业本身还没有可以吸引公众的内部新闻，也没有可以搭载借助的社会新闻，即使有，其传播效果也是慢速渗透性的，不是猛烈爆发式的，难以满足企业快速、广泛提升知名度的需要。为此，需要主动出击，结合社会热点、焦点和兴奋点，策划出具有广泛、强烈而持续影响力的新闻事件，强力进入公众视线，引发公众关注议论与行动卷入，迅速提升和扩大企业与品牌的知名度与影响力。主要策划思路包括：

（1）政治与军事思路。借助新闻媒体和社会大众高度关注的国内外政治与军事大事，策划符合社会公众愿望与企业理念的新闻事件，通过新闻公关与广告传播，以获得民众关注与支持。比如，统一润滑油在美国入侵伊拉克时迅速策划推出的"少一点摩擦，多一点润滑"活动。

（2）经济与民生思路。经济建设与发展、市场竞争与规范，关系到民众的切身利益和生活，借助新闻媒体和社会大众高度关注的经济与民生问题，策划符合民众愿望与品牌理念的新闻事件，通过新闻公关与广告传播，能够获得大众广泛的理解与支持。

（3）科学与技术思路。科学技术力量是国力的象征之一，承载着党和国家领导人、科技工作者和广大国民的梦想。借助新闻媒体和社会大众高度关心的科学技术大事，策划符合民众愿望与企业理念的新闻事件，通过新闻公关与广告传播，能够获得民众关注与支持。

（4）体育赛事思路。体育比赛能够激发集体荣誉感，借助新闻媒体和社会大众高度关心的国内外体育赛事，策划符合民众愿望与企业理念的新闻事件，通过新闻公关与广告传播，能够获得民众关注与支持，这是很多企业和品牌成功运用过的新闻事件营销。

2008年的北京奥运给中国企业的体育新闻事件营销创造了机会。而在众多品牌利用中国奥运健儿能够获得多少枚金牌这一全国人民高度关注的新闻事件进行事件营销的公关宣传中，海尔集团的"中国每获得一枚金牌海尔就援建一所希望小学"，以事件本质的公益性、事件过程的延续性，从金牌数量竞猜等众多老套的事件策划中凸显出来，成为一项优秀的事件营销策划创意。

（5）娱乐运动思路。娱乐能够丰富人民的精神文化生活，借助新闻媒体和社会大众高度关心的娱乐运动，策划符合民众愿望与企业理念的新闻事件，通过新闻公关与广告传播，能够获得民众关注与支持。

（6）灾害事件思路。突发性的灾害事件，往往关系到受灾地区民众的生命安全，是政府、媒体和社会公众都十分关注的问题，适时策划并实施帮助灾区民众的公益活动，将获得新闻媒体、社会公众的关注与好评。

（三）新闻公关形象策划的执行控制

新闻公关形象策划是一个难点，巧借天时地利而又有机整合企业与市场的新闻策划创意十分难得。新闻公关形象策划活动的传播执行同样也是一个难点。需要加强各方面的协调与整合，加强传播过程的执行控制，加强公关传播与市场营销以及供应链的同步运作，才能发挥出良好的效应，达到提升企业形象与促进销售的双重目的。为此，需要加强多方面的执行控制：

（1）保持与新闻媒体的紧密合作，取得新闻媒体的全面系统支持，达到新闻公关传播的全过程有效执行与控制，并达到以下效果：① 传播方向不偏；

②传播信息不散;③传播时间持续;④传播节奏合理;⑤传播效果明显,公众对企业与品牌形象的认知准确而深刻。

(2)加强新闻公关传播与广告传播的联动与整合,实现传播信息内容、时间节奏上的传播整合,发挥多种媒体、多种形式整合传播的相互补充、相互支持、相互强化的综合效应。

(3)加强新闻媒体传播与企业自媒体传播的整合。在网络时代,企业能够利用企业网站、企业微博、微信等自媒体形式低成本、高效率地传播企业形象与企业发展动态,形成新闻媒体与企业自媒体传播的联动。

(4)加强新闻公关传播、产品展示演示等产品形象建设与人员销售、促销活动的联动与整合,适时实现新闻话题、企业提及率与知名度向企业美誉度、产品关注度与购买率的转移,实现新闻公关传播、品牌形象建设与产品市场营销的系统推进。

(5)加强上游供应商、下游分销商的意识、行动与资源整合,实现整体供应链、产业链的系统同步运转,共同迎接因为新闻公关传播而成功实现企业与品牌形象提升、市场拓展、需求增加所带来的销售增长。

四、实战分享

"竞争自律宣言"出笼内幕

面对饱受诟病的电商假货泛滥,某电商平台极不自律地打起了推卸责任的太极,而20年前中国家电行业不规范竞争引发的企业自律,今天看来仍然具有重要意义,值得以先进自称的互联网企业学习。

1997年5月,荣事达集团以整版广告的形式推出了《荣事达企业竞争自律宣言》,这是中国第一部"企业自律宣言"。令荣事达的老总们和策划者始料不及的是,这份"策划"意味很浓的《宣言》,竟受到了破天荒的礼遇。

中国轻工总会和家电协会向全行业转发了这份宣言,并为此召开了一个专门会议,推广《自律宣言》。《经济日报》用了一个版的篇幅,不惜浓墨重彩,为荣事达的《自律宣言》欢呼,随后,中央电视台《焦点访谈》也做了跟踪报道。家电企业对此迅速做出反应,新飞发表文章为竞争自律宣言叫好,小天鹅发表文章"学习荣事达,规矩成方圆"。一时间,自律风吹遍大江南北。连国际伦理道德协会1997年年会都邀请策划人员参加年会并宣读论文,并高度评价《企业竞争自律宣言》是中国市场经济伦理道德发展的一项标志。法国一家无形资产评估机构认为这项活动使荣事达无形资产增加2.6亿元人民币。

恶性竞争引发"竞争自律宣言"创意

"竞争自律宣言"的幕后策划人告诉记者,触发创意的灵感来源于近两年家电业恶性竞争的多起案例。这些竞争对市场、对同行、对自身都伤害甚重,企业和社会都付出了较为沉重的代价。

H品牌与X品牌的"上海滩大战"是较为典型的恶性竞争事件。据上海媒体报道,1997年3月H销售人员发放印刷品,声称X冰箱原材料就地购买,暗示其生产技术不过关,售后服务跟不上,产品积压30万台云云,在上海市的许多大商场里公开散发,X对此提出抗议。H的答复是:"H散发的歪曲事实的宣传单页纯属所招聘劳作人员的个人行为,公司不能代其受过。"遂两家交恶,欲对簿公堂。当时《中国商报》发表评论:"时下,洋货在不惜巨资拓展中国市场,其势咄咄逼人,民族家电企业理当团结发奋,奈何相煎相搏太急!"又说,"我们为公平竞争所带来的繁荣喝彩,对不正当竞争引起的内耗感到痛心。"

不正当竞争还表现在统计数字上愈演愈烈的浮夸风。科龙、格力的有关人士向记者反映,按有的家电企业上报的产量和产值计算,其大件家电产品每台只合1000多元。以空调为例,有的企业按1匹算1台、2匹算2台,或1台壁挂机算2台(室内机、室外机各算1台)来虚报产量;而冰箱业内,有的企业按1台压缩机就算1台来报产量(有些冰箱1台有2个压缩机)。

一些营利性调查公司以偏概全式的调查统计亦被某些名牌大加利用。"35个大城市调查""百家商场统计"等,均被冠以"全国"字样。由此统计出来的"全国"市场占有率十分滑稽可笑,个别品牌居然高达70%。这些以偏概全式的调查报告又被厂家用来大做广告,误导了消费者。谁不想买全国占有率第一的产品呢?

还有一些名牌利用花钱买来的国际奖大做文章。曾有人游说科龙出2万美金买一个"国际五星级服务钻石奖"。科龙理所当然地拒绝了。可是,另一家同行如获至宝地买走了,并以此大做广告。

这一切,均发生在洋品牌虎视眈眈的今天。在1992年以来的新一轮合资浪潮中,全球最大的500家跨国公司中已有200多家在我国安营扎寨,在华投资的跨国公司子公司已达4.5万家。与80年代初第一次投资浪潮不同,这次国际资本输出的"三部曲",已从产品输出、技术输出发展到品牌输出这一高级阶段。它们通过控股、收购等手段,吞食了我们一个又一个民族工业名牌。而我们自己剩下的名牌们,还忙活于"兄弟阋于墙",岂不令人扼腕。

最近,《名牌时报》的一篇杂文《中国名牌怕内讧》受到宣传主管部门的表扬和转发。文章中说:"与几位产品和效益在本行业中居领先地位的企业经理闲谈,他们有一个共同的感慨,就是现在国内的企业不害怕洋人,但却害怕自己的同行。为什么?就是因为外国人到中国来寻求合作,和各行业的龙头老大往往合作不成,成功率很低,因而退而求其次,将目光投向国内行业的第二名、第三名。而这些国内企业早就想尝尝当大哥的滋味,往往不计后果一拍即合,最终形成了中国人和外国人联合起来打中国人的现象。"

在许多恶性竞争事件中,主角都是如雷贯耳的国产名牌。因此,最让企业感到痛苦的就是由卖方市场转向买方市场之后爆发的恶性竞争,如果发出一份《企业竞争自律宣言》,一定会博得满堂喝彩,政府也会站出来主持公道。《企业竞争自律宣言》就是在这样的市场背景下创意出台的。

和商理念原是"竞争自律宣言"的根基

当记者向荣事达总经理陈荣珍问起为什么会有"自律宣言"这个创意时,陈荣珍开始向记者讲述他的"和商理念"。陈荣珍讲了一个故事。荣事达在企业发展的早期,还没有"荣事达"这个牌子,它先借的是"百花"牌子,后来又借上海的"水仙"牌子,于是有了"上海水仙"和"合肥水仙"两种称谓,那时候洗衣机属卖方市场,各地的经销商都来找陈荣珍要洗衣机,陈荣珍说:"我没有像销路不错的厂子那样摆起架子拒人于千里之外,我有一个原则,即使无法多给,也要少给,不能给人家吃'闭门羹'。"许多商家在拉走洗衣机的同时认为陈荣珍"讲义气",这样,牢固、融洽的关系建立起来了。几年之后,"上海水仙"发现"合肥水仙"卖得好过自己,居然许多华东地区的顾客也提出要"合肥产的"。陈荣珍决定不再借牌,而要自己创牌,他说:"我当时的信心除了对自己企业的自信,更多的是来自多年友好往来的经销商们的鼓舞——他们听说我要创牌子,纷纷表示大力支持。"荣事达洗衣机出来后,果然被商家们放在好位置进行推销,新牌子一下子叫响了市场。

在荣事达的企业文化中,"和商"是整个企业管理的精神基石。荣事达副总经理李洪峰说,"和商"是中国商人生意经的精髓,是所谓"和气生财""买卖不成仁义在""义利并重以义生利"。荣事达市场部经理朱华锋说,"和商"的实质和精髓是"严于律己,宽以待人"。一个"和"字,浸透了中国商业文化的原汁原味。把"和商"的理念延伸到今天的市场竞争,其实就是有序的良性竞争,这与现代西方流行的"双赢"观念不谋而合。

当然，在策划《竞争自律宣言》之前，"和商"理念还只是一些朴素的思想，并没有一个统一的说法。在创作《竞争自律宣言》文案时，他们第一次将"和商"理念概括为"相互尊重、互相平等；互惠互利、共同发展；诚信至上、文明经商；以义生利、以德兴企"。有意思的是，《竞争自律宣言》的内容为5章18条，《竞争自律宣言》的发布日期为5月18日。这也许是策划人有意识安排的。

自律和他律同等重要

中国轻工总会副会长杨志海说，发布"竞争自律宣言"是一件很有意义的事情，轻工业进入市场比较早，绝大多数产品靠市场这只无形之手来调节，市场竞争的有序进行，需要与之相适应的道德秩序，现在我们看到的是：在现实经济生活中，道德无序现象正在严重损害着市场的发展，比如商业欺诈、假冒伪劣、背信毁约、诋毁同行、虚假报道等，这不仅是信用危机，更是道德危机。

记者问是不是法制不够健全，"退而求其次"，才要求企业自律，中国社会科学院工业经济研究所刘光明博士认为，我们不仅需要他律更需要自律，好比马路上大家都不遵守交通规则，警察也不管用。

不论"自律宣言"是否真的为广大企业所认同，是否能够因此"自律"些，荣事达无疑是借此做了一次漂亮的形象宣传。在此之后，"自律"开始成为商家的"口头禅"。1997年7月，中国VCD行业刚刚经过遍体鳞伤的价格大战，各企业坐在一起的第一件事就是商量搞出一个《自律宣言》。

五、新闻营销造势策划

新品牌和新产品的高调上市离不开营销造势。营销造势需要影响大众，形成大众的共同认知。因此，营销造势必须动用新闻媒体，利用新闻传媒的力量。所以，新闻是营销造势的重要手段，在营销造势中起着影响全程的先导性与系统性作用，起着影响全局的关键性与控制性作用。市场营销者要善于运用新闻造势手段，加快产品入市速度，加快产品成势速度。

成功策划新闻营销造势，需要把握好以下几个方面：

（一）新闻营销造势必须建立在消费需求基础之上

没有知名度和美誉度的品牌与产品导入市场通常需要借助新闻造势。有一定知名度的品牌也需要借新闻造势来推广新上市的产品。无论是什么样的品牌和产品，新闻造势营销的成功都是有前提的，品牌需要具有满足消费者某种心理需求的价值,产品必须具有能够满足消费者某种物质需求的价值。否则,新闻造势就没有成功的基础,更不可能获得长期而持续的成功。新闻吹嘘、新闻欺诈和新闻炒作,尽管也能蛊惑人心一时,但终究不能欺世盗名一世。

网络媒体的普及性、网络传播的快节奏、网络传播的互动性等技术特性为新闻营销造势策划与执行创造了最便利的途径和最快速见效的方式。在中国市场,大约在2005年前后,通过网络媒体开展新闻营销造势就越来越流行,而自2010年网络视频和微博快速发展以来,视频营销和微博营销在营销造势传播中也越来越活跃,发挥出越来越大的作用,出现的成功案例也越来越多,以至于通过传统新闻媒体开展新闻营销造势的企业出现快速下降态势。

但是,网络新闻营销造势在成就了大量成功案例的同时,也带来了一股浮躁之风,企业急功近利,追求猎奇、一招快速制胜和一夜爆红网络,反而忽视了新闻营销造势的基础是真实的消费需求,有相当多的网络新闻营销造势活动并不能吸引消费者的目光,引起消费者的注意和参与,成功转化率并不高。好看的阅读量数据可能是刷来的,热词的炒作其实只是自嗨。或者即使有一定的效果但也是来也匆匆去也匆匆,很快就成为过眼烟云。更有甚者,与网络媒体权威性、真实性不够等特性相关的是假新闻、假消息满天飞,用故事混淆视听,欺骗不明真相的公众和消费者,这种现象和风气在中国房地产行业和互联网及电商行业尤其严重。

(二)新闻营销造势策划需要运用事件营销手段

新闻造势不能以太商业化的形式开场。社会公众和消费者对于商业新闻看得多了,已经没有关注的兴趣了。因此,新闻造势营销必定始于社会公众感兴趣的、愿意主动相互交流并传播的社会热点或新闻轶事。由于公众感兴趣,于是媒体感兴趣,愿意参与报道和宣传。

事件营销手段就是发现、策划和制造这种公众与媒体都感兴趣的新闻事件,通过媒体对新闻事件的报道和公众对新闻事件的关注与相互传播,为即将上市营销的产品和品牌进行信息铺垫、新闻预热和消费观念启蒙教育。当品牌和产品通过事件营销手段潜移默化地进入消费者视线时,当公众和消费者对品牌和产品不再敌视也不再漠不关心时,当消费者通过新闻事件了解到品牌的价值和产品的消费利益时,当消费者的需求意识被事件营销手段和新闻营销造势唤醒时,新闻营销造势的效果就一步一步地显现出来了,新闻造势营销的目的也就能够达到了。

（三）新闻营销造势必须把握好传播节奏

新闻造势是在大众对于品牌和产品缺乏认知与信赖的情况下开始的。而大众认知和信赖，从无到有、从弱到强、从模糊到清晰、从摇摆到坚定，必然有一个持续沟通不断影响的过程，必须分步骤阶梯式地推进，由浅入深、由表及里，不能跨越中间环节。因此，新闻造势通常要将影响和说服消费者的过程分成观念铺垫、认知建立、认知强化和行动引导等阶段，必须循序渐进才能步步深入，必须层层推进才能达到最终目标。而每个阶段时间的长短，要根据媒体传播的力度和受众接受的程度而定，也与新闻传播稿件内容的吸引力度相关，还与新闻造势事件本身的可信度与可接受性有关。这些正是新闻造势策划的重点，需要综合这几个方面的因素，精心策划，富有创意地设计。

（四）新闻营销造势必须整合多种媒体传播形式

新闻和广告都是影响和说服受众的宣传方式。从受众关心度、关注度和接受度方面看，新闻效果最好，广告效果最差。但是，从企业可掌控性的角度和程度上看，广告最易掌控，新闻最难掌控。但是，新闻造势的成功最需要的是将造势的节奏和信息传播的内容牢牢地掌控在企业手中，为此，企业需要整合新闻和广告这两种传播形式，以广告传播掌控新闻传播的节奏，以新闻传播的效果促进和提升广告传播效果。

中国企业市场营销人员在营销实践中创新出一种新的传播形式——软文，它既具有新闻的外表又具有广告的实质，既具有新闻的效果又具有广告的可掌控性。软文主要是以新闻稿件形式出现的文字广告，当然也可以插入图片和照片，也有以电视专题片出现的电视广告，只不过一般消费者并不知道那就是广告。正是由于软文的这种特性，使得软文在新闻造势中承担了最重要的功能，成为新闻造势的最重要的传播形式与传播手段。软文的创作与发布，成为新闻造势策划的重要内容。在新闻、软文和广告三种方式的整合传播造势中，最为常见的有效整合方式是新闻点火、软文浇油、广告引爆。先是新闻点题，引起受众的关注与兴趣，然后软文登台，持续传播，加深受众印象，最后广告现身，引爆市场。

在网络时代，新闻营销造势可以运用网络视频传播方式。通过策划、拍摄和制作微电影，将生动有爱的视频作品放在互联网的社会化媒体上，吸引网民点击收看并互动转发，形成病毒式扩散传播，是新闻营销造势的新兴手段。

2012年6月底,上海家化推出的"花露水的前世今生"、2013年元月推出的"美手是怎样炼成的",对于六神花露水的夏季营销造势和美加净护手霜的冬季营销造势,均取到了良好的作用。

在网络时代,新闻营销造势还可以充分发挥企业自媒体的作用,形成一条企业主动出击、能动可控的传播途径。除可利用企业官方网站、企业领导微博、营销部门和营销经理人微博、企业微信公众号和员工微信朋友圈外,还可以专门设立营销活动专题网站,深入开展持续、全面的传播。

(五)新闻营销造势需要线下传播配合接应

为形成营销造势的立体氛围,在新闻造势的同时,还需要在地面和线下进行媒体传播的接应,在大众身边营造强烈的视听冲击。为此,在大众出行的交通要道、大众消费的购物场所、大众交流的公共场所,以户外广告、车身广告、标语口号和产品包装陈列展示等多种形式进行刺激、提示和传播,也是营销造势的整合手段之一,是导致大众产生购买冲动和实际行动的重要手段之一。

(六)新闻营销造势必须与整体营销运动整合

尽管新闻营销造势的主线是媒体运作,但也是企业整体营销的主要组成部分之一,因此不能脱离整体营销运动而单兵作战或单兵突进,更不能单独玩媒体秀或自娱自乐。由于新闻营销造势依赖于企业不可控制的新闻媒体的配合,新闻营销造势涉及的媒体面又比较广,因此,传播的内容和节奏把握有一定的难度,客观上容易出现脱节现象,因此需要特别注意防范脱节问题出现,特别需要注意与整体营销运动的衔接与整合。企业内部可以控制的流程和事项,也需要注意尽可能与新闻营销造势同步运作,以利用媒体传播效果取得最大营销成效。

五、新闻发布会策划

新闻公关形象策划和新闻造势营销策划都有可能需要通过召开新闻发布会的方式向社会隆重发布企业重大新闻。新闻发布会比一般的新闻沟通传播,形式更隆重,沟通更充分,内容更深度,传播更广泛。因此,新闻发布会的策划是新闻公关策划的一个重要项目。新闻发布会的成功策划和执行,需要把握好以下几个方面:

（一）合理选择举办时机

1. 分析新闻事件

即分析某一事件及其发生的时机是否有新闻价值，是否需要通过召开新闻发布会的形式发布。若事件没有太大的新闻价值，召开新闻发布会的实际效果并不好。通常，值得召开新闻发布会的事件和时机包括：重大新产品开发的成功与上市、企业经营战略和品牌战略的制定或调整、重大新工程项目的开工或竣工、企业成功并购或上市、企业获得重大奖励等等。

2. 选择会议日期

新闻发布会应选择合适的召开日期，既要在事件的新闻效应时效范围内，又要避免与社会重大活动日期、主要节日和公休假日相冲突，以免所邀请的领导、嘉宾和记者因时间冲突而无法参会，影响发布会的现场效果和会后的新闻传播效果。确定好具体时间后，要提前发出书面邀请，并在书面邀请函中附上回执，如果是口头邀请，要及时跟踪确认。

（二）合理选择和布置会场

1. 会议场地选择

新闻发布会的会场与所要发布的新闻性质、重要程度以及新闻发布会的规格要相协调，同时，要考虑到场地的交通便利性与硬件设施等因素，如会场面积大小、灯光音响、投影设备、照明设备、通信设施和停车场地等。通常，企业的新闻发布会选择在商务酒店或新闻中心等地举行。特别重大的新闻发布会可选择在人民大会堂、钓鱼台国宾馆等具有重大新闻象征意义的重要场所。

2. 会议场地布置

选定新闻发布会场地以后，还要进行会场的新闻主题内容与标识的设计以及环境布置，温度、灯光、噪音等问题都要考虑周全。会场布置设计，既要体现企业精神企业文化，突出会议主题，又要让参会人员感到庄重而又亲切。会场外景布置气氛要热烈，标识要醒目，参会嘉宾和记者应该从远处就能够看到会议的标语口号，感受到会议的气氛。在召开新闻发布会的酒店或新闻中心的正大门应设置会议接待标志，安排接待服务人员。在通往会场的路口、弯道和楼梯等处要设置方向和位置明确的路标。会场应设有签到处，签到处最好设在会场入口，签到时一并发放会议材料、新闻通稿和会议纪念品。会场座次安排要分清主次，摆好席卡，特别是在有贵宾到会的情况下。

（三）合理邀请参会对象

邀请参会对象是新闻发布会的一项重要工作。在大众眼光中，新闻发布会的规格档次往往取决于参会嘉宾领导的级别和阵容。一般来说，在中国市场，应该邀请以下几个方面的机构和人员：

（1）政府主管部门的领导。

（2）行业协会或消费者协会等组织的领导。

（3）行业权威专家。

（4）市场监测评估机构与人员。

（5）上游供应商、技术合作伙伴和下游分销商。

（6）新闻媒体记者。

（7）明星偶像和意见领袖。

邀请对象应根据新闻事件的内容性质和重要程度而定。事关企业发展的重要新闻发布会，一般需要邀请上述前六类嘉宾。如果发布时尚新锐产品，则有必要邀请目标消费者喜爱和信赖的明星偶像和意见领袖，并以网络直播方式强化发布会的真实性、现场感和互动性。

邀请对象的级别根据新闻发布会的范围级别而定。全国性新闻发布会应邀请国家级政府主管部门和行业协会领导、中央级新闻媒体机构；省市级新闻发布会则应邀请本省市政府部门、行业协会及新闻媒体。媒体类别应根据新闻发布会的要求选择，一般应邀请电视、报纸和网络等主流媒体，有时还需要邀请杂志和广播媒体。

邀请对象人数主要根据新闻发布会的规格与规模确定，同时考虑会议场地限制和费用预算等相关因素。

（四）合理安排会议人员

1. 确定会议主持人

会议主持人相当于整个新闻发布会的总导演和总协调，在发布会现场的作用在于把握会议主题，掌握会议进程，控制会场气氛，保证会议的顺利进行。当会场气氛不够热烈时，特别是当企业面临突发事件或危机事件召开新闻发布会时，会议主持人还承担着消除紧张气氛，化解对立情绪，打破僵局等特殊任务。此外，在发布会幕后还承担着会场布置、会议材料准备、会议主要领导与嘉宾接待等全面协调工作。会议主持人一般由企业营销或公关分管负责人或新闻公关部门负责人担任。

2. 确定新闻发言人

新闻发言人必须非常熟悉企业的发展历史和现实经营状况,对于新闻事件的背景环境、发生发展过程、现实意义与未来意义、企业意义和行业意义,都要了然于胸。对于新闻发言稿,要通读数遍,做到熟练朗读,甚至可以做到脱稿演讲,且不偏离主题,不出现语言失误。面对新闻记者的提问,能够头脑冷静,思维清晰,反应迅速,措辞准确有分寸,语言精练流畅。与政府部门的专职新闻发言人不同,与一般由企业的公关部门负责人担任新闻媒体采访的发言人也不同,新闻发布会的发言人通常需要由企业主要负责人或分管负责人担任。

3. 选择会议服务人员

会议服务人员要严格挑选,从外貌到修养均要合格,从语言到动作均要得体。同时还要注意服务人员的性别构成比例,以合理分工并发挥协同作用。

(五)合理安排会议流程

新闻发布会一般选在上午9~10点或下午3点开始,这样方便本地不驻会的记者到会。除企业领导发言和新闻主题报告外,还应安排重要嘉宾代表讲话,如政府官员、行业协会领导、权威专家等。新闻主题报告的时间以不超过一个小时为宜。会议结束前应安排记者提问时间。新产品上市新闻发布会,应安排新产品展示介绍时间。发布会后视结束时间安排工作午餐或晚宴,工作午餐可以采取自助餐形式,以便于记者和企业领导人进行自由广泛的信息沟通,晚宴则有利于进行深入的感情沟通。

(六)精心策划执行会议服务

优质高效的会议服务是成功开好新闻发布会的重要保障,因此需要精心策划并做好会议的服务。

在新闻发布会前应抓好的服务工作有:

(1)新闻发布会各种材料的起草、研讨、修改定稿、制作与分装。

(2)新闻发布会所用物料的设计制作与布置。

(3)外地嘉宾参会行程、到达航班或车次的联系确认,机场、车站接站工作的落实,酒店入住手续的办理;本地嘉宾到场时间确认,现场接待和泊车服务等。

会议过程中的服务工作主要有：
（1）安排和接待参会者签到，引导参会者入座。
（2）操作控制视听设备、空调和灯光设备。
（3）分发宣传材料和礼品。
（4）为参会者提供茶饮服务。
（5）安排餐饮并引导参会者就餐。
（6）安排照相摄影和录音。

新闻发布会后应抓好的服务工作有：
（1）参会嘉宾参观考察和旅游的安排与服务。
（2）返程票务和送行车辆与人员的落实，退房手续的办理等。

为保障提供优质的会议服务，应该精选配合新闻发布会工作的新闻公关公司、广告公司、宾馆和酒店，并与相关人员进行必要的交流。企业内部需要成立精干高效的会务领导和执行机构，做好会议的组织领导与分工协作。

（七）合理安排新闻传播方式及时监测宣传效果

新闻发布会的传播主要有网络媒体直播和各种媒体会后报道两种方式。特别有新闻价值的可以采用电视和广播媒体财经栏目直播，但由于需要打破电视和广播媒体原有节目的正常播出时间，动用直播车辆设备，程序复杂费用昂贵，媒体配合难度大，因而较为少用。

网络媒体直播主要是与较有影响力的门户网站或专业网站合作进行图文或视频直播，也可以采用网络记者、参会嘉宾、企业官方自媒体和企业参会人员自媒体直播。采用网络直播方式需要及时提供新闻发布内容的电子文稿和音视频资料。在直播过程中，需要做好技术保障，保证直播顺利进行，并做好直播效果监测。为提高直播效果，还需要提前发布新闻发布会消息和直播信息，吸引公众和目标客户准时收看。

采用会后报道方式的新闻发布会在会后还有许多工作需要完美地执行。比如，要及时与记者联系，在感谢他们光临新闻发布会之后，与记者确认新闻见报、上网的日期和版面或播出栏目及时间，通知企业内部或外部相关部门人员按时阅读、收看、收听，收集新闻样报、样片、样带，并按照规定存档；计发有关人员劳务报酬，感谢新闻记者和与会嘉宾对企业的支持；收集社会公众的反应，检查和评估新闻宣传的效果。

第三节 赞助公关策划

赞助公关策划,就是策划有价值的公关赞助活动,通过赞助对象的传播平台,形成对企业有利的公众认知。赞助性公关是企业公关活动的一个重要方面,在企业公关费用支出中占有较大的比重,是企业公关投资的重点工程。成功策划赞助性公关活动,需要明确赞助公关的目的与作用、赞助对象的选择范围与选择标准,并把握好赞助公关策划的关键要点。

一、赞助公关的目的与作用

赞助性公关虽然也是向赞助对象捐赠一定的资金或物品,但与纯粹的公益捐赠及慈善捐赠还是存在着目的、动机及运作方式的不同,自然其结果和作用也就不同。赞助性公关在其具备公益性的同时,也存在着商业性和牟利性。其目的和作用表现在以下三个方面:

(一)借助沟通平台,创造公众认知

公关赞助的对象通常也是公众和媒体关注的对象,其本身就是一个沟通传播平台或沟通传播的焦点,因而具备良好的沟通传播价值,通过赞助公关对象本身的活动以及新闻媒体对赞助对象的宣传报道,可以为企业带来赞助商知名度的传播,创造品牌传播价值。

(二)借助赞助项目,彰显品牌价值

成功策划的赞助项目,不是广撒善款、广结善缘,也不是随意大方、随便花钱,而是有意识地选择能够体现品牌核心价值、表现品牌精神和主张的赞助项目。因此,通过赞助项目,公众可以体会或领会到赞助商品牌的核心价值,从而加深对品牌的认知和体验。

(三)借助赞助活动,提升公益形象

赞助性公关活动通过提供经费资助,为赞助对象的工作开展与事业发展提供了帮助,因此具有良好的社会公益性,对于展现和提升赞助商的公益形象,有较好的支持作用。

二、赞助对象的选择范围

因为赞助性公关一般来说是商业性赞助,是具有一定目的的赞助行为,因此是一种经济行为,需要考虑其投资效益,需要考虑其合适的赞助类别、赞助级别,并选择合适的赞助权限范围。

(一)赞助类别的选择范围

赞助对象的类别非常广泛,但主流的赞助对象集中在以下几方面:

1. 体育赞助

包括赞助各种体育运动队伍、各种体育比赛项目或赛事,如赞助中国女子足球队,赞助奥运会等。这类赞助在支持体育事业的同时,能弘扬积极进取、奋力拼搏的企业精神。

2. 娱乐赞助

包括赞助各种电影电视节目、各种文化娱乐活动等。这类赞助在给公众带来快乐的同时,能够取得良好的营销传播价值。

3. 医疗赞助

包括赞助各种医疗单位或各种医患人员。这类赞助对于发展医疗事业、促进国民健康水平提升、救助家庭贫困的重病人员具有重要意义,是公众认为富有爱心的赞助类型。

4. 教育赞助

包括赞助各种类型各种层次的学校教育机构,赞助各类学生群体,如资助希望工程、春蕾计划等。赞助教育、提高国民素质是利国利民的好事,是值得提倡的赞助种类。

5. 科研赞助

包括赞助国家、地方和大学的科研机构、重大科研项目。由于我国科研经费不足,科研水平落后,开展科研赞助具有积极的社会意义,因而是较受欢迎的赞助种类。

6. 赈灾赞助

赞助因为受干旱、洪水、冰雹、台风和地震等自然灾害袭击造成灾害的地区和人群。由于灾害的突发性,这类赞助应该及时、主动、迅速行动,并且以塑造企业的爱心形象为主要目标,而不以商业赞助投资价值为主要目标。在2008年5月的汶川大地震救灾活动中,最具捐赠实力和义务的房地产企业表现不佳,引起了社会公众气愤,其教训值得汲取。

(二)赞助级别的选择范围

有些赞助类别和项目还存在赞助级别的区别,不同的赞助级别有不同的区域范围、费用标准和权益范围,需要进行选择。赞助级别通常有下列五类:

1. 全球性赞助

一般为世界性体育机构设立的赞助级别最高、适用范围最广的赞助项目,比如奥运会和其他单项体育赛事的全球赞助项目。

2. 全国性赞助

一般为国家级或全国性的机构单位设立的可以在全国范围内使用赞助商权益的赞助项目。

3. 区域性赞助

一般为地方性组织机构或团体单位设立的可以在本地区域使用赞助商权益的赞助项目。

4. 社区性赞助

一般为地方基层组织和社会团体设立的社区性小范围的赞助项目。对于赞助商来说,具有受益范围、对象和价值明确的特点,且易于操作。

5. 一对一赞助

这是赞助商与受益对象一对一结对赞助的形式。虽然赞助级别低、范围小,但赞助方和受益方能够直接互动。

(三)赞助权益的选择范围

赞助商享受的权益范围与赞助费用金额的多少以及双方的约定有关。

1. 同类产品排他性赞助

整个赞助项目按照行业或产品类别确定赞助商,但每个行业或产品只选一个赞助商,赞助权益具有排他性。赞助价值较高,但赞助费用也较高。

2. 同类产品非排他性赞助

同类产品设置多名赞助商,赞助权益共享,没有排他性。赞助价值相对较低,赞助商形象不易突出,但赞助费用也较低。

三、赞助对象的选择标准

在赞助公关活动中,赞助对象选择的盲目性、错位性时有发生,比如农业机械公司赞助模特大赛,没有全球化发展目标的国内品牌赞助国际项目等。赞助费用一开始豪气万丈、一掷千金,但后来又无力支付、一毛不拔。这些现象的出现,都是赞助项目与对象策划的失误造成的。在赈灾公益赞助中,甚至有企业现场当众举牌赞助事后拒不履行义务的诈捐行径。成功策划赞助项目和赞助对象,必须明确赞助对象、赞助级别和赞助权益的选择标准。

(一)赞助类别的选择标准

赞助项目类别的选择,不能以赞助商个人的兴趣爱好为标准,而应该以企业和品牌的目标消费者、以企业着力打造的品牌形象以及品牌核心价值为标准。因为,毕竟赞助商只有通过目标消费者对品牌核心价值的认可才能收回公关赞助的投资。为此,必须坚持赞助项目与目标市场、与品牌价值的关联性要求。

1. 赞助项目特性与赞助商目标市场的关联性

赞助体育还是娱乐,取决于企业和品牌的目标消费者是喜欢体育还是喜欢娱乐。赞助乒乓球还是高尔夫球,取决于企业和品牌的市场定位。大众品牌应该选择赞助乒乓球,奢侈品牌应该赞助高尔夫。反之则是错误的。

成为2008北京奥运会食用油独家供应商后,金龙鱼启动了"为健康中国加油"奥运参与计划,与中国女排签约成为中国女排主赞助商。金龙鱼选择赞助中国女排与食用油的购买者大多是女性相关。同时,中国女排在世界女排中的实力也是一流的,这样容易使消费者将中国女排的一流实力与金龙鱼的一流品质联系起来。

2. 赞助项目特性与赞助商品牌价值的关联性

不同的赞助项目有不同的特质属性,选择与品牌核心价值相一致或相接近的项目,有利于品牌核心价值的传播与塑造,并经过长时间的延续与积淀,成为品牌资产的重要组成部分。

宝马在高端赞助上有三大方向:F1、高尔夫和帆船。赞助F1,是突出"速度"这一品牌体验;赞助高尔夫是传达"高雅、准确、经验"的品牌体验;赞助帆船,是突出"团队、挑战和自然力量"的品牌理念。

可口可乐从1928年首次赞助奥运会到2016年，已经走过了将近90年的历程。"更快、更高、更强"的奥林匹克精神正好吻合了可口可乐的"乐观奔放、积极向上"的品牌核心价值。

（二）赞助级别的选择标准

赞助级别的策划与选择，更应该理性思考而不能盲目冲动、感情用事。理性策划赞助级别，应坚持下列标准：

1. 赞助商品牌与市场战略

一般来说，全球性品牌征战全球性市场，应该赞助全球性项目，像可口可乐长期赞助奥运会。企图打造全球性品牌、攻占全球市场的企业，也需要在时机基本成熟之时赞助全球性项目。

相应地，全国性品牌做全国性市场，应该赞助全国性项目。区域性品牌做区域性市场，应该赞助区域性项目。但是可以向下延伸，全国性品牌为加强某一市场区域的品牌建设，可以特别赞助该区域的特定项目。

【中国企业大面积撤退伦敦奥运赞助】北京奥运会时，联想、中国银行、中国移动、中石油、中石化、中国电网、伊利、海尔等品牌形成强大的中国企业赞助阵容。而2012年伦敦奥运会中，只有中国台湾宏碁和水晶石跻身其中。

本书认为，中国内地企业全部撤出2012奥运赞助的主要原因是：联想、海尔等有具体国际化战略和国际市场营销的企业，赞助2008奥运之后遭遇国际金融危机，国际市场萎缩，赞助经济效益不抵赞助费用支出，后期宣传都无力坚持；中国移动、中石油、中石化、中国电网等央企的用户根基在中国大陆，虽然由于垄断经营效益很好，但是缺乏国际市场基因与竞争能力。

2. 赞助商资金实力和费用预算

赞助级别往往与赞助费用金额直接相关。赞助级别越高费用越昂贵，盲目追求高级别赞助，将不堪重负、入不敷出。

（三）赞助权益的选择标准

赞助权益的选择标准主要取决于赞助项目对象与赞助商之间的供求关系。赞助项目对象资源稀缺而赞助商之间竞争激烈，赞助意义又重大，则宜选择同类产品排他性赞助。比如奥运会的TOP赞助商均是行业排他性赞助。否则，可采取非排他性赞助。

四、赞助公关策划的关键要点

赞助性公关活动由于投资效益的非即刻性和间接性,使得策划效果的评估难以直接化和数量化。但是,这并不意味着赞助公关策划可以随心所欲。赞助性公关策划的成功关键在于:

(一)赞助项目与品牌价值及用户市场的整合

赞助性公关策划需要将赞助项目对象与品牌的核心价值、目标用户市场联系起来考虑,达到三者的统一与结合。可口可乐赞助奥运的经验是:奥运精神、可口可乐的品牌价值与大众消费者三者之间是紧密关联的。

(二)赞助公关宣传与整体营销传播系统整合

赞助公关对于企业的作用,是锦上添花而非雪中送炭,是潜移默化而非立竿见影。单一使用赞助公关策略,既不能拯救企业于水深火热之中、生死攸关之时,也不能独领企业展翅高飞。赞助性公关毕竟只是企业营销策略中的手段与方法之一,不能毕其功于一役。单一执行赞助公关活动而不与广告宣传相结合,不与整体营销策略相配套,往往效果甚微。

因此,在策划重大赞助性公关活动时,不能只单一考虑赞助费用,还需要考虑为宣传赞助活动而需要支付的广告费用,以及需要投入的其他营销费用。所以,赞助性公关,要支付的远不仅是赞助费和广告费,还有大量的营销费用投入。这对赞助商来说,资本实力要求更高,资金准备和资本投入意识要更充分。

(三)稳定持续赞助积累品牌形象与营销价值

中国企业赞助性公关常常出现分散赞助、多头赞助、短期零星赞助与跟风赞助现象,同时,也大量存在领导者或老板个人兴趣赞助、人情赞助和权力赞助现象,这些都是不利于积累品牌形象和品牌核心价值的,更难以创造品牌的营销影响力,需要尽量避免。选定一个赞助项目对象,要持续坚持才有成效。

第四节　危机公关策划

危机公关就是用公关手段,及时妥善处理与化解企业遇到的危机。由于企业在经营活动中面对着复杂的内外公众、不断变化着的内外环境、激烈的市场竞争,因此难免遭遇危机。而媒体的公开报道将进一步加重危机,使危机扩大化、升级化。为使企业迅速度过危机,必须开展危机公关,迅速控制危机局势,消除公众对立情绪,避免媒体负面报道,并通过媒体的后续正面宣传报道,重塑企业形象。所以危机公关从某种层面来说也是一种与新闻媒体相关的传播性公关。危机公关策划的一般策略和方法是:

一、建立危机预先防范机制

最好的危机公关策划,是将危机消灭在萌芽状态,避免危机的发生和出现。因此,需要建立危机预先防范机制,减少、控制或延缓危机的产生与发展。为此,必须做好以下几方面工作:

(1)组建危机预防管理机构,保证危机管理的人力、物力、财力配置。

(2)树立危机公关意识,端正危机公关态度。

(3)对企业潜在的危机形态进行分类预警控制。

(4)制定应对各类危机的方针对策和措施。

(5)建立高效畅通的传播沟通渠道,以保证最大限度地减少危机对企业声誉的破坏性影响。

(6)进行危机公关培训与实验性演习,培养一批训练有素的专业公关人员。

二、快速做出危机公关的组织反应

危机一旦发生,必须迅速做出组织反应,以保证及时处理危机问题所需要的人力和财力。

要以最快的速度设立危机管理办公室或危机控制中心,企业高层领导亲自参加,调配训练有素的专业人员,实施危机控制和危机处理。邀请有关公正权威机构来帮助解决危机,以增加社会公众对企业的信任。

设立专线电话,配备训练有素的人员接听危机期间外部打来的大量电话,保持企业与外界的沟通。确保危机期间企业的电话总机人员能知道危机电话应接通至哪个部门。

指定专门机构、专门人员监督社会反应和网络舆情,并通过企业官方微博等自媒体形式保持与社会公众的正常沟通。接受和安排媒体采访要求,落实接受采访的人员和时间。

三、快速做出危机公关的行动反应

危机一旦发生,危机公关组织必须迅速分析并掌握危机根源,以尽快采取行动,对症下药,消除危机。一般来说,危机的来源主要有:

(1)企业内部管理混乱,损害了股东利益、员工利益及合作伙伴利益。

(2)企业出现严重质量事故,如家用电器起火爆炸、食品饮料中毒,造成用户财产损失与人身伤亡。

(3)企业涉嫌违法违规经营,受到有关部门查处与媒体曝光,比如房地产企业违规改变土地用途,变工业用地为商业用地等。

(4)企业某些行为损害国家利益、社会利益、社区利益或用户利益,比如外资品牌针对中国用户售后服务的不公平条款和霸王条款,中国制药企业使用毒胶囊等。

(5)别有用心的人或组织尤其是竞争对手的有意破坏,比如蒙牛牛奶2004年年初被不法分子扬言下毒,引起卫生管理部门警惕导致商场下货停止销售等。

(6)公关宣传沟通不畅,形成误会和舆论误导,比如万科在2008年四川地震抗震救灾期间陷入"捐款门"事件等。

找到危机根源之后,危机公关组织必须采取针对性措施,解决危机问题。如果备有成熟有效的应急预案,可立即付诸实施。如果有大致可行的应急方案,可紧急补充修改,变通执行。如果危机完全出自意外,没有现成的应急方案,危机公关组织必须迅速研究对策,制定措施,尽快落实行动,切不可优柔寡断,耽误时机,那将会使危机进一步升级,造成更大的危害和损失。

在策划危机公关措施时,要将公众利益置于首位,而不能计较企业的眼前利益,甚至有时要不计成本,不惜代价。要积极了解公众意愿,倾听公众意见,使企业的行为与公众的期望尽可能保持一致。

在执行危机公关措施中,要强化危机公关人员的心理承受能力和生理承受能力,及时深入危机现场,控制或化解危机局势,遇事不慌,临危不惧,机智应变,善于创新,平息公众抱怨,稳定公众情绪,设法引导公众,使受到危机影响的公众站到企业的一边,帮助企业解决有关问题。把握危机中的机遇,化险为夷,转危为安。当危机处理完毕后,应及时总结经验、吸取教训。

四、快速做出危机公关的信息反应

在危机公关活动中,为防止事态的扩大扩散,应及时与新闻媒体、网络媒体和社会公众保持顺畅的沟通,传达企业的积极反应,传播企业的正面形象。在 Web2.0 背景下,企业危机将会更快地被网络媒体和传统媒体获悉并呈病毒扩散式疯狂蔓延。企业自己赤膊上阵或雇佣公关公司封锁媒体消息、删除网络消息做法等绝不是正确思路与治本之法。正确的危机公关信息反应包括:

(1)在危机事件发生后的第一时间,紧急联络本地新闻媒体和网络媒体,争取理解、支持与配合。掌握对外报道的主动权,确保以企业为第一消息发布源。迅速起草一份应急新闻稿,尽快说明危机事件的有关背景情况,表明企业对事态的关注和重视态度,新闻稿应尽可能信息准确,避免使用专业技术术语,要用清晰的语言告诉公众发生了什么危机,企业正采取什么补救措施。

(2)快速启动企业自媒体,尤其是企业官方微博和微信,发布企业危机处置措施及其取得的效果,跟踪搜索和监控公众对危机处理的态度和评价,及时发布企业动态处置措施与成效。利用微博开展危机公关需要遵循和利用黄金1小时原则。微博造就了传播秒时代,从技术上来说,通过微博开展危机公关传播瞬间就可以实现,传统危机公关的 24 小时应变速度可以提高到 1 小时。而微博传播时代,消费者和公众对危机企业危机品牌的反应速度要求也大大提高,不能在 1 个小时内做出反应,则会超过一部分公众的忍耐度,微博和网络上就会充斥不利猜测和传言。

赢新网络:#微观点#【企业微博营销之危机管理】① 第一时间给态度,态度决定一切;② 先合情再合理,照顾公众情绪;③ 第一时间给真相,与谣言赛跑;④ 尽量公开透明,防止误解误读和被爆料曝光;⑤ 合适的人说合适的话;

⑥ 友好媒体和意见领袖背书。

（3）在危机事件处理的过程中，要及时通过主流媒体和企业自媒体发布消息公布企业处理危机的最新举措、最新进展与最新成果。要及时关注和收集公众对事态的反应和媒体对危机事件的报道，如果有关新闻报道与事实不符，应及时予以指出并要求更正。必要时召开新闻发布会，向社会和新闻媒体郑重发布有关消息。

（4）在危机事件妥善处理以后，要组织有分量的深度新闻稿件通过主流新闻媒体、网络媒体和企业自媒体对企业进行一次全面的宣传报道，化解危机影响，重建企业形象。

五、实战分享

2017年全国"两会"期间　阿里假货危机公关

2017年全国"两会"召开前夕，全国人大代表、广东马可波罗陶瓷有限公司董事长黄建平向华商韬略、南方网等披露了他准备提交的一份议案资料。他的议案将重点关注网络打假问题，以及如何振兴实体经济等问题。总结起来就是一句话：实体经济不好搞，马云有"功劳"。

黄建平说，在淘宝网店上，劣币驱逐良币现象已越来越严重——他披露的资料中显示，目前在淘宝网上搜索"马可波罗瓷砖""马可波罗卫浴"两个关键词，可以找到近500家店铺，但经过集团授权的只有两家，集团也只在天猫设立了旗舰店，其他店铺全都是冒名侵权的。在淘宝网店上，已出现劣币驱逐良币现象。这些销售假冒伪劣产品的网店对实体经济是个很大的伤害。如果中国的实体经济不能通过品牌、通过产品售价体现创新，体现品牌价值，那就是搞破坏。

黄建平指出：为何大家都不愿意做实体经济？因为没有效益，所有的创新和品牌都被淘宝、天猫假货寄生蚕食，这其中马云的"功劳"很大！同时马云还通过自己过度地粉饰虚拟经济，造成了一种"脱实向虚"的趋势，将虚拟经济当做了榜样和标杆，当成了财富的象征。

黄建平呼吁多关注实体经济，因为"实体经济才是中国未来的脊梁，只有振兴实体经济才能让虚拟经济更好地发展，成为有源之水、有本之木"。黄建平准备在全国"两会"上"喊话"马云。"我希望马云同志对这些不是企业品牌官方授权的网店,加大查处的力度。"

阿里回应:我们是"百分之一百的实体经济"!

3月5日,阿里巴巴集团平台治理部在淘宝官方微博针对马可·波罗董事长有关言论发出标题为"对马可·波罗瓷砖董事长黄建平代表三点议题的商榷"的声明进行回应:

(1) 打假的责任我们承担,但是管理好自己的渠道也要品牌方来承担。

(2) 淘宝网是百分之一百的实体经济,实体经济搞得好有我们的"功劳"。

(3) 打假实干难于作秀,让我们一起呼吁像打击酒驾一样严打假货。

阿里在回应中称:天猫上的7家"马可波罗"相关店铺,全都拥有广东唯美陶瓷有限公司即"马可波罗"商标持有者的授权。2014年以来,"马可波罗"品牌从未在阿里巴巴平台进行过一次投诉。天猫"马可波罗"商品近30天来不存在品质退款,淘宝有关商品的品质退款率更是明显低于行业水平,与黄建平所说的"不少店卖假冒伪劣商品"存在较大出入。

阿里巴巴集团认为,制假售假成本太低,是当下社会陷入假货困局的最重要因素。只有让制假售假庞大链条上的每一个犯罪分子受到应有的刑事处罚,才是中国从世界工厂走向自主创新,引领未来发展的可行之路和必经之路。

阿里回应之后,一片哗然,舆论认为:"马云提议,造假入刑!那么容留他人卖假货是不是同罪呢?"

"假货通过冒用品牌在天猫、淘宝上销售,在很大程度上对消费者形成了误导和欺骗。并通过低价等方式挤压正品的生存空间,而事后由于粗制滥造造成的消费者投诉的黑锅却要企业品牌方来承担,严重损害了品牌的信誉度和消费者认可度。无论是对品牌的侵害,还是对价格和服务体系的抹黑都对实体经济企业造成了伤害。"

"阿里虽然一直都声称打假,却只是雷声大雨点小。打假只存在于马云的口头上,几乎已经成了所有都知道的秘密,甚至在资料中黄建平提到警方曾要淘宝配合调查,多次经历调查函送到淘宝,却一个月都无人理会的情况。"

马云以前关于淘宝假货的言论再次被翻出:马云声称"互联网最能发现假货、追踪假货和打击假货""不是淘宝卖假货,而是消费者太贪。"马云对待假货的这种暧昧、甚至是包庇的态度,才致使假货可以明目张胆地在淘宝、天猫售卖。假货在阿里系电商平台泛滥,平台方面却一直在推卸责任,甚至混淆视听,根本原因在于阿里的盈利机制:每一单交易平台都有提成。因此,对于阿里售假，网民给出了"阿里不生产假货，阿里只是假货搬运工"和"马云打假贼喊捉贼"的神评。

此前众多中国著名实体企业家集体炮轰马云的言论和视频再次在互联网热传。尤其是在2016年12月的央视《对话》里，宗庆后更是直接批评马云的"新零售"等概念是"胡说八道"，董明珠指出马云的"五新"理论都是早就已经存在的，马云只是在偷换概念，换汤不换药。

而阿里在国际上的恶名也再次被提及：2016年5月份，美国证券交易委员会（SEC）以"双十一"购物狂欢节数据涉嫌造假对阿里巴巴进行调查；由于全球品牌对于阿里巴巴集团的打假承诺感到担忧，知名打假组织国际打假联盟（IACC）已经撤销了阿里的会员资格。

2016年12月份，美国贸易代表办公室决定再次将中国的网络交易市场"淘宝"列入"恶名市场"黑名单，理由是这个市场出售假货，并侵犯知识产权。淘宝曾在2011年被美国贸易代表办公室列入黑名单，但在2012年因打击假货和盗版货所做出的努力而被从黑名单上除名。美国贸易代表办公室在公布2016年黑名单时承认阿里巴巴采取措施打击盗版，包括解决盗用品牌关键词和模糊处理商标图案等问题，以及发展防止造假者改名再卖的技术。但是，目前得到的假货和盗版货报告水平之高，达到了无法接受的程度，对美国的创新产业构成严重经济威胁，有些事件证明已经对公众健康造成损害。

在舆论哗然之下，淘宝官方微博删除了阿里巴巴平台治理部的关于假货的回应文章。

然而事件并没有结束，或许是因为淘宝官方微博回应的力度不够，效果不好，3月7日，马云本人在自己的微博上发文"致两会代表委员们：像治理酒驾那样治理假货"。文章说：

这几年我认为最经典的司法进步就是酒驾治理。假如没有"酒驾一律拘留、醉驾一律入刑"的严刑峻法，今天中国要多出多少马路杀手！再看假货，绝大部分制假售假者几乎不承担法律责任，违法成本极低而获利极丰，很难想象假货如何才能打干净！我建议参考酒驾醉驾治理，设想假如销售一件假货拘留七天，制造一件假货入刑，那么我想今天中国的知识产权保护现状、食品药品安全现状，我们国家未来的创新能力一定会发生天翻地覆的变化。

马云的文章发出之后，柳传志、雷军等人发声支持马云。

但更多舆论认为，老板亲自出面公关了，可见阿里假货问题及影响有多严重。然而，马云的建议却是在推卸责任，将打假的责任推给政府，将假货泛滥归于立法不严和政府打击不力。有律师在电视专题中评论,像治理酒驾那样治理假货并不可行,假货和侵犯知识产权案件的鉴定,不像查酒驾一样吹口气就能确定。

国家工商总局局长张茅也在两会部长通道和央视专门采访时表示:"互联网不是法外之地。""网购平台出现假货,电商平台要负第一责任。"

针对马云公关文章发出之后的社会舆论,阿里又组织多家媒体发表了多篇公关长文。但是打假问题却显然不是"马云式打嘴炮"(电视专题节目主持人引用的公众犀利评价)所能解决的。即便阿里打赢了这场公关战,阿里及电商假货泛滥的问题仍然存在并继续产生危害。

《消费者报道》统计了官方微博和官方微信平台,以及聚投诉、中国消费网和消费者网等平台,梳理出了2016年消费者电商行业投诉的整体概况。统计结果显示,淘宝+天猫两个平台再次成为投诉重灾区,投诉量占比超过50%。国家工商总局的数据显示,2016年网络购物投诉增长高达65.4%,淘宝投诉数据为3747例,高居投诉榜首位。天猫商城以3115例居于第二名。淘宝+天猫总投诉量为6862例,总量占比超过50%。

中国消费者协会2017年"3·15"的主题是"网络诚信,消费无忧",从大数据来看,整个电商行业投诉主要集中在产品质量、虚假宣传、退货难等方面的问题已经普遍引发了关注,"两会"期间频频曝出阿里电商平台假货及售后等问题显然已经成为公众关注焦点。2017年"两会"期间人大代表针对电商平台假货问题的提案数量明显上升,充分显示出了网购市场活跃的海平面下,充满着大量的消费陷阱,尤其以阿里平台为电商投诉高发及重灾区。

2017年3月23日,国务院印发《关于新形势下加强打击侵犯知识产权和制售假冒伪劣商品工作的意见》,部署进一步加强打击侵权假冒工作,明确要求落实企业的主体责任,督促电子商务平台企业加强对网络经营者的资格审查,建立健全对网络交易、广告推广等业务和网络经营者信用评级的内部监控制度。

课后练习

一、策划理论知识练习

1. 如何开展新闻公关形象策划?
2. 如何开展新闻营销造势策划?

3. 如何开展赞助公关策划?
4. 如何开展危机公关策划?
5. 如何成功策划一场新闻发布会?

二、策划实战模拟练习

给以大学生为目标市场的产品品牌(如移动通信的动感地带及眼镜、洗发护理产品、服饰产品等品牌)策划一个校园公关活动方案,提交给该品牌,并讨论方案的执行费用与人员组织等问题,争取实施该方案。

第十章　促销活动策划

开篇导语

在营销理论中,促销是指营销策略组合之一的 Promotion,包括广告、公关、人员销售和营业推广(或称销售促进)四种手段。但在营销实战中,营销人员使用的和消费者理解的促销和促销活动,就是营销理论上的营业推广。作为一本服务于实战的营销策划著作,我们尊重营销实战中的概念,采用营销实战中的通用语言。

促销活动是营销的一大实效手段,在中国市场上它已经演变成一种越来越频繁的短兵相接的地面战争。促销活动策划是目前企业营销策划中最普遍的策划任务。本章讨论的促销活动策划基于市场营销原理之促销沟通策略和实效促销原理,需要运用到营业推广等理论知识要点。

学习目标

1. 理解促销活动策划的原则、流程和范围区间,熟悉促销活动策划的创意方向与思路。
2. 了解促销活动策划的常见误区,避免发生促销活动策划失误。
3. 掌握终端促销活动的基本策划思路和方法。

课前知识

市场营销学(原理)中的促销沟通策略:
1. 营业推广(销售促进)的概念与特性。
2. 营业推广(销售促进)的对象与方法。

第一节　促销活动策划原理

一、促销活动策划的基本原则

1. 按照市场销售需要策划促销活动

在市场竞争越来越激烈的时候,促销大战也越来越频繁。据统计,促销费用在销售费用中的比例越来越大,甚至超过广告费用。这有一定的市场背景和合理性,促销活动作为一种速效工具,可有效地加速产品进入市场的进程;可说服初次试用者购买,以建立购买习惯;可有效地抵御和击败竞争者的促销活动,并带动相关产品的销售;可刺激经销商和消费者,促进产品销售,改变产品销售徘徊和下滑局面。因此,当新产品上市需要建立尝试购买时,当销售形势不利时,当面对竞争对手进攻时,可以考虑开展促销活动。但是也应该清楚地看到,促销活动又是一把双刃剑,可能会降低品牌忠诚度,可能会提高价格敏感度,可能会导致短期行为。因此,必须坚持促销活动的有序化,坚持按照市场销售需要策划和实施促销活动反对促销活动泛滥化,反对将促销活动当成唯一的营销手段,反对将其变成旷日持久、司空见惯的家常便饭,反对将促销活动当成包治营销百病、通解所有销售问题的灵丹妙药。

2. 按照品牌规划策划促销活动

品牌规划规定了品牌建设的目标、步骤、愿景等。如何达成品牌目标,这就要看企业运用什么样的战术手段(或称战略性战术)。促销就是这些战术组合中的一种。

当促销活动在品牌战略指导下进行规划、设计、实施时,它就是战略性战术;当它游离于品牌战略之外孤立地进行时,它就是一个模糊的缺乏目的性的活动,自然难以发挥应有的作用。

按照品牌规划开展促销活动,将促销活动当成品牌建设的一种手段,主要有以下实现途径:通过开展促销活动打造品牌知名度和影响力;通过有创意的促销活动传播品牌理念和品牌价值;通过开展促销活动深化客户关系,强化品牌忠诚;通过开展促销活动应对竞争对手,巩固品牌地位。

一般来讲,企业在制定促销活动规划时,多数是将目标集中在销售目标、费用预算等方面,而忽视了品牌目标。促销活动虽然主要解决的是短期问题,但也是品牌建设的一个组成部分,这一部分做得好,就能为品牌做贡献;做得不好,就会损害品牌形象,降低品牌资产。

市场营销经典案例:【彪马:越快结账就越便宜】这是彪马墨西哥做的一次活动,消费者进店后就让消费者拿一个计时卡,到结账时,购物时间越短,商品折扣就越高。此举不仅吸引了许多人前来购物并迅速做出购买决定,更让Puma Faas鞋的广告诉求点"速度至上"深入人心!

整体促销活动一般是企业营销总部策划的统一性行动,应该能充分考虑品牌战略规划,并且能体现出整体作战的威力。而具体的执行者一般不必考虑促销活动的设计,只要将活动方案组织和执行到位就可以了。整体促销活动的风险来自企业总部,一旦方案偏离了品牌方向,损失将是全面性的。

有些企业的营销管理模式规定分支机构可以或必须根据当地市场实际自行开展区域促销活动。对此,企业总部的营销部门有必要加强指导、培训、审批和监控工作,以保证分支机构开展的促销活动既符合当地市场实际,又符合总体品牌规划。由于分支机构的策划意识和水平有限,区域性的促销活动可能会出现偏离品牌形象的现象,甚至因顾及局部或个人利益而发生短期行为,如不在品牌战略规划指导下行事,甚至与之背道而驰,就会对品牌造成伤害。基层销售单位的促销及宣传活动,一旦出现夸大、一锤子买卖等现象,就有可能因局部的违规拖累整个品牌,为害不浅,必须防止。

二、促销活动策划与执行流程

1. 确定促销活动目标

确定促销活动目标是促销活动策划的第一步。促销活动目标应包括品牌目标和销售目标两大方面。品牌目标是指促销活动对品牌知名度、美誉度、偏好度、忠诚度的贡献。虽然促销活动对品牌建设的正向作用有限,故而品牌目标不是促销活动目标的重点,但是,还是应该树立促销活动的品牌目标意识。

销售目标是促销活动目标的重点,具体应根据促销对象进行设置。针对消费者的促销活动目标包括鼓励消费者更多地使用本产品和促进大批量购买,争取未使用者试用,吸引竞争品牌的使用者。针对经销商的促销活动目标包括吸引经销商多进货、进新货或即将淘汰的产品,抵消主要竞争品牌的促销影响,吸引新经销商的加盟,建立原有经销商的品牌忠诚,加强与经销商的战略合作关系等。针对销售队伍的促销活动目标包括激励销售人员开拓客户和市场,促销新品或消化库存,提高销售业绩等。所有这些销售目标都必须量化,以便预算和配置促销活动资源、考核促销活动业绩、评估促销活动效果。

2. 选择促销活动方式

策划和选择促销活动方式是成功策划促销活动的关键。促销活动方式得当,可收到事半功倍的效果。促销活动方式使用不当,则可能与促销活动目标南辕北辙。选择促销活动方式时应注意四种因素,即促销目标因素、促销对象因素、产品因素和企业因素。促销目标因素要求所选择的促销方式必须有利于达到所制定的促销目标。促销对象因素是指促销活动方式应符合促销目标对象的心理需要,比如现场促销方式要掌握目标顾客的购买心理与促销活动偏好,做到恰到好处。产品因素是指选择促销方式时要考虑产品的类型和所处的寿命周期,不同的产品、不同的寿命周期应使用不同的促销方式。而企业自身因素就是要充分考虑企业自身的优劣势和可利用资源,并要符合品牌形象和企业营销策略。

电商包邮的奥秘:① 61%的消费者因不包邮而不下订单;② 52%的商品放在购物车中没有购买是因运费等原因;③ 包邮情况下消费者每单花费会多30%;④ 若包邮仅能帮用户省7元,那比提供10元的折扣还有吸引力——启示:消费者希望得到一套完整的产品服务方案,商家分离掉任何一个环节都会让消费者有"吃亏"的感觉。

3. 制定促销活动方案

制定促销活动方案是策划促销活动的重要环节。一般来说,促销活动方案应该包括的内容有:① 促销对象;② 促销产品;③ 促销时间与促销区域;④ 促销方式与促销力度;⑤ 促销活动的主题口号;⑥ 促销活动的传播告知;⑦ 促销活动的组织管理;⑧ 促销目标与费用预算。

4. 论证促销活动方案

促销活动策划方案制定出来以后,要进行提案讨论,通过研讨,发现策划方案的问题与不足,进一步修订和完善策划方案。对于大规模的促销活动,必要时还可以在正式实施前选择小区域市场进行促销方案的测试,以确保促销活动方案的严密性、可操作性和实效性。

5. 促销活动实施控制

在促销活动中,有三分策划七分执行之说,可见促销活动执行之重要。促销活动的实施和控制包括前期准备和促销执行两大方面。前期准备包括促销广告的创意设计,促销礼品、赠品、广告品、宣传品等促销物料的设计制作与发放,促销活动的内部沟通、动员与培训,促销活动现场的包装、陈列与布置,促销产品的生产、运输与储存等。促销活动执行包括促销广告的发布、促销活动现场控制、销售接待与服务、销售统计与货款回收等。要加强促销活动的执行力,确保促销活动按照促销方案执行。要注意促销活动过程的市场变化动态,研究和及时解决促销活动过程中出现的问题。

6. 评估促销活动效果

促销活动结束以后,要对照原先确定的促销活动目标,检查促销活动的执行过程,评估促销活动效果,总结促销活动策划和执行的经验教训,以动态提高促销活动策划水平和执行水平。

执行促销活动和评估促销效果似乎是促销活动策划之后的工作,不应包括在促销活动策划的工作流程之内,但实践是检验策划的标准,促销活动策划的可行性、效益性要在促销活动执行和总结中加以验证。因此,完整的促销活动策划工作流程,应该将执行促销活动和评估促销效果包括在内。

三、促销活动策划的范围区间

促销活动方式多种多样,需要认识清楚其各自的有效作用区间,才能顺利开展卓有成效的促销活动策划。

1. 开拓型市场的促销活动策划

开拓型市场一般是指新产品上市期市场,也可以是成熟产品新拓展的区域市场。其共同特点是销售通路和消费者对该产品都缺乏认知,还没有尝试性进货和购买行动,更没有建立稳固的购买习惯。因此,促销面临的任务是快速达成分销商的第一次进货和消费者的尝试性购买。促销的目标是品牌快速进入市场,销售快速实现突破。

开拓型市场可以面向中间商、销售人员和消费者三类对象一同或分别展开,但不同促销对象的促销方式不同。刺激中间商首次进货的有效方式是推广津贴。激励销售人员的促销方式有客户拓展竞赛和新品销售竞赛等。而引导消费者尝试性购买的促销方式有样品派送、免费试用、展示演示、有奖销售和买赠销售等。样品派送适用于能快速体验和感受产品使用效果的快速消费品,免费试用和展示演示适用于产品体积、重量和价值均比较大的耐用消费品。这三种促销方式均能够达成终端用户对产品性能功效的实际接触与体验,从而降低用户购买的认知障碍与风险。有奖销售和买赠销售能够降低用户购买新产品的经济压力感,增加实惠感。

开拓型市场的促销可以配合新品上市广告开展,使得中间商和销售人员对产品和市场建立信心,使得消费者对新产品建立必要的初始印象和认知。

2. 成长型市场的促销活动策划

成长型市场是指寿命周期处于成长阶段的产品市场,销售通路和消费者对产品都有了一定的了解,销售处在成长过程之中。促销的任务和目标是快速提升品牌和销量。

成长型市场同样可以分别或同时面对中间商、销售人员和消费者进行促销。激励中间商的促销方式有厂商联合促销、开展销售增长竞赛等。由于这个阶段还需要进一步拓展销售渠道,因此,可以针对销售人员开展渠道建设竞赛和销售增长竞赛。针对消费者的促销可以采用有奖销售、买赠销售和游戏销售等方式。

3. 成熟型市场的促销活动策划

成熟型市场是指寿命周期处于成熟阶段的产品市场,这种类型的市场特点是竞争激烈、利润空间降低,扩大销售规模是取得效益的重要途径。因此,促销的目标是实现品牌和销量的最大化。

这种类型的市场通常需要从中间商、销售人员和消费者三个方面共同发力,开展整合促销,竞争不太激烈时也可以单独开展促销。针对中间商的促销需要动用折扣销售措施,还可以组织销售竞赛。针对销售人员的促销,主要是开展市场份额竞赛和销量排名竞赛。针对消费者的促销,在这类市场上达到令人眼花缭乱的程度,除了常规的有奖销售和买赠销售外,还可以采用降低购买成本的折扣销售,简易包装,集体团购,鼓励消费者长期持续购买的会员销售和积分促销,鼓励消费者提前更新换购的以旧换新,增加消费者购买趣味的游戏促销等方式。

4. 退出型市场的促销活动策划

退出型市场是指企业在做好品牌维护的基础上,主动有组织有计划地撤出的产品市场。这类市场的促销活动,可以根据退出市场的时间进度和轻重缓急程度,分别或同时针对中间商、销售人员和消费者展开。针对中间商的促销活动方式有买断销售和特价销售,针对销售人员的促销活动方式有老品销售竞赛,针对消费者的促销活动方式有特价销售和怀旧销售。

为深入讨论一些重点策划课题,本章将专题分析买赠促销策划、特价促销策划、节假日促销策划和通路促销策划等四个策划任务项目,限于篇幅,其他形式的促销活动策划不做介绍。

四、促销活动策划的创意方向

促销活动策划的思路和方法可谓千差万别、千变万化,但策划人员一定不能迷失方向。

针对中间商的促销,主要是运用利益机制,实现厂商双赢;针对销售人员的促销重在提升业绩,正向激励。

而面向终端消费者的促销,影响面最大,动用促销资源最多,手段变化也最多,但实际成效差别也最大,因此,也最需要关注其策划创意方向的正确性。

面向消费者的终端促销策划需要沿着彰显产品利益、设置附加利益、创新活动方式和借助权威影响等四大方向去展开活动创意、推演活动策略,才能形成对销售和品牌有价值的策划方案。

1. 彰显产品利益,塑造品牌魅力

直接利用产品的利益优势如质量、性能、款式等进行促销策划,是整合产品与促销、兼顾品牌与销量的首选促销策划思路,同时具有投入少、产出高,公众接受性好,信赖程度高等特征,既具有现实的市场销售意义,又具有长远的品牌建设意义。这种促销策划还可以与公关宣传策划结合起来进行,从而扩大公众对品牌的认知与好感。

Nike曾做过"将爱心送到非洲"的活动:凡顾客向贫困非洲民众捐赠一双Nike旧鞋,便可以相当的优惠价获得一双新款Nike鞋。活动一开始便火爆异常。此举可真谓一箭三雕:① 提升品牌美誉度;② 与顾客在社会责任感上的认知达成一致;③ 帮助顾客实现自己的社会价值。

2. 设置附加利益,增加购买动力

当产品与竞争品牌相比缺乏利益优势、价格优势、品牌优势和广告优势时,靠正常的促销活动和价格无法打动消费者,需要在正常销售条件下设置附加利益,吸引顾客关注,促使顾客动心,实现顾客购买向本品牌转移。这是市面上最常见的促销策划。具体利益诱导方式有优惠打折、限时限量减价、买赠、抽奖等形式。但是,这类促销活动做得有些滥,需要创新。

明尼苏达大学的消费者研究表明:① 打折不如加量:加量50%和打6.7折等价,但前者销量比后者多73%;② 折上折效果更好:"先八折再七五折"和

"一次性六折"等价,但前者明显更受欢迎;③新车节油性能宣传:每升油能多跑多少公里比能省多少油更有说服力。

3. 创新活动方式,吸引顾客参与

在品牌、产品和促销预算无法超越竞争对手时,迫切需要通过创新促销的活动方式吸引顾客参与,从而达到以少胜多、以智取胜。当然,在促销预算较宽裕时,也应该尽可能策划这种以巧制胜的促销方案。

打折和赠券是餐饮企业的常用促销方式。与一般做法不同,"绿茵阁"西餐厅的"八国护照"活动很有新意。就餐顾客只要加2元就可获得精美"护照"一本,就餐一次可在护照上加盖一国公章,盖到八国公章就可参加抽奖,奖励出国旅游。活动以出国旅游作为诱因,对西餐厅的顾客有较强的吸引力,用护照盖章作为活动参与的形式,对西餐厅的顾客有较强的趣味性,因此,能够得到西餐厅顾客的响应,活动得以成功。

4. 借助权威影响,增强购买信心

现今的促销活动过于泛滥,消费者已经麻木,有些促销活动还存在欺诈,消费者已经开始警惕。面对这种混乱无序的促销竞争局面,企业无力在短期内制止纠正,也不能同流合污。那么,怎样才能提高消费者对企业促销活动的信任度与参与度,从而提高促销活动的效果?可以借助权威影响,联合权威机构出面助阵或者担保。

2001年4月,万和捐资1000万元给中国消费者保护基金会,两家联手在全国开展大规模的"推平换直淘汰直排活动",任何正在使用任何品牌直排热水器的消费者在换购一台万和平衡热水器时,都将得到来自中国消费者保护基金会专项基金中的100元人民币的奖励。企业的促销活动,由于权威机构的参与,公正性和权威性得以提升,消费者的顾虑得以减轻和消除,因此效果比较明显。

五、促销活动策划的误区防范

促销活动效果不佳,有促销活动执行的问题,也有促销活动策划的问题。促销活动需要从策划的源头上保证不陷入误区。从策略和实战两个方面来看,促销活动策划需要防范的常见误区主要有:

1. 营销问题诊断处理失误

企业在日常市场营销过程中不注重品牌建设与市场建设,直到市场或销

售出现问题时,才想起用"促销活动"的方式去解决,往往不能从根本上解决问题,这属于"看错病下错药"式的营销诊断处理失误。

销量下降的根本原因通常主要在于品牌、产品、销售通路、价格等重要因素,通过促销活动去解决销量下降问题往往治标而不治本。而且,强行促销所获得的销售与效益增长往往还不及为此所花去的费用!利润率一天天下降,成本一天天上升,销售一天比一天困难。当消费者习惯于某一品牌"只有优惠刺激"才购买时,该企业便无法实现正常销售,更无法建立真正意义上的品牌,这样的企业必然陷入穷途末路。

营销学者朱华锋 V:如此促销　摧残人性。@我选我车:【车坛怪闻】成都一楼盘 2012 年 5 月底搞促销举行"手摸汽车耐力赛",奖项即手摸宝马车时间最长者,可获得一辆价值 27.8 万元的宝马 1 系轿车 5 年使用权。120 多名参赛选手参加,比赛期间不少选手都是由于体力透支而退赛。三天三夜后,截至 30 日晚 10 点 20 分,仅有 3 名选手仍在坚持。

2. 促销对象定位选择失误

消费者终端促销往往会出现目标促销对象与实际参与对象错位的现象,真正要促销沟通的目标顾客基本没来参加促销活动,而参与活动的对象恰恰又不是产品的目标顾客。这种现象可以形象地称之为"看错人拉错手"。

有些中高档女性内衣,目标消费者应为收入较高的女士,但却经常搞户外展示活动,主要形式有户外搭台、模特表演、产品介绍、有奖问答与礼品派发等,观看表演的人确实很多,但实际上真正的"白领丽人"几乎没有。如果以为现场人气很旺,促销宣传效果很好,岂不大错特错?试问,台下的"消费者"有几个会真正试用或购买?

看错人拉错手还表现在被"黄牛"利用。大量频繁的促销活动培养了一批"黄牛",他们将厂商开展的促销活动当作自己发财的机会,打听促销活动,参与促销活动,答题抽奖,领取礼品、赠品抑或产品。从市场的角度上来讲,他们并不是最终的目标消费者,但他们的确在促销活动中扮演着积极参与者的角色。表面上促销活动搞得轰轰烈烈,参与人数众多,实际上销售效果很差。

3. 促销手段选择运用失误

有些促销策划错判了消费者购买决策影响因素,经常"看错棋下错招"。

(1)滥用打折。价格无疑是消费者购买产品时考虑的一个重要因素,但也不是唯一决定性因素。当企业不得不越来越依赖降价、打折取悦消费者时,他们又陷入了一个可怕的"价格误区"。其实,"便宜"往往与低档次、积压过时、质量差等联系在一起。而产品频繁地打折、降价,往往同时意味着品牌形象的贬值和掉价。

(2)滥用知名度,不要美誉度。知名度确实是产品销售的基本前提,但不是唯一性因素,更不是决定性因素。产品价值越高购买越理性时越是这样。但是不少品牌不惜损害美誉度去创造知名度的做法实在不可取。比如一元钱卖空调、五角钱卖微波炉、论斤卖彩电等。

(3)盲目跟进,东施效颦。看到别的品牌别的产品,尤其是竞争对手开展了某个看似很有效果的促销活动,以为自己也可以移植,也可以跟进,但结果往往却完全是两回事。忽视产品差异、行业差异、市场差异、品牌差异、企业能力与实力差异,促销跟风往往跟进了"促销陷阱"。比如,某去皱化妆品看到某洗发水在搞小包赠送效果不错,盲目跟进。结果忽视了产品的差异,去皱产品需要较长时间使用才会有效果,不像洗发水用一两次就有感觉,当消费者用完赠品时,去皱效果还没有显现出来,自然得不到消费者的认同。

市场营销经典案例:【最不靠谱的积分奖励】中石化加油卡要568000个积分才能换一个GPS导航,加1升油积1分,按百公里耗油10升计算,要开568万公里,假设每小时开60公里,每天开2小时车,需要开47333天,也就是130年,18岁拿驾照一直开到148岁,才能拿到这个GPS。

4. 促销费用预算管理失误

促销的费用预算及管理,对促销活动效果有着相当重要的影响,预算不合理,管理不当,常常会"算错账花错钱"。比如,促销活动的利益刺激力度要适当,促销活动的传播告知力度要适当,这样才能保证参与活动的顾客人数规模与原来设计的相当。经常能听到某某品牌为搞促销,在某一时间去某一商场,凭广告即可换领赠品一件。结果当天有成千人去领赠品,但往往只有少数人领到了。现场秩序混乱不堪,甚至损坏了设施挤伤了人。消费者怨声不断,媒体也纷纷做负面报道。这一方面有欺骗消费者之嫌,另一方面也反映了在活动预算及管理上的失控。

甚至连美泰克这样的美国高端家电品牌也曾出现过这样的失误:为扩大欧洲吸尘器市场占有率,该公司1992年公布了一项促销活动:"买一台价值100英镑的胡佛(Hoover)吸尘器,您将可拿到一张到美国旅游的机票(价值至少250英镑)。"促销时间刚到一半,旅客就高达20多万人,大大地超过了原本的预计,还有大量的顾客等待安排旅游。结果糟糕得无法想象,美泰克不得不另外花费3000万美元来解决这个问题。失误的另外一个恶果是,市场上到处可见低价出售"未拆封胡佛吸尘器"的广告,再次影响了胡佛吸尘器的正常销售。因为很多家庭早已有了吸尘器,畅游归来后卖掉总比闲置不用划算。

第二节 买赠促销策划

买赠活动是一种常规化促销方式,制造商、零售商和电商均可采用,但近来有用滥和滥用的趋势。为有效发挥买赠活动效应,应明确掌握买赠活动的特性,合理策划买赠活动的时机,合理选择促销赠品。

一、买赠促销的特性

买赠活动具有促销效果的直接性与明显性,对新品上市启动有一定的帮助,能克服顾客观望心态,打消顾客购买疑虑,鼓励顾客尝试购买;也可以减轻竞争对手降价或促销活动的压力,对提升和巩固销量、扩大或维持市场份额也有一定的帮助,买赠给顾客一些额外的价值馈赠或补偿,对于某些利益驱动型消费者有一定的吸引性,可扩大产品销售。

但买赠促销也存在作用的局限性和负面性:有可能对品牌形象建设无益,不利于提升品牌珍贵价值感和品牌形象。有可能形成销售依赖性,过多的买赠促销会形成依赖性,一旦停止买赠促销活动,促销人员会感觉到销售困难与压力增加,消费者购买意愿可能会降低,销量可能会下降,从而步入促销陷阱难以自拔。为此,需要优化策划创意,避免其局限性和负面性。

二、买赠促销的时机选择

买赠促销不宜常年开展,应该正确选择活动时机。一般来说,开展买赠活动的合适时机包括:

1. 新品上市

为提高新品知名度和吸引力,鼓励第一批购买者,建立尝试性购买和消费体验,可在广告宣传的同时开展买赠活动。

2. 老品排空

为加速库存周转,调整产品结构,如果无需或不想使用价格和销售政策策略,可采用买赠形式争取经销商支持,拉动消费者购买,以排空老品。

3. 应对降价

在价格大战中,如担心降价会伤害品牌降低利润的企业,可采取买赠活动,以变相降价方式应对直接降价。

4. 提升销量

当销量处于非季节性非行业性的下滑期、徘徊期,难以提升时,或者企业希望强力提升销量和市场份额时,可以考虑采取买赠方式促销。

5. 促销竞争

在面临激烈的促销大战如广告大战、买赠大战、抽奖大战等竞争局面时,为维持市场份额,亦可考虑采用买赠促销。

6. 增进感情

在企业开展义卖、捐资助学、签名售机等公益性、亲情性营销活动时,为争取公众支持与参与,感谢顾客购买,可同时开展买赠活动。

三、赠品的策划与选择

赠品的选择是买赠活动成功的关键之一,合适的赠品会增加顾客的兴趣,刺激和强化顾客的购买动机。快速消费品和医药保健品可以赠送同一产品,如买二送一等,使得消费者花同样的钱获得更多的产品,同时可以降低企业促销活动成本。但是耐用消费品和高价值产品,一般要赠送产品以外的物品。在这类情况下,正确选择赠品,应该遵循以下要求:

1. 产品关联性

赠品和产品应该有使用上的关联性,如彩电在城市市场送红外线耳机,在农村市场数字有线电视没有通达的区域送卫星电视接收器,买洗衣机送洗衣筐、洗衣粉,买电冰箱送食用油等。

2. 品牌协调性

赠品品牌和产品品牌在品牌档次和品牌个性上一定要匹配相称,以相互陪衬、相互提升,实现双赢。宝洁洗衣粉 1997 年与海尔、小天鹅、荣事达洗衣机的买赠活动就比较协调。而如果名牌彩电与杂牌白酒联合买赠,既无产品关联性,又无品牌协调性,利人不利己。采用杂牌产品当赠品会提升赠品品牌,但会降低产品品牌价值形象。

3. 顾客接受性

赠品的种类要适应消费者的口味与偏好,不能硬塞给消费者不需要不喜欢的赠品,赠品选择应尽可能投顾客所好。不同的顾客会喜欢不同的赠品,希望选择一种所有的顾客都喜欢的赠品是不现实的。因此,事先明确买赠活动对象的定位是十分重要的。

4. 价格适当性

选择什么价位的赠品,虽然要看促销竞争的力度、竞争对手赠品的价格,但更要看品牌地位和产品价格及利润空间。赠品的价位是次要的,品位却是主要的,一般品牌要使用高价位的赠品才见效,名牌则没有这样的必要。一般品牌可以使用一般品位的赠品,但名牌应选择有品位的赠品。

5. 质量可靠性

不能因为是赠品,质量就可以放松。劣质赠品会对品牌形成明显伤害,会使消费者对产品质量产生怀疑和不好的联想。因此,必须把握赠品质量关。赠品价值不大没关系,但一定要制作精良、质地精美。

6. 使用外显性

为增加或拓展赠品的宣传作用,可采用在消费使用过程中带有外显性的产品,并打上企业的品牌名称和标志。因此可向男性顾客赠送手表、公文包、名片夹,向女性顾客赠送手袋、化妆盒等。

7. 时尚流行性

为彰显品牌活力,避免品牌老化,增强赠品的吸引力与接受性,应尽可能选择时尚流行的产品做赠品,而不能过分贪图便宜采用过时落伍的产品。在当今健康备受关注的时代,针对都市时尚一族,开展买冰箱送人体健康秤,就比送厨房刀具好。

8. 健康亲善性

赠品在消费使用上应该健康向上,对人体、对自然、对社会都具有积极意义,以体现品牌的社会责任感,而不应该迎合低级趣味。因此,送碟片应该送弘扬正义的大片,而不是庸俗低级的娱乐片。

9. 时间季节性

赠品种类应视买赠活动时间而有所调整,夏季送雨伞正当时,冬季送雨伞不合时宜;夏季送电风扇犹如锦上添花,清凉宜人,冬季送取暖器犹如雪中送炭,温暖人心。

10. 区域差异性

赠品种类应视买赠活动开展的区域地点的不同而有所不同。中国市场区域差异大,风土人情和风俗习惯差异大,用户心理与偏好差异也大,促销赠品需要因地制宜，否则轻则效果不好，重则要出问题。

四、实战分享

10万块钱启动一个保健酒市场

一个没有见过的保健酒品牌，只有10万元启动资金，怎么做？做酒花十万块钱，还不够进店费，且不要说打广告了，怎么办？

首先选择在淡季上市，做小包装。这个酒是一个中低档产品，我们选择在8月份上市小瓶装，在C、D类餐饮店铺货，那是大排档、小排档，免费送给消费者喝，一个终端送六瓶酒，然后给终端做个活动，做什么活动呢？点一个羊肉火锅送一瓶酒，点两瓶酒免费送一个菜，即所谓点菜送酒与点酒送菜。一个目的：在C、D类大排档接触目标消费人群，就是那种干体力活，中低档消费的人群。而那些喜欢吃牛肉、羊肉的有保健意识的人，先让他喝，接触产品。这一轮没有上广告，完全是地面活动，把渠道选择跟产品策略选择、价格策略选择、促销策略选择整合在一起。做了三个月把就这个4P组合完成了。

到了10~11月份，开始上市一斤的瓶装酒。大卖场肯定有很高的进场费，不敢进，改进C、D类小分销店，在铺货时有奖励，进一箱酒，送一袋洗衣粉。同时，展开消费者促销，三个酒瓶盖送一瓶酒。做这个活动时，客户的经理跟我们说算错账了，我们三送一，实际上在市场上不是三送一，是变成五送二了。你知道消费者怎么买酒的吗？拿壶买酒，先买三瓶酒倒进壶里，用这三个酒瓶盖再换一瓶酒，接着再买两瓶酒，一起倒进壶里。这样又有三个酒瓶盖，又跟你换一瓶酒，于是变成了五送二，这个酒壶装了七瓶酒。"要的就是这个效果，因为在餐饮店已经接触过我的产品，我现在是鼓励饮用，长期饮用形成饮用习惯。你想想看，保健酒一天只能喝二两，他一口气买了七斤酒回家，一喝得喝一个多月，一个多月喝完了之后对产品的口感、功效肯定都习惯了，肯定都会持续饮用，这叫整合营销。"把产品、渠道、价格、促销捆绑起来做的这一步，实现了上市第二个节奏，培养一批固定饮用人群。

最后是第三招，做礼品市场。因为有了固定的饮用人群，这个时候拿这种礼品装的酒到大商场谈判，发现很好谈。这时候再诉求礼品市场，在超市里面做堆头、陈列、导购，正式全面启动市场。

第三节 特价促销策划

特价促销最早是在实体商业终端卖场针对终端消费者展开的,因此,实体零售商使用这种促销方式比较多。制造商在零售商的配合支持下,也可以在终端卖场或自行在电商网络渠道针对终端消费者开展特价促销。近年来电商平台和卖家更是广泛采用特价促销这种形式。

由于特价活动是在特定时间开展的,优惠幅度一般也比较大,因此,对消费者具有一定的吸引力,对销售的促进作用比较明显。成功策划特价促销,应该把握好特价时机、特价产品、特价方式、特价理由、特价幅度和特价促销信息传播等六大方面。

一、特价时机策划

特价促销不是一种时间持续性的销售行为,因而时间机会的选择非常重要,特价促销活动开展的时机是影响特价促销活动效果和宣传费用投入的重要因素之一。时机选择得好,活动的宣传告知就会很便捷,费用就会很经济,销售促进效果就会很明显。相反,则活动传播费用就会高,消费者接受信息就会少,促销效果就会不好。

特价时机的策划,首先是对特价活动开展时间日期的策划。因为特价促销的目的、任务及要解决的问题不同,有这样一些时间选择方式:

1. 节日和假日

节假日是消费者集中上街购物的时间,也是消费者期待商品优惠销售的时间。在节假日开展特价促销活动,一方面可以取得消费者对活动的信赖和认可,另一方面也便于活动的信息传播。因此,节假日的促销价值非常大,不仅可以开展特价促销,而且可以开展多种形式的终端促销,相关内容见本章第四节"节假日促销策划"。

2. 企业成立及周年庆典日、商场开业及店庆日

这是将企业形象建设与促销活动相结合的一种时间安排,选择这样的时间开展特价促销,有利于使消费者对促销的理由产生正当感,从而有利于调动消费者参与特价活动的意愿，达成良好的促销效果。在促进销售的同时，增进消费者对企业的了解，扩大企业的影响，提升企业的形象。

3. 企业发展取得重大突破的时候

选择企业发展过程中取得重大突破和辉煌业绩的时候开展特价促销，可以将企业发展的最新进展传播给消费者，以特价优惠销售的方式与消费者分享企业发展的成果，从而取得产品销售和形象建设的双丰收。

4. 与竞争对手争夺市场的关键时间

有些时间是影响市场份额的关键时间，这与产品的销售时间规律有关，也与竞争对手发动市场攻势的时间选择有关。因此，在竞争非常激烈的阶段，抢在竞争对手之前开展特价促销，也是一种重要的选择。

5. 产品销售换季或推广规划调整的时间

由于产品推广重点和销售季节的变化，对于销售通路中库存的老款产品或即将过季的产品，要及时采取特价措施快速销售排空。

6. 临近产品保质期、保鲜期的时间

很多产品都有规定的保质期和保鲜期，为节约资源、减少浪费，需要提前对即将到期产品进行特价销售。

特价时机的策划，还包括特价活动持续时间期限的策划。一般来说，特价促销活动的时间宜短不宜长。店庆日和庆典日的特价活动期限，一天最有价值感。节假日特价的活动期限也以节假日的放假天数为宜。其他特价活动时间期限，原则上根据特价活动的目的和要解决问题的时间进度来设计，或3～5天，或一周。

二、特价产品策划

特价产品的选择和策划受多种因素影响，参与特价促销的产品范围也有多种考虑，可以是企业的全部全线产品、部分系列产品、部分型号产品，甚至单一型号产品。特价产品范围策划的依据是特价促销活动的市场目的以及企业财务的承受能力。如果企业财务状况良好，在店庆日、纪念日等时间推出的特价活动，可以是涉及全面全线产品的。如果是一定要与竞争对手拼抢市场，特价产品范围则要比对手多；如果只是干扰竞争对手，则只需选择一两款产品就可以了。以处理换季和即将到期产品为目的的特价促销，则以所涉及的产品品种为特价促销活动范围。

实体零售商和电商为增强特价促销力度，偏向扩大特价产品范围，尤其是拿著名品牌畅销产品做大幅度特价。然而，著名品牌出于对品牌形象和价格体系保护的考虑往往不愿意参加。如果零售商和电商单方面强行决定，会引起强势品牌的抵制，甚至断货退场断绝合作。在营销实战中，此类厂商矛盾时有发生。

三、特价方式策划

特价和降价虽然都是在价格方面做促销文章，但是特价和降价在持续时间和目的动机上存在着明显的不同：降价是不限时、不限量的持续性价格行为，具有长期性和稳定性，其目的就是持续性扩大产品销售。特价则是短暂性的特殊价格行动，不具有长期性和持续性，特价期限以后将恢复原来的价格。特价还有可能存在销售数量的限制，降价一般则没有销售数量的限制。根据特价活动是否同时限制销售数量，特价方式一般有限时限量特价和限时不限量特价两种，各自的操作执行方式有所不同，所能承担的促销任务及能解决的促销问题也有所不同，需要结合具体促销任务和问题进行选择。

1. 限时限量特价

即在规定的时间内推出数量有限的特价产品，先到先得，售完为止。这种方式有利于激起消费者的购买意识，促使消费者迅速行动。缺点是有可能在规定时间内买不到特价产品，从而引起消费者的不满。因而，限时限量特价往往与单一型号或部分型号产品特价一起使用，目的是以特价产品吸引消费者视线，招徕顾客，然后说服顾客购买企业的主销产品。但是这种转换也是有难度的，有可能会引起消费者更大的不满，还存在不诚信经营的嫌疑。因此，一定要做好一线销售人员的培训，提高销售人员的终端应变能力，妥善处理好消费者的意见和不满，保证消费者高兴而来满意而去。

2. 限时不限量特价

即在规定的活动期间内不限制特价产品的销售数量，只要在活动期间内均可以买到特价产品。这种特价方式不容易引起消费者的不满，但也不能形成特价机会来之不易的珍贵感，难以刺激消费者迅速行动，结果可能过了规定的时间还没有采取购买行动，最后放弃了购买，所以也会错失一些顾客和销售机会。为此，这种特价活动的时间期限应短一些，时间越长，珍贵感越低，顾客放弃参与的可能性越大。

四、特价理由策划

由于市面上特价促销行为非常普遍,特价的理由也多种多样,利用特价幌子推销假冒伪劣产品、过期变质产品、粗制滥造产品等现象也比较普遍。消费者对特价促销活动在一定范围内、一定程度上是心存疑虑的。因此,为达到特价促销活动的目的,需要在诚实守法经营的前提下,合理策划特价活动的理由,合理提炼特价促销活动的主题口号,以谋求消费者对活动的信赖,赢取消费者对活动的支持和参与。

消费者认可和相信的特价理由,其实不多,有些可能还很老套,但是消费者放心接受,因而是有效的。通常消费者认为可以相信的正当特价理由包括:

(1) 节日酬宾假日酬宾。

(2) 企业庆典感恩回报。

(3) 企业发展让利酬宾。

(4) 门店搬迁装修改造。

(5) 换季清仓歇业改行等。

如果消费者自身对产品品质的判断把握性不大的话,对歇业改行的特价产品可能持有不信任态度,购买的可能性会降低。

为增强特价活动的感染力,需要在消费者认可的特价理由基础之上,再根据企业特价促销活动的具体背景和原因、产品类型和促销力度,精彩提炼出特价活动的主题口号,并通过主题口号的传播渲染,达到打动消费者的目的。

五、特价幅度策划

特价幅度的大小是影响特价促销效果的重要因素,需要认真测算,细致考虑。特价幅度多大才能发挥其市场影响力,这与产品品类特性有关,与消费者的心理预期和需求水平有关,与特价活动的品牌影响力及其市场地位有关。一般来说,特价幅度的策划应该兼顾以下三个方面,达到这三个方面的综合平衡。

(1) 对消费者来说的吸引力。

(2) 对竞争者来说的影响力。

(3) 对企业自身来说的承受力。

对两种以上的产品开展特价促销时,还存在不同产品特价幅度不同的问题。各种产品特价幅度相同,看似公平,操作也很简单,但是效果未必好。应该合理拉开不同产品的特价幅度,有特价幅度大的产品,从而使活动对消费者产生足够的吸引力,对竞争者产生一定的影响力;同时有特价幅度不大的产品,保证特价活动对企业来说可以控制在一定的合理承受范围之内,不会造成过重的财务负担,甚至可以通过不同产品特价幅度的控制和产品销售数量的有效组合,取得良好的经济效益。

六、特价信息传播策划

特价活动信息如果不能有效传达到目标消费者中,将无法实现消费者的购买。特价促销活动信息传播的策划,作为临门一脚,具有重要的作用。

特价活动信息的传播力度、传播范围和传播形式,与特价活动的目标,特价活动的目标对象及媒体习惯,特价活动的时机和特价活动的产品范围、规模密切相关。

市场领导品牌开展的与企业历史业绩和发展进程相关的主题特价促销活动,往往声势浩大,需要运用到新闻媒体传播、网络媒体互动传播、DM入户传播和售点信息传播等多种形式,并且在时间上、内容上和媒体类别上形成信息传播的接力、补充和强化。新闻媒体、网络媒体和DM入户的传播,需要能够调动消费者的购买兴趣与欲望,成功地将消费者从家里牵引到活动现场。终端活动现场的信息传播和气氛感染,从视觉冲击到听觉冲击,从POP陈列、产品形象陈列到促销介绍,从活动主题到特价标签,需要保证来到售点的消费者留得住、不被分流,在终端销售人员的介绍和服务之后成功达成消费者的购买决策。而企业与员工个人微博和微信等网络媒体传播则可以经济而又便捷地实现多层次、放射性传播,从而扩大促销活动传播的频次和效果。

电商针对网络购物者开展的一般性特价促销通常只需要在网络上传播活动信息,但大规模特价促销,电商也会在电视和户外媒体投放大量广告。

最小规模的终端实体店铺特价促销也需要针对来到商场的顾客,做好活动信息的售点现场传播,通过POP海报、醒目的特价标签、清晰的促销语言等形式,传播特价促销信息,吸引顾客的注意和兴趣,促成顾客的现场购买决策。

第四节 节假日促销策划

节假日促销原是制造商或零售商针对终端消费者在节假日期间开展的各种形式的促销活动,以利用节假日消费人流促进产品销售。节假日消费在全年消费中占有重要的位置,而且随着生活与工作节奏的加快,比例会进一步提高。节假日消费在国民经济和企业营销中的作用越来越明显,节假日促销已经成为厂商争夺市场的常规性与持续性手段。

后来电子商务企业也持续广泛开展声势浩大的节假日促销。甚至造节促销,并以此实现快速发展,京东有6·18店庆日年中购物节,阿里巴巴有"11·11"(俗称"光棍节")购物狂欢节。

一、节假日文化内涵与市场机会发掘

节假日促销的市场意义源自于对节假日文化内涵与市场机会的发掘和把握。因此,抓住节假日的文化内涵与市场机会,就是成功策划节假日促销的根本和起点。

每个节假日的形成都有其深厚的文化背景,每个节假日的过法都有其特定的风俗习惯,每个节假日的消费都有其相关的文化内涵与商业价值。而这些节日传统习惯与观念认知,是节假日促销必须假借的势能。

历史悠久的中华民族,有着众多的文化内涵丰富的传统节日。春节是中国人最重要的节日,回家过年是中国人一年中最重要的事情,无论路途有多远有多艰难,都要回家过年。回家过年是任何力量都无法阻挡的事情。即使像2008年春节前的特大冰雪灾害也难以改变中国人春节回家的习惯。此外,中国传统节日中,清明的祭祖、中秋的团圆和重阳的敬老,也都具有丰富的文化内涵、商业价值与市场机会。

改革开放的中国,在学习西方先进科学技术的同时,也引进了众多西方文化节日,这些节日非常受年轻人喜爱,并且形成独特和强烈的文化与情感意义,对于厂商来说,也形成了独特而具有价值的市场机会,比如二月份的情人节和十二月份的圣诞节。

社会机构和民间团体自发形成的节日,因为与职业、身份相关联,因而也具有特定的文化内涵与市场价值,如教师节、护士节、母亲节、父亲节等。

假日生活是人民生活的正常组成部分。因此,各国政府都会规定一些法定节假日,在法定节假日,可以享受规定时间的休假,而放假自然会带动购物和消费。比如五一劳动节和国庆节,全体公民均享有法定假期,六一儿童节儿童放假,三八妇女节妇女放假半天。

商家正是充分认识到了节假日对产品销售的价值,因此将节假日促销当成了其促销策略的重点。除充分利用现有的各种节假日以外,商家还根据产品销售和消费的季节性规律制造出很多节日,以促进消费者购买相关产品。比如,家电零售商在入冬时节举办洗衣机节,在入夏时节举办空调冰箱节,百货零售商在结婚高峰期前举办家纺家饰节,等等。

二、节假日促销对象及其心理把握

节假日确实是厂商促销的大好时机,但这并不意味着无论什么节假日都能够针对所有的消费者开展促销,也并不意味着不同的节假日无论采取什么样的方式促销都能奏效。不同的节假日,有不同的文化内涵,也就有不同的消费人群、不同的消费心理,因而也就需要不同的促销活动方式。这是节假日促销策划必须认真分析并准确把握的。

五一、国庆等节假日,假日比较长,购物的消费者比较广泛,选购的产品主要是需要花费较长时间比较选择的产品,消费者也存在假期购物价格优惠的期待,因此,广泛性的优惠促销活动是较为有效的。

情人节、圣诞节等节日,促销活动的对象应该是特定年龄段、特定情感状态的年轻人,他们的心理需求是情感的表达而不是廉价,因此优惠反而不是促销的有效方式,相反表达独特情感的独特产品加价销售更加有效。

母亲节、父亲节、中秋节和重阳节,购物者往往又不是消费者,礼品消费是这些节日的特点,购买者更加注重的是产品的情感价值,对产品的包装也有更体面的要求。

在中国市场上,政府机关、企事业单位还有节假日发放福利性商品的传统。因此,在五一、国庆、元旦、端午、中秋和春节等节假日前,针对政府机关和企事业单位的节日团购开展商场之外的促销也是具有中国特色的,但其产品促销范围、促销方式与终端消费者促销有很大的区别。

三、节假日促销产品策划

节假日是绝大多数产品良好的促销时机,比如:

新产品可以选择在节假日上市推广,在节前通过集中性的广告宣传给消费者留下比较深刻的印象,通过节假日期间与消费者进行面对面的产品展示演示介绍,增加产品与消费者的实际接触,增加产品的购买机会。

库存积压产品可以在节假日开展优惠促销,利用消费者的实惠求廉心理促进这些产品的集中销售。

随机性购买的产品、冲动性购买的产品,可以利用消费者节假日逛街休闲的时机促销,增加购买概率。

选择性购买产品、高价值产品,需要节假日做好促销,利用消费者购物时间相对充裕、购买心情相对放松的时机,达到满意的销量。

但是,有些节假日有特定的产品消费意义,不具备全面促销产品的价值。比如情人节的鲜花和巧克力、父亲节的领带、六一儿童节的玩具,等等。厂商需要在这些节日到来之前,做好这些产品的储备,做好这些产品的促销。同时,也需要把握消费者求新求异的心理动机,即通过特别有创意的节日礼品,传达特殊的情感,给对方以惊喜。为此,厂商需要提前研究消费者的心理,策划具有新意的节日促销活动主题,以新颖的产品创新节日市场。比如,麦当劳根据中国人过春节讲究年年有余的习俗,在春节之前推出新的食品"年年有鱼——麦香鱼"。

四、节假日促销方式策划

节假日促销方式的运用是最令人眼花缭乱的,几乎所有的终端促销活动形式都可以在节假日促销中运用,尤其适合节假日促销的方式有:现场游戏促销、现场展示促销和明星签售促销等,既可以促进产品的实际销售又可以带动终端现场的人气,这是零售商最喜欢运用的促销活动形式,因而凡是节假日,商场门口总是上演这样那样的游戏、展示、走秀等促销活动。

但是,真正有效的节假日促销活动方式,也是需要精心策划的。需要考虑的因素包括:节假日的文化内涵与市场价值、节假日购物的目标消费者、节假日消费的主流产品、节假日消费者的购买动机、企业的品牌特性和节假日促销的市场与销售目标等。使得节假日的促销,不仅赚了吆喝,还要实现实打实的产品销售和品牌影响提升。

比如,有些超市在端午节前夕开展"教你包粽子"活动,比单一地叫卖促销粽子更有文化品位,更具实际效果。而"教老外包粽子",则为端午促销注入了弘扬民族文化的氛围和情感。

五、节假日促销主题策划

节假日促销几乎是厂商全部出动使尽浑身解数的促销混战,要想在节假日的促销混战中取胜,吸引消费者的关注与兴趣是必要的基础与前提。为此,需要在做好节假日促销方式策划的同时,做好节假日促销主题口号的策划,用简洁、响亮而又有诱惑力的活动主题吸引消费者的关注,牵动消费者的兴奋神经,调动消费者参与促销活动的意愿与热情。

节假日促销活动主题的包装提炼,要结合节假日的文化内涵与消费热点、节假日消费者的购买需求与心理动机、促销产品的特性、促销活动的方式、品牌形象与品牌理念等,通过巧妙构思、创意联想、语言修饰、提炼与加工等方式形成。比如,在国庆黄金周期间以特价方式针对大众消费者促销家电产品,可以将促销主题包装成"黄金机会,产品放'价'",等等。

六、节假日促销时间策划

节假日促销的时间虽然主体是在节日和假日期间没错,但是,由于节假日消费特性和促销竞争等原因,节假日促销的时间还需要一些特别的考虑,进行特别的时间策划:

1. 节前造势节日结束

情人节、圣诞节、中秋节等节日促销,需要提前造势,提前发动促销宣传攻势,在节前或节日当天形成销售高峰,节日当天即将过完的时候需要果断降价清理库存。比如中秋节的月饼,必须在中秋节的中午以前才能卖出好价钱,中秋当天的下午就既卖不上价也卖不上量了,而中秋夜之后将无人问津。

2. 节前截流节中分流

五一、国庆、元旦等几种假日放假期间时间比较长,其促销价值已经被各个厂商所认识,因此,假期之间促销活动非常集中,要想在假期取得良好的促销成绩,除要充分利用假期这几天之外,还需要提前开展节前促销活动。比如,利用节前的某个双休日开展特价活动,用节假日一样的优惠价格截流节前消费人员,使既想享受节假日优惠价格,但又担心节假日期间购物拥挤不便的消费者或节假日需要外出旅游的消费者提前实现购买行为。通过节前和节中两个促销时间段的合理安排与组合,实现节前消费的截流独享,在其他竞争对手还没有开展促销之前,抢抓市场销量,然后在与其他竞争对手一起开展的节中促销中再分一杯羹。

3. 节日当天单日促销

有些节日本身没有太广泛的时间和市场价值,因此仅在节日当天开展一些纪念性的促销活动即可,节前和节后都没有太多的促销必要。比如教师节、护士节和三八妇女节等。

七、节假日促销地点策划

节假日促销一般都在零售终端开展,因此,对于零售商本身来说,节假日的促销地点不是问题。但是对于制造商来说,要在零售终端开展节假日促销,促销地点就是一个很重要的问题了。广泛、全面性的促销活动,零售商场参加的越多越好,这就需要一一沟通以协调和落实,争取尽可能多的商场支持参与促销活动。在促销活动的广告宣传中,参加活动商场的排名也是一个非常难以协调但又不得不协调好的问题——谁也不愿意排在后面,即使标明排名不分先后,还是会有商场有意见。

制造商的节假日促销,亦可与终端实体商店促销同步在电商网络渠道展开。制造商的节假日电商网络渠道促销和电商企业的节假日促销,如京东"6·18"年中大促,天猫"双11"大促地点都不是问题,但网络畅通和物流配送可能会存在问题,因此需要提前做好准备。

八、节假日促销活动传播与现场布置

节假日促销竞争的激烈程度同样可以在促销活动的传播和活动现场的布置方面体现出来。为了在节假日促销竞争中取胜、夺得更多的销量、更大的份额,需要在促销活动的事前传播和现场布置方面巧妙地做足、做好文章,烘托出浓厚的节假日氛围与鲜明的促销主题。为此,必须做好活动广告与现场布置的创意设计和执行。由于节前媒介资源有限、节假日之中的售点资源也有限，所以发动强大促销攻势的制造商需要提前预订促销活动广告的媒体时间和版面，提前预订促销活动场地与促销宣传位置。

通过网络加强与网民群体的互动沟通是节假日促销活动传播的有效形式，应大力推广使用。制造商的网络渠道促销和电商企业的节假日促销更应有效采用，并且要在网站及页面设计上营造浓厚的促销视觉冲击。

第五节　服务促销策划

作为产品整体概念组成部分的服务，作为促销功能的服务，能够解除用户的后顾之忧，增强购买信心，促进产品销售，提升市场份额，有利于塑造品牌的亲和力、增强企业的竞争力，有利于培养品牌忠诚、打造竞争优势。因此，必须重视服务的作用与功能，重视促销性服务的策划。在市场充分竞争的背景下，企业通过优质服务促进销售、提升品牌的意愿较强，但接近垄断时往往会降低服务水准，比如家电行业服务就有所下降，但这是短视的，应该回归优质服务。

一、服务促销策划的系统思考

促销支持性服务虽然只是企业整体产品的一部分，但由于与短期性的产品促销活动不同，具有执行时间的长期性，因而也是企业整体形象的一部分。所以，服务促销策划具有一定的系统性和完整性，需要做好这些主线元素的衔接与协调：

1. 品牌形象与服务形象

服务形象是品牌形象在服务领域的具体体现与细化展现。服务形象策划应在品牌形象之下展开，而不能超越或背离品牌形象。换句话说，品牌形象也需要通过服务形象具体化、生动化。

2. 营销目标与服务目标

服务目标应服从于营销目标，营销目标要通过包括服务目标在内的目标体系展开、落实。

3. 用户需求与服务内容

服务内容策划应紧扣用户需求，提供用户需要的服务项目，而不应仅从企业出发,从策划人的自我思维出发,想当然地推出并不一定符合用户需求的服务项目。

4. 服务效益与服务成本

提供服务是要付出成本的。在促销性服务中,服务具有促进销售、维护品牌的双重作用,但服务效益的体现却是间接的。服务成本投入与服务效益产出一定要成比例,且服务效益必须大于服务成本。

5. 服务竞争与服务特色

服务既是竞争的重点领域,又是竞争的重要武器。在进行服务策划时,要运用竞争思维,导入竞争意识,超越竞争对手,营造服务特色和竞争优势。

6. 服务规范与服务标准

服务是无形的,有差异的,因此为形成统一的服务形象,保证一定的服务质量水平,必须制定服务规范与服务标准,并严格贯彻实施。

7. 服务培训与服务推行

服务理念、服务技术和服务行为规范都需要通过服务培训才能让服务人员掌握,才能在服务实施中推行,在服务策划中,此点不可忽视。

8. 服务管理与服务评估

服务是一项长期而平凡的工作,搞好服务管理与服务评估,是正确认识和检查服务工作现状,发现服务问题,进一步改进服务工作,提高服务质量的需要。服务策划开展之前,要对服务现状进行评估,在服务策划方案执行过程中要进行规范的服务管理。

9. 服务宣传与服务推广

服务工作既要做得好,又要说得好,做好服务宣传与推广工作,让社会公众更广泛地了解企业的优质服务,对于促进产品销售、提升品牌形象均具有积极意义。在服务策划中,要制定服务宣传与推广的措施,并安排相关费用。

二、服务形象策划

如何在众多服务中形成自己的特色,树立自己的服务形象,形成自己的服务优势,这是服务策划首先要明确并解决的问题。所以,服务策划应从服务形象策划开始。

1. 服务形象策划需要明晰企业的服务理念

这如同企业形象策划首先必须明晰企业经营理念一样。荣事达的红地毯服务策划之所以成功,是因为策划者首先明确了服务策划的理念:营销导向观念和 CS 理论。

2. 服务形象策划需要优选一个寓意良好的服务名称

服务名称对服务形象的重要性如同品牌名称对于品牌形象的重要性,它是提及、传播服务形象的第一要素。服务名称的选择要符合企业理念、企业形象,符合用户的心理期待,具有产品与行业特征,具有良好的寓意与联想等。如荣事达洗衣机的"红地毯"服务、美菱冰箱的"爱心阳光"服务、奇瑞汽车的"快乐体验"服务等。

3. 服务形象策划需要营造一个鲜明的特色

20 世纪 90 年代,海尔的服务之所以普遍叫好,是海尔长期坚持定期电话回访形成的,它形成了海尔服务亲切、周到的形象。荣事达"红地毯"服务形成亲切、规范的特色,得益于"红地毯"的寓意和"三大纪律,八项注意"行为规范的美好联想。2000 年以后 TCL 彩电努力将其服务特色塑造为"亲切、专业、迅速",这是一个比较全面的服务形象,"亲切"代表着服务态度,"专业"代表着服务水平,"迅速"代表着服务效率。服务特色形象的策划如同企业形象策划中的 BI,对于规范组织行为和员工行为具有重要意义,也是服务规范策划的蓝本和依据。

4. 服务形象策划有必要运用一些视觉元素

视觉元素的运用有利于建立直观的服务视觉形象,其作用犹如企业形象策划中的 VI,对于识别和传播企业服务形象具有重要意义。可以采用的服务视觉元素主要包括:

(1) 服务标识,像 TCL 彩电的"幸福快车"标识,上海通用别克轿车的"别克关怀"标识。

(2) 服务形象代言人,像美国美泰克公司的"寂寞的维修工",TCL 彩电的"王牌服务工程师"。

(3) 服务专用品,像荣事达服务人员携带的"红地毯"等。

三、服务项目策划

企业应该向用户提供哪些服务项目?从增强对竞争对手的竞争力和对用户的感召力方面来说,当然是提供的服务项目越多越好。但从增加企业效益方面来说,却并非服务项目越多越好,因为每项服务的提供,都必须投入一定的成本,提供的服务项目越多,成本越高,但其对促销、品牌和效益的贡献并不一定成正比或同比增加,甚至有些服务项目投入成本很高,但消费者并不一定十分重视并存在强烈的需求,因此其促销作用并不十分明显,所以未必非提供不可。

在策划服务项目时,为保证服务的竞争力和效益性,可按以下步骤程序与要求进行:

1. 调查用户服务需求

对目标用户进行服务需求调查,了解用户期望获得哪些服务,并按用户需求普遍性、强烈性、迫切性的顺序对服务项目进行重要程度排序,以确保企业提供的服务符合用户服务需求的优先顺序,防止出现企业服务供给和用户服务需求出现错配和缺位。

2. 调查竞争对手服务状况

对竞争对手进行服务竞争调查,了解目前竞争对手提供哪些服务项目,提出哪些服务承诺,达到何种服务质量水平,分析每种服务项目对用户的吸引力度与促销力度,对品牌形象的贡献力度。

3. 开展服务项目策划

根据用户对服务项目的重视程度、竞争对手提供的服务项目和本企业服务目标、服务形象、服务资源、服务成本等方面的要求,提出适合本企业的服务项目策划。

最完美的选择是:企业所提供的服务项目,是用户需要的,并且是超越其心理期望的,是超越竞争对手的,是具有竞争力的,是符合企业品牌形象和服务形象的,是企业的资源和成本所能够承受的,是企业可以真正做得到、做得好的。当达不到这种完美的境界时,我们就需要在某些服务项目上进行取舍,舍弃一些用户需求并不迫切或并不普遍,但成本却很高的项目,或舍弃一些成本高而又难以形成服务竞争特色与优势的项目。

四、服务承诺策划

企业不仅要对服务项目做出选择,还必须对服务内容和水平做出决策,并以服务承诺的形式公布于众,让消费者知晓,以增强其购买本企业产品的信心。例如家电企业提供免费售后维修服务,这是一个服务项目,但可以免费维修多长时间呢?提供免费上门服务,这也是一个服务项目,但是不是不管路途远近,不管是城市还是农村都可以免费上门服务?是在 24 小时内上门还是在 48 小时内上门?这些都必须进行认真的分析、测算,才能做出正确的决策。20 世纪 90 年代末,某些家电企业在某些城市承诺提供 110 式服务,即接到用户电话 2 个小时内上门服务,为此企业配置了交通与通信设备,结果却没有坚持和推广下来,原因是企业服务力量达不到,服务成本又太高,而用户又没有那种时效如此强烈的服务需要。

在进行服务承诺的策划时,要考虑以下因素:

1. 产品的技术特性和价值特性

产品技术性强、价值高,对服务水平与内容的要求也较高,因此,应有较高水平的服务承诺才能消除用户的后顾之忧,促进用户购买。

2. 企业的技术装备水平和产品质量水平

企业的技术装备水平越高,产品质量越好,免费服务范围可以越广,免费服务期限可以越长。相反,则不宜过多过度承诺。否则,尽管夸下了海口,但却使企业背上了沉重的厂外维修服务成本包袱,使得企业难以为继。

3. 服务承诺的促销效应

不同的服务承诺,消费者的重视与需求程度不同,因此其对促销的作用与效果也不尽相同,对于影响销售比较大的服务承诺项目,企业应竭尽全力做好,并不断加以改进,保持动态领先。为此,这些项目的服务水平要高一些,承诺要突出一些。

4. 业内行规与通行做法

要通过服务调查,掌握竞争对手的服务水平和服务承诺,了解业内的行规与通行做法,作为制定本企业服务承诺的参考依据。

5. 竞争状况与竞争策略

一般来说,竞争越激烈,对服务的压力也越大,服务水平和服务承诺必须达到一定的基准,才能参与服务竞争。当行业内的竞争主要集中在服务领域时,情况更是如此。当企业将服务作为企业的重要竞争手段,以服务竞争作为突破口超越竞争对手时,服务水平和服务承诺必须高于竞争对手,服务形象必须超越竞争对手,服务质量必须优于竞争对手。否则,可以参照业内行规与通行做法执行。

6. 产品的寿命周期

当产品处于导入期时,售后服务的压力比较小,服务承诺和服务水准比较有保证,响亮的承诺有利于打开产品市场;当产品处于成长期时,服务开始成为市场竞争的重要武器之一，企业需要给服务加码；当产品处于成熟期时，服务成为争夺市场份额的重要手段，而随着产品市场占有量的增加，服务的压力也越来越大，此时，服务的重点在于如何兑现服务承诺和保证服务质量，而不在于增加新的承诺或使承诺升级；当产品处于衰退期时，企业往往也采取维持或削减服务的做法，不可能采取增加或升级承诺的做法。

当然，企业的营销观念、营销目标、经营状况、经营实力、服务质量与服务成本也会影响到服务水平和服务承诺，应综合考虑、慎重决策。

五、服务规范策划

由于服务存在分散性、独立性，难以标准化，因此不同的服务人员之间会有很大的差异，从而不利于统一服务形象，形成服务特色，保证服务质量。然而服务又是直接接触用户、直接与用户见面的，服务水平的优劣会直接给用户留下深刻印象，从而对企业和品牌带来直接的影响。为此，必须制定严格统一的服务规范，让服务人员在服务过程中共同遵守。

服务规范的内容包括：

1. 服务态度规范

服务态度是影响服务质量和用户感受的重要因素，用户可能不懂专业服务技术，但是对于服务态度却能直接进行评判，因此，服务态度规范是服务规范的首要内容。具体应规定服务人员提供服务时应该用什么样的表情、脸色、语气面对用户。

2. 服务语言规范

服务语言也是用户能够直接进行评判的服务质量与服务水平要素，是用户感受深刻的服务要素。规范服务语言意义明确、作用明显，其内容包括服务人员的标准服务用语和必须杜绝的服务忌语两个方面。

3. 服务技术规范

服务技术规范是从专业技术方面对于服务人员服务过程的要求，以帮助服务人员快速安全地完成服务任务。内容包括：产品故障应如何诊断，应如何维修，何种质量问题应该维修，何种质量问题应该换货，何种质量问题应该退货。服务技术规范必须由研发、生产和工艺部门的行家制定，这不是企业的营销部门和社会上的营销策划机构可以越俎代庖的。

4. 服务行为规范

服务行为规范是对服务人员在服务过程中行为举止的要求。服务人员上门服务时,尤其是要注意服务行为规范,比如如何敲门进门服务,如何保证用户的财产安全与家居清洁,可否在用户家饮水、抽烟、用餐,如何与用户进行产品使用保养知识及情感交流,如何处理用户的抱怨,如何化解用户的情绪冲动与意见冲突,等等。

服务规范的策划要坚持用户第一与企业形象至上的原则,同时也必须考虑可衡量性,并体现企业与用户之间的人情味。比如有的企业在服务规范中规定"努力让用户感动",这就不具备可衡量性,何种程度的努力达到了以什么为标志的用户感动?这都不好判断,因此无法进行评价。不允许在用户家用餐、抽烟,更不允许接受用户宴请,也不准接收、更不准索要用户礼品,这都是必须的,但有些企业规定不准喝用户的水,这就没有必要了。喝水是人的正常生理需要,请人喝水也是中国人表示礼节的常用方式,不准服务人员喝用户的水,缺乏人情味,也不利于用户与服务人员之间正常的情感沟通。当然注意饮水卫生是必要的,这可以通过使用自备杯、一次性水杯加以解决。

六、服务模式策划

企业还必须考虑通过什么样的服务队伍为用户提供服务。一般来说,服务模式有三类:

1. 制造商直营服务

企业自己组建服务网点和服务队伍为用户提供服务。20世纪90年代,家电服务竞争最激烈的时期,我国家电企业大多采取这种模式。

2. 分销商委托服务

通过产品经销商(或代理商)的网点和队伍为用户提供服务,外资品牌在中国基本采取这种模式。

3. 市场化外包服务

通过社会上的独立服务机构为用户提供服务。比如空调企业通常主要采用社会上专门从事制冷安装维修的服务性企业为用户提供安装维修服务。

这三种模式各有利弊:制造商直营服务的好处是可以保证服务质量和服务形象的统一性,便于与销售的密切配合,便于及时发现问题并及时解决问题,缺点是成本费用较高。经销商委托服务和市场化外包服务的好处是服务网点接近用户,可以较快捷地为用户提供服务,且节约成本费用,缺点是服务质量、服务规范与服务形象难以统一,可能会因此影响用户对企业的印象与对品牌的评价,服务问题也难以被及时发现和整改。因此究竟采取何种方式,还必须根据市场状况、产品状况、行业状况和企业状况等多种因素进行综合考虑。

一个企业也可以采用多种服务模式,比如在城市市场,用户对服务质量和服务规范的要求较高,企业可采用直营服务模式。在农村市场,用户对服务规范性要求不太高,而企业自建服务网点、自配服务人员费用过高,则可以通过在经销商或独立服务机构中选拔、培养服务人员,建立特约维修服务站的方式为用户服务。

一个企业也可以在不同的时期采取不同的服务模式,当企业在迅速发展成长,且社会上又没有完善的服务机构时,可以采取自建网点和队伍的直营服务模式。当企业进入稳定时期,而社会上的服务机构也发展成长起来时,可以考虑服务模式的社会化、维修业务的外包化。实现维修工作社会化、服务管理专业化、管理手段信息化的转变。

七、实战分享

策划"红地毯服务"的故事

"红地毯服务"于1997年推出,2007年再次升级,是一项执行时间长达10多年的策划项目,也是被营销界广泛引用、推荐和鉴赏的策划项目。本案例以本人的亲身经历讲述了荣事达集团"红地毯服务"的全案策划过程。其间的思考、犹豫、坚定、痛苦、兴奋,均渗透在字里行间。

服务之所以成为愈来愈重要的竞争手段是因为我们将迈进顾客满意时代。

服务竞争是家电市场越来越重要的手段,服务内容扩充、服务承诺升级、服务口号创新、服务行为规范是新一轮服务竞争的鲜明特点。荣事达于1997年"3·15"之际隆重推出了"红地毯服务",引起强烈反响。其中的"三大纪律、八项注意"服务行为规范,更是画龙点睛之笔,并被家电、汽车等众多行业的企业广为仿效。荣事达"红地毯服务"及"三大纪律、八项注意"的创意策划过程如下:

荣事达的售后服务,曾沿用"零缺陷管理"的提法,叫做"零缺陷服务",有过"四不准一尊重"的服务规定。在服务竞争已经成为家电企业越来越重要的竞争方式和手段的市场竞争形势下,公司决策层产生了重新确立服务形象的动议。

合资方美国美泰克公司对此也十分关注,介绍了他们在美国本土实施的"红地毯"服务(Red Carpet Service)。其基本做法是维修人员上门服务时携带一块红地毯,在红地毯上开展维修操作。

1996年12月,我受命承担服务策划工作。我分析,"红地毯"服务名称不错,寓意也不错,亲切温馨,与合资方服务名称一致,又能形成统一形象并有利于加强双方合作,因此,可以作为荣事达新的服务品牌名称。在此基础上,我思考了一两天,理清了思路,决定将服务创意策划分为三个部分:

1. 确定"红地毯服务"的寓意和特点;
2. 确定"红地毯服务"的承诺内容;
3. 确定"红地毯服务"的行为规范。

这三个部分是一个联系紧密的整体,但必须从第一个问题开始,以确定整个服务体系的基调。

服务寓意和特点是一个营销理论与服务实际结合的问题,我决定以营销导向观念和CS理论为理论指导,抓住"红地毯"的颜色和质地所表征的含义与意义来表述"红地毯服务"的寓意。

在现实生活中,"红地毯"经常在非常隆重的场合使用,如国家元首欢迎外国元首来访、重大活动的开幕剪彩等。企业为用户服务时铺设红地毯,确实是以消费者为中心的营销观念的实际表现。没多踌躇,我就确定了"红地毯服务"的寓意:视用户为上帝,尊用户为贵宾。

为什么要以"红地毯服务"取代"零缺陷服务"?这是策划背景当中需要交代的,除了营销观念的变革,还必须说明"红地毯服务"比"零缺陷服务"的优越之处。相比之下,"零缺陷服务"给人的感觉是过于冷峻、严肃,缺乏亲切感,"红地毯服务"则使人倍感亲切、倍感温馨、倍感热情。我认为这三个"倍感"是"红地毯服务"区别于"零缺陷服务"的基本特点。但转而一想,我又打消了将这三个"倍感"当做"红地毯服务"特点并进行重点宣传的念头,原因是我担心有人特别是某些别有用心的人把"三倍"服务歪曲成是"三陪"服务。

根据红色和地毯给人的感觉和象征意义,我感觉到"红地毯服务"应该是热情周到的、温情体贴的、深情细致的、真情诚恳的,"热情、温情、深情、真情"是"红地毯服务"的形象定位,这四个"情"的概括是十分贴切的,既精练又充分,删去一两个"情",显得不够,没有充分表达含意,增加一两个"情",又显得多余,有拼凑之嫌。但由于"四情"在发音上与"色情"极其相近,我担心给人一种不好的联想,给竞争对手留下攻击的把柄,便又一次否定了将"四情"作为"红地毯服务"特色的想法。并且在后期宣传中,回避了对服务特点的表述。

第一个问题的最后一条是确定"红地毯服务"的目标,根据 CS 理论和零缺陷管理在售后服务上的要求,我把它确定为追求用户完全满意。

第二个问题是服务承诺,它涉及保修年限、三包期限以及维修收费标准等问题。承诺少了,打动不了消费者,没有市场竞争力;承诺多了,增加企业成本费用负担。这不是我个人所能决策的,于是我参考国内外企业服务承诺内容,设计了一个表格,将应承诺的要素项目一一列举出来,每一个承诺项目都附上承诺时间长短、费用标准等几个参考提议,上报领导审阅确定。领导确定的大多我都能接受,但有一条我觉得非常惋惜,即我建议设立免费服务电话,顾客拨打咨询电话、用户拨打报修电话费用都由企业负担。我觉得这是一个非常有吸引力的服务承诺。原来需要维修服务,只要打个电话就行了,现在连打电话的费用都不用自己付了,企业想得可真周到。同时率先在全国推出免费服务电话,等于抓到一把非常有力的竞争武器,在服务竞争上将领先一步。但后来最终确定的方案中这一条还是被取消了。

整个服务承诺最后是董事长亲自审定的,他仅改动了几个词,最后坚定有力地签上了自己的名字。

第三个服务规范问题被我细分为服务语言规范、服务行为规范和服务技术规范三个方面。

服务语言规范的起草对我来说是小菜一碟,我写了电话接听人员的服务语言规范和上门服务人员的服务语言规范,开始用语、过程用语、结束用语,连语气语调都拟定好了。

服务技术规范,我是外行,无法自己动手写,请教服务人员和服务管理人员,都说有必要搞,但他们也动不了手。后来我得知每种机型都有其技术规定,得!不用也不必统一写了。服务技术规范就是各种机型的维修技术规定。

费时、费力、费脑的是服务行为规范的创意及其表达。"一二三四五"服务之所以出名,与其大量宣传有关,也与其具有服务行为规范的内容有关,所以它成了其他企业服务行为规范创意的主要参照系。一开始我也陷入了这种创意胡同,提出了以下两个方案:

(1) 为表示超越"一二三四五",叫"二四六八十"服务规范。

(2) 为表示超越"一二三四五",叫"六七八九十"服务规范。

我被这种后来居上必须超越的思路支配着,着手起草"二四六八十"和"六七八九十"服务规范的具体内容。写着写着,拼凑之感悄然而生,凑齐这些条款还真不容易。于是停了下来,冷静思考一番之后,放弃了这一思路。服务规范确实不外乎"一二三四五"那么几条,硬凑数字上的超越,必定假大空,没有实际意义,不是真正意义上的超越。

否定超越思路后,我开始考虑区别思路,提出"五四三二一"服务行为规范,内容的起草这次就顺当多了,报给市场副总后,他划掉了不易检查对照的"二"和"一",定名"五四三"服务行为规范。我觉得划掉"二""一"之后,与"一二三四五"服务的对比就没有了,难以形成公众兴奋点与记忆点,且易与"五讲四美三热爱"相混淆,自我感到不甚满意,决定推翻重来重新创意。

重新审视各种行为规范的文案,一般都编成"一、二、三、四、五"几点或几"要"几"不要"几条,优点是简单易记,缺点是缺乏情感色彩。我决定另辟蹊径,以免落入俗套。我再次把家电行业服务行为规范的内容重新梳理了一下,发现不外乎两类,一类是绝对不能违反的纪律,如接受吃、请,故意卡、拿、要等;另一类是需要注意做到的,但没有做到或因用户原因不能做到,不予过分追究。有了这个概念后,我一下子想到了"三大纪律、八项注意"。

这个主意太妙了,中国人对"三大纪律、八项注意"的印象是深刻而又美好的,而且用现代语言来说,"三大纪律、八项注意"就是革命军队的行为规范。用"三大纪律、八项注意"表述"红地毯服务"行为规范,创意方向和风格是协调相容的,联想是亲切而美好的。于是,我赶紧起草了具体内容,连同"五四三"方案一起再报市场副总,市场副总签署意见,分别交销售副总及服务管理人员选择。意见很快反馈回来了,80%的人选择了"三大纪律、八项注意",有的还结合维修实际,提出了修改意见,个别人不明创意背景,提出应增加几条或减少几条。我坚持认为要的就是三条、八项。多了,压成三条八项,少了,想办法增加到三条八项。定稿时,"三大纪律"被我概括为:

第一,不与用户顶撞;

第二,不受用户吃请;

第三,不收用户礼品。

"八项注意"是根据维修服务工作程序先后写的,具体的内容是:

第一,遵守约定时间,上门准时;

第二,携带"歉意信",登门致歉;

第三,套上"进门鞋",进门服务;

第四,铺开"红地毯",开始维修;
第五,修后擦拭机器,保持清洁干净;
第六,当面进行试用,检查维修效果;
第七,讲解故障原因,介绍使用知识;
第八,服务态度热情,举止礼貌文明。

歉意信是一个首创,但险些被否定。我坚持认为歉意信是个很好的创意,其具体用途有二:一是以书面形式正式向用户道歉,以诚感人,消除用户心头的不快;二是万一上门时用户不在家,可以留置在用户门上,表明来过并预约下次上门时间。歉意信的内容也写得情真意切、态度诚恳。最后被通过了。

最后一项,虽然不是具体操作细节要求,但含义深刻。它要求维修人员在与用户尤其是在家等候上门维修的女主人的交往过程中要注意行为举止,要掌握分寸,要热情但不能过分,要亲切但不能亲密。

为统一服务语言规范和服务行为规范,让言行一致,我又指导助手起草了一个上门服务程序,具体表述如下:

(1) 敲门。有门铃轻按门铃,按铃时间不要过长,无人应答再次按铃,按铃时间加长。没有门铃轻轻叩门三响,无人应答再次叩门,叩门节奏渐快,力度渐强。若无人应答,等候十分钟,若主人仍未返回,填写歉意信留言栏,塞入用户门内。

(2) 介绍和证实。主人闻声开门或在门内询问时,首先自我介绍:"对不起,打搅了。我是荣事达的维修工,前来为您服务。"证实对方身份:"请问这是不是××师傅(先生、女士、同志)家?"

(3) 致歉。双手递交歉意信,诚恳地说:"对不起,洗衣机出了故障,给您添麻烦了。"

(4) 套鞋进门。穿好自备鞋套,经主人许可进门服务。在特殊情况下,如用户家里没有铺地板,经主人许可,进门可不必穿鞋套。

(5) 铺红地毯。在主人选定的位置铺上红地毯,准备维修。

(6) 维修。将洗衣机搬到红地毯上,开始维修工作。

(7) 清洁整理。修理完毕,用自备专用擦机布将机器擦拭干净,收好红地毯及维修工具,将残损配件及地面卫生清理干净。

(8) 试用。当主人面试用机器,证实机器恢复正常运转。

(9) 讲解。向用户讲解故障原因,介绍使用保养知识,最后将洗衣机复归原位。

(10) 收费。外出维修,按规定标准收费。

(11) 填单。如实填写维修服务工作单。请用户对维修质量、服务态度与行为进行评价并签名。

(12) 辞别。向用户告辞。规范用语为:"今后有问题,随时可联系,再见。"

至此,"红地毯服务"整体策划方案完成,时间是 1997 年 2 月初。市场副总监报董事长审核。批示很快摆到了我的面前,最叫我振奋的是两行刚劲有力的字:"同意"及董事长的签名。

一个经典创意就这样产生于这可贵的最后一刻的坚持。

课后练习

一、策划理论知识练习

1. 如何使促销活动不对品牌造成伤害,并使之成为品牌建设的一种重要手段?
2. 简述促销策划与执行的流程。
3. 简述促销策划的范围区间与创意方向。
4. 如何预防促销策划误区?
5. 如何开展买赠促销策划?
6. 如何开展特价促销策划?
7. 如何开展节假日促销策划?
8. 如何开展服务促销策划?

二、策划实战模拟练习

1. 以你印象最深的一次厂商促销下的购买行为为例,分析其促销活动对你购买决策的影响。如果由你来策划这场促销活动,你将如何改进?
2. 为你最了解的某个品牌或某个商场、酒店策划一个节假日促销活动方案。如"五一"、国庆、中秋、圣诞、元旦、母亲节、父亲节等,视课程时间进度而定。
3. 参与厂家或商家开展的促销活动,从活动的执行和结果来分析其促销策划意图及其达成情况,并以亲身体会谈谈如何改善该促销活动的策划与执行,以使促销活动收到更好的效果。

实战分享索引

褚橙你也学不会 …… 28
移动互联网行业调研报告 …… 56
SS啤酒品牌形象调研方案 …… 73
互联网时代,定位理论还有效吗? …… 87
加多宝2012年品牌传播 …… 121
乐视:神奇的互联网生态化反,造就的是神话还是笑话? …… 133
好产品才是好营销的前提 …… 156
海澜之家的华丽成绩是如何完成的? …… 164
美的微波炉——从价格战到"价值战"的突围 …… 199
美特斯邦威的不同寻常路 …… 221
解密云南白药的品牌传承与创新之路 …… 242
网络广告投放:如何判断网络流量和价值 …… 257
"竞争自律宣言"出笼内幕 …… 272
2017年全国两会期间 阿里假货危机公关 …… 292
10万块钱启动一个保健酒市场 …… 310
策划"红地毯服务"的故事 …… 328